Katja Natalie Andersen

Spiel und Erkenntnis in der Grundschule

Theorie – Empirie – Konzepte

Verlag W. Kohlhammer

Dieses Werk einschließlich aller seiner Teile ist urheberrechtlich geschützt. Jede Verwendung außerhalb der engen Grenzen des Urheberrechts ist ohne Zustimmung des Verlags unzulässig und strafbar. Das gilt insbesondere für Vervielfältigungen, Übersetzungen, Mikroverfilmungen und für die Einspeicherung und Verarbeitung in elektronischen Systemen.

1. Auflage 2016

Alle Rechte vorbehalten
© W. Kohlhammer GmbH, Stuttgart
Gesamtherstellung: W. Kohlhammer GmbH, Stuttgart

Print:
ISBN 978-3-17-029703-6

E-Book-Formate:
pdf: ISBN 978-3-17-029704-3
epub: ISBN 978-3-17-029705-0
mobi: ISBN 978-3-17-029706-7

Für den Inhalt abgedruckter oder verlinkter Websites ist ausschließlich der jeweilige Betreiber verantwortlich. Die W. Kohlhammer GmbH hat keinen Einfluss auf die verknüpften Seiten und übernimmt hierfür keinerlei Haftung.

Inhalt

Einführung 9

Teil I: Kindliches Lernen im Spannungsfeld von Spiel und Erkenntnis

1 Dimensionen des Spiels in der Kindheit 17
  1.1 Zum Spielbegriff 18
  1.2 Historische Ursprünge zur Reflexion kindlichen Spiels ... 19
    1.2.1 Spiel als naturgemäße Erziehung 20
    1.2.2 Spiel als ästhetisches Konstrukt 21
    1.2.3 Spiel als Einübung und Erholung 22
  1.3 Aktuelle Diskurse zum kindlichen Spiel 23
    1.3.1 Spielelement als Kulturfaktor 24
    1.3.2 Bewegungsmoment im kindlichen Spiel 25
    1.3.3 Spielbewegung als Schwingung 26
    1.3.4 Zur Spielfantasie des Kindes 27
    1.3.5 Lernzielbezogene Organisation kindlichen Spielens 28
  1.4 Modell einer Spielbewegung 29
    1.4.1 Agôn: Wettkampf im kindlichen Spiel 30
    1.4.2 Alea: Imaginäre Ebene im kindlichen Denken und Fühlen 30
    1.4.3 Mimicry: Spiel zwischen Wirklichkeit und Imagination 31
    1.4.4 Ilinx: Prinzip der Ambivalenz 31
  1.5 Fazit: Strukturmomente kindlichen Spielens 32

2 Formen der Erkenntnistätigkeit von Kindern 37
  2.1 Zur Vielfalt der Erkenntnistätigkeit 38
    2.1.1 Handeln, Wahrnehmen, Erleben 38
    2.1.2 Denken, Experimentieren, Problemlösen 39
  2.2 Innere Dialektik von Spielen, Empfinden und Erkennen ... 40
    2.2.1 Theorie des Gestaltkreises 40
    2.2.2 Kommunikation zwischen Kind und Welt 40
    2.2.3 Verschmelzen von Sich-Bewegen und Empfinden 41

	2.3	Implikationen der Transaktionalen Analyse	42
		2.3.1 Struktur-Analyse	43
		2.3.2 Spiel-Analyse	43
		2.3.3 Inneres Erleben im kindlichen Spiel	44
	2.4	Erkenntnis als Konstruktionsprozess: Ansätze des Konstruktivismus	46
		2.4.1 Radikaler Konstruktivismus	47
		2.4.2 Konstruktiver Alternativismus	48
		2.4.3 Pädagogischer Konstruktivismus	52
	2.5	Fazit: Kindliche Erkenntnis als Konstruktion von Wirklichkeit	53

Teil II: Empirische Untersuchungen zu Dimensionen des Spielens und Erkennens

3	Vorstudie: Spielerische Elemente im Grundschulunterricht		57
	3.1	Fragestellung der Untersuchung	57
	3.2	Forschungsmethoden	58
		3.2.1 Deskriptiver Forschungsansatz	59
		3.2.2 Teilnehmende Beobachtung	59
		3.2.3 Protokollierung der Felderfahrungen	60
	3.3	Forschungsdesign	61
		3.3.1 Darstellung des Samples	61
		3.3.2 Verteilung der Unterrichtsbeobachtungen auf die Schuljahre und Fächer	62
		3.3.3 Beobachtungsbogen und Auswertungsmatrix	63
		3.3.4 Zusammenfassung	65
	3.4	Darstellung und Interpretation der Untersuchungsergebnisse: Spiel im Grundschulunterricht	66
		3.4.1 Fachspezifische Formen kindlichen Spielens	67
		3.4.2 Rahmenbedingungen von Spiel im Unterricht	73
	3.5	Fazit: Ausschnittsfestlegung für die Hauptuntersuchung	78
4	Qualitative Hauptuntersuchung: Spielerische Erkenntnisprozesse im Sachunterricht		80
	4.1	Zur Fragestellung: Vielfalt der Konzeptionen des Sachunterrichts	81
	4.2	Methodologische Zugriffe	82
		4.2.1 Zur Generalisierung von Typen	82
		4.2.2 Theorie der Falldarstellung und Theoretical Sampling	83
		4.2.3 Dokumentarische Methode	85
		4.2.4 Videoanalyse	86

		4.2.5 Transkription	86
		4.2.6 Konversationsanalyse	87
	4.3	Forschungsdesign	88
		4.3.1 Darstellung des Samples	88
		4.3.2 Settings der Untersuchung	89
		4.3.3 Systematik zur Auswahl der Fallbeispiele	90
		4.3.4 Zusammenfassung	91
	4.4	Darstellung und Interpretation der Untersuchungsergebnisse: Erscheinungsformen spielerischer Erkenntnisprozesse	92
		4.4.1 Settings zur natürlichen Umwelt	93
		4.4.2 Settings zur technischen Umwelt	120
	4.5	Fazit: Die innere Dialektik von Spiel und Erkenntnis	153
		4.5.1 Kindliches Spiel versus spielerische Augenblicke	153
		4.5.2 Facetten einer Schnittmenge aus Spiel und Erkenntnis	155
		4.5.3 Abgrenzung gegenüber Aspekten außerhalb der Schnittmenge	162

Teil III: Konzeptionelle Weiterentwicklung einer Theorie des Sachunterrichts im Spiegel einer konstruktivistischen Perspektive

5	Didaktische Horizonte: Schnittmenge von Spiel und Erkenntnis	169
	5.1	Synthese von Elementen des Spielens und Erkennens	169
		5.1.1 Schnittmenge im Fokus des Perspektivenwechsels ...	170
		5.1.2 Formen der Wissenschaftspropädeutik	172
		5.1.3 Spiel und Erkenntnis als Konstruktion	175
		5.1.4 Faktoren der Produktivität spielerischer Augenblicke	176
	5.2	Grundsätze der Unterrichtsgestaltung	178
		5.2.1 Anreiz: Infragestellen alltäglicher Zusammenhänge	179
		5.2.2 Spielraum: Anknüpfen an individuelle Wahrnehmungen	179
		5.2.3 Sachzentrierung: Erkennen des Sinnzusammenhangs	179
		5.2.4 Kreativität: Fehler als Versuch-Irrtum-Experiment ...	180
		5.2.5 Kooperation: Atmosphäre gegenseitiger Akzeptanz	180
		5.2.6 Flexibilität: Offenheit für Weiterentwicklungen	181
		5.2.7 Zurückhaltung: Anregen vielfältiger Denkprozesse	182
	5.3	Aktivierung einer Schnittmenge aus Spiel und Erkenntnis	182
		5.3.1 Technik/Statik: Strukturiertes und unstrukturiertes Baumaterial	183

		5.3.2 Naturphänomene: Entwickeln eigener Experimente	188
		5.3.3 Raum und Zeit: Wechsel der Perspektive	193
		5.3.4 Zusammenleben: Sich selbst und andere ergründen	198
	5.4	Fazit: Spiel und Erkenntnisgewinn als konstruktivistisches Paradigma	203
6	**Resümee: Theoretische Konzeption versus Schulrealität**		**206**
	6.1	Zur Aktivierung spielerischer Erkenntnistätigkeit im Unterricht	208
		6.1.1 Möglichkeiten und Perspektiven	208
		6.1.2 Grenzen und Schwierigkeiten	210
	6.2	Fazit: Spielen und Erkennen in der Schule	211

Literatur 216

Anhang 229

Einführung

Die Frage nach der Bedeutung kindlichen Spielens für das Lernen und Erschließen von Wirklichkeit ist bislang nur in Bruchstücken erforscht (Bredekamp 2004; Fritz 2004; Flitner 2002). Es scheint fast unmöglich, eine eindeutige Definition vom kindlichen Spiel zu geben (Einsiedler 1999; Buland 1992), denn die Bandbreite kindlicher Spielformen ist groß (Andersen 2009; Fritz 2004). Es gibt Spiele, die in ihrem rhythmischen Hin und Her eine Form ästhetischen Erlebens darstellen und der Erzeugung eines Flow-Erlebnisses dienen (Csikszentmihalyi 2005). Formen des Bauspiels lassen sich erkennen, bei denen das Kind aus unterschiedlichen Materialien ein Modell erstellt (Flitner 2002). Neben den Bewegungs- und Geschicklichkeitsspielen ist für die kindliche Entwicklung auch das Rollen- und Fantasiespiel von Bedeutung (Schäfer 1989; Winnicott 2006/1971), das sich in eine Bandbreite von Unterkategorien aufspalten lässt (Andersen 2009). Selbst das Aufräumen des eigenen Zimmers kann sich zu einer spielerischen Tätigkeit entwickeln, etwa indem das Kind aus den herumliegenden Dingen eine Fantasiewelt baut. Die Abgrenzung von Spiel und Nicht-Spiel fällt schwer, nicht zuletzt vor dem Hintergrund, dass fast jede Tätigkeit zum Spiel werden kann. Auch die im Sachunterricht gestellte Aufgabe, ein verkehrssicheres Fahrrad zu zeichnen, kann spielerische Züge annehmen, wenn das Kind mit den Perspektiven zu spielen beginnt.

Bezogen auf die Grundschule stellt sich die Frage, wie Elemente kindlichen Spielens produktiv in die Didaktik des Unterrichts einbezogen werden können und wie sich dies theoretisch und empirisch fassen lässt. Eine solche Analyse ist in den erziehungswissenschaftlichen Diskursen bislang nicht zu finden. Jener Forschungslücke geht die vorliegende Untersuchung nach – ausgehend von dem Zugang des Spielens einerseits und von dem des Erkennens andererseits. Ziel ist es, Elemente einer Schnittmenge aus Spiel und Erkenntnis im Grundschulunterricht auszudifferenzieren und empirisch zu erheben, mit welchen Erkenntnisprozessen spielerische Momente in Unterrichtssituationen einhergehen.

> In diesem Fokus sind folgende Fragestellungen für die Untersuchung zentral:
>
> 1. Welche Formen kindlichen Spielens zeigen sich produktiv im Unterricht der Grundschule und wie lässt sich dies theoretisch darstellen und empirisch fassen?
> 2. An welchen Schnittstellen lassen sich die Tätigkeiten des Spielens und Erkennens zusammenführen?
> 3. Wie sieht eine solche Schnittmenge bezogen auf Schule und Unterricht aus?

In der Erziehungswissenschaft finden sich kaum neue Ansätze zur Weiterentwicklung einer Theorie und Empirie des kindlichen Spiels. Die jüngsten Arbeiten gehen zurück auf Fritz (2004), Flitner (2002), Einsiedler (1999) und Lauff (1993). Parallel hierzu sind mit Huizinga (2006/1939), Winnicott (2006/1971) und Scheuerl (1994/1954) Neuauflagen von Klassikern entstanden. Diesen Ansätzen gemeinsam ist die Einsicht in die grundlegende Bedeutung des Spiels für die Entwicklung des Kindes und die Entfaltung seiner Lernfähigkeit. Nach fast zehn Jahren Stillstand in diesem Diskurs befasst sich die vorliegende Studie mit der Weiterentwicklung einer Theorie des kindlichen Spiels für Schule und Unterricht sowie seiner empirischen Erforschung. Ziel des Vorhabens ist es, Formen des Spiels in Unterrichtssituationen sichtbar zu machen und diese hinsichtlich ihrer Produktivität für Unterricht zu beleuchten. Hierfür nimmt die Untersuchung historische Diskussionsstränge auf, die von Rousseau (1995/1762) über Schiller (1962/1793) bis in das 19. Jahrhundert zu Lazarus (1883) reichen, und reflektiert zentrale Theorien des 20. Jahrhunderts hinsichtlich des Einflusses von Spiel auf die kindliche Entwicklung. Von Bedeutung sind die phänomenologischen Ansätze (Huizinga 2006/1939; Buytendijk 1933; Scheuerl 1994/1954; 1981; 1975), die psychoanalytisch ausgerichteten Theoreme (Schäfer 1989; Winnicott 2006/1971) und die von Flitner (2002), Fritz (2004) und Einsiedler (1999) entworfenen Theorien zum kindlichen Spiel.

In den Arbeiten bis zum Ausgang der 1970er Jahre blieb weitestgehend offen, welche Bedeutung dem Spiel für die Entwicklung des Kindes zukommt. Zwar wurde in den 1950er Jahren das Spiel als intermediärer Raum des Kleinkindes beschrieben, allerdings allein im Fokus der psychoanalytischen Therapie (vgl. Winnicott 2006/1971). Die Funktion des Spiels für die allgemeine kindliche Entwicklung wurde nur in zu vernachlässigendem Umfang erwähnt. Erst im Verlauf der 1980er und 1990er Jahre wurde kindliches Spiel genauer rezipiert (vgl. Einsiedler 1999; Lauff 1993; Schäfer 1989; Heimlich 1989). Daraus resultierten neben anthropologischen und sozialökologischen Diskussionspunkten auch Konzeptionen zu einer Pädagogik der Spielmittel und -fantasie. Was in den Theorien der Vergangenheit und Gegenwart fast durchgängig fehlt, ist eine Bezugnahme auf Schule und Unterricht im Hinblick auf ein Spielverständnis, das den Einsatz von Spielelementen nicht allein als Variation der unterrichtsmethodischen Vorgehensweisen versteht. Die Suche nach Formen kindlichen Spielens, die sich produktiv in die Didaktik des Unterrichts einbeziehen lassen, gekoppelt mit der Frage, wie sich dies theoretisch darstellen lässt, bleibt in den erziehungswissenschaftlichen Diskursen weitestgehend offen. Auch in den Fachdidaktiken finden sich kaum Veröffentlichungen, welche die spielpädagogischen Theoreme (vgl. u. a. Fritz 2004; Flitner 2002; Schäfer 1989) auf didaktische Positionen übertragen. Zwar stößt man auf Beiträge zum kindlichen Spiel in der Vor- und Grundschule, deren Titel durchaus vielversprechend klingen (Ahern et al. 2011; Carter 2011; Blank-Mathieu 2010; Yopp & Yopp 2009; Casler & Keleman 2005). Allerdings beschränken sich diese Arbeiten zumeist auf eine überblicksartige Zusammenstellung von Spielideen, die keine theoretische und/oder empirische Fundierung aufweisen.

Die vorliegende Untersuchung geht über diese Positionen hinaus. In den Perspektiven von Theorie (Teil I), Empirie (Teil II) und konzeptioneller Weiterentwicklung (Teil III) erfolgt in sechs Kapiteln die Suche nach einer Schnittmenge von

Spiel und Erkenntnis im Grundschulunterricht. Kapitel 1 erläutert die Bedeutung des Spiels für die kindliche Entwicklung im Fokus des intermediären Raumes (Winnicott 2006/1971) und die im Spiel vollzogene Durchmischung innerer und äußerer Welt (Schäfer 1989; Huizinga 2006/1939; Buytendijk 1933). Dies mündet in die Konzeption von Merkmalen, die das kindliche Spiel seiner Struktur nach beschreiben. Kapitel 2 schließt auf der Grundlage psychologischer und philosophischer Aspekte an den konstruktivistischen Diskurs an. Beleuchtet werden der Pädagogische Konstruktivismus (Kösel & Scherer 1996; Reich 2010; 2008; 2005), der Konstruktive Alternativismus (Kelly 1986) und der Radikale Konstruktivismus (v. Glasersfeld 2007; 1997; 1996; v. Foerster 2007) hinsichtlich ihrer Implikationen für das Erkennen. Gesucht wird nach Analogien zum Begriff der Wissenschaftlichkeit, die hier als Zugang zum Erstellen von Hypothesen zu verstehen ist. Erkenntnis bedeutet demnach, Ereignisse aufgrund gewonnener Erfahrungen zu antizipieren. Dass dies kein nur solipistisch erfolgender Vorgang ist, sondern ebenso ein sozial beeinflusster, ist These des Pädagogischen Konstruktivismus (Reich 2010).

Ausgehend von einem solchen Blickwinkel werden in der Untersuchung konstruktivistische Perspektiven als Basis für eine Zusammenführung von Spiel und Erkenntnis genutzt, um das Feld der Erkenntnistätigkeit im Hinblick auf Phänomene des Spiels zu beleuchten und empirisch zu erheben, in welchen Zusammenhängen sich Prozesse des Erkennens und Spielens miteinander verbinden. Umgekehrt ist zu fragen, welche Formen des kindlichen Spiels nicht oder nur am Rande mit Erkenntnisprozessen einhergehen. Dies soll nicht zur Überbewertung des Spiels im Gesamtspektrum pädagogischer Implikationen führen (Schön 1999), denn daraus könnte eine »Ludifizierung der Pädagogik« resultieren (Böhm 1983: 292). Vielmehr ist im Anschluss an Bollnow (1983; 1980) der Frage nachzugehen, wie sich das Spiel als ein produktives Glied von Unterricht begreifen lässt. Einem solchen Zugang erziehungswissenschaftlicher Theoriebildung ist die vorliegende Studie zuzuordnen. Sie bezieht neben spiel- und erkenntnistheoretischen auch didaktische Perspektiven ein. In zahlreichen Untersuchungen wird das Anliegen formuliert, Spiel im Sinne der »Spielförderung« für Zwecke der Funktionalisierung zu nutzen (Kalish 2005; Kösel 2002; Schön 1999; Lauff 1993; Heimlich 1989; Sutton-Smith 1978). Zu fragen ist jedoch, ob sich kindliches Spiel tatsächlich als Interventionsmaßnahme einsetzen lässt.

Diese Fragehaltung ist grundlegend für die qualitativ-empirische Erhebung, die sich in eine Voruntersuchung (Kapitel 3) und eine Hauptuntersuchung (Kapitel 4) unterteilt. Im Rahmen der Voruntersuchung wird auf deskriptiver Basis der Frage nachgegangen, ob kindliches Spiel im Unterricht stattfindet und in welchen Zusammenhängen spielerische Aktivitäten in Unterrichtssituationen zu beobachten sind. Datenkorpus sind die Interaktionen von Schülerinnen und Schülern in Unterrichtsstunden der Jahrgangsstufen 1 bis 5 sowie der Vorklasse, die mittels teilnehmender Beobachtung (Diekmann 2007) und Protokollierung hinsichtlich des Auftretens kindlichen Spielens erhoben werden. Die Auswertung erfolgt deduktiv-induktiv; einerseits werden wissenschaftliche Kategorien gemäß der in Kapitel 1 erarbeiteten Merkmale angelegt, zum anderen aber auch induktiv auf das Material geschaut. Aufgabe der Voruntersuchung ist es herauszuarbeiten, in welchen Situationen Spiel im Unterricht sichtbar wird, um auf dieser Basis Settings für die qualitativ-empirische Hauptuntersuchung über die vier Klassenstufen der Grundschule zu konzipieren. Als Datenkorpus der Hauptuntersuchung liegen in Form von Videoaufzeichnungen und Transkripten die Schülerinteraktionen zugrunde, die im Hinblick auf die implizite und explizite Form von spielerischer Erkenntnistätigkeit analysiert werden. Als Auswertungsmethode wird die dokumentarische Methode nach Bohnsack et al. (2001) gewählt.

Für die empirische Hauptuntersuchung werden sechs Settings zum Fach Sachunterricht aus den Bereichen der natürlichen und technischen Umwelt konzipiert. Die Settings zur natürlichen Umwelt berücksichtigen die Themenfelder Pflanzen, Wasser und Luft; zur technischen Umwelt werden die Themen Transport und Verkehrswesen, statische Grundsätze sowie Schallübertragung ausgewählt. In den Settings arbeiten die Schülerinnen und Schüler in Gruppen von zwei bis vier Kindern, deren verbale und nonverbale Interaktion in Kopplung mit den entstehenden Schülerprodukten in die Analyse eingeht. Ziel ist es, Momente einer Schnittmenge aus spielerischer und erkenntnisbezogener Tätigkeit aus dem Material herauszuarbeiten und Eckfälle auszuwählen, die hinsichtlich bedeutender Merkmale relevante Unterschiede aufweisen. Die Analyse des Datenmaterials und die Fallauswahl erfolgen synchron, unterstützt durch eine Interpretationsgruppe. Dieser Prozess endet, wenn keine bedeutsamen Ähnlichkeiten und Unterschiede im Material mehr entdeckt werden können (Bohnsack 2005; 2008). Auf der Basis der Befunde werden Kategorien spielerischer Erkenntnistätigkeit ausdifferenziert und eine Beobachterperspektive entworfen, die Prozesse einer Schnittmenge von Spiel und Erkenntnis im Grundschulunterricht beurteilbar macht. Zudem wird eine Abgrenzung gegenüber Faktoren außerhalb dieser Schnittmenge vorgenommen.

Mit dem Ziel der Synthese von Elementen des Spielens und Erkennens erfolgt in Kapitel 5 die Weiterentwicklung einer Theorie des Sachunterrichts im Spiegel einer konstruktivistischen Perspektive. Dies macht eine Bilanz der Konstruktivismusdiskussion für die Entwicklung einer Metapher vom Kind als Konstrukteur erforderlich und mündet in die Erarbeitung von Grundsätzen einer Unterrichtsgestaltung im Fokus von Spiel und Erkenntnis. Daran schließt sich in Kapitel 6 die Frage an, was die Grundschule leisten kann, um Elemente des Spielens und Erkennens im Unterricht zu verknüpfen. Gleichermaßen ist zu fragen, was die Schule in Bezug auf die Realisierung spielerischer Erkenntnisprozesse *nicht* leisten kann. Wo zeigen sich Grenzen und Schwierigkeiten in der Umsetzbarkeit? Die mit diesen Fragestellungen gewählte Schwerpunktsetzung berührt nur einen kleinen Ausschnitt des Spiels im Kindesalter. Kindliches Spiel ist nicht nur Erkenntnis. Zwar kann es mit einem Erkenntnisgewinn einhergehen, dennoch gibt es zahlreiche Formen des Spiels, die fern von Erkenntnisprozessen liegen. Mit der vorliegenden Untersuchung wird der Fokus darauf gesetzt, Formen einer Verknüpfung von Spiel und Erkenntnis auszudifferenzieren, die sich in impliziter und expliziter Form in Unterrichtssituationen zeigen. Zusammenfassend ergibt sich im Anschluss an das Metamodell von v. Schlippe (1988) folgende Übersicht über den Aufbau des Forschungsvorhabens.

Einführung

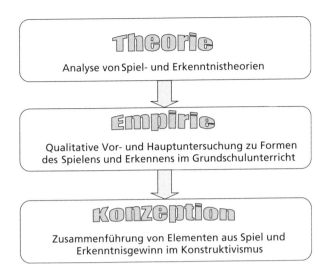

Abb. 1: Aufbau des Forschungsvorhabens

Teil I:
Kindliches Lernen im Spannungsfeld von Spiel und Erkenntnis

1 Dimensionen des Spiels in der Kindheit

Das erste Kapitel befasst sich mit verschiedenartigen Dimensionen des Spielens von Kindern. Neben der theoretischen Auseinandersetzung mit der Frage, was Spiel ist, geht es ebenso um pädagogische und psychologische Aspekte zum Spiel im Kindesalter sowie um seine Bedeutung für die kindliche Entwicklung. Zunächst wird sich dieser Thematik unter historischem Blickwinkel genähert, um mit Rückbezug auf die Zeitgeschichte herauszuarbeiten, wie sich die Spieltheorien verändert haben. Dazu wird eine Auswahl theoretischer Ansätze (u. a. Winnicott 2006/1971; Fritz 2004; Flitner 2002; Schäfer 1989) hinsichtlich der Bedeutung des Spiels für die Entfaltung der Lernfähigkeit des Kindes reflektiert. In der Analyse wird sich zeigen, dass die Dimensionen des Spiels vielfältig sind und nicht alle Gesichtspunkte im Rahmen dieser Studie in ihrer Ausführlichkeit behandelt werden können. Es erfolgt eine Fokussierung auf jene Theorien, welche das Spiel im Spannungsfeld von Lernen und Erkennen beschreiben, und diese Theorien werden zu ihren anthropologisch-phänomenologischen sowie geisteswissenschaftlichen Wurzeln zurückverfolgt.

In der Debatte um kindliches Spiel werden in der Fachliteratur zumeist konkrete Handlungsorientierungen erörtert, die sich mit der Frage befassen, wie das Spiel die als pädagogisch wertvoll erkannten Ziele beim Kind fördern kann (Fritz 2004; Flitner 2002; Schäfer 1989; Sutton-Smith 1983). Ebenso werden Fragestellungen zum Spiel in der Psychologie und Soziologie berührt, z. B. zur Motivation menschlicher Verhaltensweisen (Piaget 2003) und zu gesellschaftlichen Zusammenhängen (Rakoczy, Warneken & Tomasello 2008; Heimlich 2001). Insgesamt zeichnen sich vier Felder zur Spielforschung ab, die das Spektrum aktuell behandelter Ansätze widerspiegeln (Tab. 1; vgl. Kreuzer 1983). Vereinzelt verfolgt die Fachliteratur auch andere Perspektiven (vgl. Ahern et al. 2011; Carlson 2011; Barros et al. 2009; Yopp & Yopp 2009), die jedoch für die zentrale Fragestellung nicht relevant sind und in dieser Untersuchung vernachlässigt werden. Ausgangspunkt der Analyse ist die Fassung des Spielbegriffs, einerseits aus etymologischer Sichtweise (Abschnitt 1.1) und andererseits aus einer nach historischen Ursprüngen forschenden Perspektive (Abschnitt 1.2). Es werden Phänomene kindlichen Spielens nachgezeichnet (Abschnitt 1.3) und auf der Basis des Kategorienschemas von Caillois (1982/1960) wird ein Modell der Spielbewegung entwickelt (Abschnitt 1.4), das auf die Verknüpfung von spielendem Kind und Umwelt verweist (Abschnitt 1.5). Daraus resultierend werden Dimensionen des Spiels im Kindesalter ausdifferenziert (Abschnitt 1.6), um diese im zweiten Kapitel Formen kindlicher Erkenntnistätigkeit gegenüberzustellen.

Tab. 1: Perspektiven zum kindlichen Spiel (vgl. u. a. Piaget 2003; Flitner 2002; Kreuzer 1983)

Spielen – Lernen	In Bezug auf Spielen und Lernen wird gefragt, was beim Spiel gelernt werden kann und wie sich dies steuern lässt. Auch wird untersucht, wie und wann Kinder zu spielen beginnen. Mit der Analyse des Spiels erhofft man sich grundsätzliche Einsichten in das Verständnis von Kindern sowie in die Motivation kindlicher Verhaltensweisen.
Spielen – Arbeiten	Einerseits gibt es Untersuchungen, die Spiel und Arbeit synonym gebrauchen, indem sie beide Tätigkeiten unter dem Leistungsbegriff subsumieren. Andererseits finden sich Forschungsansätze, die Spielen und Arbeiten als Gegensätze betrachten. Dies ist vor allem für phänomenologische Zugänge kennzeichnend.
Spielen – kulturelles Erleben	Kindliches Spiel wird mit der Bezugnahme auf kulturelle Aspekte in einen gesellschaftlichen Zusammenhang gerückt. Neben soziologischen Forschungsperspektiven kommen ebenso kulturvergleichende Ansätze zum Tragen.
kindliches Spiel – Spielen von Tieren	Die empirische Spielforschung befasst sich mit der Frage, unter welchen Voraussetzungen Kinder spielen und inwiefern sich Parallelen bzw. Unterschiede zum Spiel von Tieren zeigen.

1.1 Zum Spielbegriff

Als Ausgangspunkt für die Bestimmung des Spielbegriffs wird die Definition des Kulturanthropologen Huizinga aus seinem 1939 erschienenen Werk »Homo Ludens« herangezogen. Spiel sei eine Beschäftigung, »*die innerhalb gewisser festgesetzter Grenzen von Zeit und Raum nach freiwillig angenommenen, aber unbedingt bindenden Regeln verrichtet wird, ihr Ziel in sich selber hat und begleitet wird von einem Gefühl der Spannung und Freude und einem Bewußtsein des ›Andersseins‹ als das ›gewöhnliche Leben*«« (Huizinga 2006/1939: 37). Darunter lassen sich solche Aspekte subsumieren wie der Wettstreit und die Kraftspiele, aber auch die kindlichen Spiele des Versteckens und der Maskierung. In der Definition Huizingas lässt sich keine klare Abgrenzung der verschiedenen Spielformen erkennen. Er stellt den Begriff »Spiel« als eine übergeordnete Kategorie dar (Schön 1999), die sich erst in Bezug auf die Sprach- und Kulturzweige in einzelne Formen ausdifferenzieren lässt.

Der griechische Begriff *paideia*, der für das Sorgenlose steht, bezieht sich auf das Kinderspiel, wohingegen die Wettkampfspiele in den Begriff *agôn* eingegangen sind (Huizinga 2006/1939: 39 f.). Die Bezeichnung *krīdati* im Sanskrit nimmt auf die Bewegungen des Windes und der Wellen Bezug ebenso wie auf ein Hüpfen im Allgemeinen (Huizinga 2006/1939: 41). Im Chinesischen umfasst das Wort *wan* die Bedeutung des Scherzens und dient nicht zur Bezeichnung des

Geschicklichkeitsspiels. Hingegen bezieht sich der allgemeine Begriff *Kaxtsi*, mit dem semantischen Moment des Wettstreitens, auf Glücksspiele, Geschicklichkeits- und Kraftspiele. Der Verbalstamm *koăni* bezeichnet das nicht reglementierte Spielen von Kindern sowie das organisierte Spiel (Huizinga 2006/1939: 42). Die japanischen Begriffe *asobi* und *asobu* stehen für das Spielen als Entspannung, Zeitvertreib und Erholung. In der Verwendung als Verb bezeichnet *asobu* einen Scheinkampf, nicht aber einen Wettbewerb (Huizinga 2006/1939: 44). Indessen umfasst das lateinische *ludere* den Wettkampf, das Kinderspiel, Glücksspiel und die szenische Darstellung (Huizinga 2006/1939: 46). Diese Beispiele zeigen, dass die Bedeutung des Begriffes ›Spiel‹ in Abhängigkeit von Sprache und Kultur divergiert. Während die eine Sprache das reglementierte Spielen in den Blick nimmt, fokussiert eine andere das spielerische Herumtollen, und in der nächsten steht der Bewegungsaspekt im Vordergrund (Schön 1999). In der Mannigfaltigkeit der Bedeutungsgehalte kristallisiert sich der Begriff ›Spiel‹ als ein umfassender Terminus heraus, wobei sich eine »spezifische Bedeutung gewissermaßen in die einer leichten Handlung oder Bewegung überhaupt auflöst« (Huizinga 2006/1939: 47). Diese Bewegung wird mit dem Merkmal des »Hin und Her« (Huizinga 2006/1939: 41) beschrieben, das auf »keinen Endpunkt gerichtet ist« (Kolb 1990: 152), »auf der Stelle kreis[t]« (Scheuerl 1994/1954: 95) und sich in »Zwischenräume[n]« (Lauff 1993: 151) bewegt. Insofern hat spielerische Tätigkeit auch »kein Ziel, in dem sie endet, sondern erneuert sich in beständiger Wiederholung« (Gadamer 1965: 99).

Charakteristisch für die Bewegung des Spielens ist die »freie, ziellose, ungebundene, in sich selbst vergnügte Thätigkeit« (Lazarus 1883: 2), die das »›Als ob‹, das Scheinbare, die Nachahmung« wiedergibt (Huizinga 2006/1939: 41). Dies trifft auf die Spielbewegung des Menschen und der Tiere zu, aber auch für die »in Grenzen hin- und herschwebenden Wellen« (Lazarus 1883: 2). Der Vorgang des Hin- und Herschwingens zeigt sich bei Buytendijk (1933) als ein ungezwungenes Moment, das sich als »Beschäftigtsein« oder »Hin- und Herwiegen« beschreiben lässt und vor allem das »Luftige, Leichte, Fröhliche, Mühelose und Unbedeutende« ausdrückt (Huizinga 2006/1939: 41). In fast allen diesen Beschreibungen scheint der semantische Ausgangspunkt die Bewegung des Hin und Her zu sein. Dieses Merkmal wird im Folgenden entlang der Frage ausdifferenziert, in welchen Formen das Hin und Her des Spielens mit kindlicher Erkenntnistätigkeit einhergeht.

1.2   Historische Ursprünge zur Reflexion kindlichen Spiels

Auf der Suche nach historischen Entwicklungslinien lassen sich in der Antike erste Anknüpfungspunkte für kindliches Spiel finden. Hier wird beschrieben, wie kindliches Spiel, Tanz und Vergnügen miteinander verbunden sind, dass »fast jedes junge Wesen [...] sich unablässig zu bewegen [...] suche [...] durch Hüpfen und Springen, als ob sie gleichsam voller Lust tanzten und spielten« (Platon 1994, 2. Buch: 39). In Bezug auf den Erwachsenen erfülle das Spiel einen anderen Zweck. Es diene als eine Art »Heilmittel«, weil es der »Seele« Entspannung gebe und aufgrund des »damit verbundenen Vergnügens eine Erholung« sei (Aristoteles 1989: 372). Allerdings könne beim Spielen auch etwas gelernt werden, »und zwar die Dinge, die man nicht aus Notwendigkeit um der Arbeit willen lernt, [...] sondern um ihrer selbst willen« (Huizinga 2006/1939: 176; in Bezugnahme auf Aristoteles; vgl. auch Abschnitt 1.3.1). Erst in der Geistesbewegung der Aufklärung zeigt sich mit einer veränderten Sichtweise der Kindheit eine eigenständige Diskussion über das kindliche Spiel. Es setzt sich die Erkenntnis durch, dass Kinder eigene Persönlichkeiten sind (Rousseau 1995/1762) und ein Recht auf Erziehung haben, die ihre individuellen Bedürfnisse berücksichtigt (GuthsMuths 1959/1796). Mit dem ästhetischen Spieltrieb werden diese Überlegungen auf die Tätigkeit des Spielens übertragen (Schiller 1962/1793). Im Folgenden werden die für die Suche nach einer Schnittmenge von Spiel und Erkenntnis relevanten Bezugslinien aufgegriffen, unter Berücksichtigung der Diskurse um die naturgemäße Erziehung (Abschnitt 1.2.1), die ästhetische Wahrnehmung (Abschnitt 1.2.2) sowie das Spiel als Einübung und Erholung (Abschnitt 1.2.3).

1.2.1 Spiel als naturgemäße Erziehung

Im Diskurs um das Spiel als naturgemäße Erziehung (Locke 2007; Rousseau 1995/1762; GutsMuths 1959/1796) zeigt sich die Freiheit als Bedingung für eine naturgemäße Erziehung und das kindliche Spiel als »leichte und willentliche Führung der Bewegungen, die die Natur verlangt« (Rousseau 1995: 137). Diesem Diskurs zufolge bildet das Spiel eine wichtige Grundlage für die Selbstentwicklung des Kindes. Es wird als »Kunst« bezeichnet, die dazu beiträgt, »Abwechslung« zu bringen, um es den Kindern »noch genußreicher zu machen, ohne daß der geringste Zwang es zur Arbeit macht« (Rousseau 1995: 137). Mit Locke (2007) lässt sich argumentieren, die Erziehung forme über Erfahrungen und Reflexion den kindlichen Verstand, wodurch das Kind zu wichtigen Fähigkeiten gelange, beispielsweise den Sprachen, Naturwissenschaften und dem Spiel. So werde das Spiel Kinder »daran gewöhnen, alles, was sie brauchen, in sich selbst und in eigenem Bemühen zu suchen« (Locke 2007: 163). Rousseau geht noch einen Schritt weiter, indem er dem Spiel eine eigene Qualität zuspricht. Es »lehre die dingliche Welt kennen«, sei daher »nicht nur als Erholung zu dulden, sondern des Kindes ureigenstes Recht«; mit anderen Worten sei »das Recht des Kindes auf Spiel [...] ein Recht auf *Lebensfülle* schlechthin« (Scheuerl 1975: 16; in Bezugnahme auf Rousseau).

Daraus resultiert die Forderung nach einer entwicklungsgemäßen Erziehung, in der jedes Kind ein Recht auf Spiel hat (GutsMuths 1959/1796; 1970/1793). Durch Spiel könne das klassisch-humanistische Ideal der Entwicklung von Körper und Geist erreicht werden; denn wenn das »größte Geheimnis der Erziehung« darin bestehe, dass die »Übungen des Geistes und des Körpers sich gegenseitig zur Erholung dienen, so sind Spiele [...] unentbehrliche Sachen« (GutsMuths 1959/

1796: 14). Im Zentrum dieses Diskurses steht die Spielregel, wie GutsMuths (1959/ 1796: 2) postuliert, denn »allein der Grund des Vergnügens beim Spiel« liegt nicht in unserer Tätigkeit, sondern auch in der »verabredeten systematischen Ordnung«. In den Theorien bis zum Beginn des 19. Jahrhunderts zeigt sich das Spiel als ein Medium, über das Kinder lernen, Regeln einzuhalten und sich in verabredeten Strukturen zu bewegen. Erst die Spieltheorien der Folgezeit fragen nach der Funktion des Spiels für die Entwicklung des Kindes.

1.2.2 Spiel als ästhetisches Konstrukt

Der Diskurs um die ästhetische Dimension des Spiels (Schütze 1993; Noetzel 1992; Schiller 1962/1793) geht von einem Modell zweier Grundtriebe aus: dem sinnlichen Trieb und dem Formtrieb. Sowohl die einseitige Ausrichtung auf nur einen Trieb ist problematisch als auch die Egalisierung beider Triebe, weshalb Schiller (1962/1793: 354) den »Spieltrieb« als drittes Glied in das Modell integriert. Allgemein ausgedrückt heißt der Inhalt des sinnlichen Triebes »Leben«, das alles »materiale Seyn« umfasst. Der Inhalt des Formtriebes lässt sich als »Gestalt« umschreiben, der die »Denkkräfte« subsumiert. Der Spieltrieb kann somit als »lebende Gestalt« bezeichnet werden, der sich auf alle »ästhetischen Beschaffenheiten der Erscheinungen« bezieht (Schiller 1962/1793: 355) und in einer Wechselwirkung zwischen Materialem und Formalem eine Verknüpfung zwischen sinnlichem Trieb und Formtrieb bewirkt. Ästhetisch, d. h. dem Prinzip des Spiels unterliegend, ist ein Ereignis, wenn dieses den ganzen Menschen berührt, denn »der Mensch spielt nur, wo er in voller Bedeutung des Worts Mensch ist, und er ist nur da ganz Mensch, wo er spielt« (Schiller 1962/1793: 359).

In jenem Diskurs ist die Trennung von ästhetischem und physischem Spieltrieb wesentlich. Der physische Trieb, bei dem sinnliche Bedürfnisse im Vordergrund stehen, wird als Antrieb für die Spiele der Tiere gesehen, häufig auch für kindliches Spiel. Hingegen zeigt sich der ästhetische Spieltrieb im Einklang von Sinnlosigkeit und Pflicht. Diese Harmonie zu erzielen, stellt sich nach Schiller (1962/ 1793: 373) als noch unerfüllte Aufgabe der Menschheit dar, zumal die »Entgegensetzung zweyer Nothwendigkeiten« der »Freyheit den Ursprung« gibt. Erst die Schönheit macht die Verbindung so »rein und vollständig«, dass »beyde Zustände in einem Dritten gänzlich verschwinden« (Schiller 1962/1793: 366). Dieser dritte Zustand ist der des Spiels, das eine Sonderstellung innerhalb des ästhetischen Konstrukts einnimmt. Es umschreibt den Prozess des »Werdens des Menschen in seiner Ganzheit« (Schütze 1993: 191), die letztlich als Wunschbild zu betrachten ist, zumal sie nur im Bereich des Ästhetischen ihre »scheinhafte Konkretion erhält« (Noetzel 1992: 64). Aufgabe ist es, das auf den Verstand bezogene Moment im Spiel auszudifferenzieren und Formen des Spiels für rationale Tätigkeiten nutzbar zu machen (v. Hentig 1969). Erst wenn die Verknüpfung zwischen Spielerischem und Rationalem gelingt, kommt der Mensch seinem eigentlichen Ideal näher (Schiller 1962/1793). Der in diesem Diskurs beschriebene Spielbegriff ist nicht zu separieren von Schillers Gesamtkonzept der Erziehung der Menschheit zum Ästhetischen.

1.2.3 Spiel als Einübung und Erholung

Im Diskurs um Spiel als Einübung und Erholung (Groos 1910; 1899; Spencer 1886; Lazarus 1883) ist das Merkmal der Zweckfreiheit das wesentliche Kriterium. In den verschiedenen Stufen der Evolution kommt zweckfreies Handeln in unterschiedlicher Ausprägung vor. Tiere auf einer niedrigen Evolutionsstufe sind mit lebensnotwendigen Aktivitäten derart befasst, dass für zweckfreies Tun keine Energie vorhanden ist. Hingegen verfügen Lebewesen auf höherer Evolutionsstufe über einen »Überschuss an Lebenskraft« (Spencer 1886: 708), der für zweckfreie Tätigkeit genutzt werden kann. Dies äußert sich in »nachahmenden oder vortäuschenden Thätigkeiten«, z. B. bei kleinen Kindern, wie sie ihre »Puppen pflegen, wie sie Theegesellschaften geben usw.« (Spencer 1886: 710). Anhand der Funktionsweise des Nervensystems erklärt Spencer (1886: 708) das Spielen als biologisch determiniert und entwickelt auf dieser Grundlage die »Energieüberschusstheorie«. Diese mag schlüssig erscheinen, wenn sie auf das spielerische Herumtollen bezogen wird; allerdings ist sie auf das Versunkensein im Spiel nicht übertragbar. Spencers Zugang, Spiel sei überschüssige Energie, ist als alleinige Erklärung für kindliches Spiel nicht ausreichend.

Die »Erholungstheorie« (Lazarus 1883) betrachtet das Spiel als Gegengewicht zur Arbeit. Spiel erfülle einen Zweck, der in sich selbst liege, während beim Arbeiten ein außerhalb der Tätigkeit befindliches Ziel verfolgt werde. Spiel sei »Spaß und Scherz«, eine »Art der Erholung«; Arbeit indes »Anstrengung, [...] Ernst, [...] Beruf« (Lazarus 1883: 14 f.). Zentral ist in jenem Diskurs die Fragestellung, ob Spiel und Arbeit als Gegensätze zu betrachten sind (Black 1992; Retter 1988). Lazarus (1883: 14) postuliert, Arbeit könne durchaus ohne Anstrengung geschehen, z. B. wenn sie nach ausreichender Übung geschickt ausgeführt wird; »eben dann aber sagen wir, daß sie ›spielend‹, ›wie ein Spiel‹ von statten« geht. Entsprechend liege der Nutzen des Spiels in der aktiven Erholung von der Anstrengung der Arbeit. Es lasse den Menschen die »idealen Höhen des Lebens ersteigen« (Lazarus 1883: 51), zeige sich als »freie, ziellose, ungebundene, in sich selbst vergnügte Thätigkeit« (Lazarus 1883: 23), die sich zweckfrei »in Bewegung befindet« (Lazarus 1883: 20). Dabei geht es nicht allein um die »bloße mechanische Bewegung, sondern etwas vom Innerlichen des menschlichen, scherzenden und neckenden Spiels begleitet die Vorstellung«, gleich dem »Wechsel der kaleidoskopischen Farben und Formen« (Lazarus 1883: 21 f.). Mit dem Kaleidoskop wird auf ein Instrument verwiesen, dass durch die an den Innenflächen angebrachten Winkelspiegel die Glasstückchen als sich permanent verändernde symmetrische Figuren erscheinen lässt. Für den Betrachter wird eine Bewegung erkennbar, die in sich selbst zurückkehrt, zu keinem Ziel hinstrebt (vgl. Abschnitt 1.3).

Als alleinige Erklärung für kindliches Spiel kann die Erholungstheorie nicht genügen, schließlich brauchen Kinder sich zumeist nicht von ermüdender Arbeit zu erholen. Eine Erweiterung stellt die »Einübungstheorie« (Groos 1899; 1910) dar, die das kindliche Spiel als Vorübung für die Aufgaben des späteren Lebens erfasst. In der Kindheit werden zahlreiche Verhaltensweisen erworben, wobei der »Selbstausbildung« (Groos 1910: 6) durch Experimentierspiele eine wichtige Funktion zukomme. Mehr als irgendeine andere »außerwissenschaftliche Tätigkeit« führe sie zum »Erkennen von Kausalzusammenhängen« und sei damit der »Vater des wissenschaftlichen Experiments« (Groos 1910: 11). Eine andere Funktion des Spiels zeigt sich in der Bereicherung des Lebens, denn »höhere Kultur bedeutet Arbeitsteilung; Arbeitsteilung bedeutet Einseitigkeit. [...] Hier kann nun das Spiel [...] ergänzend eingreifen« (Groos 1910: 19) und zur Kompensation beitragen, sowohl für Menschen, die in ihrem Beruf vor allem geistig tätig sind, als auch jenen mit körperlich anstrengender Tätigkeit. Durch das Spiel gelange der Mensch aus den verschiedenen »Sphären des Ernstlebens« hinüber in die »sorgenlose Sphäre des Spiels mit seinen Illusionen« (Groos 1910: 27). Im zuletzt genannten Bezugsrahmen wird die Funktion des Spiels im Abstreifen der »Beziehung zur Wirklichkeit« (Groos 1910: 27) gesehen, was eine Form des »So tun, als ob« (Fritz 1992) impliziert.

> Zusammenfassend lässt sich festhalten: Die Spieltheorien des 19. Jahrhunderts sind in einzelnen Aspekten wegweisend für aktuelle Diskurse zum kindlichen Spiel. Es zeigt sich jedoch, dass die Theorien von Groos (1899; 1910), Spencer (1886) und Lazarus (1883) eine naturwissenschaftliche Begründung nach dem Prinzip von Ursache und Wirkung herzuleiten versuchen. Eine solche Determiniertheit lässt sich für kindliches Spiel nicht zugrunde legen, wie im folgenden Abschnitt zu zeigen sein wird.

1.3 Aktuelle Diskurse zum kindlichen Spiel

Die Vielzahl neuerer Theorien des Spiels macht eine einheitliche Erfassung fast undenkbar. Forscher der unterschiedlichsten Disziplinen haben jeweils eigene Theorieansätze entworfen und jeder Wissenschaftszweig geht von seinen je spezifischen Standpunkten aus (Kratochwil 1984). Eine Übersicht über die wichtigsten Theorien mit ihren charakteristischen Merkmalsgruppen bietet die Zusammenfassung von Hering (1979; Tab. 2). Die fünf wissenschaftstheoretischen Kategorien von Sinhart-Pallin (1982) weichen hiervon ab, während Buland (1992) und Einsiedler (1999) den Spielbegriff für grundsätzlich nicht definierbar halten. Insgesamt wird deutlich, dass eine Vereinheitlichung der Theorien zum kindlichen Spiel problematisch erscheint (Schön 1999), weshalb im Folgenden nicht der Versuch unternommen wird, wissenschaftstheoretische Kategorien zu erstellen. Vielmehr beschränkt sich die Analyse darauf, jene Diskurse zu untersuchen, die das Spiel in seiner Bedeutung für die bildende Aneignung von Wirklichkeit fokussieren.

Tab. 2: Kategorisierung spieltheoretischer Ansätze (vgl. Schön 1999; Hering 1979)

Phänomenologie	Spiel wird beschrieben als freies Handeln, Zweckfreiheit, Begrenztheit, Spielraum, Scheinwirklichkeit (›so tun, als ob‹), eigene Ordnung, Wiederholbarkeit (Einübung), Spannung (Hin und Her).
Piaget	Entwicklung des Spielverhaltens und kognitive Entwicklung verlaufen parallel. Spiel ist Assimilation (Übertragung bekannter Handlungsschemata) und das Gegenteil von Akkommodation (Nachahmung).
Motivationspsychologie	Spiel pendelt zwischen Spannung und Entspannung (Aktivierungszirkel). Es wird durch Überraschung, Neuigkeit, Veränderung stimuliert.
Verhaltensforschung	Spiel als Appetenzverhalten setzt die Befriedigung elementarer Bedürfnisse voraus und geht mit dem Erkunden, Nachahmen und der Wissbegier einher.
Sozialisationstheorie	Die Spielfähigkeit des Kindes ist determiniert durch Sozialisationsbedingungen. Defizite in der Sozialisation führen zu Spielschwierigkeiten, die komplementäre Sozialisationsfunktionen wahrnehmen.
Psychoanalyse	Spiel als Alternativbefriedigung ist Umgestaltung der Realität in lustbringender Form. Es dient der Angstabwehr und Verarbeitung von Erlebnissen. Dem Kind kann es die Flucht vor der Außenwelt eröffnen.
Rollentheorie	Spiel wird als antizipierende Sozialisation (Rollenlernen) bzw. als Identitätsdarstellung (flexibles Rollenhandeln) betrachtet. Dies impliziert soziale Kompetenz (Rollendistanz, Empathie, Ambiguitätstoleranz), Sprachförderung und psychische Stabilisierung.

1.3.1 Spielelement als Kulturfaktor

Die Dimension der Kultur dominiert die phänomenologisch-anthropologische und philosophisch-geisteswissenschaftliche Debatte zum kindlichen Spiel (vgl. Huizinga 2006/1939; Schön 1999; Kolb 1990). Gemäß der philosophischen Anthropologie Plessners (1982), die das Spiel als Wechselspiel von Subjekt und Umwelt fasst, erhält das Spiel seine spezifische Bedeutung aus der Spannung, ob eine Handlung im Umgang mit der Welt gelingt oder nicht. Das Besondere an der Spielhandlung ist, dass der Spieler sich nicht sicher sein kann, ob seine Aktivitäten zum Erfolg führen (Kolb 1990). In diesem Sinne ist Spiel eine Bewegung, die ohne Ziel ist, da sie stets an ihren Ausgangspunkt zurückkehrt (Buytendijk 1933). Die einzigen Bewegungen, die diesem Merkmal entsprechen, sind die Kreisbewegung sowie die Abläufe des Hin und Her (vgl. Abschnitt 1.1). Die Bewegung kommt zum Spieler zurück und löst bei ihm erneut eine Aktion aus; das Hin und Her von Impuls und Reaktion als notwendige Folge der »Unberechenbarkeit des Spielens« (Buytendijk 1933: 116) ist Antrieb eines jeden Spiels. Spielen bedeutet demnach nicht nur, dass das Kind mit etwas spielt, sondern auch, dass etwas mit dem Kind spielt. Diese Dynamik, die »auf keinen Endpunkt gerichtet ist« (Kolb 1990: 152), muss sich in Wechselwirkung entfalten. Das Charakteristische einer solchen Bewegung zeigt sich vor allem darin, dass sie »schwach und zögernd anfängt und allmählich stärker und heftiger wird« (Buytendijk 1933: 115).

Im Diskurs um die Frage, in welcher Beziehung Spiel und Kultur zueinander stehen, zeigt die Arbeit von Huizinga (2006/1939), dass wir es im Spiel mit einer »primären Lebenskategorie zu tun« (Huizinga 2006/1939: 11) haben. Die Kultur ist im Vergleich hierzu eine »*sub specie ludi*« (Huizinga 2006/1939: 13), da Kulturerscheinungen, wie Musik, Kunst, Tanz, Wissenschaft und Recht im Spiel enthalten sind. Beispielsweise zeigt sich die Rechtsprechung durch den an festen Regeln orientierten Wettbewerb der Prozessparteien, indem die Richter mit Talar und Perücke aus dem alltäglichen Leben heraustreten, bevor sie Recht sprechen (Huizinga 2006/1939: 89 f.). Spiel wird in diesem Diskurs als »*außerhalb des gewöhnlichen Lebens stehend*« (Huizinga 2006/1939: 22) beschrieben. Es vollzieht sich innerhalb eines eigenen Raumes und ist mit eigenen Regeln verknüpft. Erst sekundär, indem das Spiel »Kulturfunktion« annimmt, »treten die Begriffe Müssen, Aufgabe und Pflicht mit ihm in Verbindung« (Huizinga 2006/1939: 16). Hierdurch befindet sich das Spiel außerhalb der unmittelbaren Befriedigung von Notwendigkeiten, »*ja es unterbricht diesen Prozeß*« (Huizinga 2006/1939: 17). Ein solches Tun findet im Sinne der inneren Zweckfreiheit in sich selbst seine Befriedigung, was bereits bei Lazarus (1883) Erwähnung fand (vgl. Abschnitt 1.2.3). Neu an der Sichtweise Huizingas ist, dass sich die Spielfreiheit als eine Freiheit zum Unwirklichen zeigt, in die das Alltägliche nur marginal hineinreicht.

Im Diskurs zum Spiel als Kulturfaktor ist der Aspekt des Begrenztseins das grundlegende Kennzeichen. Wesentlicher noch als die zeitliche ist die räumliche Beschränkung des Spiels, denn Spielplätze sind »abgesondertes, umzäuntes, geheiligtes Gebiet […]. Sie sind zeitweilige Welten innerhalb der gewöhnlichen Welt« (Huizinga 2006/1939: 19). Dies trifft für die Poesie und die Musik zu. Am deutlichsten ist die Qualität des Spielens aber im Tanz zu sehen. Hier zeigt die Studie von Straus (1960), dass das tänzerische Hin und Her nicht eine Bewegung zwischen zwei räumlichen Koordinaten, sondern ein Hin und Her der Bewegung am und im Körper des Tanzenden ist (Schön 1999). Auf diesen Aspekt wird in Abschnitt 2.3.3 noch genauer eingegangen.

1.3.2 Bewegungsmoment im kindlichen Spiel

Im Diskurs um das Bewegungsmoment im Spiel ist die Untersuchung von Scheuerl (1994/1954) zentral, in der eine Analyse unterschiedlicher Spieltheorien im Hinblick auf ihr phänomenologisches Grundverständnis erfolgt. Kolb (1990) kritisiert den Forschungsansatz von Scheuerl, da die Ergebnisse kaum über das in den Theorien schon Beschriebene hinausgingen. Dem ist im Anschluss an Flitner (2002) und Schön (1999) entgegenzuhalten, dass Scheuerl eine spielpädagogische Typisierung vornimmt und damit Buytendijks (1933) eher allgemeingültige Beschreibung des Spiels als Bewegungsdrang (vgl. Abschnitt 1.3.1) weiterentwickelt. Die Ergebnisse aus Scheuerls Studie zeigen, dass das Spiel von anderen Bewegungsabläufen durch die Momente der »Freiheit«, »Ambivalenz«, »relativen Geschlossenheit«, »innere[n] Unendlichkeit«, »Scheinhaftigkeit« und »Gegenwärtigkeit« (Scheuerl 1981: 48) unterschieden werden kann. Wichtigstes Merkmal ist das Moment der Freiheit (Fritz 2004; Flitner 2002; Scheuerl 1994/1954), zumal Spiel kein außer ihm selbst befindliches Ziel verfolgt, in sich jedoch zweckmäßige Zusammenhänge beinhalten kann. Diese Ambivalenz nennt Scheuerl (1994/1954: 69) »Zweckmäßigkeit ohne Zweck«, was Schiller (1962/1793) als Wechselwirkung zwischen sinnlichem Trieb und Formtrieb beschrieb. Mit dem Merkmal der Ambivalenz kommt nun ein Moment der Überraschung hinzu, wodurch die Bilder des Spiels »*eine Doppelnatur [erhalten]: Sie sind zugleich vertraut und fremd, bekannt und unbekannt*«, zeigen sich in solchen Paradoxien wie einer »*stehende[n] Bewegung*« oder einem »*unentschiedene[n] Zugleich*« (Scheuerl 1994/1954: 88).

Während die Theorie der Triebbefriedigung davon ausgeht, dass Kinder Spannungen durch ihr Spiel zu lösen versuchen (vgl. Tab. 2, Abschnitt 1.3), entgegnet Scheuerl (1994/1954: 72), ein Kind spiele, um das Spiel in seiner inneren Unendlichkeit zu erleben. Hiermit rückt das Spiel in die Nähe zur ästhetischen Erfahrung (Fritz 2004; Schiller 1962/1793), denn ebenso wie in der Musik oder Kunst kann im Spiel innere Unendlichkeit erlebt werden. Man vergisst die Zeit »angesichts von Phänomenen, die scheinhaft in ewiger Gegenwart auf der Stelle kreisen« (Scheuerl 1994/1954: 95). Erst indem sich die Bewegung vom Alltäglichen ablöst, kann »›echtes‹ Spiel« (Scheuerl 1994/1954: 117) entstehen, innerhalb eines Raumes, der einigermaßen überschaubar und dennoch voll potenzieller Überraschungen ist. Ein solcher Bewegungsbegriff darf nicht zu eng gefasst werden, denn auch ein Gemälde kann »doch – virtuell – bewegt sein« (Scheuerl 1994/1954: 117); die Illusion einer Bewegung ruft im Betrachter eine Spielbewegung hervor. Daraus erklärt sich Scheuerls Schlussfolgerung, Spiel stehe dem Kind als Erscheinung gegenüber und fordert »*oft höchste und wachste Aktivität, zugleich aber, um scheinhaft wirken zu können, auch tiefste Hingabebereitschaft*« (Scheuerl 1994/1954: 122).

Im Diskurs um das Bewegungsmoment im kindlichen Spiel zeigt sich Spiel als sinnlich wahrnehmbare Bewegung, die innerhalb oder außerhalb des Kindes erfolgt. Entsteht die Bewegung von innen heraus, kann sie in physischer Bewegung (z. B. auf dem Spielfeld) ihren Ausdruck finden. Erfolgt die Bewegung außerhalb des Kindes, kann beispielsweise von »hin- und herschwebenden Wellen« (Lazarus 1883: 23) gesprochen werden, die Anlass für eine Spielbewegung sein können. In welcher Form diese Dimensionen als Schnittmenge zwischen kindlichem Spiel und Erkenntnis im Grundschulunterricht fassbar werden, wird im empirischen Teil der Untersuchung erhoben (vgl. Kapitel 3 und 4).

1.3.3 Spielbewegung als Schwingung

Im Diskurs um Spiel als Schwingung zeigt sich in der Studie von Lauff (1993) ein Bewegungsschema mit physikalisch beschreibbaren Regeln. Fokussiert wird die Hin- und Herbewegung des Pendels, die in die Psychophysik der Spielbewegung übersetzt wird. Die spielerische Pendelbewegung kommt »dadurch zustande, dass in ihr zwei gegenläufige Kräfte wirksam sind« (Lauff 1993: 144). Hierdurch entstehen Umkehrbewegungen, die gleichzeitig das »Sicherheitsnetz für das Wagnis von Polarität« (Lauff 1993: 157) und im übertragenen Sinne die Überraschungsmomente des Spiels sind. Aus dem Grad an Intensität, mit dem die Schwingung erfolgt, resultieren Variationen der Pendelbewegung. Diese kann stark oder weniger stark sein, wie sich am Beispiel des Schaukelns zeigt. Im Fallen wird das schaukelnde Kind von der Schwerkraft angezogen, während im Fliegen die Muskelkraft die Schwerkraft überwindet (Schön 1999). In Bezug auf die Spielbewegung bedeutet dies, dass der Spieler fortwährend einen gewissen Grad an Energie aufbringen muss, um sein Spiel aufrechtzuerhalten; er pendelt zwischen Spannung und Entspannung. So gesehen ist Spielen Erlebnisgeschehen in »Zwischenräume[n] zwischen antinomischen Kräften« (Lauff 1993: 151). Das Prinzip ist das der Ambivalenz.

Dominant zeigt sich in jenem Diskurs, dass sich die Gemeinsamkeit der Praxisbeispiele auf das Merkmal der physikalischen Pendelbewegung reduziert. Einmal wird der Ansatz spielerischer Polarität auf das mit einer »Barbie-Puppe« spielende Kind bezogen, ein andermal auf ein Liebespaar, das seine Wünsche zwischen Wollen und Hemmen immer wieder neu ausloten muss. Schließlich wird die Physik des Pendels in die Psychophysik des »Lehrer-Schüler-Spiel[s]« transformiert (Lauff 1993: 156). Fraglich muss bleiben, ob die physikalische Pendelbewegung allein ausreicht, um Tätigkeiten wie die im Unterricht stattfindende Interaktion zwischen Schüler bzw. Schülerin und Lehrkraft als »Spiel« zu kennzeichnen. Im Diskurs zum Spiel als Pendelbewegung bleibt weitestgehend offen, anhand welcher Merkmale (neben der Hin- und Herbewegung) sich eine Spielbewegung beschreiben lässt. Zwar werden verschiedene Formen des Spiels benannt, die vom Tennis-, Computer- und Mensch-ärgere-Dich-nicht-Spiel bis hin zu raufenden Kindern reichen (Lauff 1993). Dabei wird jedoch nicht weiter ausgeführt, in welchen Ausprägungen Momente einer spielerischen Pendelbewegung sichtbar werden. Als gemeinsamer Nenner wird auf die physikalische Hin- und Herbewegung verwiesen (Schön 1999). In welcher Form sich eine solche Bewegung in Bezug auf eine Schnittmenge von Spiel und Erkenntnis im Unterricht zeigt, wird in den Kapiteln 3 und 4 empirisch erhoben.

1.3.4 Zur Spielfantasie des Kindes

Der jüngste Diskurs zur Weiterentwicklung einer Theorie des kindlichen Spiels fokussiert die Spielfantasie als zentrale Dimension und differenziert diese in eine innere und äußere Welt (Winnicott 2006/1971; Fritz 2004; Schäfer 1989). Die äußere Welt wird als vom Kind unabhängig dargestellt, zwar mit der inneren psychischen Wirklichkeit verknüpft, jedoch als unabhängige Funktionsgröße. Integriert wird als dritter Bereich, vergleichbar mit dem von Schiller (1962/1793) beschriebenen Spieltrieb (vgl. Abschnitt 1.2.2), der intermediäre Spielraum (Winnicott 2006/1971; Schäfer 1989). Dieser Raum ist ein Bereich zwischen dem Inneren und dem Äußeren, in dem sich das Kind von der »Aufgabe, innere und äußere Realität voneinander getrennt und doch in wechselseitiger Verbindung zu halten« (Winnicott 2006/1971: 11), ausruhen darf. In einer solchen Sphäre ist das Spiel anzusiedeln. In Analogie mit Huizinga (2006/1939), der das Spiel als eine primäre Lebenskategorie beschreibt (vgl. Abschnitt 1.3.1), sieht Winnicott (2006/1971: 52) die Tätigkeit des Spielens als »*das Universale*«. Während Huizinga den Kulturfaktor als Ausgangspunkt wählt, fokussiert Winnicott das

Spannungsfeld zwischen Mutter und Kleinkind. Die Spannung entsteht dadurch, dass die Mutter sich an die Bedürfnisse ihres Kindes anpasst, wodurch sie aus dessen Sicht eine gewisse Verlässlichkeit erlangt und die »Abtrennung des ›Nicht-ich‹ vom Ich« ermöglicht. Separation wird dadurch vermieden, dass der »potentielle Raum mit kreativem Spiel […] erfüllt wird« (Winnicott 2006/1971: 127). Hier hat die Vorstellung des Magischen ihren Ursprung, da das Kind eine scheinbare Allmacht erlebt. Insofern erklärt sich auch, dass das Kind beim Spielen wirklich frei sei, um schöpferisch zu sein. Im Spiel habe es die Gelegenheit, sich in der kreativen Entfaltung selbst zu erfahren; hier könne es zu sich selbst gelangen, »als Ausdruck des ›Ich-bin‹, ›Ich-lebe‹, ›Ich-bin-ich‹« (Winnicott 2006/1971: 69).

In den Raum des Intermediären reichen Phänomene der äußeren Welt hinein. Beim Spielen bedient sich das Kind dieser Phänomene, um sie für seine Vorstellungswelt und das Erschaffen von »Spielkonstrukten« (Fritz 2004: 32) zu nutzen. Die Studie von Schäfer (1989) macht deutlich, dass sich die Welt des Spielens von der äußeren Welt unterscheidet, jedoch Teile von ihr enthalten kann. Die Spielwelt sei eine Art Zwischenbereich, die innere und äußere Dimensionen der Erfahrungswelt des Kindes miteinander verknüpft. In diesem Raum siedelt Schäfer (1989: 29) die »Spielphantasie« an, in der Grenzen zwischen Innen und Außen verwischen. Dabei tritt die Außenwelt »in den intermediären Raum durch die Transformationen […] des Vorstellens und Erkennens, der Bereich der inneren Realität hingegen über die *Phantasie*« (Schäfer 1989: 36). Schäfer spricht von einer Art »handelnde[n] Phantasie« (Schäfer 1989: 29), die das Kind dazu veranlasst, mit seinem Spielzeug zu fantasieren. Fritz (2004: 46) beschreibt dies als eine Dimension der Gedankenspiele; explizit spricht er vom »denkerische[n] Vorgehen«. In jenem Diskurs um die Spielfantasie zeigt sich dominant die Bedeutung des Intermediären. Auf dieser Grundlage ist zu fragen, wie sich die Fantasie des Kindes in spielerischer Aktivität zeigt und welche Formen kindlichen Spielens mit Bildungsprozessen einhergehen. Dieser Frage wird im empirischen Teil der Untersuchung nachgegangen, vor dem Hintergrund der Überlegung, dass sich der Prozess des Spielens in enger Verbindung mit dem intermediären Geschehen befindet (Winnicott 2006/1971). Für den Argumentationsgang resultiert hieraus, kindliches Spiel als Bildungsprozess zu fokussieren.

1.3.5 Lernzielbezogene Organisation kindlichen Spielens

Der sozialökologische Diskurs reflektiert die vielfältigen Beziehungen zwischen Spiel und Umwelt. Hier zeigen Arbeiten von Heimlich (2001; 1989) und Sutton-Smith (1978), dass im kindlichen Spiel Gegensätze nebeneinander stehen (z. B. Erfolg – Misserfolg), die im Alltag meist unvereinbar sind. Das Spiel ermöglicht die Synthese solcher Gegensätze und »stellt auf einer neuen Ebene einen neuen Gegensatz und dessen Lösungsmöglichkeit dar« (Sutton-Smith 1978: 43). Im Unterschied zum Experiment, das von den Möglichkeiten abhängt, die ihm die Umgebung bietet, simuliert das Spiel Konflikte des alltäglichen Lebens. Die

Konflikte berühren das Kind, überwältigen es aber nicht. Erlebt das Kind zu große Spannungen, kann es nicht spielen; wenn es indes »nicht in Maßen beunruhigt ist, hat es keinen Anlaß zum Spielen« (Sutton-Smith 1978: 62). Für Heimlich (1989: 147) ergibt sich hieraus die Forderung nach Prinzipien spielpädagogischer Förderung in Form von »aktivierenden, bereichernden und anregenden Maßnahmen«. Dies impliziert ein dreistufiges Modell von Interventionen (Heimlich 2001). Erstens müssen notwendige Bedingungen zum Freien Spiel bereitgestellt werden (z. B. Zeit, Raum, Material, Spielpartner). Zweitens erfolgt eine gezielte Spielförderung (z. B. in Form sonderpädagogischer Förderkonzepte), ausgehend von der Auswahl personaler, sozialer und gegenständlicher Bedingungen. Drittens findet eine auf Lernziele ausgerichtete Organisation kindlichen Spielens statt, indem eine Zuordnung zu didaktisch-methodischen Überlegungen erfolgt.

> Auf dieser Grundlage ist zu fragen: Inwieweit kann die Ebene lernzielbezogener Organisation als Basis für eine Zusammenführung von Spiel und Erkenntnis dienen? Wie lässt sich der intermediäre Spielraum in Prozessen des Lernens entwickeln und zugänglich machen? Mit Heimlich (2001; 1989) lässt sich argumentieren, dass eine Gestaltung der Spielbedingungen erfolgen muss, um vorgegebene Lernziele erreichen zu können. Ob eine solche lernzielbezogene Organisation kindlichen Spielens die Basis für eine Schnittmenge von Spiel und Erkenntnis bilden kann, wird im empirischen Teil der Arbeit erörtert. Als Ausgangspunkt für die empirische Erhebung dient das Modell einer Spielbewegung, das im Folgenden vor dem Hintergrund der vorgestellten Diskurse zum kindlichen Spiel entwickelt wird.

1.4 Modell einer Spielbewegung

Einheitlich verweisen die Diskurse zum kindlichen Spiel auf die Verknüpfung der inneren Vorstellungswelt des Kindes und seiner äußeren Welt. Im Folgenden geht es darum, die Verschmelzung innerer und äußerer Momente in der Verschiedenartigkeit der Phänomene aufzuspüren, die als kindliches Spiel bezeichnet werden. Dazu wird das Schema von Caillois (1982/1960) herangezogen, um anhand der von ihm beschriebenen Kategorien innere und äußere Strukturmomente kindlichen Spielens auszudifferenzieren. Zentral ist die Einteilung in die vier Grundkategorien »*agôn, alea, mimicry* oder *ilinx*« (Caillois 1982/1960: 43). Die Spiele der Kategorie *agôn* zählen zu den Wettkampf- und Konkurrenzspielen, bei denen Kinder unter vergleichbaren Bedingungen ihre Kräfte messen können. Hingegen vollzieht sich bei den Spielen der Gruppe *alea* die Anspannung des Spielers außerhalb des Gefühls für Rivalität; hier sind die Elemente des Zufalls und des Glücks das Entscheidende

(Caillois 1982/1960: 40). In der Kategorie *mimicry*, z. B. beim Als-ob-Spiel, herrscht das Moment der Maskierung vor, während bei den Spielformen der Gruppe *ilinx* das Verlangen nach Rausch im Zentrum steht, z. B. beim Schaukeln oder Karussellfahren (Caillois 1982/1960: 19). Anhand dieser Kategorien legt Caillois eine Systematisierung für Tätigkeiten vor, die sich unter dem Begriff »Spiel« zusammenfassen lassen. In den nachfolgenden Abschnitten werden einzelne Spiele aus den Kategorien hinsichtlich von Momenten innerer und äußerer Spieltätigkeit beleuchtet.

1.4.1 Agôn: Wettkampf im kindlichen Spiel

Bei den Spielen der Kategorie *agôn* geht es um die Momente Wettkampf, Anstrengung und Aufmerksamkeit, aber auch darum, den anderen zu überraschen, und schließlich um das normierte Regelverständnis. Hier dominiert die Konkurrenz zwischen den Wettstreitenden unter standardisierten Bedingungen, z. B. beim Boxen, Fechten und Fußballspiel (Caillois 1982/1960). Ausgangspunkt sind die »Tendenzen der Versportung« (Eichberg 1979: 31). In der Vergangenheit wurde eine Vielzahl traditioneller Spiele zu organisierten Wettkämpfen umgeformt, bei denen ein international anerkanntes Regelwerk das Streben nach Rekorden normiert. Diese Tendenz, Spiele auf Leistung auszurichten, impliziert den Konkurrenzgedanken, aber auch den Gedanken, dass jeder Spieler ein »*Mit*-Spieler« ist und dies auch als »*Gegen*-Spieler« bleiben will. Die »Gegenpartei ist ja kein Feind […], sondern die unerläßliche *Bedingung* für das Spiel« (Buytendijk 1953: 26). Im Fokus steht die »schwingende Grundstruktur« (Schön 1999: 119), die beispielsweise beim Fußball durch die Tore als Umkehrpunkte gekennzeichnet ist. Gewährleistet wird die schwingende Struktur durch Spielregeln, z. B. die Regeln des Abstoßes und Einwurfes (Schön 1999; Schierz 1986). Zur Kategorie *agôn* zählt ebenso der »nichtgeregelte Wettlauf« (Caillois 1982/1960: 46), bei dem die Spieler die Regeln gemäß der Bedürfnisse ihrer jeweiligen Spielgruppe verändern. Auch bei den »Kleinen Spielen« (Kempf 1992: 14) erhalten Regeln die Funktion, einen äußeren Rahmen für das Spiel abzustecken, lassen dabei aber einen Freiraum für die Veränderung im Spielverlauf. Regeln sind bei dieser Art von Spielen nicht als von außen vorgegebene Vorschriften zu verstehen (Andersen 2001), sondern als Werkzeug, mit dem individuell auf im Spielgeschehen auftretende Probleme reagiert werden kann (Andersen 2003; Gabler 1986).

1.4.2 Alea: Imaginäre Ebene im kindlichen Denken und Fühlen

Die Spiele der Kategorie *alea* basieren auf einem Moment, das vom Zufall bestimmt ist (Caillois 1982/1960). Hierzu gehören die Glücksspiele (z. B. Lotterie, Roulette), die der Spieler im Gegensatz zu den Spielen der Kategorie *agôn* nicht beeinflussen kann. Eine klare Trennung in Glücksspiele (*alea*) einerseits und Wettkampfspiele (*agôn*) andererseits ist jedoch nicht immer möglich, zeigen sich doch in der Praxis zahlreiche Mischformen. Bei vielen Kartenspielen (z. B. Quartett) unterliegt die

Verteilung der Karten dem Zufall, während die Spielzüge durch das Geschick und die Taktik der Spieler bestimmt werden. Selbiges trifft auf zahlreiche Brettspiele zu (z. B. Backgammon), die vom zufälligen Wurf einer Augenzahl abhängen, zugleich aber durch die geschickte Verwendung der gewürfelten Zahl vom Spieler selbst beeinflusst werden können. Bei den meisten Spielen der Kategorie *alea* können die Spieler ihr Geschick mit einbringen, allerdings bleibt der Zufall das ausschlaggebende Moment. Die Spieler warten ab, welche Augenzahl fällt, welche Karten sie ausgehändigt bekommen oder wer beim Auszählspiel als nächstes an der Reihe ist. Dabei ist der Zufall keine Kraft, die von außen herangetragen wird, sondern gewissermaßen stellt der Spieler diese Kraft auf einer fiktiven Ebene selbst her. Er kann sie nicht beeinflussen, ordnet sich ihr aber unter (Caillois 1982/1960: 40). Eine solche Verknüpfung innerer und äußerer Elemente ist kennzeichnend für die Spiele der Kategorie *alea*.

1.4.3 Mimicry: Spiel zwischen Wirklichkeit und Imagination

Zur Kategorie *mimicry* zählt das Theaterspiel (Caillois 1982/1960), das die Möglichkeit beinhaltet, Darstellungsweisen zu erproben, die im Alltag in dieser Form nicht zum Einsatz kommen (Merleau-Ponty 1994). Das Theater gehört zu den »ältesten Kulturtechniken, die solches Erproben von anderen Identitäten und Lebensformen« ermöglichen (Renk 1997: 43). Hier können Rollen ausprobiert werden, die im Alltag möglich sind, aber auch jene, die im realen Leben nicht zu verwirklichen sind. Das Theaterspiel ist nach Stankewitz (1997: 92) ein »Spiel der Möglichkeiten«, das Ideen und Träume zur Darstellung bringt. Die innere Vorstellungskraft ermöglicht es dem Spieler, die vermeintliche Realität um neue Aspekte zu bereichern (Merleau-Ponty 1994). Es sind die inneren Bilder der Vorstellung, die den Spieler in seiner Fantasiewelt vorantreiben (Ränsch-Trill 1996). Diese Welten müssen im Spiel des *mimicry* konstruiert werden, indem sich der Spieler z. B. in eine Fantasiefigur verwandelt und wie diese Figur spricht oder sich wie jene bewegt. Möglich ist auch, dass er sich allein vorstellt, was er tun möchte, wenn er ein solches von ihm erdachtes Wesen wäre. Dabei erlebt der Spieler, wie er seine Vorstellungswelt verlassen kann, und betritt diese in der Gewissheit seiner Möglichkeiten zur Rückverwandlung (Schön 1999). Das Spiel erhält damit den Charakter eines abgeschlossenen, zugleich freien Raumes.

1.4.4 Ilinx: Prinzip der Ambivalenz

Bei den Spielen der Kategorie *ilinx* gelangt das Kind in einen Zustand, der mit den Empfindungen des Berauschtseins einhergeht. Dies trifft auf die Dreh- und Zirkusspiele, die Kreistänze und die Schaukelbewegung zu (Caillois 1982/1960). Beim Schaukeln zeigt sich der Zustand des Rausches durch den Wechsel von Schwerkraft und Schweben (Lauff 1993). Die Empfindung beim Aufsteigen in der Schaukelbewegung lässt sich als Glücksgefühl beschreiben und die beim Fallen als Angst. So gesehen entfaltet sich Schaukeln in der Gesamtwahrnehmung zu einem Gefühl von

Leichtigkeit (Schön 1999; Kükelhaus 1978). Gemäß der Befunde von Schön (1999) zeigen sich die Bewegungsmomente des Vor und Zurück, Auf und Ab. Während im Alltag die Rückwärtsbewegung mit einem Gefühl von Unsicherheit verbunden ist, da sie der natürlichen Ausrichtung der menschlichen Bewegung entgegenwirkt, führt beim Schaukeln der rhythmische Wechsel des Vor und Zurück zu einem Ausgleich, wodurch die Rückwärtsbewegung den Charakter des »Angenehme[n]« erhält (Schön 1999: 143). Damit gleichen sich in der Schaukelbewegung die Empfindungen von Furcht und Freude im Moment des Fallens und Steigens aus; es entsteht eine besondere Form der Kommunikation zwischen Ich und Welt. Straus (1956: 211) beschreibt dies als »sympathetische Kommunikation« (vgl. Abschnitt 2.2.2).

1.5 Fazit: Strukturmomente kindlichen Spielens

Zusammenfassend lässt sich sagen, dass mit der Verschmelzung innerer und äußerer Spielbewegung ein Moment sichtbar wird, das in den unterschiedlichen Diskursen in mehr oder weniger starker Ausprägung in Erscheinung tritt. Dieses Moment zeigt sich in den Diskursen immer dann, wenn Spiel als Verknüpfung von äußerer Welt und innerer Vorstellungswelt beschrieben wird. Jene Verbindung innerer und äußerer Anteile, so kann der Forschungsstand in eigener Synthese zusammengefasst werden, lässt sich durch folgende fünf Strukturmerkmale beschreiben.

Strukturmoment »Freisein im Spiel«

Das Merkmal des Freiseins gehört grundlegend zu den Momenten kindlichen Spielens. Im Spiel ist das Kind frei. Hier kann es Situationen aufheben, die ihm im alltäglichen Leben begegnen, z. B. die Aufforderung der Mutter zum Aufräumen des Zimmers. Auch kann es Gegenständen, die es in sein Spiel einbezieht, eine neue Bedeutung geben, je nachdem, was das Kind in den Objekten sieht und wie sich diese in die von ihm geschaffene Spielwelt einbinden lassen. Ein solches Spiel findet als freie Handlung statt, die vom Kind als außerhalb der alltäglichen Lebenswelt wahrgenommen wird. Zugleich bedeutet dies ein Freisein von ernsthaften Konsequenzen, z. B. der Bestrafung durch die Mutter, wenn das Zimmer nicht aufgeräumt wurde. In sich kann kindliches Spiel zwar Absichten verfolgen, aber nicht außerhalb des Rahmens, der mit ihm gegeben ist. Spiel ist insofern ein Paradoxon, eine Zweckmäßigkeit ohne Zweck. Im Anschluss an Schiller (1962/1793) lässt sich dies als dritter Charakter bezeichnen, der sowohl die natürlichen als auch sittlichen Eigenschaften des Kindes in sich vereint. Das Freisein im Spiel steht dabei nicht in Divergenz zu der Tatsache, dass Kinder in ihrem Spiel Ziele verfolgen. Die Freiheit zeigt sich darin, dass die Ziele nicht festgeschrieben sind, sondern sich innerhalb des Spielverlaufs verändern können (Fritz 2004; Schäfer 1989). Für die empirische Untersuchung wird hierzu folgende Ausgangshypothese formuliert:

> **Ausgangshypothese (H1)**
> Durch die Aufhebung der Trennung von Innen und Außen entstehen im Spiel freie Assoziationen.

Strukturmoment »Schöpferische Entfaltung«

Beim Spielen bewegt sich das Kind an der Grenze zwischen seinen Fantasien und der Außenwelt mit ihren Dingen und Personen. Im Spiel befindet es sich zwischen beiden Welten, zwischen innerer Vorstellungswelt und äußerer Welt. Dieser Zwischenraum ist ein intermediärer Bereich, der zur schöpferischen Entfaltung des Kindes beitragen kann. In ihm erhält das Kind die Gelegenheit, sich kreativ zu äußern, nicht auf der Grundlage vorgegebener Anweisungen, sondern ausgehend von eigenen Erfahrungen. Hier agiert das Kind wie ein Suchender, der sich an frühere Situationen erinnert, um diese in neuen Kontexten auszuprobieren und in veränderte Strukturen einzuordnen. Das »Erfinden« wäre demgemäß »zunächst ein Finden, dann ein Umdeuten und schließlich ein Variieren« (Schäfer 1989: 167). Zu diesen Überlegungen wird als Ausgangshypothese für die empirische Untersuchung formuliert:

> **Ausgangshypothese (H2)**
> Wenn das Kind sich im Spiel wie ein Suchender verhält, gelangt es zu neuen Zusammenhängen, indem es Bekanntes aufgreift und in neuen Kontexten verwendet.

Strukturmoment »Kulturelles Erleben«

Kindliches Spiel beschränkt sich nicht auf die kreative Entfaltung, sondern umfasst in einem Spannungsbereich zwischen Kind und Umwelt das gesamte Kulturleben (Tomasello & Rakoczy 2003). Am deutlichsten zeigt sich dies in der Notwendigkeit von Spielregeln und Raumgrenzen. Jedes Spiel würde ohne räumliche Abgrenzungen seine Spannung verlieren, beispielsweise das Ballspiel, das recht schnell langweilig würde, wenn das Kind den Ball wirft, ohne dass dieser zu ihm zurückkehrt. Rollt der Ball jedoch auf einem Abhang zum Kind zurück oder wird dieser durch ein anderes Kind zurückgespielt, kann sich hieraus ein Spiel entwickeln. Das Strukturmerkmal der Abgrenzung des Raumes steht nicht im Widerspruch zu dem Moment der Freiheit, denn das spielende Kind darf sich nur innerhalb einer gewissen Beschränkung frei bewegen, wenn es sich wahrhaft erfreuen soll (Fröbel 1961). Für den empirischen Teil der Arbeit ergibt sich hieraus folgende Ausgangshypothese:

> **Ausgangshypothese (H3)**
> Räumliche Begrenzungen und Spielregeln sind notwendig, um zu kulturellem Erleben zu gelangen.

Strukturmoment »Ästhetisches Gestalten«

Mit dem Begriff der Ästhetik wird eine Facette kindlichen Spielens beschrieben, die schön und zugleich scheinhaft ist. Im Anschluss an Schiller (1962/1793) lässt sich das ästhetische Gestalten erst fassen, wenn nicht die äußeren Bewegungsaktivitäten im Fokus stehen, sondern die Scheinhaftigkeit wahrgenommen wird. Dies impliziert das ›So tun, als ob‹, das sich von der Außenwelt abgrenzt und dennoch mit ihr verbunden bleibt. Das spielende Kind ist von den Bildern seiner Vorstellungswelt bewegt, indem es versucht, Einklang zwischen seinen Bildern und der äußeren Welt zu erzeugen. Diese Fähigkeit, den Gedanken freien Lauf zu lassen, gehört grundlegend zu den Merkmalen kindlichen Spielens und erlangt im Ästhetischen ihre scheinhafte Konkretion (Schäfer 1989). Für die empirische Untersuchung wird hierzu folgende Ausgangshypothese formuliert:

> **Ausgangshypothese (H4)**
> Der Bereich der Ästhetik ist für außergewöhnliche Erfahrungen im kindlichen Spiel ausschlaggebend.

Strukturmoment »Vertieftsein im Spiel«

Im Anschluss an Lazarus (1883: 20) tritt im Spiel ein Zustand gleichzeitiger Nähe und Zurückgezogenheit ein, eine »leichte, schwankende, ziellos schwebende Thätigkeit«, die in sich selbst zurückkehrt, zu keinem Ziel hinstrebt. Huizinga (2006/1939) und Buytendijk (1933) beschreiben das Spiel als Kreisbewegung sowie durch die Abläufe des Hin und Her; Scheuerl (1994/1954) spricht dem Spiel das Merkmal der Ewigkeit zu. Damit verändert sich die Sichtweise auf kindliches Spiel. Man sieht in ihm eine Aneinanderreihung von Aktionen, die nicht enden, sondern stets neue Handlungen hervorrufen (Dewey 1993). Dies führt zu folgender Ausgangshypothese:

> **Ausgangshypothese (H5)**
> Das Kind spielt, um seine Handlungen in innerer Unendlichkeit zu erleben.

Vor dem Hintergrund dieser Ausgangshypothesen geht es in der empirischen Untersuchung um die Frage, in welcher Form sich das u. a. von Buytendijk (1933) und Huizinga (2006/1939) entwickelte Bild eines Kreises, innerhalb dessen die

Spielbewegungen ziellos schwebend an den Polen vorbeigleiten, für die Kennzeichnung einer Schnittmenge von Spiel und Erkenntnis im Unterricht nutzen lässt. Gelingt es, das Bild der spielerischen Kreisbewegung für Formen des Spiels empirisch fassbar zu machen, die sich produktiv in den Unterricht einbinden lassen, oder ergibt sich die Notwendigkeit, die Figur des Kreises durch eine andere zu ersetzen? Für die empirische Erhebung wird auf die Momente der Freiheit, schöpferische Entfaltung, kulturelles Erleben, ästhetisches Gestalten und Vertieftsein Bezug genommen (Abb. 2). Diese Merkmale dienen als Ausgangspunkte für die Suche nach Spielsituationen im Unterricht der Grundschule (Kapitel 3) sowie für die empirische Erfassung einer Schnittmenge aus Spiel und Erkenntnis (Kapitel 4). Analysiert wird die spielerische Ablaufgestalt des Hin und Her, deren konkrete Beschreibung in der Fachliteratur nicht einheitlich ausfällt. Einerseits wird auf ein eher zufälliges Umherschweifen oder ein abwartendes »Hin- und Herschwingen« verwiesen (Huizinga 2006/1939: 41). Andererseits zeigt sich das Hin und Her als eine Bewegung zwischen klar definierten Punkten (Lauff 1993).

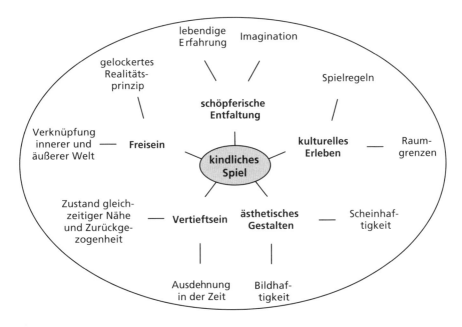

Abb. 2: Strukturmomente kindlichen Spielens

Die Untersuchung von Schön (1999) macht deutlich, dass zwei Dimensionen kindlichen Spielens zu unterscheiden sind: eine wahrnehmbare und eine nur latent-wahrnehmbare Dimension. Erstere bezieht sich auf sichtbare Bewegungen des Kindes bzw. der Dinge, die das Kind im Raum verändert. Die zweite Ebene betrifft die virtuellen Bewegungen, die für den Betrachter nur unterschwellig sichtbar werden. Um in Kapitel 3 und 4 empirisch fassbare Momente einer Schnittmenge zwischen Spiel und Erkenntnis sichtbar machen zu können, werden wahrnehmbare und latent-wahrnehmbare Dimensionen kindlichen Spielens ausdifferenziert. Caillois (1982/1960) hatte in seiner Arbeit gezeigt, dass für die Systematisierung kindlicher Spielformen vier Kategorien von zentraler Bedeutung sind:

1. das imaginäre Gegenüber (*alea*),
2. die inneren Mitbewegungen (*ilinx*),
3. das Gegenüber von Spielpartnern (*agôn*) und
4. die darstellenden Bewegungen (*mimicry*).

Für die empirische Untersuchung ergibt sich hieraus, die Suche nach Formen kindlichen Spielens nicht auf rein körperlich äußernde Bewegungen zu begrenzen, sondern um Aspekte des Imaginären und der inneren Mitbewegung zu ergänzen (Abb. 3). Wenn in der voranstehenden Analyse die Ebene äußerlich sichtbarer Dimensionen verlassen wurde, kam das innere Erleben spielender Kinder zum Tragen. Es wurde vom Wechsel zwischen Anspannung und Entspannung gesprochen, vom Versunkensein im Spiel und der Freude des Kindes, sich in ein anderes Wesen zu verwandeln. Diese Spannungsbereiche werden im folgenden Kapitel mit Momenten des Erkennens verknüpft und es wird gefragt, welche Formen des Erkennens mit den hier aufgeführten Strukturmomenten kindlichen Spielens verbunden sind.

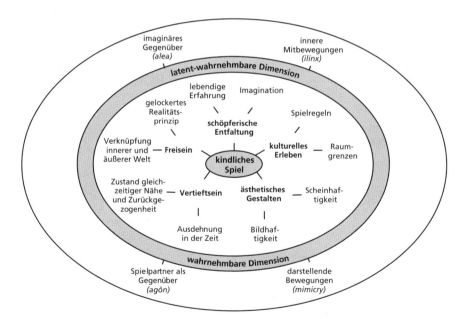

Abb. 3: Wahrnehmbare und latent-wahrnehmbare Dimensionen kindlichen Spiels

2 Formen der Erkenntnistätigkeit von Kindern

Das zweite Kapitel erläutert, wie das Erkennen von Kindern strukturiert ist und wie Formen der Erkenntnistätigkeit – vor allem solche, die mit kindlichem Spiel einhergehen – auf theoretischer Ebene fassbar werden. Im Verlauf der Argumentation wird sich zeigen, dass die Frage nach kindlicher Erkenntnis nicht allein das Denken, sondern auch das Handeln impliziert. Gemäß der konstruktivistischen Theoriebildung lässt sich Erkenntnis als Ergebnis eines aktiven Konstruktionsprozesses fassen (Reich 1998), der aus »biologische[r] Determination«, »sozio-kulturelle[n] Hintergründe[n]« und »individuelle[n] Vorerfahrungen« hervorgeht (Sander 2005: 48 f.). Dies hat Einfluss auf ein Nachdenken über Schule und Unterricht, zuvorderst in der Frage nach dem Verständnis von Lernen. Prägnant formuliert der National Research Council in seinem Bericht: »In the most general sense, the contemporary view of learning is that people construct new knowledge and understandings based on what they already know and believe« (Bransford et al. 2000: 10). Im Bericht zeigt sich, dass die Vorerfahrungen für das Erschließen neuer Zusammenhänge von zentraler Bedeutung sind. Dass dies ein selbstreflexiver Vorgang ist, versteht sich gemäß der Annahme, »new knowledge must be constructed from existing knowledge« (Bransford et al. 2000: 10).

Entsprechend wird für den vorliegenden Forschungszusammenhang ein Lernbegriff zugrunde gelegt, der den Wissenserwerb als Konstruktionsprozess betrachtet. Es wird von einem Verständnis von Lernen ausgegangen, das offen ist für die Fantasien des Kindes und den Erwachsenen vor die Aufgabe stellt, Aufmerksamkeit entgegenzubringen »to the incomplete understandings, the false beliefs, and the naive renditions of concepts that learners bring with them« (Bransford et al. 2000: 10). Im Anschluss an Scheunpflug (2011) zeigt sich das Erkennen als Ambivalenz von Wissen und Nicht-Wissen, was den metakognitiven Fähigkeiten eine hohe Bedeutung zuschreibt. Gemäß der Darstellung des National Research Council gerät zusätzlich die emotionale Ebene in den Blick (Bransford et al. 2000); Roth (2003: 163) spricht vom »emotionale[n] Für oder Wider«. Beide Ebenen, die metakognitive ebenso wie die emotionale, sind für die Suche nach Schnittstellen zwischen Spiel und Erkenntnis von Bedeutung, wie in den Abschnitten 2.1 bis 2.3 zu zeigen sein wird. Das theoretische Kernstück des Kapitels ist Abschnitt 2.4. Hier erfolgt eine Reflexion konstruktivistischer Diskurse in den Ausprägungen des »Radikale[n] Konstruktivismus« (v. Glasersfeld 2007), »Konstruktive[n] Alternativismus« (Kelly 1986) und »Pädagogische[n] Konstruktivismus« (Siebert 2005). Im Zentrum steht die Frage, welche Verknüpfungen sich auf theoretischer Basis zwischen dem Erkennen und dem Spielen zeigen.

2.1 Zur Vielfalt der Erkenntnistätigkeit

Der Erkenntnisbegriff wird in der Fachliteratur vielfach diskutiert. In der Vergangenheit kristallisierten sich mit dem Rationalismus (u. a. Leibniz 2006; 1967; Descartes 1904), Empirismus (u. a. Locke 2007) und Idealismus (u. a. Kant 1940) wesentliche Linien in der Reflexion des Begriffes heraus. In der aktuellen Debatte sind vor allem der Strukturalismus und Poststrukturalismus (u. a. Foucault), der philosophische Zugang (u. a. Bollnow 1983; 1980; Cassirer 1990; 1956) und konstruktivistische Diskurs (u. a. v. Glasersfeld 2007; 2002; 1997; 1996; 1987; v. Foerster 2007) von Bedeutung. Allen diesen Zugängen gemeinsam ist die Frage danach, welche Erkenntnisprozesse möglich sind. Im Anschluss an die Darstellungen von Adorno (1969), Hegel (1970) und Janich (2000) lässt sich das Erkennen nicht allein auf der Ebene von Sprache behandeln, sondern es bezieht sich auch auf sprachfreies Tun. Entsprechend wird im Folgenden das Erkennen an das Handeln angeschlossen (Abschnitt 2.1.1) und zugleich auf das Denken bezogen (Abschnitt 2.1.2).

2.1.1 Handeln, Wahrnehmen, Erleben

Handeln und Wahrnehmen sind bereits beim Säugling eng miteinander verknüpft. Es zeigt sich, dass er Gegenstände und Personen mit seinen Händen zu berühren versucht (Siegler 2001; Gibson 1994). Selbst die Fortbewegung eines rollenden Balles bezieht er in sein Handeln ein, indem er seine Hand so ausstreckt, dass sich Ball und Hand in etwa treffen (v. Hofsten 1993). Locke (2007) ging noch davon aus, dass die Wahrnehmung eine erlernte Fähigkeit sei, während Gibson (1994) zeigt, dass Wahrnehmen und Handeln bereits im Säuglingsalter eng zusammengehören. Die Studie von Siegler (2001) macht deutlich, dass dem Säugling überlebensnotwendige Wahrnehmungsfähigkeiten angeboren sind. Eine Trennung in Wahrnehmung einerseits und Empfindung andererseits ist nur für die erwachsene Person möglich (Baacke 1986). Während kleine Kinder ihre Umgebung über alle Sinne ganzheitlich erfahren und sich bei ihnen die Faszination an Dingen unmittelbar einstellt, sind für den Erwachsenen viele Situationen selbstverständlich geworden. Die Wahrnehmung des »Zerfalls von Selbstverständlichkeit kann dann zur Quelle neuer Lebenskunst« (Bäuml-Roßnagl 1991: 37) werden.

Schapp (1910) unterscheidet »*die Einstellung des werktätigen Menschen und die des theoretischen*, des Menschen, dem es um Erkenntnis zu tun ist«. Demnach sei es »etwas anderes, ob ich die Bürde eines Gewichts schleppe, oder ob ich das Gewicht wiege, prüfe«. Durch letzteres erlange der Mensch im »eigentlichen Sinne ›Wahrnehmung‹ vom Gegenstand« (Schapp 1910: 33), indem er Relationen kennenlernt und durch den Umgang mit den Dingen Erfahrungen sammelt. Diese helfen ihm, seine Umwelt zu verstehen und zu hinterfragen. Goswami (2001) differenziert drei Formen von Fragen. Erstens stellt das Kind Fragen, um eigene Vermutungen bestätigt zu bekommen, zweitens Pseudo-Fragen, deren Antwort es bereits kennt, die es aber aus Spaß formuliert. Drittens stellt das Kind Fragen, um neue Informationen zu erlangen. Diese dritte Form des Fragens unterteilt sich einerseits in Fragestellungen, die das Kind an eine andere Person richtet, und andererseits in Fragen, die es sich selbst stellt. Letztere sind die wirklich produktiven Fragen, durch die das Kind zum Erkennen neuer Zusammenhänge gelangt.

2.1.2 Denken, Experimentieren, Problemlösen

Studien von Siegler (2001) und Goswami (2001) zeigen, dass es verschiedene Formen des logischen Denkens gibt. Einige Denkformen entwickeln sich in der frühen Kindheit, z. B. das deduktive Denken, andere entfalten sich im späteren Verlauf der kindlichen Entwicklung, z. B. das transitive Schlussfolgern und wissenschaftliche Denken. Für Kinder im Vor- und Grundschulalter ist das transitive Schlussfolgern von besonderer Bedeutung (Goswami 2001: 293). Es bezieht sich auf die Fähigkeit, logische Schlussfolgerungen über die Relation von zwei Variablen herzuleiten, die nicht unmittelbar miteinander verglichen werden können. Bereits Kleinkinder haben vielfache Zusammenhänge von Ursache und Wirkung erfahren, z. B. beim Umkippen eines Glases. Für solche Ereignisse suchen Kinder kausale Erklärungen, indem sie Unterschiede auszumachen versuchen (z. B. zwischen selbst- und fremdverursachter Bewegung) und die Welt hierdurch in Kategorien gliedern (Goswami 2001: 167). Denken in solchen Strukturen ermöglicht Kindern, ihre Umgebung zu verstehen. Piaget (2003) vergleicht die kindlichen Denkstrukturen mit denen von Wissenschaftlern. Seine Annahme, dass sich die Anfänge des wissenschaftlichen Experimentierens bereits im Säuglingsalter andeuten, wenn dieser z. B. etwas herunterfallen lässt und dabei die Fallhöhe variiert, muss jedoch im Anschluss an Siegler (2001) infrage gestellt werden.

In der vorliegenden Untersuchung wird von einem Begriff der Wissenschaftlichkeit ausgegangen, der als Weg des Erzeugens von Hypothesen und der Einsicht in die Viabilität von Aussagen zu fassen ist. Wissenschaftspropädeutisches Lernen heißt demnach, sich in die Antizipation von Ereignissen aufgrund gewonnener Erfahrungen einzuüben. Die Forschungsarbeiten von Kösel (2002), Elschenbroich (2001) und Lewis (1970) beziehen sich auf das »Kind als Forscher« bzw. das Kind als »kleine[r] Professor«. Siegler (2001) gibt zu bedenken, dass sich das Problemlösen von Kindern und Forschern deutlich voneinander unterscheidet. Die Befunde von Siegler machen deutlich, dass Kinder nur selten konstante Parameter für ihren Versuchsaufbau nutzen, weshalb ihre Resultate kaum valide seien. Auch verweist Siegler darauf, dass Kinder ihre Experimente nicht häufig genug wiederholen, um zu aussagekräftigen Ergebnissen zu gelangen. Der für Wissenschaftler zentrale Zugang des Verifizierens zeige sich bei Kindern nicht oder nur implizit. Zu dieser Schlussfolgerung gelangt Siegler (2001) auf der Grundlage einer Studie im ersten und zweiten Schuljahr. Inwiefern sich diese Befundlage auch für die höheren Jahrgangsstufen der Grundschule bekräftigen lässt und welche Verknüpfungen sich mit dem kindlichen Spielen zeigen, wird im empirischen Teil der Arbeit erhoben (Kapitel 3 und 4). Zuvor werden auf theoretischer Basis Verknüpfungen von Spiel und Erkenntnis herausgearbeitet.

2.2 Innere Dialektik von Spielen, Empfinden und Erkennen

Wie anhand der Spielbeispiele nach dem Kategorienschema von Caillois (1982/ 1960) gezeigt werden konnte (vgl. Abschnitt 1.3.3), ist häufig erst auf der Basis äußerer Bewegungen zu erkennen, ob ein Spiel stattfindet. Diese Bewegungen zeigen Kennzeichen eines pendelnden Hin und Her. Vor dem Hintergrund dieses Kriteriums können das Spiel der Blätter im Wind oder das von Kindern noch nicht voneinander unterschieden werden. Erst wenn die Ebene der Bewegungsanalyse um das Empfinden ergänzt wird, lässt sich analysieren, ob es sich um kindliches Spiel handelt (Schön 1999). Ausgangspunkt dieses Diskurses ist die Frage, wie innere und äußere Bewegung miteinander verknüpft sind. Hier zeigen die Arbeiten von v. Weizsäcker (1950; 1943), Straus (1960; 1956) und Jacobs (1985) in Anlehnung an Hobbes (1915) und Schleiermacher (1902), dass äußerliches Bewegen, Empfinden und Erleben eng miteinander verbunden sind.

2.2.1 Theorie des Gestaltkreises

Die Theorie des Gestaltkreises geht von einer Verknüpfung von Subjekt und Objekt, von Individuum und Umwelt aus (v. Weizsäcker 1950; 1943). Die Verbindung spiegelt sich in der Auseinandersetzung mit der Natur und im Umgang mit anderen Menschen (v. Weizsäcker 1950: 29). Das Individuum kann die Außenwelt nicht wahrnehmen, wenn es nicht etwas hervorbringt, was seine individuelle Wirklichkeit ausmacht (Weidenmann 2007; Landgrebe 1954). Somit kann der Mensch die Welt nur nachvollziehen, indem er die Außenwelt in sich selbst darstellt. Was die Naturwissenschaften »objektive Natur genannt hatten, erweist sich allen Ernstes als die Natur des Menschen, als *seine* Natur, und sie hat so gut teil an ihm wie er an ihr« (v. Weizsäcker 1950: 28). Auch das Spiel steht dem Subjekt als Erscheinung gegenüber, denn nur das Sein kann uns erscheinen, »jedoch das, *was* uns so erscheint, ist *kein Schein*, sondern das *Sein selbst*« (v. Weizsäcker 1950: 29). Dies ist mit einer auf naturwissenschaftliche Prinzipien reduzierte Darstellung des Empfindens und Wahrnehmens nicht vereinbar. In der Tat hat die »Unräumlichkeit der Empfindung« (v. Weizsäcker 1943: 138) zur Folge, dass Facetten der lebendigen Natur ausgespart werden. Naturwissenschaftliche Bestimmungen reichen insofern nicht aus, um die Wechselbeziehung zwischen den Sinneseindrücken spielender Kinder und ihrer Außenwelt darzustellen. Zwar ist nach v. Weizsäcker (1943) eine gewisse Übereinstimmung zwischen Wahrnehmungen der Außenwelt und deren messbaren Variablen grundsätzlich möglich, doch geht das Verständnis kindlichen Erkennens aus anderen Faktoren hervor.

2.2.2 Kommunikation zwischen Kind und Welt

In der Arbeit von Straus (1960; 1956) dominiert eine ganzheitliche Betrachtungsweise des Empfindungsbegriffs. Hier zeigt sich das Subjekt als gefühlvolles

Wesen im Verhältnis zur Welt. Im Empfinden hat das Individuum sich *und* die Außenwelt. Straus (1956) trennt in seiner Analyse den mikroskopischen vom makroskopischen Zugang. Gemäß der mikroskopischen Analyse ist davon auszugehen, dass z. B. eine Mauer in einem Gebäude statisch möglich sein muss, sonst gäbe es diese nicht. Allein die Statik kann jedoch kein Bauwerk erschaffen. Erst durch die gedankliche Konstruktion, die der »makroskopischen Welt« angehört, wie alles »menschliche Erleben, Wahrnehmen, Denken und Handeln« (Straus 1956: 189), gelangt das Bauwerk in die Wirklichkeit. Auch der Billardtisch ist für die Kugel nur ein physikalischer Raum, durch den sie vom Spieler bewegt wird. Indes ist für den Billardspieler der Tisch ein Raum der Erfahrung und des Empfindens, in dem Entscheidungen zu prüfen sind (Straus 1956: 134). Damit gerät das Empfinden in Abgrenzung zum Wahrnehmen und als Vorstufe des Erkennens in den Blick. Die Wahrnehmung benötigt ein objektives Medium, beispielsweise die Trennung von Farbe und Klang. Im Empfinden hingegen können sich Farbe und Klang vereinen und sie formen sich im Wechsel der »Kommunikation von Ich und Welt« (Straus 1956: 211). Somit ist auch das Verhältnis von innen und außen ein »Phänomen des *Spielraumes*« (Straus 1956: 251), wie z. B. bei einer Person, die sich aus dem Fenster lehnt, verbunden mit der Frage, was drinnen und was draußen ist (Schön 1999: 76; vgl. auch Wertheimer 1964). Diese Frage entsteht erst dadurch, dass innen und außen nicht als Momente des Spiels, sondern als Beschreibungen eines Ortes betrachtet werden (Mattenklott & Rora 2004). So ist es möglich, dass im »Wechsel der Kommunikation das *Subjekt* anders« (Straus 1956: 350) wird.

2.2.3 Verschmelzen von Sich-Bewegen und Empfinden

Der pädagogisch-therapeutische Ansatz nach Jacobs (1985) geht davon aus, dass die Innenbewegung auf die äußere Bewegung einwirkt. Die Außenbewegung stellt sich als Zusammenspiel der Muskulatur dar, während sich unter Innenbewegung das innerleibliche Gefüge fassen lässt. Ausgangspunkt ist die Überlegung, dass die äußere Bewegung für die von Innen kommenden Impulse zu sensibilisieren ist und dass zugleich jede äußere Bewegung der »inneren neue Antriebe« gibt (Jacobs 1985: 63). Bereits in der Theorie des Gestaltkreises wurde deutlich, dass sich die Außenbewegung nur im Zusammenhang mit der Innenbewegung betrachten lässt und umgekehrt (v. Weizsäcker 1943; vgl. Abschnitt 2.2.1). Die Studie von Jacobs (1985) zeigt nun, dass es auch beim Spielen einen notwendigen Zusammenhang zwischen innerer und äußerer Bewegung gibt. Der Spieler befindet sich nicht bloß in der Außenwelt, diese entsteht auch in ihm. In den Fokus rückt damit der Komplex der Beziehungen zwischen Bewegung und Umwelt (Heimlich 2001; 1989). Die Spielbewegung zeigt sich auf kognitiver, sozialer, motorischer und emotionaler Ebene als Wechselwirkung zwischen Kind und Außenwelt (Staempfli 2009). Im Idealfall übertragen sich die Einflüsse des Inneren auf das Äußere, wodurch Bewegungsqualität entsteht (Jacobs 1985). So »fühlt man sich in rhythmischer Bewegung getragen von einem Bewegungsstrom: nicht ich bewege mich, es bewegt mich« (Jacobs 1985: 98). Dieses Zitat gleicht fast im Wortlaut der Definition des

Spielbegriffs bei Scheuerl (1994/1954: 123): »Wirkliches Spiel liegt nicht vor, wo ›ich spiele‹, sondern wo ›es spielt‹«. Einheitlich zeigt sich in den Untersuchungen von Jacobs (1985) und Scheuerl (1994/1954), dass Bewegung und Empfindung miteinander verschmelzen. Für den empirischen Teil der Untersuchung ergibt sich hieraus, dass ein auf die Außenbewegung reduzierter Forschungsansatz nicht ausreicht. Zwar lassen sich Bewegungen mit mechanischen Prinzipien darstellen (v. Weizsäcker 1943), allerdings wird kindliches Spiel auf diese Weise nur unzureichend abgebildet. Die innere Erlebnisweise muss als zweiter Aspekt hinzugenommen werden (Schön 1999). In den Fokus rückt damit erstens, das Äußerliche als das sinnlich Wahrnehmbare und zweitens, das innere Erleben als das Empfinden. Die Systematisierung beider Perspektiven erfolgt in der Transaktionalen Analyse.

2.3 Implikationen der Transaktionalen Analyse

Das System der Transaktionalen Analyse gibt dem Beobachter Strukturen an die Hand, Erkenntnisprozesse zu systematisieren (Kösel 2007; Berne 1967). Im Mittelpunkt steht der Begriff der Transaktion, der die »Grundeinheit aller sozialen Verbindungen« (Berne 1967: 36) und damit jede Form von Kommunikation zwischen Personen umfasst. Eine Transaktion wird durch einen »Transaktions-Stimulus« veranlasst, der von einem der Kommunikationspartner ausgeht, und sich mit einer »Transaktions-Reaktion« fortsetzt (Berne 1967: 36). Transaktionen zeigen die Tendenz, sich in Form von Kettenreaktionen zu entwickeln, sodass jede Reaktion ihrerseits zu einem Stimulus wird. Somit kann die Kommunikation im Prinzip unbegrenzt andauern (Berne 1967: 38). Während die Studie von Scheuerl (1994/1954) deutlich macht, dass die »innere Unendlichkeit« ein prägendes Moment des kindlichen Spiels darstellt, beschreibt Berne (1967) das Spiel als eine Folge von Einzelaktionen. Kennzeichen des Verständnisses nach Berne sind drei zentrale Aspekte:

1. Die Wiederholungen des Spiels äußern sich in Transaktionen.
2. Das Spiel ist im ›So tun, als ob‹ verankert.
3. Das Geheimnisvolle des Spiels zeigt sich als »Falle« bzw. »trügerische[r] Trick« (Berne 1967: 61).

In der Forschung richtet sich der Fokus auf die Verhaltens-, Kognitions-, Erlebens- und Körper-Ebene mit den Analyseformen der Struktur-, Transaktions-, Spiel- und Skript-Analyse. Die *Struktur-Analyse* befasst sich mit der Fragestellung, was innerhalb einer Person geschieht. Veränderungen im Verhalten und der Gefühlswelt werden untersucht (Kösel 2007) und verschiedenen »*Ich-Zuständen*« (Berne 1967: 30) zugeordnet. Die *Transaktions-Analyse* nimmt Bezug auf die Kommunikation zwischen Interaktionspartnern. Es geht um die Frage, welcher Ich-Zustand den Transaktions-Stimulus und welcher die Reaktion ausgelöst hat. Ziel ist herauszufinden, wie Menschen miteinander kommunizieren (Berne 1967). Die *Spiel-Analyse* ist ein Teilgebiet der Transaktions-Analyse. Sie wird in einen praktischen und einen theoretischen Teil untergliedert. Die praktische Analyse bezieht sich auf konkrete Beispiele, so wie sie in Spielsituationen vorkommen. Die theoretische Analyse nimmt Merkmale von Spielen in den Blick, um sie zu abstrahieren und zu generalisieren. Hierdurch lassen sich Spielsituationen auch »unabhängig von ihrem jeweiligen Wortinhalt und von ihrem kulturellen Nährboden erkennen« (Berne 1967: 66). Bei der *Skript-Analyse* geht es um die Erforschung von Lebensdramen, die bei einer Vielzahl von Menschen zu finden sind. Für die vorliegende Untersuchung sind die Spiel- und Struktur-Analyse von Bedeutung, da hier die Person als Ganzes erfasst wird und neben dem Kindheits-Ich-Zustand auch das Eltern- und Erwachsenen-Ich Berücksichtigung finden. Die folgenden Abschnitte legen das Hauptaugenmerk auf diese Bereiche.

2.3.1 Struktur-Analyse

Mit der Konzeption von drei Ich-Zuständen (Kindheits-, Eltern- und Erwachsenen-Ich) entwickelt Berne (1967) die zentralen Bestimmungsmerkmale der Struktur-Analyse. Die drei Ich-Zustände sind als die vollständige Persönlichkeit eines jeden Menschen zu begreifen. Jeder Ich-Zustand stellt ein Persönlichkeitsmerkmal dar. Aus ihm heraus erlebt und empfindet die Person (Berne 1967: 31). Der *Eltern-Ich-Zustand* besteht hauptsächlich aus Regeln und Verboten (Berne 1967: 33). Ist das Eltern-Ich unmittelbar aktiv, verhält sich die Person so, wie ihre Eltern sich verhalten haben. Zeigt sich das Eltern-Ich als indirekter Einflussfaktor, agiert das Kind, wie seine Eltern es von ihm erwartet hätten. Das *Erwachsenen-Ich* wertet Zusammenhänge aus, die im Umgang mit der Außenwelt von Bedeutung sind. Berne (1967: 34) exemplifiziert dies am Beispiel des Überquerens einer verkehrsreichen Straße, was zahlreiche Informationen und eine sachliche Lösung erforderlich mache. Die Studie von Kösel (2002) zeigt, dass das Kindheits-Ich der wertvollste Bestandteil der Persönlichkeit ist. Es ist spontan, innengeleitet, neugierig und beinhaltet »Anmut, Freude und schöpferischen Impuls« (Berne 1967: 32). Der schöpferische Teil des Kindheits-Ich-Zustands wird von Kösel (2002: 97) als »Der kleine Professor« bezeichnet. In diesem Zustand ist das Kind intuitiv und entwickelt eigenständiges Handeln. Die von Kösel getroffene Wortwahl bleibt hier zunächst unkommentiert, wird aber in der Diskussion der Ergebnisse der empirischen Untersuchung reflektiert (vgl. Abschnitt 5.1). Dabei wird der Frage nachgegangen, ob die Terminologie »kleine[r] Professor« für das Kind im Unterricht der Grundschule zutreffend erscheint und welche Parallelen sich zwischen dem Tun der Kinder und dem von Forschern zeigen.

2.3.2 Spiel-Analyse

Gemäß der Spiel-Analyse ist die Tätigkeit des Spielens einerseits von verdeckten Motiven und andererseits durch deren Nutzeffekt gelenkt (Berne 1967). Die Studie von Kösel (2002) macht deutlich, dass ein Spiel durchaus dramatisch sein kann, beispielsweise wenn eine Person eine andere in vorgetäuschter Weise um Hilfe bittet. Die Vortäuschung, Berne (1967: 62) spricht vom »Schachzug« im Rahmen eines Spiels, ist dabei das Entscheidende und kann zu einem Nutzen mit unterschiedlicher Funktion führen. Es ist ein biologischer Nutzen zum Erhalt von Zuwendung möglich, ein existenzieller Gewinn zur Aufrechterhaltung des Selbstbildes, ein psychologischer Profit zur Konfliktvermeidung, ein sozialer Gewinn zur Bindung nahestehender Personen oder der strukturelle Gewinn zur Gestaltung von Zeit (Kösel 2002: 95). Spiele sind somit »integrale und dynamische Komponenten des im Unbewußten vorgezeichneten Lebens-Plans« (Berne 1967: 80 f.). In ihnen treten die drei Rollen des Retters, Verfolgers und Opfers auf. In der Untersuchung von Kösel (2002) zeigt sich, dass eine Person in der Rolle des Retters eine andere benötigt, um diese zu beschützen. Dies geschieht zur Steigerung des eigenen Selbstwertgefühls. Hierdurch wird die andere Person in die Rolle des Opfers gedrängt, das sich unsicher und zurückhaltend gibt. Schließlich zeigt sich die Rolle des Verfolgers, der dazu tendiert, anderen Personen die Schuld zuzuweisen. Die drei Rollen sind nicht festgelegt und können unmittelbar wechseln. Im Anschluss an Kösel (2002: 103) ist dies ein Indiz für die Selbsterhaltung des »Drama-Dreieck[s]« durch Rückkopplung. Das Spiel endet erst, wenn einer der Partner nicht mehr mitspielen möchte oder wenn er sein (unbewusstes) Ziel erreicht hat (vgl. auch Krappmann 2005; Schlegel 1984).

> Im Anschluss an die Darstellungen von Kösel (2007; 2002), Jacobs (1985), Berne (1967), Straus (1960; 1956) und v. Weizsäcker (1950; 1943) lässt sich der Raum zwischen dem Innerlichen und dem äußerlich Wahrnehmbaren als das verbindende Element im Diskurs um Spiel als Transaktion beschreiben. Es wird deutlich, dass dieser Raum mit dem Kategorisieren und Systematisieren verknüpft ist und sich als Einheit zwischen Subjekt und Außenwelt auf die »sympathetische Kommunikation von Ich und Welt« (Straus 1956: 211) bezieht.

2.3.3 Inneres Erleben im kindlichen Spiel

Im Diskurs um die Frage, wovon das innere Erleben beim Spielen geprägt ist, zeigt die auf einem strukturierten Leitfadeninterview basierende Untersuchung von Csikszentmihalyi (2005), dass das Flow-Erleben (*to flow* = fließen, fluten, wallen) ein sehr bedeutsames prägendes Moment im kindlichen Spiel darstellt. Der Flow-Zustand wird beschrieben als »holistische[s] Gefühl bei völligem Aufgehen in einer Tätigkeit« (Csikszentmihalyi 2005: 58 f.), als »Genugtuung« und »Freude« (Berne 1967: 34), bei der Körper und Geist sich verbinden. Die Struktur derartiger Erlebnisse analysiert Csikszentmihalyi (2005) unter Bezugnahme auf Caillois (1982/1960) und Groos (1910), womit er das Flow-Erleben in die Nähe des Spielens rückt. Beim Flow wie auch beim Spielen brächten die Bewegungen einander selbst hervor. In der gerade ausgeführten Bewegung stecke bereits der Anstoß für die darauffolgende, ähnlich einer »schwingende[n] Bewegung« (Schön 1999: 131). Dies äußere sich in einer Art Fließen, wobei der Handelnde kaum eine Trennung zwischen sich und der Außenwelt wahrnehme. In der Untersuchung von Csikszentmihalyi (2005) werden solche Prozesse auf das Schachspielen, auf das Komponieren eines Liedes ebenso wie auf das Operieren des Chirurgen bezogen. Berne (1967: 34) sagt sogar, das Gefühl beim Skifahren, Fliegen oder Segeln sei gewissermaßen mit der Genugtuung vergleichbar, die z. B. beim Überqueren einer verkehrsreichen Straße empfunden werde (vgl. Abschnitt 2.3.1). Dieser Vergleich lässt sich mit Csikszentmihalyi (2005) folgendermaßen erklären: Für ein Flow-Erleben muss sich eine Balance zwischen Herausforderung und Können einstellen. Die Fähigkeiten einer Person sind in Relation zu den Herausforderungen der Situation zu betrachten, weshalb einerseits das hochkomplexe chirurgische Operieren, andererseits das profane Überqueren einer Straße zu einem autotelischen Erlebnis führen können.

Die Ergebnisse der Studie von Csikszentmihalyi (2005) machen deutlich, dass die Ich-Versenkung im Zentrum des Flow-Erlebens steht und dass der Handelnde von seiner Aktivität derart ergriffen scheint, dass er sich selbst nicht getrennt von dem sieht, was er tut. Hierdurch verschmelzen Vorstellungswelt und Umgebung, was sich gemäß der Befunde von Schäfer (1989: 29) im kindlichen Spiel als »handelnde Phantasie« zeigt. Ein Flow kann sich beim Spielen einstellen, wenn die Fähigkeit des Partners zur eigenen passt und etwa gleichstarke Spielpartner miteinander spielen (Csikszentmihalyi 2005). Dies wird durch Impulse begünstigt, deren Ausgang offen ist. Planbar wird der Flow hierdurch aber nicht. Allerdings lässt sich lernen, die Außenwelt so zu konstruieren, dass ein Flow-Erlebnis zumindest möglich wird. Diese Fähigkeit spricht Csikszentmihalyi vor allem Dichtern, Künstlern und Wissenschaftlern zu, die gelernt haben, ihre kognitiven Fähigkeiten derart einzusetzen, dass sie »zu jeder Zeit und an jedem Ort mit ihnen ›spielen‹ können« (Csikszentmihalyi 2005: 80).

Wenn es also Ziel der vorliegenden Untersuchung ist, den Raum des Spielerlebens zu erschließen, so muss sich vom Raumbegriff der Physik gelöst werden. In den Studien von Clark (1992) und Straus (1960) gerät als bedeutsamer Faktor das Bewegungserleben in den Blick. Beide Studien zeigen, dass sich bei bestimmten Bewegungsformen, z. B. beim Tanzen, die Spannung zwischen Person und Raum verändert, und ein Wahrnehmungsbereich entsteht, der gegenüber dem physikalischen Raum verändert ist (vgl. auch Schön 1999). Das Gefühl des Schwindels, das in der Drehbewegung entsteht, wird für den Tänzer zu einem Erlebnis, wenn er sich der Kreisbewegung hingibt (Straus 1960; vgl. hierzu auch Abschnitt 1.4.4). Hier spürt die Person nicht das Unangenehme, das sie im alltäglichen Handeln beim Drehen empfindet, sondern erlebt es als eine spontane Bewegung mit eigener Dynamik, als eine »*nicht-gerichtete* und *nicht-begrenzte* Bewegung«, in welcher der »Bezug […] auf räumliche und zeitliche Grenze[n]« (Straus 1960: 164) fehlt. Die Qualität eines solchen Raumes zeichnet sich dadurch aus, dass die Zeit nicht wahrgenommen wird, wenngleich die Aktivität selbst eine effektive Zeitdauer aufweist (Schön 1999). Man denke dabei nur an Kinder, die im Spiel das Gefühl für die Zeit verlieren (Schäfer 1989). Diese Diskrepanz ist prägend für den Diskurs um Erkenntnis als Konstruktionsprozess.

2.4 Erkenntnis als Konstruktionsprozess: Ansätze des Konstruktivismus

Die Ansätze des Konstruktivismus gehen von der These aus, dass jede Form von Erkenntnis auf der Konstruktion von Wirklichkeit beruht (v. Foerster 2007; Watzlawick 2007; v. Glasersfeld 2002). Demnach entsteht jede Darstellung der äußeren Welt aus dem Erlebnisraum des Individuums. Die Kernidee des Konstruktivismus bestreitet nicht das Vorhandensein einer äußeren Realität, begreift aber jede Erkenntnis über diese als Konstruktion des Individuums (v. Glasersfeld 2002). Grenzen der Wirklichkeitskonstruktion bestehen zum einen in der Beschaffenheit der Umwelt, zum anderen im Auffassungsvermögen der Person, weshalb Roth (1997: 316) die Wirklichkeitskonstruktion in die »Welt der mentalen Zustände« und die »Außenwelt« unterteilt. Dies bedeutet, dass »alle erlebten Vorgänge [...] zwischen mir und der Außenwelt *innerhalb der Wirklichkeit* ablaufen«. Ähnlich wie Roth unterscheidet Watzlawick (2007) die Begriffe Wirklichkeit und Welt. Zwar bestreitet er nicht die Existenz einer objektiven Welt, jedoch zweifelt er die Möglichkeit einer objektiven Erkenntnis von Wirklichkeit an. Ausgangspunkt ist die Annahme, dass jede Realität im unmittelbarsten Sinne »die *Konstruktion* derer ist, die diese Wirklichkeit zu entdecken und erforschen *glauben*« (Watzlawick 2007: 9). Anders ausgedrückt ist das vermeintlich *Gefundene* »ein *Erfundenes*, dessen Erfinder sich des Aktes seiner Erfindung nicht bewußt ist, sondern sie als etwas von ihm Unabhängiges zu entdecken vermeint und zur Grundlage seines ›Wissens‹ [...] macht« (Watzlawick 2007: 9 f.). V. Foerster (2007: 40) verleiht dieser Aussage noch mehr Nachdruck, indem er postuliert: »Die Umwelt, so wie wir sie wahrnehmen, ist unsere Erfindung«.

Bereits in dieser Einführung wird deutlich, dass nicht von einer einheitlichen konstruktivistischen Theorie ausgegangen werden kann. Vielmehr präsentiert sich der Konstruktivismus als Diskurs mit verschiedenartigen Facetten, die hier nur angedeutet werden können, bevor die für die Untersuchung bedeutsamen Varianten konstruktivistischer Theoriebildung eingehender dargestellt werden. Zunächst sei der Sozialkonstruktivismus von Berger und Luckmann (2007: XVII) erwähnt, der sich als »systematische, theoretische Abhandlung zur Wissenssoziologie« versteht. Dieser Ansatz aus den späten 1960er Jahren befasst sich mit Fragen der Ontologie, im Speziellen der Frage, wie eine gesellschaftliche Konstruktion von Wirklichkeit aussehen kann. In einer grundlegenden Weiterentwicklung dieses Zugangs widmet sich Reich (2010) der kulturbezogenen und systemischen Debatte, woraus Ansätze einer interaktionistisch-konstruktivistischen Pädagogik resultieren. Eine weitere Spielart ist der kognitionstheoretische Konstruktivismus, der vor allem von Maturana und Valera (1987) vertreten wird. Diese Variante unterscheidet sich vom Sozialkonstruktivismus hauptsächlich dadurch, dass keine Fragen zur Ontologie gestellt werden. Hier wird nicht gefragt, was die Welt darstellt, sondern was kognitiv geschieht, wenn der Mensch beobachtet und erkennt (Böse & Schiepek 2000).

Um die Differenzierung in Ontologie und Epistemologie anschaulich darlegen zu können, trennt v. Glasersfeld (2007) in seinem »Radikalen Konstruktivismus« die

Realität von der Wirklichkeit. Realität sei die objektive Welt, die von der eigenen Erfahrung unberührt bleibe und über die aus konstruktivistischer Perspektive keine Aussage gemacht werden könne. Die Wirklichkeit indes sei die subjektive Welt, wie sie vom Individuum konstruiert wird. Siebert (2005; 1999) und Reich (2010; 1996) verknüpfen diese Grundüberlegungen im »Pädagogischen Konstruktivismus« mit erziehungswissenschaftlichen Fragestellungen, während Kelly (1986: 18) mit seiner Position des »Konstruktiven Alternativismus« eine Variante des Konstruktivismus aufgreift, die den »*Menschen als Wissenschaftler*« begreift. In Rückbezug auf die Fragestellung der Untersuchung erscheinen drei Spielarten des Konstruktivismus von Bedeutung. Dies sind – als Grundlage für einen kritischen Diskurs – der Radikale Konstruktivismus (Abschnitt 2.4.1), der Konstruktive Alternativismus (Abschnitt 2.4.2) und – im Fokus einer interaktionistischen Sichtweise – der Pädagogische Konstruktivismus (Abschnitt 2.4.3). Diese Varianten werden im Folgenden näher dargestellt.

2.4.1 Radikaler Konstruktivismus

Der Ansatz des Radikalen Konstruktivismus geht vom Grundpostulat aus, Wissen werde nicht entdeckt, sondern konstruiert (v. Glasersfeld 2007; Roth 1997). Dies impliziert die Annahme, dass jede Form von Erkenntnis als »Ergebnis von Handlungen eines aktiven Subjekts [entsteht]. Handeln, das Wissen aufbaut, nennen wir darum ›operieren‹«, wodurch sich die »Erlebenswelt organisiert«. Es bleibt die Frage, »wie der Intellekt operiert, um aus dem Fluß des Erlebens eine einigermaßen dauerhafte, *regelmäßige* Welt zu konstruieren« (v. Glasersfeld 2007: 30). Roth (1997) nähert sich dieser Fragestellung, indem er sie auf das neuronale Geschehen bezieht, das dem Erkennen zugrunde liegt. Er zeigt, dass das Gehirn zwar über seine Sinnesorgane durch die Außenwelt erregt werden kann; diese Erregungen enthalten aber keine Interpretationen über die äußere Welt. Erst das Gehirn selbst kann Bedeutungen erzeugen und diese auf der Grundlage eigener Erfahrungen überprüfen. Hieraus resultieren interne Kriterien, die »unsere Erlebniswelt, die *Wirklichkeit*« (Roth 1997: 21) bilden. Insofern muss das Gehirn »*konstruktiv sein*« um ein »Verhalten zu erzeugen, mit dem der Organismus in seiner Umwelt überleben kann. Dies letztere garantiert, daß die vom Gehirn erzeugten Konstrukte nicht willkürlich sind« (Roth 1997: 23).

Die neurophysiologischen Befunde von Böse und Schiepek (2000: 103) machen deutlich, dass Erkenntnis stets relativ ist. Ihre Ergebnisse zeigen, dass die Farbwahrnehmung von Gegenständen relativ unabhängig von der spektralen Zusammensetzung des reflektierten Lichts erfolgt. Dies beruht einerseits auf angeborenen Mechanismen, andererseits auf früheren Erfahrungen im Umgang mit Objekten (Rusch 1987: 72). Farbempfindung entsteht also nicht deshalb, weil ein »Farbrezeptor eine bestimmte Lichtwellenlänge codiert. Vielmehr *weist* das Gehirn [...] bestimmte Farbempfindungen *zu*« (Roth 1997: 119 f.). Wahrnehmung wird hier als Erkenntnisprozess beschrieben. In diesem Sinne klärt sich auch das eingangs aufgeführte Zitat v. Foersters (2007: 40), dass »die Umwelt, so wie wir sie wahrnehmen, [...] unsere Erfindung« ist; mit anderen Worten: Das Individuum konstruiert die Welt aufgrund seiner individuellen Kriterien. Es entwickelt Bilder der Welt, deren Objektivität nicht nachgeprüft werden kann. Aus diesem Blickwinkel ergeben sich zwei Implikationen, die für die Untersuchung von Bedeutung sind. Erstens die Annahme, dass keine von der Person unabhängige Wirklichkeit existiert, und zweitens ist davon auszugehen, dass Prozesse des Erkennens nicht von der Person zu trennen sind, die erkennt.

Gemäß der Argumentation von Dettmann (1999) ist anzunehmen, dass es das Gehirn sein muss, welches die von der Person erfahrene Wirklichkeit entwirft. Das Gehirn enthalte keine Informationen über die Realität, sondern nur Hinweise zur selbst konstruierten Wirklichkeit. Radikal ist an dieser Sichtweise, dass Erkenntnis nicht aus der Außenwelt, sondern aus dem Erleben des Individuums und der Systematisierung von Erfahrungen hervorgeht (Dettmann 1999: 111). Folgerichtig weiß das Individuum nicht, »wie die objektive Welt beschaffen ist; es heißt lediglich, daß wir *einen* gangbaren Weg zu einem Ziel wissen [...]. Es sagt uns nichts [...], wieviele andere Wege es da geben mag«. Damit dementiert v. Glasersfeld (2007: 23) nicht das Vorhandensein einer Realität; allerdings weist er die Position zurück, der Mensch erkenne diese so, wie sie tatsächlich sei (v. Glasersfeld 1996: 422). In den Untersuchungen von v. Glasersfeld (2007; 2002; 1997; 1996; 1987) kristallisiert sich das Bild eines Individuums heraus, dem Verantwortung für sein Erkennen zugesprochen wird. Jenes Bild ist als Ausgangspunkt für die empirische Erfassung von Erkenntnisprozessen des Kindes (Kapitel 4) noch zu abstrakt, weshalb im Folgenden der radikal-konstruktivistische Ansatz mittels des »*Konstruktiven Alternativismus*« (Kelly 1986: 29) konkretisiert wird. Dieses von Kelly entwickelte Modell bietet sich für den Fortgang der Argumentation an, da der Mensch hier in den unterschiedlichen Phänomenbereichen durchgängig als verantwortlicher Konstrukteur seiner Wirklichkeit betrachtet wird.

2.4.2 Konstruktiver Alternativismus

Die Vorstellung, Erkenntnis sei ein individueller Konstruktionsprozess, wurde in der Entwicklungspsychologie mit Modellen zu kognitiven Schemata (Piaget) und zu Konstrukten (Kelly) weiterentwickelt. Kellys Modell persönlicher Konstrukte ist im Anschluss an Bannister und Fransella (1981: 5) als eine Konzeption mit einem weiten Anwendungshorizont zu verstehen, die »nicht an einen einzigen, losgelösten begrifflich gefaßten Gegenstand der Erfahrung gebunden ist«. Sie ist frei von Inhalten und wird erst von der Person, die das Modell anwendet, auf Inhalte bezogen. Ausgangspunkt der Theorie ist der Gedanke, dass »*alle gegenwärtigen Interpretationen des Universums revidiert oder ersetzt werden müssen*«; anders gesagt: Es wird immer alternative Konstrukte geben, »zwischen denen man beim Umgang mit der Welt wählen kann. [...] Wir nennen diese Position den *Konstruktiven Alternativismus*« (Kelly 1986: 29), eine »moral-philosophische Haltung« (Bonarius, Angleitner & John 1984: 120), die sich auf alternative Konstrukte einer Person bzw. auf unterschiedliche Konstruktsysteme mehrerer Personen bezieht.

In der Untersuchung von Kelly (1986) zeigt sich, dass es im Sinne der Vorhersagekraft genauere und weniger genaue Konstrukte gibt, dass aber eine absolute

Konstruktion der Umwelt nicht möglich ist. Deshalb betrachtet Kelly (1986: 18) die Menschheit »unter dem Gesichtspunkt ihrer Wissenschaftlichkeit« und jeden einzelnen »Menschen als Wissenschaftler«, der ständig den Ablauf von Ereignissen zu antizipieren versucht. Kelly (1986: 22 f.) geht davon aus, dass der Mensch auf die Welt durch »transparente Muster oder Schablonen [blickt], welche er entwirft und dann an die realen Gegebenheiten […] anzupassen sucht«. Diese Muster werden als Konstrukte oder Konstruktsysteme bezeichnet. Sie sind eine Art Orientierungshilfe, um Bilder der Welt zu entwerfen und um auszuprobieren, ob diese passen. Das Besondere hieran ist, dass dieselben Ereignisse »oft im Lichte zweier oder mehrerer Systeme betrachtet werden« können (Kelly 1986: 25). Die Befunde von Scheuerl (1994/1954) zeigen, dass die Unterschiedlichkeit der Wahrnehmu.. eine Form von Wissenschaftlichkeit impliziert und dass dies zugleich ein bedeut....... t des Spielens darstellt: »Ein Wissenschaftler, der Hypothesen entwirf................ schließlich: ›Ich habe mit Möglichkeiten gespielt, nun muß ic......................... scheiden.‹ Wieder ist es die Freiheit von aller Festlegung […], d............... halten im Zwischen‹, das Schweben in der Entscheidungslosi................ ise auch ein fasziniertes Sich-Hingeben an die ›innere Unendlich..............der« (Scheuerl 1994/1954: 116). Kelly (1986) verdichtet diese ....ende Postulate.

> *Grundlegendes Postulat*: »Die Prozesse eines Menschen we...............urch die Mittel und Wege kanalisiert, mit deren Hilfe er Ereignisse ....86: 59).

Im Anschluss an Kelly (1986) ist davon auszugehen, d............twährend damit befasst ist, sich selbst und seine Umgebung ....antizipiert Ereignisse und erstellt eine Kopie von ihnen, die es.....................orhersagen für diese und weitere Situationen zu formulieren..................h Angleitner (1980: 126) zwei Faktoren ausschlaggebend, ...l der bereits beobachteten Wiederholungen einer Situation und ....etrag an Ähnlichkeit des vorherzusagenden Ereignisses, der durch Abstr................n von den Wiederholungen gewonnen wird«. Wertheimer (1964) veranschaulicht dies anhand von zwei Federball spielenden Jungen, die er im Garten beobachtet. Es zeigt sich, dass der schwächere Spieler in jedem Spiel besiegt und mit der Zeit immer missmutiger wird. Nach mehreren missglückten Durchgängen beendet er das Spiel. Wertheimer (1964: 149) vermutet, dass das Kind aufgrund der wiederholten Erfahrung des Unterliegens antizipiert, nicht mehr auf einen Sieg hoffen zu können. Wird dieselbe Situation aus dem Blickwinkel des stärkeren Spielers geschildert, so stellt sich das Ereignis anders dar (Schwander & Andersen 2005: 11). Nun gerät der schwächere Spieler als Spielverderber in den Blick, dem der stärkere Spieler vorwirft: »Warum machst du das ganze Spiel kaputt?« (Wertheimer 1964: 151). Wertheimer beobachtet, dass seltsame Dinge im Gesicht des stärkeren Spielers vorgehen, bis dieser schließlich eine neue Spielvariante vorschlägt. In diesem Beispiel zeigt sich »produktive[s] Denken« (Wertheimer 1964), das im Folgenden anhand der Korollarien der »Individualität« (Kelly 1986: 67), »Teilnahme am sozialen Prozess« (Kelly 1986: 105), »Konstruktion« (Kelly 1986: 63) und »Erfahrung« (Kelly 1986: 83) auf das Spielen und Erkennen von Kindern bezogen wird.

Korollarium der Individualität: »Menschen unterscheiden sich in ihren Konstruktionen der Ereignisse voneinander« (Kelly 1986: 67).

Das Postulat besagt, dass Menschen gleiche Ereignisse unterschiedlich erleben. Man kann Personen nicht nur deshalb als unterschiedlich betrachten, weil sie sich in Situationen verschieden verhalten, sondern auch, weil sie die Situation mit den Augen ihres »Systems persönlicher Konstrukte« (Bannister & Fransella 1981: 12) sehen. Zum einen »erlebt jeder den anderen [...] als außenstehend. Zum anderen erlebt jeder eine andere Person als zentrale Figur (nämlich sich selbst)« (Kelly 1986: 68). Veranschaulichen lässt sich dies anhand von Wertheimers (1964) Beispiel der zwei Federball spielenden Jungen. Diese unterscheiden sich darin, wie sie die Ereignisse wahrnehmen und interpretieren. Jeder Junge stellt auf seine Weise Konstrukte auf, durch die er die Ereignisse antizipiert. Jeder ist bemüht, durch seine Konstruktionssysteme die Erfahrungen zu verwerten. Aber bedeutet dies, dass Erfahrungen nicht geteilt werden können? Kelly (1986) konstatiert, jeder könne die Ähnlichkeiten und Differenzen zwischen Ereignissen, an denen er mitwirkt, zusammen mit jenen konstruieren, an denen der andere beteiligt ist. Folglich können »Menschen, auch wenn es individuelle Unterschiede bei der Konstruktion von Ereignissen gibt, eine gemeinsame Basis finden, indem sie die Erfahrungen ihrer Mitmenschen zusammen mit ihren eigenen konstruieren« (Kelly 1986: 68). Diesen Gedanken vertieft das Korollarium der Teilnahme am sozialen Prozess.

Korollarium der Teilnahme am sozialen Prozess: »In dem Ausmaß, in dem ein Mensch die Konstruktionsprozesse eines anderen konstruiert, kann er eine Rolle in einem sozialen Prozess spielen, der den anderen mit einschließt« (Kelly 1986: 105).

Dieses Postulat betont die Bedeutung des gegenseitigen Verstehens für die zwischenmenschliche Interaktion. Um eine konstruktive Rolle in Bezug auf andere Menschen einnehmen zu können, ist es notwendig, »ihre Art, die Welt zu betrachten, zu kennen« (Angleitner 1980: 128). Dies bedeutet im Anschluss an Kelly (1986) nicht, dass die Konstruktsysteme zweier Personen identisch sein müssen, damit zwischenmenschliche Interaktion stattfinden kann. Es genügt, wenn das eigene Konstruktionssystem eine sinngemäße Kopie vom System des anderen erstellt. Im positiven Sinne heißt dies: Wenn ein Mensch fähig ist, sich in die Konstrukte des anderen hineinzuversetzen, kann er in einem sozialen Prozess, der die andere Person mit einschließt, eine Rolle spielen. Am Beispiel der zwei Federball spielenden Kinder zeigt sich dies im Entwickeln einer neuen Spielvariante. Der stärkere Spieler reflektiert, dass »diese Art zu spielen, seine listigen Angaben, für [den Mitspieler] wie ein gemeiner Betrug aussahen. [...] Anzugeben, wie er es getan hatte, ohne die geringste Möglichkeit zum Zurückgeben zu gewähren, war [...] etwas anderes als Geschicklichkeit« (Wertheimer 1964: 151 f.). Hiermit bringt der Junge zum Ausdruck, dass solch ein Spiel unbefriedigend ist, und zwar nicht nur für das andere Kind, sondern auch für ihn bzw. für das Spiel selbst. Schließlich abstrahiert er folgende Spielidee: »Wir wollen mal sehen, wie lange wir den Ball zwischen uns hin- und hergehen lassen können. [...] Meinst du, wir kommen bis zehn oder zwanzig?« (Wertheimer 1964: 153). Der Charakter des Spiels ist durch diese Regeländerung modifiziert. Die Kinder arbeiten nun gemeinsam; dennoch wird der Wettbewerbscharakter nicht ausgeschlossen. Abzulesen ist dies an der in einem freundschaftlichen Tonfall geäußerten Frage: »Ein schärferer [Schlag], kannst du den kriegen?« (Wertheimer 1964: 153). Insofern handelt es sich nicht um ein völlig neues Spiel, sondern um eine »kreative [...] Modifikation des traditionellen Federballspiels« (Schwander & Andersen 2005: 11). Anders ausgedrückt: Zwei Kinder haben hier im didaktischen Sinne eine konstruktive Spielvariante gefunden.

> *Korollarium der Konstruktion*: »Der Mensch antizipiert Ereignisse, indem er ihre Wiederholungen konstruiert« (Kelly 1986: 63).

Gemäß dieses Korollariums prägt sich der Mensch die Besonderheiten mehrerer Elemente eines Ereignisses ein und bildet auf dieser Grundlage Konstrukte der Ähnlichkeit und des Gegensatzes. Er versucht, wiederkehrende Elemente zu identifizieren und stellt fest, dass diese zunächst wenig differenziert erscheinen. Erst wenn er seine Beobachtungen auf das Wiederkehrende einstimmt, ergeben die Ereignisse für ihn allmählich einen Sinn. Er muss seine Erfahrungen abstrahieren, um sie einordnen zu können und um festzustellen, dass keine Situation der anderen gleicht (Kelly 1986: 63). Jedes Ereignis unterscheidet sich von anderen und doch sind wiederkehrende Elemente zu erkennen. In der Abstraktion dieses Gedankens konstatiert Kelly (1986: 34): »Das Universum ist immer im Fließen. Wenn man dabei auch gewisse sich wiederholende Merkmale abstrahieren kann, kehrt es niemals zu sich selbst zurück«. An dieses Postulat schließt sich das Korollarium der Erfahrung an.

> *Korollarium der Erfahrung*: »Das Konstruktionssystem eines Menschen verändert sich im Laufe seiner Konstruktion der Wiederholung von Ereignissen« (Kelly 1986: 83).

Mit diesem Korollarium weist Kelly darauf hin, dass Erfahrung aus der lebenslangen Konstruktion von Ereignissen resultiert. Dabei reicht nicht aus, dass der Mensch bei einem Ereignis nur anwesend ist. Erst wenn er dieses interpretiert, gewinnt er an Erkenntnis; und es ist diese Interpretation der Ereignisse, welche die Erfahrung vergrößert. Konstrukte, die zu Ereignissen entworfen werden, sind zunächst nur Mutmaßungen, die zu überprüfen sind. Erst mit der Wiederholung von Ereignissen, entwickelt sich das Konstruktsystem des Menschen (Kelly 1986: 88). Damit ist Lernen ein Vorgang, der vom Kind selbst angestoßen und kontinuierlich vorangetrieben wird. Durch die eigenständige Konstruktion von Ereignissen ist es dem Kind möglich, Situationen zu antizipieren, wobei Maßnahmen des Wiederholens dazu beitragen, Lernprozesse effektiv zu gestalten. Dieser Prozess ist im Anschluss an Angleitner (1980) und Kelly (1986) als aktive Wissensaneignung zu verstehen.

> Die Befunde von Kelly (1986) zeigen, dass die aktive Rolle des Individuums von Bedeutung ist, um kognitive Entwürfe der Umgebung zu erstellen. Kelly verdichtet dies in der Metapher, jeder Mensch handle wie ein Wissenschaftler. Zudem machen die Befunde von Kelly deutlich, dass sich Menschen dahingehend voneinander unterscheiden, wie sie Ereignisse wahrnehmen und wie sie die Dinge interpretieren. Entsprechend differieren die Konstrukte, die zwei Personen von ein und demselben Ereignis erstellen. Was dies in Bezug auf Schule und Unterricht bedeutet, zeigt sich im Diskurs um die Frage, wodurch Perspektiven des Konstruktivismus in der Pädagogik geprägt sind.

2.4.3 Pädagogischer Konstruktivismus

Im Gegensatz zum Radikalen Konstruktivismus verstehen die Ansätze des Pädagogischen Konstruktivismus Erkenntnistätigkeit als einen Vorgang, der soziale Implikationen beinhaltet (Reich 2010; 1996; Siebert 2005; 2002; 1999; Kösel & Scherer 1996). Damit verweist diese Spielart des Konstruktivismus auf den eingangs erwähnten Sozialkonstruktivismus von Berger und Luckmann (2007), der ein Gegenstück zum Postulat des individuellen Konstruktivismus zeichnet. Ausgangspunkt des Diskurses um die interaktionistisch-konstruktivistische Pädagogik ist die Überlegung, der Mensch könne sich »zunächst einmal nur relativ zu den vorgegebenen Strukturen des Universums entwickeln; eine bestimmte Gesellschaft zunächst einmal nur relativ zur Spezies Mensch; eine Familie zunächst einmal nur relativ zur Gesellschaft; und ein Individuum zunächst einmal nur relativ zur Familie« (Kriz 1987: 55). Mit dieser Aussage geht es Kriz (1987) nicht darum, die Gesellschaft als bestimmenden Faktor für die Wirklichkeitskonstruktion des Individuums herauszustellen. Wie die Befunde von Reich (2010; 2008; 2005) sowie Kösel und Scherer (1996) zeigen, verwertet das Individuum Informationen aus sozialen Interaktionen nach je eigener Struktur. Lernende werden diesem Ansatz zufolge als geschlossene Systeme verstanden, die individuelle Lernwege entfalten. Lehrende bilden hierfür »Anreizstrukturen (didaktische Morpheme)« (Kösel & Scherer 1996: 105).

In jenem Diskurs wird der Wissenserwerb als situativer Prozess beschrieben, der vom Lernenden ausgeht. Im Fokus steht der Gedanke, dass die Schülerinnen und Schüler zusammen mit der Lehrkraft Inhalte erarbeiten, indem sie weitestgehend selbstständig ihr Wissen konstruieren (Reich 2010) und auf Vorgegebenes nur zurückgreifen, wenn sie dies »unabdingbar zur eigenen (re)konstruktiven Bewältigung benötigen« (Reich 1996: 80; vgl. auch Kösel & Scherer 1996). Dieser Ansatz ist für die vorliegende Untersuchung bedeutsam, da der Wissenserwerb einerseits mit Formen des Spielerischen synonym gesetzt und andererseits auf den Prozess des Unterrichtens bezogen wird. So lassen sich »Arbeiten mit Spielcharakter und Spiele mit Arbeitscharakter konstruktiv realisieren [...] und dabei das wichtigste in einem solchen Lernprozeß überhaupt erfahren [...]: Sich selbst als maßgeblichen Konstrukteur von Wirklichkeit« (Reich 1996: 80). In einem solchen Prozess erleben sich Schülerinnen und Schüler als Erschaffer ihrer Wirklichkeit (Kösel & Scherer 1996) und erkennen, dass letztlich alle Konstruktionen vom Menschen gemacht sind (Reich 2010).

Im Diskurs um die Frage, wodurch Perspektiven des Konstruktivismus in der Pädagogik geprägt sind, zeigen sich dominant die Sichtweisen der Konstruktion, Rekonstruktion und Dekonstruktion, die in vielfältiger Form didaktisch umgesetzt werden können (Reich 2010; 2008; 2005; 1996). Es wird davon ausgegangen, dass die Schülerinnen und Schüler sich selbst als Erfinder ihrer Wirklichkeit begreifen und Interesse für die Betrachtungsweisen der anderen entwickeln. Dadurch entfalten sie Verständnis für unterschiedliche Konstruktionen von Wirklichkeit und gelangen über die eigene Konstruktionsarbeit zum Austausch mit anderen. Jener Diskurs verbindet den individualistisch-kognitiven Zugang des Radikalen Konstruktivismus (vgl. v. Glasersfeld 2007; v. Foerster 2007; Roth 2003) mit der sozialen Interaktion des Sozialkonstruktivismus (vgl. Berger & Luckmann 2007). Im Fokus des Pädagogischen Konstruktivismus steht die Aufgabe, die Leitgedanken anderer nachzuvollziehen und die eigenen Beweggründe zu hinterfragen. Reich (2010) nennt dies Rekonstruktion. Zudem geht es darum, eigene Beobachtungen und Feststellungen anderer anzuzweifeln. Hierdurch wird sichergestellt, dass weder die eigenen Erfindungen noch die Entdeckungen anderer absolut gesetzt werden. Reich (2010) bezeichnet dies als Dekonstruktion. Damit gelangt der Lernende in den »Zirkel eigener Konstruktionen und in die Rekonstruktionen von anderen«, ohne der »Illusion unterliegen zu dürfen, [...] nun die schlüssige letzte Wahrheit gefunden« zu haben (Reich 1996: 87). Vielmehr erfindet und entdeckt der Lerner seine Wirklichkeit immer wieder von neuem (Reich 2010: 121), stets in dem Bewusstsein, es könnte noch andere Lösungswege geben. Reich (1996: 85) gibt zu bedenken, dass eine solche Form des Unterrichtens nicht einfach durchzuführen sei, denn allein der Umfang der Lehrpläne und die damit einhergehende Fülle an Themen würden die Umsetzung erschweren. Diese These wird in der Diskussion der Untersuchungsergebnisse mit Blick auf die Umsetzbarkeit spielerischer Prozesse im Unterricht aufgegriffen (Kapitel 5).

> Insgesamt zeigt sich im Diskurs um die pädagogischen Implikationen des Konstruktivismus, dass für eine konstruktivistische Sicht auf Unterricht nicht allein die Auswahl der Inhalte relevant ist, sondern auch die soziale Interaktion innerhalb der Lerngruppe. Im empirischen Teil der Untersuchung ist nun zu erheben, in welcher Form sich die interaktionistischen Momente des Pädagogischen Konstruktivismus in seinen Ausprägungen Konstruktion, Rekonstruktion und Dekonstruktion in der Verknüpfung von Spiel und Erkenntnis zeigen.

2.5 Fazit: Kindliche Erkenntnis als Konstruktion von Wirklichkeit

Im Diskurs um Erkenntnistätigkeit als konstruktivistisches Paradigma zeigt sich das Bild des produktiv realitätsverarbeitenden Kindes, das Informationen aus seiner Umwelt erhält, um eine Repräsentation seiner Umgebung zu gestalten. Erkenntnis ist demnach keine Widerspiegelung der Außenwelt (Klimsa 1993), sondern eine »aktive Konstruktionsleistung des Individuums« (Maturana 1983: 60; vgl. auch Niemi 2009; 2002). Sie ergibt sich aus der Interaktion von Kind und Medium, auf der Grundlage individueller Interpretationen und Wahrnehmungen (Tulodziecki 1996; Stewart & Landine 1995). Unter einem solchen Blickwinkel sind das Vorwissen des Schülers (Thissen 1997) und das selbsttätige Organisieren eigener Erfahrungen (Reinmann-Rothmeier 1996; Peterson & Barnes 1996) von zentraler Bedeutung. Insgesamt zeigt sich in jenem Diskurs, dass Erkenntnis nur

Teil I: Kindliches Lernen im Spannungsfeld von Spiel und Erkenntnis

über die aktive Mitwirkung des Schülers möglich und dass der jeweilige Erkenntnisweg nicht vorhersehbar ist. Er konstituiert sich einerseits über den individuellen Erfahrungshintergrund und die Strategien des Kindes und andererseits über die Impulse, die von der Außenwelt ausgehen. Damit rückt Erkenntnis als interaktives Geschehen in den Fokus und es wird das Kind im Prozess des Erkennens in Kommunikation mit der Außenwelt betrachtet. Der Forschungsstand dieses Diskurses lässt sich in folgenden Aspekten zusammenfassen (Abb. 4), die als Ausgangspunkte für die empirische Erhebung dienen (Kapitel 3 und 4).

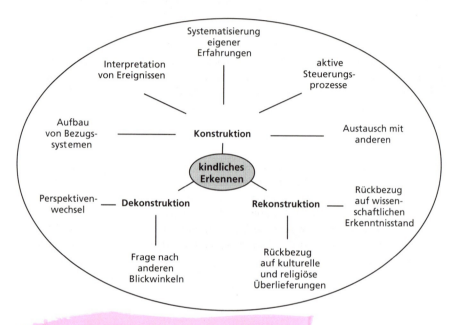

Abb. 4: Kindliches Erkennen als Konstruktion von Wirklichkeit

Teil II:
Empirische Untersuchungen zu Dimensionen des Spielens und Erkennens

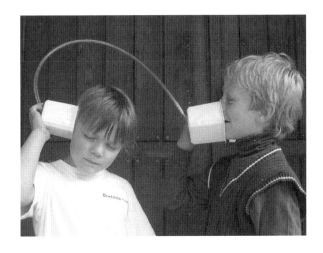

3 Vorstudie: Spielerische Elemente im Grundschulunterricht

Der erste Teil der Studie dient als Voruntersuchung zur empirischen Erfassung spielerischer Momente im Unterricht der Grundschule, da Befunde hierzu bislang weitestgehend fehlen (u. a. Andersen 2010b; Bergen & Fromberg 2009; Rakoczy 2007). Ausgangspunkt ist die Beobachtung eines Wandels der curricularen Empfehlungen. Zeigte sich in den 1990er Jahren in den Rahmenplänen der Grundschule der Anspruch an die Einbindung von »Spiel« in den Unterricht (u. a. Hessisches Kultusministerium 1995), findet nun in den neuen Kerncurricula der Begriff Spiel keine explizite Erwähnung mehr (u. a. Hessisches Kultusministerium 2010). Die Untersuchung fragt danach, in welcher Form sich spielerische Elemente im heutigen Unterricht der Grundschule zeigen. Dabei geht es nicht zuvorderst um die Auslotung der Anteile von Spiel im Unterricht, sondern um die Frage, in welchen Ausprägungen sich kindliches Spiel darstellt. Der Aufbau der Untersuchung wird in Abschnitt 3.1 erläutert. Anschließend werden Forschungsmethoden (Abschnitt 3.2), Forschungsfeld und Untersuchungsdesign (Abschnitt 3.3) vorgestellt. Die Darstellung der Ergebnisse erfolgt in deskriptiver Form. Einerseits werden Situationen kindlichen Spielens im Unterricht beschrieben und andererseits wird herausgearbeitet, in welchen Unterrichtssituationen Formen kindlichen Spielens vermehrt zu beobachten sind, ohne den Anspruch einer quantitativen Erhebung zu verfolgen (Abschnitt 3.4). Diese Analyse ist als Vorstudie zu verstehen, deren Aufgabe es ist, das Forschungsfeld für die Ausschnittsfestlegung einzugrenzen (Abschnitt 3.5).

3.1 Fragestellung der Untersuchung

In den Rahmenplänen der 1990er Jahre wurde als zentrale Aufgabe der Grundschule die Vermittlung »grundlegender Bildung für alle Kinder« beschrieben. Dies umfasst die »(Allgemein-)Bildung in allen wesentlichen Kulturbereichen«, die zur Persönlichkeitsentwicklung des Kindes beiträgt, und die sogenannte »(Ausgangs-)Bildung für die differenzierten weiteren Bildungswege« (Hessisches Kultusministerium 1995: 7). In den Rahmenplänen dominierten die Aufgaben- und Zielbeschreibungen der Fächer und Lernbereiche, während die übergreifenden Orientierungen mit ihren didaktischen Grundsätzen und fächerübergreifenden Gestaltungsaufgaben nur nachrangig berücksichtigt wurden. Es fällt auf, dass der Begriff »Spiel« allein in den übergreifenden Orientierungen Erwähnung fand, z. B.

als »Darstellendes Spiel« (1995: 278) oder »tägliche Spiel- und Bewegungszeit« (1995: 286), nicht indes in Bezug auf die fachbezogenen Inhalte.

In den neuen Kerncurricula der Bundesländer wird seit dem Jahr 2000 – auch in der Folge von PISA – der Fokus auf die Kompetenzbereiche gelegt. Zentrale Bedeutung kommt der Lesekompetenz zu, die als Schlüsselqualifikation betrachtet wird (Bos et al. 2012; Stanat et al. 2012). Die Kompetenzbereiche der Fächer Mathematik, Deutsch und Naturwissenschaften werden im Rahmen von Large-Scale-Assessments in den letzten Jahren systematisch erfasst (Bildungsministerium für Bildung und Forschung 2007; Stanat et al. 2002). Die Kompetenzerwartungen sind in den Bildungsstandards verankert (Sekretariat der Ständigen Konferenz der Kultusminister der Länder in der Bundesrepublik Deutschland 2005a; 2005b) und finden in den neuen Kerncurricula ihren Niederschlag (u. a. Hessisches Kultusministerium 2010). Aspekte zum kindlichen Spiel werden weder in den Bildungsstandards noch in den Kerncurricula erwähnt. Auf dieser Grundlage ist zu fragen, welchen Stellenwert kindliches Spiel im heutigen Grundschulunterricht einnimmt. Zugespitzt formuliert: Findet kindliches Spiel im Unterricht überhaupt statt? Dieser Fragestellung wird im Rahmen der Voruntersuchung nachgegangen (Kapitel 3). Anschließend wird das Forschungsfeld eingegrenzt und bezüglich einer Schnittmenge von Spiel und Erkenntnis empirisch erhoben. Dieser zweite Zugriff bildet den Hauptteil der Untersuchung (Kapitel 4).

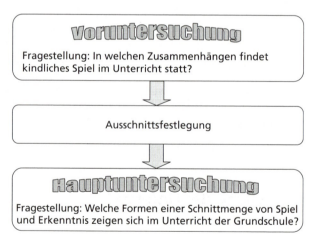

Abb. 5: Aufbau des Forschungsvorhabens

3.2 Forschungsmethoden

Mit dem Ziel der Annäherung an das Forschungsfeld sowie der anschließenden Ausschnittsfestlegung trägt die Voruntersuchung zur Sondierung des Themengebiets in Bezug auf spielerische Elemente im Grundschulunterricht bei. Für das methodische

Design wird ein deskriptiver Forschungsansatz gewählt (Abschnitt 3.2.1). Mittels teilnehmender Beobachtung (Abschnitt 3.2.2) sowie Protokollierung der Felderfahrungen (Abschnitt 3.2.3) wird eine Übersicht über das Forschungsfeld erstellt.

3.2.1   Deskriptiver Forschungsansatz

Die Voruntersuchung ist nicht als Versuch einer quantitativen Studie zu verstehen, die Anspruch auf Repräsentativität erhebt, sondern sie hat im Sinne der qualitativen Forschung eine gegenstandsnahe Erfassung der kontextgebundenen Eigenschaften sozialer Felder zum Ziel (Terhart 1997). Sie erfolgt in deskriptiver Form, um Merkmale der Verteilung sozialer Aktivitäten erheben zu können (Diekmann 2007). Ergebnisse qualitativer Forschung können Anlass für eine Weiterführung in nachfolgenden quantitativen Studien sein; ebenso können die Ergebnisse durch weitere qualitative Forschung unter variierten Bedingungen geprüft werden (Flick 1991). Das Verhältnis beider Forschungsansätze lässt sich nach von Kardorff (1991) wie folgt charakterisieren: Für qualitative Forschung ist eine dichte Beschreibung unverzichtbar, während im Rahmen quantitativer Vorgehensweisen große Mengen von Einzeldaten erhoben und im Hinblick auf eingegrenzte Fragestellungen mit statistischen Verfahren ausgewertet werden. Die Eingrenzung macht ein umfangreiches Vorwissen erforderlich und bietet sich in einem neuen sozialen Feld erst als zweiter Schritt an (Diekmann 2007). Quantifizierung ist für Fragestellungen angebrachter, in denen die Gegenstände stark reduzierbar sind (Kleining 1991). Aufgrund des relativ breiten Fachkontextes zum kindlichen Spiel (Ahern et al. 2011; Ashiabi 2007) und des Fehlens empirischer Voruntersuchungen zur zentralen Fragestellung wird hier ein qualitativer Ansatz in zunächst deskriptiver Ausprägungsweise gewählt.

3.2.2   Teilnehmende Beobachtung

Für die Annäherung an ein Forschungsfeld hat sich die teilnehmende Beobachtung als methodisches Instrumentarium bewährt (Diekmann 2007). Als bewusste und systematische Teilhabe an den Aktivitäten einer Gruppe von Personen lässt die teilnehmende Beobachtung eine »detailgenaue und an theoretischen Abstraktionen anschließbare Rekonstruktion von Kulturen« (Baerenreiter & Fuchs-Heinritz 1990: 348) zu und ermöglicht, Daten über das Verhalten der Personen durch direkten Kontakt zu gewinnen. Dies geschieht in spezifischen Situationen, in denen die Verzerrung, die aus der Anwesenheit des Forschers resultiert, auf ein Minimum reduziert wird (Berk & Adams 1979). In der teilnehmenden Beobachtung kann der Forscher verschiedene Rollen annehmen (Diekmann 2007). Das Spektrum reicht von der »veröffentlichte[n] Rolle« bis zur »verdeckte[n] Beobachterrolle, bei der die Forschungsabsicht noch nicht offenbart wurde« (Friebertshäuser 1997: 520). Formen »*passiver* teilnehmender Beobachtung« (Diekmann 2007: 564) lassen sich von aktiven unterscheiden. In letzteren nimmt der Beobachter eine Alltagsrolle im Feld ein. Allen Varianten ist die Zielsetzung gemeinsam, Verhaltensmuster der Untersuchungsgruppe als deren Mitglied kennenzulernen. Allerdings darf die Rolle des

Forschers nicht zu dominant sein, um die Interaktionsteilnehmer nicht zu beeinflussen. Friebertshäuser (1997) empfiehlt deshalb, den Erforschten nur einen begrenzten Aspekt des tatsächlichen Forschungsinteresses mitzuteilen. Diekmann (2007: 565) befürwortet die »verdeckt teilnehmende Beobachtung«, die vermeidet, dass der Forscher durch seine Teilnahme an den Interaktionen das Geschehen verändert wahrnimmt. Einen Kompromiss bietet die Möglichkeit, zeitgleich mehrere Beobachter in die Feldforschung einzubeziehen, wodurch sich subjektive Eindrücke relativieren lassen (Friebertshäuser 1997). Zudem bietet es sich an, Beobachtungen schriftlich festzuhalten (Wagner-Willi 2001b).

3.2.3 Protokollierung der Felderfahrungen

Legewie (1991) empfiehlt, ein stichwortartiges Kurzprotokoll direkt im Anschluss an den Feldkontakt zum ausführlichen Protokoll auszuarbeiten. Mit zunehmender Annäherung an das Forschungsfeld kann das Protokollieren selektiver werden. In ihrer Rohform sind die Protokolle eher mit Stimmungsbildern vergleichbar, die noch keinen Ansatz zur Analyse liefern (Legewie 1991: 192). Erst eine Strukturierung des Untersuchungsmaterials nach forschungsrelevanten Kriterien macht es der theoretischen Analyse zugänglich (Bohnsack 2008: 155). Basierend auf den Ausführungen von Legewie (1991) und Bohnsack (2008) sind für die vorliegende Untersuchung folgende Kriterien zur Erstellung der Protokolle bedeutsam (Tab. 3). Zu den Kriterien werden Handlungseinheiten extrahiert und Kommentare hinzugefügt (vgl. Abschnitt 3.3.3). Im Rahmen dieses Prozesses, in dem Feldarbeit und Reflexion wechseln, wird das Forschungsfeld zunehmend eingegrenzt.

Tab. 3: Kriterienkatalog zur Erstellung der Protokolle (vgl. Bohnsack 2008; Legewie 1991)

Aufgabenstellung	• Die Aufgabe kann von offenen oder geschlossenen Fragen ausgehen. • Sie wird einheitlich gestellt oder differenziert gestaltet. • Die zu bearbeitenden Aspekte werden vorgegeben oder es sind eigene Schwerpunktsetzungen möglich.
Interaktion	• Die Kinder mögen einzeln, mit einem Partner oder in Gruppen arbeiten. • Sie mögen aktiv teilnehmen oder bloße Zuschauer sein. • Sie tauschen sich mit anderen verbal oder nonverbal aus.
Ziel der Interaktion	• Die Kinder verfolgen ein vorgegebenes Ziel oder entwickeln eigene Zielsetzungen. • Sie verfolgen ein gemeinsames Ziel oder unterschiedliche Zielsetzungen.
Reflexion der Interaktion	• Die Kinder können sich über ihre Erfahrungen austauschen und Rückmeldungen zu ihrem Befinden geben. • Sie mögen Ideen zur Weiterentwicklung der Aufgabe benennen.
Häufigkeit	• Es wird festgehalten, wie oft eine bestimmte Form der Interaktion auftritt.
Zeitdauer	• Die Dauer der Schülerhandlungen sowie der Vor- und Nachbereitungen wird aufgezeichnet.

3.3 Forschungsdesign

Forschungsfeld und Design der Voruntersuchung werden im Folgenden vorgestellt. Dies beinhaltet drei Teilaspekte. Zunächst werden die Auswahl der Schulklassen sowie deren Verteilung auf die Jahrgangsstufen und Schulen dargelegt (Abschnitt 3.3.1). Ein zweiter Schritt zeigt die Verteilung der Unterrichtsbeobachtungen auf die Fächer und Jahrgangsstufen (Abschnitt 3.3.2). Drittens werden die Beobachtungsbögen für die Unterrichtsbesuche erläutert (Abschnitt 3.3.3).

3.3.1 Darstellung des Samples

In die Voruntersuchung werden 42 Schulklassen einbezogen. Vierzig Klassen stammen aus dem Grundschulbereich, und zwar zwölf aus dem ersten Schuljahr, 13 aus dem zweiten, acht aus dem dritten und sieben aus dem vierten Schuljahr. Zusätzlich werden eine Vorklasse sowie eine Klasse der fünften Jahrgangsstufe einbezogen. Die Klassen stammen aus elf Schulen (Tab. 4). Sechs Schulen sind mehrzügige Mittelpunkt- bzw. Stadtschulen; fünf Schulen befinden sich in ländlichen Gebieten. Eine Schule bietet weiterführenden Unterricht in einer Förderstufe an. Aus dieser Schule wird ein fünftes Schuljahr in die Untersuchung einbezogen und aus einer anderen Schule eine Vorklasse.

Tab. 4: Verteilung der Klassen auf die teilnehmenden Schulen

Teilnehmende Schulen	Vorkl.	1.	2.	3.	4.	5.
A (Kleinstadt, Zentrum, vierzügig)						
B (ländliche Lage, Mittelpunkt, vierzügig)					1	
C (Kleinstadt, Ortsrand, dreizügig)						
D (Kleinstadt, Zentrum, vierzügig)	1				1	
E (ländliche Lage, einzügig)						
F (Kleinstadt, Ortsrand, zweizügig)					1	
G (ländliche Lage, zweizügig)		1				
H (ländliche Lage, zweizügig)		2	1		1	
I (Vorort einer Kleinstadt, zweizügig)			1			
J (Kleinstadt, Zentrum, vierzügig)		1		2		
K (ländliche Lage, zwei- bis dreizügig)		2	3	1	2	
Gesamt	1	12	13	8	7	1

3.3.2 Verteilung der Unterrichtsbeobachtungen auf die Schuljahre und Fächer

Die an der Voruntersuchung teilnehmenden Schulklassen werden über einen Zeitraum von im Wesentlichen sechs Monaten durch eine teilnehmende Beobachtung (vgl. Abschnitt 3.2.2) und Protokollierung (vgl. Abschnitt 3.2.3) begleitet. Einzelne Beobachtungen erfolgen auch außerhalb dieses Zeitraumes. Insgesamt werden 512 Unterrichtsstunden beobachtet. Dabei wird auf eine weitgehend gleichmäßige Verteilung auf die Schuljahre geachtet. Im ersten Schuljahr werden 110 Stunden mittels teilnehmender Beobachtung und Protokollierung evaluiert, 114 im zweiten Schuljahr, 126 im dritten Schuljahr und 124 in der vierten Jahrgangsstufe. Zudem werden in der Vorklasse und im fünften Schuljahr jeweils 19 Unterrichtsstunden beobachtet, um Aspekte der Anschlussfähigkeit an den vorschulischen Bereich bzw. den Sekundarstufenbereich I erheben zu können (Abb. 6).

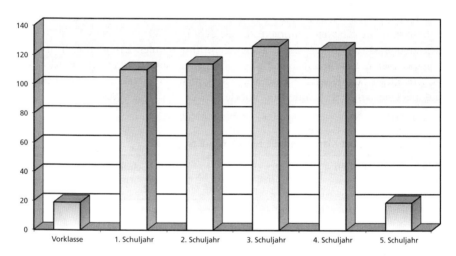

Abb. 6: Verteilung der Unterrichtsstunden auf die Schuljahre

Die Stunden verteilen sich weitestgehend gleichmäßig auf die Fächer des Grundschulunterrichts (Abb. 7). Aufgrund des fächerübergreifenden Unterrichts ist nicht zu vermeiden, dass einzelne Stunden mehrere Lernbereiche gleichzeitig berühren. Diese Stunden treten in der Statistik nur einmalig in Erscheinung und werden unter dem Fach subsumiert, das sich in den Beobachtungen am dominantesten zeigt. In den Hauptfächern (Mathematik, Deutsch, Sachunterricht) verteilen sich die Unterrichtsbeobachtungen relativ gleichmäßig auf die Schuljahre eins bis vier und variieren je Schuljahr und Fach zwischen 16 und 23 Stunden. In der Vorklasse werden jeweils drei Stunden der Fächer Mathematik, Deutsch und Sachunterricht in die teilnehmende Beobachtung einbezogen; im fünften Schuljahr sind es jeweils zwei Stunden, wobei der Sachunterricht durch die Fächer Biologie und Erdkunde

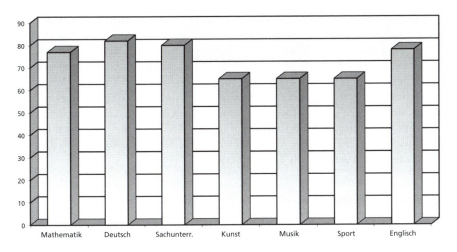

Abb. 7: Verteilung der Unterrichtsstunden auf die Fächer

ersetzt wird. Für das Fach Englisch ergeben sich ungleiche Verteilungen auf die Jahrgangsstufen, da dieses Fach in den an der Voruntersuchung teilnehmenden Schulen erst ab dem dritten Schuljahr angeboten wird. Teilweise beschränken sich die Sequenzen im Fach Englisch auf kurze Einheiten, die in andere fachliche Zusammenhänge eingebettet sind. Solche Sequenzen werden in der Statistik als volle Unterrichtsstunde gewertet (Abb. 7). Die beobachteten Stunden in den Fächern Kunst, Musik und Sport verteilen sich weitestgehend gleichmäßig auf die Jahrgangsstufen. In den Schuljahren eins bis vier variieren die Unterrichtsbeobachtungen je Schuljahr und Fach zwischen 13 und 19 Stunden. In der Vorklasse werden die Fächer Kunst, Musik und Sport in jeweils drei bis vier Stunden beobachtet, im fünften Schuljahr in jeweils einer Stunde.

3.3.3 Beobachtungsbogen und Auswertungsmatrix

Für die Unterrichtsbesuche werden ein Beobachtungsbogen (Tab. 5) und eine Matrix zum Erstellen der Protokolle (Tab. 6) entwickelt. Der Beobachtungsbogen greift wesentliche Strukturmerkmale kindlichen Spielens (Abb. 3, Abschnitt 1.5) und Erkennens (Abb. 4, Abschnitt 2.5) auf und schließt an die Ausgangshypothesen (H1–H5, Abschnitt 1.5) an. Die im Bogen aufgeführten Kriterien (K1–K5) und Indikatoren dienen dem Beobachter zur Orientierung, um sich für kindliche Spielsituationen zu sensibilisieren. Dabei sind die Indikatoren bewusst nicht zu eng gefasst, um für Varietäten kindlicher Spielformen offen zu sein. Entsprechend ist der Kriterienkatalog nicht auf die Beobachtung genau festgelegter Tätigkeitsformen verengt, sondern skizziert Indikatoren mit Raum für eigene Deutungen. So lässt sich beispielsweise der Indikator »Das Kind nutzt bekannte Formen in neuen Kontexten« (Tab. 5; K2: schöpferische Entfaltung) sowohl auf mündliche oder schriftliche als auch auf gestalterische oder experimentelle Zusammenhänge beziehen. Es mögen sich Bezüge zum Rechnen, Textverfassen, Sachlernen oder künstlerischen Gestalten ergeben, aber auch Darstellungsformen mit dem eigenen Körper sind denkbar. Auf diese Weise können sich neue, in der Theorie bislang nicht beschriebene Ausprägungen kindlichen Spielens zeigen. Dabei müssen nicht alle Kriterien gleichermaßen erfüllt sein, um schlussfolgern zu können: Hier findet kindliches Spiel statt. Vielmehr lassen sich auch Formen kindlichen Spielens vermuten, wenn einzelne Indikatoren aus verschiedenen Rubriken zu beobachten sind. Ohnehin ist vor dem Hintergrund des zentralen Anliegens der Untersuchung die Frage nach möglichen Erscheinungsformen kindlichen Spielens grundlegender als die Anzahl der zu erfüllenden Einzelkriterien.

Tab. 5: Beobachtungsbogen für die Unterrichtsbesuche

		Indikatoren
Kriterien	Freisein (K1)	• Die Schülerin bzw. der Schüler entwirft eigene Bilder der Welt. • Sie/er gibt den Objekten eine neue Bedeutung und/oder Funktion. • Das Kind ist frei von Zwang und Verpflichtung. • Es verändert die Zielsetzung und/oder Vorgehensweise der vorgegebenen Aufgabenstellung. • Es ist fantasievoll.
	Schöpferische Entfaltung (K2)	• Die Schülerin bzw. der Schüler ist kreativ. • Sie/er äußert sich in bildhaften Formen, wobei sie/er nicht auf der Basis vorgegebener Anleitungen reproduziert, sondern zu eigenen Konstruktionen gelangt. • Das Kind nutzt bekannte Formen in neuen Kontexten. • Es (er)findet neue Formen.
	Kulturelles Erleben (K3)	• Das Kind greift alltägliche Zusammenhänge auf und fügt sie in neue Verknüpfungen ein. • Es bewegt sich in einem Spannungsbereich zwischen Ich und Welt.
	Ästhetisches Gestalten (K4)	• Das Kind befindet sich in einer Sphäre der Scheinhaftigkeit. • Es bewegt sich in Formen des ›So tun als ob‹. • Es gelangt zu außergewöhnlichen Ergebnissen.
	Vertieftsein (K5)	• Das Kind befindet sich in einem Zustand gleichzeitiger Nähe und Zurückgezogenheit. • Es strebt zu keinem Ziel hin. • Es ist in seiner Tätigkeit versunken.

Im Rahmen der teilnehmenden Beobachtung wird beim Auftreten der Indikatoren ein stichwortartiges Kurzprotokoll erstellt (Tab. 6; vgl. auch Abb. 3, Abschnitt 3.2.3). Die Matrix für die Protokolle ist relativ offen konzipiert und umfasst solche Angaben wie Klasse, Fach, Thema, Medien/Materialien, Arbeits-/Sozialform und Interaktionen zwischen den Schülerinnen, Schülern und der

Lehrkraft. Diese werden vom Beobachter stichwortartig festgehalten. Anhand der Protokolle und des Beobachtungsbogens wird anschließend selektiert, ob kindliches Spiel in den Unterrichtsstunden stattgefunden hat und in welchen Erscheinungsformen es sich zeigte. Des Weiteren ist von Interesse, in welchen Situationen kindliches Spiel auftrat und in welche Kontexte diese Situationen eingebettet waren (z. B. Lernfeld, Arbeits- und Sozialform). Diese Daten sind für die Auswahl der Settings der qualitativ-empirischen Hauptuntersuchung von Bedeutung (vgl. Kapitel 4).

Tab. 6: Matrix zum Erstellen der Protokolle

		Inhaltliche Erläuterungen
Kategorien	Klasse	• Jahrgangsstufe • Name der Lehrperson
	Schule	• Name der Institution
	Fach	• z. B. Sachunterricht
	Thema/Lernfeld	• z. B. Tiere/Aufbau des Bienenstocks
	Zeit	• Tag • Uhrzeit
	Medien/ Materialien	• Arbeitsmaterial (z. B. Arbeitsblatt, Arbeitsheft) • strukturiertes und unstrukturiertes Material (z. B. Formenplättchen, Wortkarten, Knete) • Hilfsmittel (z. B. Mikroskop, Tafel) • Medien (z. B. Computer, Overhead-Projektor)
	Arbeits-/ Sozialform	• Einzel-, Partner- oder Gruppenarbeit, Arbeit im Plenum, Lehrer-Schüler-Gespräch, Lehrer-Vortrag, stummer Impuls
	stichwortartiges Verlaufsprotokoll	• Schülerinteraktion (Gesprächsverlauf, Ziel der Interaktion, Abweichungen von der Aufgabenstellung, Schwierigkeiten bei der Bearbeitung, Reflexion der Interaktion; vgl. Tab. 3, Abschnitt 3.2.3) • Lehrerimpulse (Aufgabenstellung, Hinweise, Korrekturen)

3.3.4 Zusammenfassung

Als Sample werden für die Voruntersuchung vierzig Klassen aus den vier Jahrgangsstufen der Grundschule sowie eine Vorklasse und ein fünftes Schuljahr gewählt, in denen der Unterricht im Hinblick auf das Auftreten von Spiel untersucht wird. Im Rahmen von 512 Unterrichtsstunden erfolgt in den Klassen eine teilnehmende Beobachtung, wobei sich die beobachteten Stunden relativ gleichmäßig auf die vier Jahrgangsstufen der Grundschule sowie auf alle Fächer des Grundschulunterrichts verteilen. Durchgeführt wird die teilnehmende Beobachtung von 18 Personen mit dem Studienhintergrund Lehramt für Grundschule. Vor Untersuchungsbeginn werden die Beobachter in die Handhabung des Beobachtungsbogens (Tab. 5) sowie der Matrix zum Erstellen der Protokolle (Tab. 6) eingeführt. Im Anschluss an die Unterrichtsbesuche werden aus den Kurzprotokollen zentrale Sequenzen herausgefiltert und zu ausführlichen Protokollen erweitert. Eine Interpretationsgruppe unterstützt das Auswerten der Protokolle.

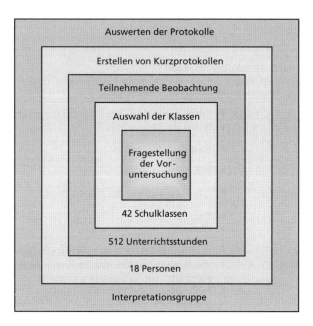

Abb. 8: Aufbau der Voruntersuchung

3.4 Darstellung und Interpretation der Untersuchungsergebnisse: Spiel im Grundschulunterricht

Die Ergebnisse der Voruntersuchung geben Anlass zur differenzierten Betrachtung der Fragestellung, ob kindliches Spiel im Unterricht stattfindet. Zunächst ist auf verallgemeinernder Ebene zu bemerken, dass in den Protokollen Handlungseinheiten zu erkennen sind, die mit den Kriterien kindlichen Spielens einhergehen. Diese Feststellung allein sagt noch nichts über die Qualität und unterschiedlichen Erscheinungsformen des Spiels im Unterricht. Auch lässt sich auf der Grundlage einer solchen Aussage nichts darüber feststellen, ob sich die Formen kindlichen Spielens in den Unterrichtsfächern ähneln oder ob Unterschiede in den Ausprägungsformen auftreten. Um solche Abstufungen ausdifferenzieren zu können, wird das Material dahingehend gesichtet, in welchen fachspezifischen Formen kindliches

Spiel im Unterricht stattfindet (Abschnitt 3.4.1) und welche Rahmenbedingungen für das Auftreten charakteristisch sind (Abschnitt 3.4.2). Ausgangspunkt einer solchen Analyse bilden die in Abschnitt 3.3.3 entwickelten Kriterien zum kindlichen Spiel (K1–K5; Tab. 5).

3.4.1 Fachspezifische Formen kindlichen Spielens

Für die Fächer Deutsch, Sachunterricht und Mathematik werden im Folgenden Besonderheiten in den Ausprägungsformen kindlichen Spielens beschrieben. Hingegen bleiben die Fächer Englisch, Musik, Kunst und Sport im Rahmen der fachspezifischen Darstellung unberücksichtigt. Ein ernüchternder Begründungszusammenhang ist für diese Entscheidung ausschlaggebend. In diesen Fächern waren nur wenige Situationen zu beobachten, die sich mit kindlichem Spiel assoziieren ließen. Im Fach *Englisch* stand das reproduzierende Arbeiten im Mittelpunkt, wenn z. B. neue Vokabeln gelernt und gefestigt wurden. Spielsituationen fanden kaum statt oder es war dem Beobachter nicht möglich, die auftretenden Situationen kindlichen Spielens zu erfassen. Auch im Fach *Musik* zeigt sich diese Problematik. Zwar wurden beispielsweise eigene Instrumente nach Bastelanleitung hergestellt, allerdings gelangten die Schülerinnen und Schüler dabei nicht in eine sogenannte Spielbewegung. Entsprechend wird auf eine Beschreibung der Bastelvorgänge verzichtet und damit das Fach Musik als zweiter Lernbereich ausgespart. Drittens wird das Fach *Kunst* in der fachbezogenen Betrachtung der Ergebnisse nicht berücksichtigt, da die stattfindenden Prozesse des Zeichnens, Malens und/oder Bastelns nur bedingt mit kindlichem Spiel gleichzusetzen waren, zumindest nicht in einer für den Beobachter klar abgrenzbaren Weise.

Als vierter Lernbereich wird das Fach *Sport* aus der fachbezogenen Darstellung herausgenommen. In diesem Fach zeigten sich spielerische Momente vor allem in Situationen freien Spielens, in denen die Kinder einzeln oder in kleineren Gruppen mit den zur Verfügung gestellten Materialien spielten. Da sich vergleichbare Situationen auch beim Spielen auf dem Schulhof oder Spielplatz ereignen, in diesem Sinne für die Gestaltung des Grundschulunterrichts nicht als spezifisch zu betrachten sind, wird hier auf die Darstellung und Interpretation verzichtet. Zudem geht die vorliegende Untersuchung nicht von einem Spielbegriff aus, der sich zuvorderst über das Merkmal des äußeren Hin- und Herbewegens von Spielobjekten konstituiert (vgl. Abschnitt 1.4), weshalb das Bewegungsspiel des Sportunterrichts nicht im Fokus steht.

Entsprechend erfolgt eine Reduktion auf drei Fächer. Erstens werden fachspezifische Ausprägungen zum kindlichen Spiel im *Sachunterricht* anhand von Formen des explorierenden und konstruierenden Spiels dargestellt. Zweitens wird das Spiel im *Deutschunterricht* anhand der Beispiele Ideogrammspiel, antizipierendes Lese-Schreibspiel und Geschichte mit offenem Ende exemplifiziert. Drittens wird sich am Beispiel des *Mathematikunterrichts* mit der Problematik befassen, dass nicht jede Aktivität, die von der Lehrkraft als Spiel angekündigt wird, in kindliches Spiel im eigentlichen Sinne mündet. Auch wenn vom »Rechenspiel« die Sprache ist, heißt dies nicht, dass die daraus hervorgehenden Aktivitäten der Schülerinnen und Schüler kindliches Spiel erkennen lassen. Dieser Diskrepanz zwischen Spielbegriff und den im Unterricht zu beobachtenden Aktivitäten wird im dritten Abschnitt nachgegangen.

Konstruktionsspiele im Sachunterricht

Im Fach Sachunterricht waren unterschiedliche Formen kindlichen Spielens zu erkennen. In erster Linie zeigten sich Facetten des Explorationsspiels. Allerdings war häufig nicht klar abgrenzbar, wann die Schülerinnen und Schüler tatsächlich zu spielen beginnen, ob sie überhaupt in eine sogenannte Spielbewegung geraten oder ob die Aktivitäten nicht vielmehr als Experiment zu fassen sind. Im Folgenden wird dies anhand von Beispielen zu den Inhaltsfeldern Technik, Natur sowie Zeit (Hessisches Kultusministerium 2010) näher ausgeführt, wobei die Schwierigkeit der Abgrenzung von Spiel und Experiment nicht zu leugnen ist.

> Beispiel 1: Beim Erstellen eines Modells mit mehreren Zahnrädern erprobten die Kinder, in welcher Entfernung die Räder zueinander platziert werden müssen, sodass die Zähne des einen Rades in die des anderen greifen. Sie kombinierten kleinere und größere Räder, wodurch Zusammenhänge zwischen Umdrehungszahl der Wellen und Durchmesser der Zahnräder sichtbar wurden. Anhand einer Markierung wurden die unterschiedlichen Umdrehungszahlen geprüft. Im Rahmen dieser Experimente ließ sich ansatzweise kindliches Spiel erkennen, als ein Faden an der Welle befestigt und dieser beim Drehen des Zahnrades auf- und abgewickelt wurde. Diese Aktivität vermittelte den Eindruck, als würde mit dem Modell gespielt. Dabei zeigte sich die Nähe zu den Indikatoren des Kriteriums »Schöpferische Entfaltung« (K2). Andere Kriterien wurden indes nur bruchstückhaft sichtbar (K4: Ästhetisches Gestalten) oder zeigten sich nicht (K1: Freisein, K3: kulturelles Erleben, K5: Vertieftsein). Insofern muss fraglich bleiben, ob die Kinder in diesem Beispiel tatsächlich in eine Spielbewegung im Sinne der im ersten Kapitel beschriebenen Definition geraten oder ob sie nicht vielmehr experimentieren und dabei in wenigen Sequenzen spielerisch etwas erproben.

> Beispiel 2: Beim Erstellen von Wirbelsäulenmodellen von Vierfüßlern wurde die Beweglichkeit der Wirbelsäule durch den Aufbau aus starren Wirbeln und elastischen Bandscheiben rekonstruiert. Das Modell, in dem nur Wirbelkörper und keine Bandscheiben verwendet wurden, wies eine unzureichende Elastizität auf. Zwar ließ sich am Modell erkennen, dass die Wirbelsäule die knöcherne Achse des Tieres darstellt, die sich aus Wirbeln (Papierrollen) zusammensetzt, allerdings war die wichtige Funktion der Zwischenwirbelscheiben nicht zu erfassen. Dies ermöglichte ein Modell, das eine Wirbelsäule wiedergab, die sich im Wechsel aus Wirbelknochen und Bandscheiben (Schaumstoff) aufbaut. Im Rahmen des Herstellens solcher Modelle zeigten sich keine Formen kindlichen Spielens. Erst durch die Erweiterung des Blicks hin zu der Frage, um welchen Vierfüßler es sich handeln könnte, kamen spielerische Impulse hinzu. Bei-

spielsweise entstand beim Verbiegen des Wirbelsäulenmodells die Assoziation mit einem Katzenbuckel. Die Kinder griffen einen ihnen bekannten Zusammenhang auf (Buckel einer Katze) und fügten diesen in einen neuen Kontext ein (Wirbelsäule bei einem Katzenbuckel). Damit zeigt sich ein Indikator des Kriteriums »Schöpferische Entfaltung« (K2).

Beispiel 3: Im Rahmen der Aufgabenstellung, eine Flaschenuhr so zu befüllen, dass sie etwa eine Minute lang durchläuft, wurde deutlich, dass dieselbe Füllhöhe bei verschiedenen Materialien zu unterschiedlich langen Durchlaufzeiten führt. Dies veranlasste dazu, Mutmaßungen anzustellen, wie lange eine bestimmte Rieselmasse benötigt, um durch die Flaschenuhr zu laufen und ob ein anderes Füllmaterial dafür längere oder kürzere Zeit braucht. In Experimenten wurde ausprobiert, wie sich die Durchlaufzeiten unterschiedlicher Flaschenuhren zueinander verhalten. Dabei entstand der Eindruck, als entwickele sich eine Art Wettkampf. Zu prüfen wäre, in welchen Aspekten ein solches Tun mit kindlichem Spiel gleichgesetzt werden kann und ob dieses Tun die Unterrichtsprozesse produktiv voranbringt. Zugleich stellt sich die Frage, inwiefern im Sachunterricht neben dem Explorationsspiel auch andere Facetten kindlichen Spielens sichtbar werden. Dies empirisch fassbar zu machen, ist Aufgabe der qualitativen Hauptuntersuchung (Kapitel 4). An dieser Stelle lassen sich nur erste Vermutungen formulieren: Spielerische Augenblicke zeigen sich im Sachunterricht im Rahmen des Explorationsspiels. Besondere Bedeutung scheint dem Experimentieren mit Materialien zuzukommen.

Spielen mit Ideogrammen und Sprache

Im Fach Deutsch zeigen sich in unterschiedlichen Bereichen Aktivitäten, die kindliches Spiel vermuten lassen. Die Beispiele Ideogrammspiel, Lese-Schreibspiel und Schreiben zu einer Geschichte mit offenem Ende werden im Folgenden vorgestellt.

Beispiel 1: Als Ideogramme werden Schreibgebilde bezeichnet, in denen der Bedeutungsgehalt eines Begriffes (Semantik) möglichst unmittelbar in Zeichen (Semiotik) bildhaft dargestellt wird. Ideogramme sind vordergründig nichts anderes als Bildzeichen, die einzelnen Wörtern entsprechen (Andersen 2010b; 2010c) und mit ihren Zeichen ganze Begriffe als Bilderschriften wiedergeben (Schwander & Andersen 2005). Diese Form des Schreibens wurde in folgendes Spiel eingebunden: An die Tafel wurden zwei Beispiele für Ideogramme gezeichnet, ein Muster für Baum und eines für Wolke. Zunächst erklärten die Schülerinnen und Schüler, was ihnen an den Beispielen auffällt und was die Muster miteinander verbindet. Anschließend entwickelten sie eigene Wortbilder zu den vorgegebenen Begriffen, um schließlich nach neuen Wörtern zu suchen, die sich für weitere Ideogramme anbieten. So gelangten die Kinder zu Eigenkreationen. Sie griffen bekannte Formen auf (Sonne) und fügten diese in neue ein (Ideogrammbild). Das Erstellen von Ideogrammen ist persönliches, spontanes und assoziatives Tun (Ludwig 1994; 1983), wodurch sich nach Dehn (2006: 53) der Gefahr vorbeugen lässt, dass die Rekonstruktion zu einem bloß mechanischen »Nachahmen« wird.

Beispiel 2: Bei dem in Partnerarbeit durchgeführten antizipierenden Lese-Schreibspiel schrieb ein Schüler den ersten Buchstaben eines von ihm frei gewählten Wortes auf ein Blatt Papier, wobei er nicht verriet, an welchen Begriff er dabei dachte. Der Partner übertrug den Buchstaben in eine zweite Zeile und fügte einen zusätzlichen Buchstaben des von ihm antizipierten Begriffes hinzu. So wurde das Blatt zwischen den Partnern weitergereicht, bis ein Satz entstand (Andersen 2010c). Bei diesem Schreibspiel können die Kinder keinesfalls beliebig vorgehen; durch die Restriktion der möglichen Lautfolgen nimmt der semantische und syntaktische Spielraum ab. Die Möglichkeiten zur Vervollständigung des Wortes bzw. Satzes werden mit zunehmender Anzahl der Buchstaben immer kleiner. Keiner der Partner weiß im Vorfeld, welches Wort bzw. welcher Satz aus dem Spiel hervorgeht. Zu jedem Zeitpunkt ist ungewiss, ob es gelingen wird, einen vollständigen Satz zu erstellen. Durch die »Aktivierung der Imaginationskraft« wird etwas »Neues« entwickelt; zumindest eine »neue Sicht auf Bekanntes« (Spinner 1993: 21) realisiert.

Beispiel 3: Zum »kreativen Schreiben« (Paefgen 1996: 38) finden sich in der Fachliteratur unterschiedliche Ansätze. Sie reichen vom Schreibanlass Bild und Musik bis hin zum Schreiben von Reizwörtern (Füssenich & Löffler 2008; Böttcher 1999; Moers & Zühlke 1999; Vucsina 1996; Paefgen 1996). Allen Zugängen zum kreativen Schreiben ist eine Hypothese gemeinsam: Den Schülerinnen und Schülern werden Schreibanlässe geboten, die zur Textproduktion anregen sollen. Im Beispiel des Schreibens zur Geschichte »Die Hasenkinder« wurden durch das offene Ende der Geschichte Assoziationen evoziert, die die Kinder bildlich festhielten und im eigenen Text verschriftlichten. Ein solches »Schreiben zu Bildern« (Böttcher 1999: 82) ist nicht im Sinne der traditionellen Bildbetrachtung zu verstehen, bei der eine möglichst genaue Wiedergabe des Sichtbaren das Ziel ist. Schreiben zu Bildern bedeutet hier vielmehr, dass das Bild beim Kind Assoziationen auslöst und Anstöße gibt, die eigene Sprache zu finden (Füssenich & Löffler 2008). Zugleich wird die bildliche Vorstellungswelt der Kinder aktiviert (Portmann 1993) und Sprache zum »Ausdruck zwischen einer äußeren und inneren Bildwelt« (Vucsina 1996: 54).

In den Texten der Schülerinnen und Schüler zeigt sich, dass Realität und Einbildung verschmelzen. So erwächst z. B. eine Ameise zu einer Größe, die beim Transport ihres Essens einen Hasen zum Stolpern bringt. Damit modifizieren die Kinder die ihnen bekannte Situation, dass Ameisen von größeren Tieren oder Menschen versehentlich verletzt oder getötet werden, zu einem Bild der Fantasie: Die Ameise kann sich mit einem Tier messen, das viel größer ist als sie selbst. Dennoch ist der Schülertext kein reines Konstrukt der Fantasie, denn die Kinder vermischen neue Kontexte (Hase stolpert über die Ameise) mit alltäglichen Zusammenhängen

(Ameise transportiert ihr Essen). Hierdurch entsteht ein Spannungsbereich zwischen Alltag und Imagination (K3: Kulturelles Erleben), eine Art Symbiose von innerer Vorstellungskraft und äußerer Welt (K2: Schöpferische Entfaltung). Doch genügt dies, um sagen zu können: »Hier findet kindliches Spiel statt?« Ist nicht vielmehr zu relativieren, dass die Kinder zwar mit Perspektiven spielen, jedoch das Schreiben der Geschichte vor allem handwerkliches Können (Rechtschreibung etc.) erfordert? Kindliches Spiel – wenn man diese Bezeichnung wählen möchte – tritt hier als gedankliches Spiel in Erscheinung, das einzig über den Text der Kinder zu erschließen ist.

Damit geht die Problematik einher, dass die Interpretation eines Schülertextes je nach Blickwinkel sehr unterschiedlich ausfallen kann. Beispielsweise lässt sich der Textauszug, ein Wildschwein trinke auf seiner Jagd nach Hasen aus einem Teich Fische, einerseits als gedankliches Spiel interpretieren; andererseits wäre auch denkbar, die Kinder seien im Hinblick auf das Nahrungsverhalten des Wildschweins unwissend. Sie wüssten nicht, dass Schweine hauptsächlich pflanzliche Nahrung zu sich nehmen, Wurzeln und Knollen bevorzugen, die sie mit der Schnauze aus der Erde hervorwühlen. Der fertige Schülertext sagt wenig darüber aus, inwiefern die Kinder *bewusst* eigene Bilder entwerfen, die keine Wiedergabe der Realität sind. Fraglich muss bleiben, inwieweit auf der Grundlage eines Schülertextes bereits von kindlichem Spiel gesprochen werden kann. Merkmale kindlichen Spielens (K2: schöpferische Entfaltung; K3: kulturelles Erleben) lassen sich anhand des Textes nicht unmittelbar nachweisen, lediglich implizit vermuten.

Im Voranstehenden wurde wiederholt die Frage aufgeworfen, ob die im ersten Kapitel herausgearbeiteten Merkmale kindlichen Spielens in den Geschichten der Kinder sichtbar werden. Es scheint notwendig, den Blick um folgende Aspekte zu erweitern: In welchen Facetten zeigt sich in den Schülertexten der intermediäre Raum des Spielens? Gelingt den Kindern eine Verschmelzung von Fantasiewelt und äußerer Realität? Wie zeigt sich eine solche Symbiose? In Bezug auf die vorliegenden Geschichten ist davon auszugehen, dass die Schülerinnen und Schüler eigene Weltbilder erschaffen (z. B. Hase stolpert über Ameise). Am Beispiel solcher Textstellen wird die Nähe des »kreativen Schreibens« zu Formen des kindlichen Spiels deutlich. Eine Gleichsetzung beider Elemente wäre jedoch zu weit gegriffen, da sich nur partielle Verknüpfungen andeuten. Auffallend ist, dass in keinem der Schülertexte gehäuft Fehler in Rechtschreibung oder Grammatik auftreten. Sowohl in morphematischer als auch phonematischer Sicht schreiben die Kinder orthographisch richtig. Die Differenzierung der Buchstaben <f> und <v> gelingt ausnahmslos, ebenso die Dehnung durch <ie> oder das Erkennen von Wörtern mit Doppelkonsonanten. Betrachtet man die Schülertexte aus einer Perspektive, die »Sprachgefühl« und »Sprachbeherrschung« (Dehn 1990: 112) in den Mittelpunkt rückt, so wird ein Sprachvermögen sichtbar, das einen umfangreichen Wortschatz umfasst.

Baurmann und Ludwig (1985; 1986) hatten in ihrer Studie sichtbar gemacht, dass die Kinder beim Schreiben die Möglichkeit haben, ihre Gefühle, Ängste und Bedürfnisse zum Ausdruck zu bringen und dass hiervon auch die rechtschriftliche Entwicklung profitiert. Im eigenaktiven Zugriff entdecken die Kinder das System der geschriebenen Sprache (Blumenstock 1996; Grésillon 1995; Dehn 1996a; 1996b; 1990). Dem entspricht die Forderung des Hessischen Rahmenplans Grundschule (1995: 115) nach einem »spielerischen, [...] experimentierenden und forschenden Umgang mit Wörtern und Sätzen« für ein selbstständiges »Entdecken der Geregeltheit des (Schrift-)Sprachsystems«. Inwiefern bei den hier vorgestellten Beispielen bereits vom »Schreibspiel« (Link 1991: 612) gesprochen werden kann, muss fraglich bleiben.

Rechenspiele im Mathematikunterricht

Im Fach Mathematik sind fast keine spielerischen Momente zu beobachten. Bedenkt man, wie häufig in der Literatur vom »Rechenspiel« gesprochen wird (u. a. Haenisch 2010), kann dieses Ergebnis nur überraschen. Es stellt sich die Frage, ob kindliches Spiel im Mathematikunterricht tatsächlich nicht stattfindet oder ob es vom Beobachter lediglich nicht wahrgenommen wird. Des Weiteren ist zu fragen, ob in der Literatur Aktivitäten als Spiel bezeichnet werden, die den im ersten Kapitel herausgearbeiteten Kriterien kindlichen Spielens nicht standhalten können. Anhand von drei Beispielen wird diesen Fragen nachgegangen.

Beispiel 1: Mit Hilfe eines Papierstreifens erstellten die Kinder ein Möbiusband. Einige bemalten ihr Band in verschiedenen Farben, andere fuhren mit zusätzlichen Gegenständen die Windungen ihres Bandes nach und schienen es spielerisch zu erproben. *Keines* der Kinder versank jedoch in der von Scheuerl beschriebenen Form innerer Unendlichkeit (vgl. Abschnitt 1.3.2) und/oder geriet in ein sogenanntes Flow-Erleben (vgl. Abschnitt 2.3.3). Es stellten sich kurze Augenblicke spielerischen Erprobens bei einzelnen Schülerinnen und Schülern ein, ohne mit Gewissheit sagen zu können, dass die Kinder hier tatsächlich spielten.

Beispiel 2: Im Lehrwerk »Denken und Rechnen 2« (Westermann) berechneten die Kinder Päckchen von kombinierten Multiplikations- und Additionsaufgaben, in denen sich das Ergebnis der Folgeaufgabe jeweils um Eins erhöht. Es zeigte sich, dass manche Kinder zunächst alle Aufgaben aus dem Buch abschrieben, die erste und/oder zweite Aufgabe eines jeden Päckchens berechneten und in den Folgeaufgaben eine Eins zu dem bereits errechneten Ergebnis addierten. Der Aufwand, der mit dem Abschreiben der Rechenaufgaben verbunden war, schien größer als das eigentliche Ausrechnen. Diese Tätigkeit führte bei keinem der Kinder zu spielerischer Aktivität. In anderen Aufgaben des Lehrwerks zeigt sich der Versuch, mathematische Inhalte mit spielerisch-leichten Aktivitäten zu verbinden. Beispielsweise können die Kinder Ergebnisfelder in einem Bild farbig anmalen oder eine mit Punkten skizzierte Figur durch Verbinden der Ergebniszahlen vervollständigen. Derartige Aufgabenelemente stellen durchaus eine Abwechslung beim Rechnen dar, allerdings waren bei den Kindern keine Spielbewegungen im Sinne der im ersten Kapitel dargelegten Definition kindlichen Spielens zu beobachten.

Beispiel 3: Im Lehrwerk »Der kleine Einstern« (Cornelsen) bearbeitete eine Schülerin die Aufgabe »Figuren legen und zeichnen«. Das Mädchen ordnete geometrische Plättchen zu Figuren an. Jedoch zeichnete es die Figuren nicht deckungsgleich auf sein Arbeitsblatt, wie in der Aufgabenstellung vorgesehen, sondern umfuhr jedes einzelne Plättchen mit einem Stift. Dies gelang dem Kind nur schwer, da die Plättchen beim Umkreisen verrutschten. Schließlich zeichnete es selbst ausgedachte Figuren in sein Heft, ohne sie zuvor mit den Plättchen zu legen, und ergänzte das Bild durch kleine Männchen. Von der Lehrerin wurde es darauf hingewiesen, dass die Aufgabenstellung dies nicht vorsehe. Daraufhin radierte das Kind die gezeichneten Männchen wieder weg. Die Idee der Schülerin, geometrische Formen im menschlichen Körper wiederzuentdecken, und das damit verbundene spielerische Potenzial wurden in der Unterrichtsstunde nicht aufgegriffen.

Ausgehend von der Befundlage kann das zumindest partielle Vorkommen kindlichen Spielens im Unterricht bestätigt werden. Vereinzelt zeigen sich Merkmale schöpferischer Entfaltung (K2), kulturellen Erlebens (K3) und ästhetischen Gestaltens (K4). Die Befunde machen aber auch deutlich, dass spielerische Aktivitäten nicht immer eindeutig zu erkennen sind und dass Unterschiede in den Ausprägungsformen des Spiels auftreten, die sich vor allem in fächerspezifischen Besonderheiten manifestieren. Beispielsweise sind Situationen kindlichen Spielens im Sachunterricht zumeist als Explorationsspiel zu beobachten, während im Deutschunterricht mehr das Assoziations- und Fantasiespiel dominiert.

3.4.2 Rahmenbedingungen von Spiel im Unterricht

Im zweiten Teil der Ergebnissichtung wird erläutert, welche Faktoren das Auftreten kindlichen Spielens begünstigen, um auf dieser Basis Settings für die qualitative Hauptuntersuchung (Kapitel 4) zu konzipieren. Entsprechend sind die Ergebnisse nicht als vollwertig quantitative Studie zu verstehen, die Anspruch auf Repräsentativität erhebt. Vielmehr geht es um das Aufzeigen von Tendenzen, in welchen Fächern kindliche Spielsituationen vermehrt auftreten und welche Korrelationen sich mit spezifischen Inhaltsfeldern, Medien und Materialien, Arbeits- und Sozialformen zeigen. Auf dieser Grundlage wird eine Ausschnittsfestlegung für die Hauptuntersuchung vorgenommen (Abschnitt 3.5).

Auftreten von Spielsituationen

In 51 der 512 beobachteten Unterrichtsstunden (9,9 %) waren in unterschiedlichen Ausprägungen Momente kindlichen Spielens zu erkennen. Im Umkehrschluss heißt dies, dass in mehr als 90 % der Stunden keine spielerischen Aktivitäten zu beobachten waren. In der Verteilung der auftretenden Spielanteile auf die Jahrgangsstufen zeigt sich, dass 98 % der Stunden mit spielerischen Situationen auf die ersten drei Grundschuljahre (45 Stunden) sowie die Vorklasse (fünf Stunden) entfallen, während in der vierten Jahrgangsstufe lediglich eine Unterrichtsstunde zu beobachten war (Abb. 9). Unberücksichtigt bleibt in der Statistik, dass die spielerischen Aktivitäten immer wieder durch nichtspielerische Formen des Lernens unterbrochen wurden. Auf diesen Zusammenhang geht das vierte Kapitel genauer ein. Zudem zeigt sich, dass die Häufigkeit des Auftretens von Stunden mit spielerischen Anteilen in den Klassen variiert. In fast der Hälfte der Klassen (zwanzig) waren in keiner Unterrichtsstunde Spielsequenzen auszumachen, während in einer Klasse in insgesamt fünf Stunden Spielanteile auftraten. In den anderen Klassen zeigten sich zumeist in ein bis zwei Stunden spielerische Anteile. Dabei ist zu berücksichtigen, dass jeweils nur einzelne Kinder der Klasse in spielerische Momente eingebunden waren.

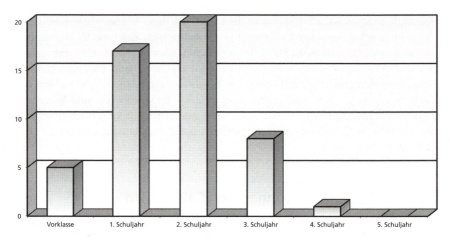

Abb. 9: Verteilung der Stunden mit Spielanteilen auf die Schuljahre

Fächerspezifische Tendenzen

Die Befunde zeigen, dass die Häufigkeit des Auftretens kindlicher Spielsequenzen in den Fächern differiert (Abb. 10). Am häufigsten waren Spielsituationen in den Fächern Sport (15 Stunden), Sachunterricht (15 Stunden) und Kunst (neun Stunden) zu beobachten. Nur einmal fanden kindliche Spielmomente im Mathematikunterricht und zweimal im Englischunterricht statt. Die Fächer Deutsch (vier Stunden) und Musik (fünf Stunden) bewegen sich im Rahmen der Häufigkeitsverteilung im mittleren Bereich. Dies macht einen Anteil von 1,3 % (Mathematik), 2,6 % (Englisch), 4,9 % (Deutsch), 7,7 % (Musik) sowie 13,8 % (Kunst) der beobachteten Stunden im jeweiligen Fach aus. Im Sachunterricht zeigten sich Spielanteile bei 18,8 % der in diesem Fach beobachteten Stunden, im Sportunterricht bei 23,1 %. In Relation zu den beobachteten Gesamtstunden mit kindlichen

Spielanteilen bedeutet dies, dass fast ein Drittel im Fach Sport angesiedelt ist. Der Sachunterricht ist mit einem Anteil von etwas unter einem Drittel (29,4 %) von gleichrangiger Bedeutung.

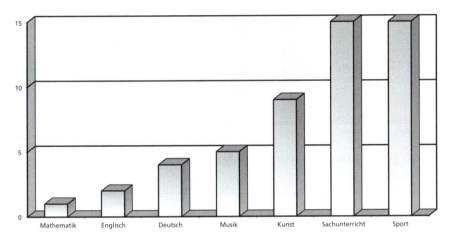

Abb. 10: Anzahl der Stunden mit Spielmomenten in den Fächern

Die fächerspezifische Verteilung der spielerischen Aktivitäten auf die Jahrgänge zeigt, dass sich die in den Hauptfächern beobachteten Spielsituationen ausschließlich auf das erste, zweite und dritte Schuljahr verteilen (Abb. 11). Dieses Bild verändert sich mit Blick auf die Nebenfächer; hier zeigen sich spielerische Anteile in allen Jahrgangsstufen mit Ausnahme des fünften Schuljahres (Abb. 12). Auffallend ist der relativ niedrige Anteil von Stunden mit Spielsequenzen im Fach Englisch, wird doch laut Rahmenplan dem »Spiel« im Fremdsprachenunterricht der Grundschule eine »zentrale Rolle« zugesprochen (Hessisches Kultusministerium 1995: 245). Inwieweit die Diskrepanz zwischen den Forderungen des Rahmenplans und den Befunden auf eine abweichende Auffassung vom Spielbegriff zurückzuführen ist, lässt sich auf der Grundlage der vorliegenden Daten nicht beantworten. Im Fach Sport liegt die Anzahl der Stunden mit kindlichen Spielanteilen in den ersten beiden Schuljahren deutlich höher als in allen anderen Fächern. Im dritten und vierten Schuljahr ist indes keine einzige Sportstunde mit kindlichen Spielanteilen zu verzeichnen. Dieses Ergebnis lässt sich wie folgt begründen. Während im ersten und zweiten Schuljahr der »spielerische Umgang« mit Sportmaterialien vorgesehen ist, zielen das dritte und vierte Schuljahr auf das »Festigen der Grundtechniken« (Hessisches Kultusministerium 1995: 227). Zu fragen bleibt, weshalb die für das dritte und vierte Schuljahr empfohlenen Spiele (z. B. »Parteiball«) in den Befunden nicht sichtbar werden. Diese Fragestellung empirisch zu erschließen, ist Aufgabe nachfolgender Studien.

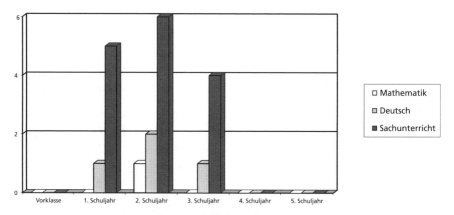

Abb. 11: Verteilung der Stunden mit Spielanteilen auf die Jahrgangsstufen (Hauptfächer)

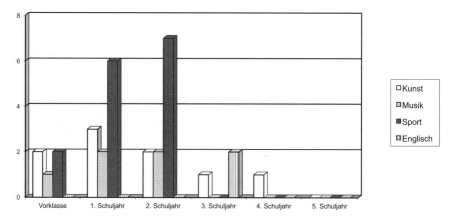

Abb. 12: Verteilung der Stunden mit Spielanteilen auf die Jahrgangsstufen (Nebenfächer)

Kompetenzbereiche und Inhaltsfelder

In Bezug auf die Kompetenzbereiche und Inhaltsfelder im neuen Kerncurriculum für die Primarstufe (vgl. u. a. Hessisches Kultusministerium 2010) zeigt sich, dass die in den Befunden aufgetretene Mathematikstunde mit spielerischen Anteilen zu dem Bereich »Raum und Form« gehört. Im Fach Deutsch sind die Stunden mit Spielanteilen den Bereichen »Schreibformen« (zwei Stunden) sowie »Schreibstrategien« (zwei Stunden) zuzuordnen. Drei Inhaltsfelder werden im Sachunterricht berührt. Mit acht Stunden nimmt das Inhaltsfeld »Natur« den größten Anteil ein, gefolgt von den Inhaltsfeldern »Technik« (fünf Stunden) sowie »Geschichte und Zeit« (zwei Stunden). Auffallend ist der hohe Anteil von Stunden aus dem Bereich der natürlichen und technischen Umwelt. Indes ist die Anzahl von Stunden mit spielerischen Anteilen aus dem Bereich der sozialen Umwelt vergleichsweise gering.

In den Nebenfächern verteilen sich die Stunden mit kindlichen Spielanteilen auf sechs inhaltliche Felder. Im Fach Kunst werden die Inhaltsfelder »Umwelt und Produktdesign« (sieben Stunden) sowie »Malerei« (zwei Stunden) berührt, im Fach Musik das Inhaltsfeld »Klang« (fünf Stunden) und im Fach Sport liegt der Schwerpunkt auf dem Inhaltsfeld »Spielen« (zwölf Stunden), gefolgt vom »Fahren, Rollen, Gleiten« (drei Stunden). Im Englischunterricht thematisieren die zwei Stunden mit Spielanteilen das Inhaltsfeld »Ich und die Gesellschaft«. Einschränkend ist zu erwähnen, dass im Rahmen der Voruntersuchung nicht zu allen Inhaltsfeldern Unterrichtssituationen beobachtet werden konnten.

Medien und Materialien

In 34 der 51 Stunden mit spielerischen Anteilen kamen Medien und Materialien zum Einsatz. Unter den verwendeten Dingen lassen sich nur schwer Gemeinsamkeiten ausmachen, die eher von fachspezifischen Charakteristika ausgehen. Während sich im Sachunterricht dominant der Einsatz von strukturiertem Material zeigt, dominieren im Englischunterricht Wort- und Bildkarten und im Kunstunterricht solche Werkstoffe wie Papier und Farben. Im Fach Sport war in den Stunden mit spielerischen Anteilen die Vielzahl verwendeter Geräte und Materialien größer als in den anderen Fächern. Beispielsweise wurden Tücher eingesetzt. Im Musikunterricht waren Stunden mit Spielanteilen zu beobachten, wenn die Schülerinnen und Schüler mit Elementarinstrumenten umgingen. Umgekehrt ist zu fragen, im Zusammenhang mit welchen Medien und Materialien nur selten oder nie kindliche Spielsituationen zu beobachten waren. Es fällt auf, dass in keiner Unterrichtssituation, in der die Schülerinnen und Schüler Arbeitsblätter erhielten, kindliche Spielmomente sichtbar wurden. Dieses Bild verändert sich auch dann nicht, wenn das Arbeitsbuch oder Arbeitsheft in den Fokus rücken.

Arbeits- und Sozialformen

In den Unterrichtssituationen mit kindlichen Spielanteilen zeigen sich Differenzen in den verwendeten Arbeits- und Sozialformen. Im Deutschunterricht dominieren spielerische Momente, wenn die Kinder einzeln oder zu zweit arbeiten, auch ohne dass Materialien Verwendung finden. Im Sach-, Kunst- und Sportunterricht sind vermehrt spielerische Anteile zu beobachten, wenn die Schülerinnen und Schüler mit etwas (einem Medium oder Material) in Kleingruppen arbeiten. Dabei zeigt sich, dass die Schülerinnen und Schüler mit dem zur Verfügung gestellten Material weitestgehend frei experimentierten. Zumeist arbeiteten sie zusammen mit einem Partner oder in einer Kleingruppe; deutlich seltener kamen spielerische Situationen in Einzelarbeit und noch seltener in der Lehrer-Schüler-Interaktion vor. Beim Gespräch im Plenum war keine Situation mit kindlichen Spielanteilen zu beobachten. Ebenso trat keine Situation kindlichen Spielens auf, wenn in Frontalphasen von der Lehrkraft neue Inhalte vermittelt wurden. Über alle Fächer hinweg zeigt sich dominant, dass Situationen kindlichen Spielens vor allem in der Partner- und Kleingruppenarbeit sichtbar werden.

> Zusammenfassend ist festzuhalten: Die Befunde zeigen, dass kindliche Spielsituationen gehäuft auftreten, wenn die Schülerinnen und Schüler mit einem oder mehreren Partner(n) zusammenarbeiten. Auch zeigen sich vermehrt Situationen kindlichen Spielens, wenn die Kinder Materialien erhalten und sie diese in ihrer Gruppe erproben. Solche Situationen sind häufiger in den Stunden des Sachunterrichts als in den anderen Fächern zu beobachten.

3.5 Fazit: Ausschnittsfestlegung für die Hauptuntersuchung

Die Ergebnisse der Voruntersuchung zeigen, dass kindliches Spiel zumindest partiell im Unterricht stattfindet. Dabei zeigt sich ein vermehrtes Auftreten in Situationen, in denen die Schülerinnen und Schüler mit einem Partner oder in Kleingruppen arbeiten und mit Material experimentieren. Zudem machen die Befunde deutlich, dass sich die Formen kindlichen Spielens in den Fächern unterscheiden und dass die Anteile spielerischer Elemente ungleich auf die Fächer verteilt liegen. Während in 1,3 % der im Mathematikunterricht beobachteten Unterrichtsstunden kindliche Spielanteile zu beobachten waren, ließen sich im Deutschunterricht in 4,9 % und im Sachunterricht in 18,8 % der Stunden Spielsequenzen erkennen. Diese Prozentzahlen zeigen Tendenzen, geben jedoch letzten Endes ein unvollständiges Bild wieder. Sie berücksichtigen nicht, dass die Spielsequenzen eher beiläufig, überlagert durch andere Aktivitäten verliefen, und nicht in klar abgrenzbarer Form. In vielen Situationen blieb fraglich, ob die Kinder tatsächlich spielten oder ob sie nicht vielmehr einer Tätigkeit nachgingen, die sich in der Nähe des Spiels ansiedeln lässt, mit diesem aber nicht zwingend synonym zu setzen ist.

Diese Problematik wird zugrunde gelegt, wenn es nun darum geht, eine Ausschnittsfestlegung für die qualitative Hauptuntersuchung vorzunehmen. Ausgangspunkt ist die Überlegung, dass auf der Grundlage der Befunde eine Distinktion in Spiel mit Dingen, Spiel mit Gedanken und Schreibspiel vorgenommen werden kann (Abb. 13). Das *Spiel mit Dingen* zeigte sich in den Befunden am deutlichsten in dem in Kleingruppen durchgeführten Explorationsspiel des Sachunterrichts. Diese Form kindlichen Spielens ist aufgrund der Bewegungen und der Kommunikation der Kinder zu erfassen. Schwieriger gestaltet sich das Erkennen spielerischer Aktivität, wenn *gedankliches Spiel* oder ein *Schreibspiel* vorliegen. Hier lässt sich für den Beobachter nicht mit Gewissheit ausmachen, ob kindliches Spiel tatsächlich stattfindet, da die spielerische Aktion vor allem im Inneren des Kindes erfolgt. Damit ist die Möglichkeit der Verifizierung erschwert, zumal die Beurteilungen auf der Grundlage von Mutmaßungen ausfallen, die der subjektiven Einschätzung des Betrachters unterliegen. Eine solche Beurteilung kann immer nur vage und wenig fundiert gelingen.

Vorstudie: Spielerische Elemente im Grundschulunterricht

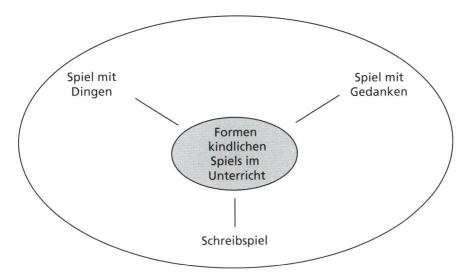

Abb. 13: Formen kindlichen Spiels im Unterricht

Hieraus ergibt sich für die Hauptuntersuchung, dass Fächer und Lernfelder, in denen Formen des gedanklichen Spiels oder Sprachspiels dominieren, sich nur bedingt zur empirischen Erfassung einer Schnittmenge aus Spiel und Erkenntnis eignen. Dies trifft vor allem für die Fächer Deutsch und Kunst zu, in abgeschwächter Form auch für den Mathematikunterricht. Eine Ausnahme stellt das in Kleingruppen durchgeführte Explorationsspiel dar, das sich dominant im Sachunterricht zeigt (vgl. Abschnitt 3.4.1). Die Befundlage macht deutlich, dass sich die Schülerinnen und Schüler beim Explorationsspiel über Problem- und Fragestellungen mit ihren Partnern austauschen, was die Beobachtung der verbalen und nonverbalen Interaktion ermöglicht und damit eine ideale Ausgangsbedingung für eine Spielanalyse darstellt, die auf Verbal- und Kategoriensysteme als Strukturierungshilfen zielt. Wo bei anderen Settings die Verifizierungsgrundlage zur Feststellung kindlichen Spielens fehlt, bietet die in Gruppen durchgeführte Explorationsarbeit eine ideale Ausgangsbedingung zur Erhebung und Analyse empirischer Daten im Rahmen der zentralen Fragestellung.

> Das Forschungsfeld kann somit auf die in Kleingruppen durchgeführte Explorationsarbeit im Fach Sachkunde beschränkt werden, womit folgende Fragestellung in den Fokus der empirischen Hauptuntersuchung rückt: Welche Formen der Verknüpfung von Spiel und Erkenntnis zeigen sich in den in Gruppenarbeit erfolgenden Explorationsprozessen des Sachunterrichts?

4 Qualitative Hauptuntersuchung: Spielerische Erkenntnisprozesse im Sachunterricht

Die Ergebnisse der Voruntersuchung zeigen, dass im Grundschulunterricht vereinzelt kindliches Spiel stattfindet. Eine klare Abgrenzung zu anderen Aktivitäten fällt jedoch schwer, nicht zuletzt vor dem Hintergrund, dass sich mittels der teilnehmenden Beobachtung die Struktur der Handlungspraxis nicht hinreichend erschließt, um pauschalisierte Aussagen (z. B. »Im Grundschulunterricht gelangen Kinder spielerisch zu Erkenntnisprozessen.«) als fundiertes Ergebnis der Untersuchung statuieren zu können. Für die Suche nach einer Schnittmenge von Spiel und Erkenntnis bedarf es einer differenzierteren Herangehensweise, zumal eine Frage bislang nur unzureichend beantwortet werden konnte: Welche Bedeutung kommt dem Spiel in Unterrichtsprozessen für das Erkennen und Erschließen von Wirklichkeit zu? Im Rahmen der Hauptuntersuchung, die sich über die vier Jahrgangsstufen der Grundschule erstreckt, wird dieses Defizit in qualitativ-empirischer Herangehensweise aufgearbeitet.

Ausgangspunkt ist der Befund, dass bestimmte Rahmenbedingungen von Bedeutung sind, um spielerische Impulse in unterrichtlichen Prozessen anzustoßen. In der Voruntersuchung zeigten sich dominant Situationen kindlichen Spielens, wenn die Schülerinnen und Schüler mit Materialien experimentierten und mit einem Partner oder in Kleingruppen eine Problemstellung bearbeiteten (vgl. Abschnitt 3.4.2). Momente kindlichen Spielens waren besonders häufig zu beobachten, wenn Themen aus der natürlichen oder technischen Umwelt des Sachunterrichts behandelt wurden (vgl. Abschnitt 3.4.2). Daraus darf nicht der Schluss gezogen werden, kindliches Spiel sei in der Grundschule auf das Feld des Sachunterrichts zu reduzieren. Vielmehr ist davon auszugehen, dass sich vergleichbare Situationen auch in anderen Fächern konstruieren lassen. Entsprechend nimmt der Sachunterricht in der Hauptuntersuchung den Status eines exemplarischen Feldes ein.

Die Untersuchung erfolgt in fünf Schritten. In Anlehnung an den wissenschaftlichen Diskurs um die Frage, wodurch Konzepte des Sachunterrichts geprägt sind, wird zunächst geprüft, in welchen Zusammenhängen sich in den Theoriekonzepten des Sachunterrichts Aspekte kindlichen Spielens zeigen (Abschnitt 4.1). Zweitens werden die methodologischen Zugriffsweisen (Abschnitt 4.2) und drittens das Forschungsfeld sowie Untersuchungsdesign vorgestellt (Abschnitt 4.3). Viertens werden Fallbeispiele ausgewählt und als Einzelfälle hinsichtlich des Auftretens von Prozessen des Spielens und Erkennens analysiert (Abschnitt 4.4), um fünftens im gezielten Fallvergleich nach Facetten spielerischer Erkenntnistätigkeit zu suchen und eine Schnittmenge von Spiel und Erkenntnis zu konstituieren. Demgegenüber werden Aspekte abgegrenzt, die außerhalb dieser Schnittmenge liegen (Abschnitt 4.5).

Ziel der Untersuchung ist es, Kriterien zu bestimmen und Kategorien festzulegen, die eine Beurteilbarkeit von spielerischen Prozessen im Unterricht ermöglichen, und zugleich die Bedeutung kindlichen Spielens für das Lernen und Erschließen von Wirklichkeit empirisch fassbar machen.

4.1 Zur Fragestellung: Vielfalt der Konzeptionen des Sachunterrichts

In den Theoriekonzepten des Sachunterrichts zeigen sich Stücke eines mehrperspektivischen Unterrichts. Es kristallisieren sich Ansätze zur ästhetischen Darstellung (Giel 2001), zum Lehren und Lernen mit Bildern (Hiller & Popp 1994), Philosophieren mit Kindern (Schreier 2004), interkulturellen Lernen (Glumpler 1996; Kiper 1994) und zur politischen Bildung (Götz 2002) heraus. Zum handlungsorientierten Sachunterricht (Duncker & Popp 1994), zur Projektarbeit (Duncker 2007) und zum problemorientierten Sachunterricht (Einsiedler et al. 2011) liegen ebenfalls Veröffentlichungen vor. Diese Ansätze beziehen sich in unterschiedlicher Ausprägung auf die didaktische Entwicklung des Faches. So findet beispielsweise der exemplarisch-sokratische Unterricht nach Wagenschein Erwähnung. Bemerkenswert ist der von Schreier (2004) konzipierte Ansatz eines Sachunterrichts im Lichte konstruktivistischen Denkens sowie die von Einsiedler et al. (2011) durchgeführte Analyse von Illustrationstypen in Sachunterrichtsbüchern. Insgesamt zeigt sich eine Vielzahl konzeptioneller Zugänge zum Sachunterricht, die jeweils in ihren Argumentationen überzeugen.

Das Spiel findet in den Konzepten nur am Rande Berücksichtigung. Vereinzelt geht es um das Unterrichtsspiel oder das Spiel als Variation der unterrichtsmethodischen Vorgehensweisen. Das kindliche Spiel als produktives Element von Unterricht, so wie es im Fokus der zentralen Fragestellung der Untersuchung steht, findet in den Konzepten zum Sachunterricht keinen Raum. Zwar wird der Begriff Spiel mitunter in Praxisbüchern zum handelnden Sachunterricht verwendet, z. B. in Bezug auf »Zirkusspiele« (Kaiser 2008: 233) oder »magnetische Spiele« (Kaiser 2007: 93). Allerdings beschränken sich die Ausführungen auf Handlungsanregungen, die ebenso für die Vorschule bestimmt sein könnten. Es wird vorgeschlagen, z. B. sich zu schminken, Tiermasken oder Jonglierbälle zu basteln. Kaiser (2008: 236) betont die vielfältigen Möglichkeiten, mit dem Thema Zirkus »fächerintegrierendes, kreativ-handwerkliches, spielerisches und körpernahes Arbeiten« zu verbinden. Fraglich bleibt jedoch, inwiefern beim Anhören von Zirkusmusik oder beim pantomimischen Nachahmen des dazugehörigen Orchesters (Kaiser 2008: 233) auch Kompetenzbereiche des Faches Sachunterricht (vgl. u. a. Hessisches Kultusministerium 2010) berührt werden. In der Gesamtbetrachtung scheint es so, als würde im Konzept des »handelnden Sachunterrichts« (Kaiser 2008; 2007) ein Sammelsurium von Aktivitäten (Zirkusveranstaltung aufführen etc.) unter dem Deckmantel des »spielerische[n]

Übens« (Kaiser 2007: 2) zusammengetragen, ohne aber das spielerische Tun explizit mit dem Lernen und Erschließen von Sachzusammenhängen zu verknüpfen.

Im Gegensatz hierzu verfolgt die Untersuchung das Ziel, Formen des Spiels empirisch zu erheben, die *produktiv* in den Unterricht eingebunden und mit sachunterrichtlichen Erkenntnisprozessen vernetzt sind. Allein das kindliche Spiel zu fokussieren, wie sich dies in den Beispielen von Kaiser (2008; 2007) dominant zeigt, steht nicht im Zentrum der vorliegenden Studie. Dennoch sind Kaisers Überlegungen für das Forschungsvorhaben von Bedeutung, da sich ihr Ansatz (als einer der wenigen Theorieansätze des Sachunterrichts) ausdrücklich dem spielerischen Tun widmet. Diese Vorarbeit lässt sich für die empirische Erhebung nutzen, indem aus Kaisers Unterrichtsentwürfen die Momente herausgefiltert werden, die sich auf das »spielerische Üben« (2007: 2) beziehen. In ihren Entwürfen zeigen sich vor allem Aspekte des kooperativen und forschenden Lernens sowie der handelnde Umgang mit Natur- und Alltagsmaterialien. Diese Faktoren decken sich weitestgehend mit den in der Voruntersuchung erarbeiteten Rahmenbedingungen, die sich für das Auftreten von Spiel im Unterricht als zentral herauskristallisierten (vgl. Abschnitt 3.4.2). Auf dieser Basis werden die Settings für die Hauptuntersuchung konzipiert (Abschnitt 4.3.2).

4.2 Methodologische Zugriffe

In der Hauptuntersuchung wird eine qualitativ-empirische Analyse (Abschnitt 4.2.1) gemäß Theoretical Sampling (Abschnitt 4.2.2) durchgeführt. Die verwendete Form der Analyse basiert auf der dokumentarischen Methode (Abschnitt 4.2.3) unter Einbezug von Videoanalyse (Abschnitt 4.2.4), Transkription (Abschnitt 4.2.5) und Konversationsanalyse (Abschnitt 4.2.6). Die folgenden Abschnitte erläutern das methodische Vorgehen und stellen die Auswahl des Datenkorpus dar.

4.2.1 Zur Generalisierung von Typen

Die Entscheidung für eine qualitative Analyse begründet sich durch deren Ausgangspunkt eines vorrangig deutenden Zugriffs zur sozialen Wirklichkeit. Qualitative Forschung bemüht sich, ein möglichst detailliertes Bild des Forschungsgegenstandes zu liefern (Diekmann 2007; Terhart 1997; v. Kardorff 1991). Durch eine bewusste Kommunikation mit den Erforschten (in diesem Falle den Schülerinnen und Schülern hinsichtlich ihrer potenziellen spielerischen Erkenntnistätigkeit) versucht sie ein möglichst großes Spektrum an Erkenntnissen zu erzielen. Auf der Grundlage einer mehrdimensionalen Analyse lassen sich Verallgemeinerungen (Terhart 1982: 114) und schließlich die »Generalisierung von Orientierungsmustern bzw. Typen« (Bohnsack et al. 2001: 16) vornehmen. Die »Mehrdimensionalität alltäglicher Handlungspraxis« (Bohnsack et al. 2001: 16) wird als Ausgangspunkt genommen, um die Kontextualisierung unterschiedlicher Dimensionen herauszuarbeiten. Ein solcher Zugriff ermöglicht, den Untersuchungsgegenstand nicht als »eindimensionale Konstruktion« (Bohnsack et al. 2001: 16) zu betrachten, sondern in der »Überlagerung bzw. wechselseitigen Durchdringung unterschiedlicher Erfahrungsräume bzw. Dimensionen« (Bohnsack et al. 2001: 15 f.). Dies impliziert nach Fischer (1981: 65) eine Form des Forschens »im Lebensraum einer Gruppe [...], unter Bedingungen, die ›natürlich‹ sind, also nicht für Untersuchungszwecke verändert werden«. Entsprechend werden die Settings der Hauptuntersuchung so ausgewählt, dass sie die in den Befunden der Voruntersuchung gefundene Schulwirklichkeit in möglichst analoger Form rekonstruieren (Abschnitt 4.3.2).

Ziel des Forschungsvorhabens ist es, nach einer Grundstruktur spielerischer Erkenntnisprozesse im Fach Sachunterricht zu suchen, die als ein »*generelles* Orientierungsmuster« (Bohnsack et al. 2001: 16) identifizierbar wird. Hierfür bieten sich unterschiedliche methodische Verfahren an. In Studien zur Schulforschung empfehlen Bauersfeld (1999), Naujok, Brandt und Krummheuer (2008) die Methode der Falldarstellung zur Erforschung komplexer Zusammenhänge. Wegener-Spöhring (2000), Wagner-Willi (2001a) und Wulf et al. (2001) analysieren Unterrichtsprozesse mittels der dokumentarischen Methode. Vor allem die Untersuchung von Wegener-Spöhring (2000) ist für den vorliegenden Forschungszusammenhang von Relevanz, da lebensweltliche Interessen und Sichtweisen der Schülerinnen und Schüler im Fach Sachunterricht empirisch erhoben werden. Alle genannten Untersuchungen gehen von der Falldarstellung als Basis der empirischen Forschung aus.

4.2.2 Theorie der Falldarstellung und Theoretical Sampling

Die Methode der Falldarstellung kommt in unterschiedlichen Bereichen der Pädagogik zur Anwendung. Fischer und Brügelmann (1982) differenzieren vier Arten von pädagogischen Fallstudien nach ihrem jeweils zu untersuchenden Gegenstand. Erstens gibt es die Analyse von *Lerngeschichten* auffälliger Kinder, was eine Bestimmung des abweichenden Verhaltens sowie gegebenenfalls eine adäquate Therapie beinhaltet. Zweitens zeigen sich die *Sozialgeschichten und Situationsanalysen*. Diese Kategorie umfasst neben der biographischen Entwicklung die Interpretation von komplexen Bedingungen pädagogischer Einwirkung. Bauersfeld (1999: 203) arbeitet dies am Beispiel der »Lehrer-Schülerbeziehung« aus, während Naujok, Brandt und Krummheuer (2008: 788) die »Schüler-Schüler-Interaktion« fokussieren. Diese Ansätze verfolgen das Ziel, inhaltsbezogene Lernprozesse und soziale Beziehungen zu untersuchen. Drittens lassen sich ganze *Institutionen bzw. Organisationen* als sogenannte ›Fälle‹ betrachten. Gegenstand der Forschung sind zumeist Schulen, die auf verschiedenartige Aspekte hin untersucht werden. Viertens können *Programme* (z. B. ein Modellversuch) geprüft werden. Die vorliegende Untersuchung ist den Situationsanalysen zuzuordnen.

Allen Fallstudien gemeinsam ist die Problematik der Verallgemeinerung gewonnener Erkenntnisse. Zu fragen ist nicht nur, welche Aspekte zu welchem Zweck verallgemeinert werden, sondern darüber hinaus, welcher Geltungsanspruch zugrunde gelegt werden kann (Oevermann et al. 1979). Diesen Fragen muss sich die vorliegende Untersuchung stellen. Um den Fall als einen »typischen, exemplarischen auszuweisen, der eine wissenschaftlich-theoretische Erkenntnis sichtbar macht und die allgemeinen Wissensbestände bereichert« (Fatke 1997: 62), ist im gezielten Fallvergleich nach relevanten Ähnlichkeiten und Unterschieden zu suchen, bis ein generelles Orientierungsschema erkennbar wird (Bohnsack et al. 2001). Wie dies forschungspraktisch umzusetzen ist, wird in der Fachliteratur in verschiedenen Varianten geschildert. Fatke (1997: 62) führt in Bezugnahme auf Müller aus, dass Verallgemeinerungen an die einzelnen Fälle herangetragen und diese zu sogenannten »Testfällen« werden. Im Anschluss an Faltermaier (1990) sind mehrere Einzelfälle im Verlauf einer Fallstudie immer wieder miteinander zu vergleichen, bis sich zunehmend allgemeiner werdende Klassifizierungen herauskristallisieren. Hingegen fordert Jüttemann (1990: 30) zur Auswahl relevanter Fallbeispiele das Verwenden von »Individualtheorien«, die an verschiedenen Personen über bestimmte Phänomene formuliert werden. Aus dem Vergleich individueller Hypothesen entsteht allmählich eine allgemeine Theorie. Schließlich findet sich das »analogisierende Mapping« (Herber 1996: 115). Darunter versteht sich die Anwendung von »Dimensionen, die als Metakriterien einzelne Elemente verschiedener Theorien in Beziehung setzen können«. In Anlehnung daran, »wird ein Netz geknüpft, das Elemente verschiedener hierarchischer Qualität miteinander verbindet, sobald zwischen diesen Begriffen [...] Schnittmengen definiert werden können«.

In der vorliegenden Untersuchung wird das Feld zunächst auf jene Fallbeispiele reduziert, in denen spielerische Aktivitäten der Kinder zu erkennen sind. Dies soll nicht dazu führen, dass der Blick auf die im Theorieteil erarbeiteten Merkmale kindlichen Spielens (vgl. Abb. 3, Abschnitt 1.5) verengt wird, sondern es wird ebenso geprüft, welche neuen oder modifizierten Kriterien sich im Material zeigen. Dies macht eine »sensible Aufmerksamkeit für Details« und »Flexibilität der verstehenden Verarbeitung« (Fatke 1997: 64) vonnöten. Es reicht nicht aus, bestehende Kategorien anhand von Fällen zu veranschaulichen, sondern es gilt, zur Konstituierung »neuer wissenschaftlicher Erkenntnisse und letztlich zur Theoriebildung« (Fatke 1997: 64) beizutragen. Ziel ist das Erstellen sogenannter Eckfälle, die eine oder mehrere Kategorien gemeinsam haben und hinsichtlich bedeutender Merkmale relevante Unterschiede aufweisen. Im Anschluss an Bohnsack et al. (2001: 16) ist dafür eine »mehrdimensionale Analyse« erforderlich, welche die Handlungspraxis und »Kontextualisierung« der Dimensionen herauszuarbeiten versucht. Terhart (1982: 114) gibt zu bedenken, dass qualitative Fallstudien nur bedingt eine Verallgemeinerbarkeit ihrer Ergebnisse zulassen. Eine absolute Generalisation sei aber auch im Rahmen »quantifizierender Sample-Forschung eine Fiktion«. Somit kann im Sinne von Binneberg (1985: 781) nur versucht werden, das »Allgemeine an dem Fall als das an ihm Wesentliche auszusprechen«. Als methodologischer Zugriff bietet sich hierfür die dokumentarische Methode nach Bohnsack (2005) an.

4.2.3 Dokumentarische Methode

Mit der dokumentarischen Methode lässt sich im gezielten Fallvergleich das handlungsleitende Wissen der Akteure in differierenden Erfahrungszusammenhängen herausarbeiten (Bohnsack et al. 2001). Im Fokus steht die Handlungspraxis der zu Untersuchenden, was im vorliegenden Forschungskontext die Schülerinteraktionen sind, die in Settings des Sachunterrichts auftreten. Aufgabe des Forschers ist es, ein den Kindern »bekanntes, von ihnen aber selbst nicht expliziertes handlungsleitendes (Regel-)Wissen (abduktiv) zur Explikation zu bringen« (Bohnsack et al. 2001: 12). Die Suche richtet sich auf das »implizite oder atheoretische Wissen«, das es zur »begrifflich-theoretischen Explikation« (Bohnsack et al. 2001: 12) auszudifferenzieren gilt. Eine solche Analyse macht einen Wechsel innerhalb der Beobachtungs- und Interpretationsebenen erforderlich (Tab. 7). Beobachtungen erster Ordnung gehen von der Frage nach dem *Was* und der Suche nach dem wörtlichen Sinngehalt aus; Beobachtungen zweiter Ordnung befassen sich mit der Frage nach dem *Wie*. Im zweiten Bezugsrahmen geht es darum, das begrifflich Explizierte auf eine reflexive Ebene zu beziehen. Zu untersuchen ist, wie ein Thema von den Akteuren behandelt wird und in welchem Rahmen es zur Anwendung gelangt. Die kommunikativ-generalisierende Beobachtung verschiebt sich zu einem »metaphorischen oder eben dokumentarischem Sinngehalt« (Bohnsack et al. 2001: 14). Diese zweite Ebene fragt nach dem »konjunktiven Orientierungs*rahmen*« (Bohnsack et al. 2001: 15), der sich im Vergleich des Fallbeispiels mit anderen Fällen konkretisiert, unter Berücksichtigung des dazugehörigen Erfahrungsraumes. Mit diesem Vorgehen werden in der vorliegenden Untersuchung Fallbeispiele herauskristallisiert, die Eckpfeiler einer Schnittmenge von Spiel und Erkenntnis im Sachunterricht sind. Im gezielten Fallvergleich wird gezeigt, hinsichtlich welcher bedeutenden Merkmale relevante Unterschiede in Bezug auf spielerische Erkenntnistätigkeit zwischen den Fällen auftreten. Ein solches Vorgehen macht eine möglichst genaue Darstellung jedes einzelnen Falles erforderlich, was sich am besten über die Videoanalyse realisieren lässt.

Tab. 7: Beobachtungen erster und zweiter Ordnung (vgl. Bohnsack 2005; Bohnsack et al. 2001)

Beobachtungen erster Ordnung	Beobachtungen zweiter Ordnung
Frage nach dem ›Was‹ der gesellschaftlichen Realität	Frage nach dem ›Wie‹ der Herstellung gesellschaftlicher Realität
Was wird wörtlich gesagt? Was wird thematisch?	Wie und in welchem Rahmen wird ein Thema behandelt?
Kommunikativ-generalisierende Aussagen	Metaphorische, dokumentatorische Aussagen
Formulierende Interpretation: Zusammenfassende Formulierung des von den Akteuren im Forschungsfeld selbst Interpretierten	Reflektierende Interpretation: Reflexion durch Forscher über die implizierten Selbstverständlichkeiten des Wissens der Akteure
Kommunikatives Orientierungsschema	Latent konjunktiver Orientierungsrahmen

4.2.4 Videoanalyse

Die Erhebung der Daten mittels Videotechnik ist eine Möglichkeit zur Fixierung von sprachlichen und nichtsprachlichen Phänomenen, die vor allem zur Dokumentation im komplexen Feld schulischen Unterrichts eingesetzt wird. Durch die Videoanalyse kann man »sich von seinen ersten spontanen Interpretationen der Geschehnisse distanzieren« (Voigt 1997: 787) und aufgrund der Reproduzierbarkeit der Daten »neue, für die teilnehmende Beobachtung kaum erreichbare Möglichkeiten der Detaillierung und mikroperspektivischen Analyse sozialer Wirklichkeit« (Wagner-Willi 2001b: 121 f.) erlangen. Das mehrfache Betrachten der Interaktionen, ggf. durch Zeitrafferfunktionen an die Wahrnehmungsfähigkeit des Forschers angepasst, ermöglicht die Analyse auch beiläufiger Phänomene. Zudem gestattet die audiovisuelle Aufzeichnung eine Analyse durch unabhängige Beobachter und damit eine Bestimmung der Intersubjektivität (Ellgring 1991).

Im Bereich qualitativer Methoden gilt dieser Vorzug nur bedingt. Wenn nämlich davon auszugehen ist, »die Subjektivität des Beobachters« sei ein Bestandteil qualitativer Methoden, dann wird ein »Vergleich der Deutungen unabhängiger Beobachter diese Subjektivität aufweisen«. Dies bedeutet zugleich, »eine geringe Übereinstimmung könnte geradezu ein Nachweis dafür sein, dass ein wirklich qualitativer Ansatz gewählt wurde« (Ellgring 1991: 206). In jedem Fall zeigt sich die Problematik, dass die Realität nicht unverfälscht mit audiovisuellen Mitteln reproduziert werden kann, denn die Aufnahme spiegelt die realen Tatsachen nicht so wider, wie sie sich im Klassenraum zugetragen haben. Die Videoaufzeichnung konstituiert sich ihre eigene Wirklichkeit, u. a. bestimmt durch Wahl des Bildausschnittes. Dem Filmen geht ein subjektives Verstehen voran, denn »selbst wenn ich die Kamera wahllos bewege, habe ich mich dafür *entschieden*« (Petermann 1991: 229). Um »Fehlinterpretationen« weitestgehend zu verhindern, empfiehlt Petermann (1991), erst dann Videofilme zu erstellen, wenn der Forscher die Gruppe einigermaßen kennt.

4.2.5 Transkription

Bis in die neunziger Jahre des 20. Jahrhunderts wurde die Erstellung von Transkripten als ein theorieneutraler Weg betrachtet, der ausgehend von den Primärdaten (Originalgespräch) über die Sekundärdaten (Audio- und Videoaufnahmen) zu den Tertiärdaten (Transkript) führt. Dabei wurde außer Acht gelassen, dass das Erstellen von Transkripten ein konstruktiver Prozess ist, der eine Reduktion der Primär- und Sekundärdaten beinhaltet. Kowal und O'Connell (2000) unterscheiden vier Varianten von Transkriptionssystemen (Tab. 8). Ein Standard in der Transkription hat sich in der empirischen Forschung bislang nicht durchgesetzt. Häufig richtet sich das Interesse auf ein Höchstmaß an erzielbarer Genauigkeit (Bergmann 1991).

Die vorliegende Untersuchung verwendet das System der Standardorthographie mit wenigen Abweichungen zur literarischen Umschrift. Damit wird sich an die Methode von Strauss (1987) angelehnt. Ziel ist es, einerseits einen möglichst authentischen Eindruck von den Interaktionen der Kinder zu vermitteln und andererseits gute Lesbarkeit zu garantieren. Aus diesem Grund werden parasprachliche Merkmale, die zum Teil in höchst komplizierter Form erfasst werden (Flick 1991), nur in ausgewählten Zusammenhängen aufgeführt. Dies beugt der Gefahr vor, dass die eigentlichen Aussagen des Untersuchungskontextes in der Unübersichtlichkeit erstellter Transkripte verloren gehen, was nicht bedeutet, dass das aufgezeichnete Rohmaterial durch die Transkription von vermeintlich irrelevanten Bestandteilen befreit wird. Das Material wird in seinen Details mit allen Versprechern erhalten und mittels nachstehender Notation gekennzeichnet (Tab. 9).

Tab. 8: Transaktionssysteme (vgl. Kowal & O'Connell 2000)

Standardorthographie	Orientierung an Normen geschriebener Sprache; Vernachlässigung von Besonderheiten gesprochener Sprache (z. B. Elision, Assimilation)
Literarische Umschrift	Berücksichtigung von Abweichungen der Standardsprache (z. B. »gehn« anstelle von »gehen«)
Eye dialect	möglichst lautgetreue Abbildung der Umgangssprache
Phonetische Umschrift	Darstellung mündlicher Äußerungen in phonetisch-phonologischen Kategorien unter Berücksichtigung von Klangnuancen und Betonungen

Tab. 9: Kennzeichnung des Untersuchungsmaterials

/	Unterbrechung eines Gesprächsteilnehmers (z. B. durch Weiterführen eines bereits begonnenen Satzes)
...	Stockung im Redefluss (z. B. Suche nach sprachlichen Formulierungen)
((...))	längere Gesprächspause (z. B. Verlassen des Arbeitsplatzes zum Holen von Material)
(( ))	Angaben zur nonverbalen Interaktion und parasprachlichen Merkmalen (z. B. Lachen, Stöhnen)

4.2.6 Konversationsanalyse

Mit der Konversationsanalyse lassen sich Transkriptionen von Videoaufzeichnungen natürlicher Interaktionen nach formalen Kriterien bestimmen. Die Kontexte, die für das Handeln der Akteure relevant sind, werden erforscht und die Interaktionen interpretiert. Es geht somit um die »kommunikativen Prinzipien der (Re-)Produktion von sozialer Ordnung in der situierten sprachlichen und nichtsprachlichen Interaktion« (Bergmann 1994: 3). Statt Äußerungen unter vorgegebenen Kategorien zu subsumieren, versucht die Konversationsanalyse, Interaktionen in ihrer eigenen Dynamik zu verstehen. Es wird untersucht, wie die Schülerinnen und Schüler den »Kontext ihres Handelns analysieren, mit Hilfe ihres Alltagswissens interpretieren und ihre Äußerungen auf diesen Kontext einstellen«

(Bergmann 1991: 215 f.). Ausgangspunkt ist eine »Ordnungsprämisse [...], die besagt, dass kein in einem Interaktionsskript auftauchendes Textelement als Zufallsprodukt betrachtet wird, sondern immer als Bestandteil einer sich im Handeln der Beteiligten reproduzierten Ordnung« (Bergmann 1985: 311). Die Logik eines solchen Vorgehens besteht darin, im Transkript eine sprachliche oder nichtsprachliche Äußerung als mutmaßliches Ordnungselement zu isolieren und aus dem Datenmaterial eine Auswahl von Fällen zusammenzustellen, in denen sich das Moment findet. Jenes Element ist als eine von den Kindern erzeugte Geordnetheit zu verstehen, die vom Forscher rekonstruiert wird (Bergmann 1991).

In der Konversationsanalyse werden formale Kriterien herausgearbeitet, die eine Interpretation des dokumentierten Handlungsgeschehens ermöglichen und in der Lage sind, sowohl die Ausgangsdaten der Analyse zu reproduzieren wie auch ähnliche Phänomene zu beschreiben, die als in der Realität mögliche Ereignisse erkennbar sind. In der Analyse geht es nicht um die Darstellung von Verhaltensgleichförmigkeiten, sondern um die Bestimmung von Prinzipien, die ihrem Status nach Orientierungsgrößen für die Handlungspartner sind. Demnach ist am Datenmaterial aufzuzeigen, auf welche Weise die an der Interaktion beteiligten Personen Prinzipien in ihren Äußerungen und Handlungen berücksichtigen (Bergmann 1991; 1985). Ziel der in dieser Untersuchung durchgeführten Analyse ist es, Ordnungssysteme zu konstituieren, unter denen sich eine Schnittmenge von Spiel und Erkenntnis im Sachunterricht fassen lässt.

4.3 Forschungsdesign

Das Sample (Abschnitt 4.3.1) und die Settings der Hauptuntersuchung (Abschnitt 4.3.2) werden im Folgenden vorgestellt. Dies beinhaltet Überlegungen zur Auswahl der Themen, zur Gruppengröße, zeitlichen Struktur ebenso wie zum Einsatz von Leitimpulsen. Darüber hinaus wird geklärt, auf welcher Grundlage die Auswahl der Fallbeispiele erfolgt (Abschnitt 4.3.3) und es wird eine Zusammenfassung sowie grafische Darstellung des Untersuchungsdesigns gegeben (Abschnitt 4.3.4).

4.3.1 Darstellung des Samples

Das Sample setzt sich aus zehn Klassen der Grundschule zusammen, jeweils zwei Klassen der Jahrgangsstufen eins, drei und vier sowie vier Klassen der Jahrgangsstufe zwei (Abb. 14). Neun Gruppen (jeweils zwei Klassen der Jahrgänge eins, drei und vier sowie drei des zweiten Jahrgangs) besuchen eine Grundschule, die in ländlicher Gegend, ca. 10 km von einer Kleinstadt entfernt, liegt (Schule L). Zusätzlich werden Daten in einer Klasse des zweiten Schuljahres an einer Grundschule erhoben, die sich im Zentrum einer Kleinstadt befindet (Schule A, vgl. Abschnitt 3.3.1). Vorklassen und Klassen weiterführender Schulen werden im Rahmen der Hauptuntersuchung nicht berücksichtigt, da die Erhebung das Fach Sachunterricht fokussiert, das weder im vorschulischen noch weiterführenden Sektor in jener expliziten Form in den Fächerkanon einbezogen ist. In den teilnehmenden Schulklassen werden jeweils ein bis drei Unterrichtssequenzen zum Sachunterricht durchgeführt und videographisch aufgezeichnet. In den Klassen 1a und 1b (Schule L) werden je drei Sequenzen umgesetzt. In den Klassen 2a, 2c und 3c (Schule L) sind es jeweils zwei; in den Klassen 2b, 3a, 4a und 4b (Schule L) sowie in der Klasse 2c (Schule A) wird je eine Unterrichtssequenz durchgeführt.

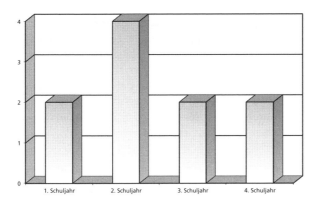

Abb. 14: Verteilung der teilnehmenden Klassen auf die Schuljahre

4.3.2 Settings der Untersuchung

Für die Hauptuntersuchung werden sechs Unterrichtssequenzen zum Sachunterricht konzipiert, drei zur natürlichen und drei zur technischen Umwelt, da sich dominant spielerische Situationen in diesen Lernbereichen im Rahmen der Voruntersuchung zeigten (vgl. Abschnitt 3.4.2). Aus beiden Lernbereichen werden Themenschwerpunkte gewählt, welche die Vorgaben der Bildungsstandards zur Primarstufe berücksichtigen. Im Feld der natürlichen Umwelt sind dies die Themen Pflanzen, Wasser und Luft, im Feld der technischen Umwelt die Themenbereiche Transport von Lasten, Statik und Schallübertragung (Hessisches Kultusministerium 2010; 1995). Zu jedem Thema wird ein Setting entwickelt, dass möglichst spielerisches Tun bei den Schülerinnen und Schülern aktiviert. Gemäß der Befunde der Voruntersuchung ist dies in besonderem Maße der Fall, wenn die Kinder Gelegenheit zu eigenständigem Problemlösen, zur Zusammenarbeit mit einem oder mehreren Partnern und zum Umgang mit Materialien erhalten (vgl. Abschnitt 3.4.2). Dies impliziert, dass die Schülerinnen und Schüler dazu angeregt werden, Mutmaßungen in ihrer eigenen Darstellungsweise mitzuteilen und mit anderen zu erörtern (Hessisches Kultusministerium 1995), sie zur Selbstorganisation ermuntert werden und Anlässe zum Forschen erhalten (Siebert 2002). Folglich werden die Settings so konzipiert, dass Möglichkeiten zum Austausch in Kleingruppen bestehen und die Kinder durch offenes Experimentieren einen Zugang zu eher spielerischen Aktivitäten finden.

Für die Hinführung zu den Experimenten erhält die anleitende Person zu jedem Setting Leitimpulse, die im Verlauf der Unterrichtssequenz an die Kinder weitergegeben werden, wobei jederzeit auf Impulse verzichtet werden kann, wenn die Schülerinnen und Schüler bereits selbstständig Ideen zu jenen Aspekten entwickelt haben. Bevor die Settings in den Klassen zur Umsetzung gelangen, erfolgt eine Einweisung der anleitenden Person in Hinblick auf Leitimpulse und Ablauf der Sequenzen. Eine inhaltliche Vor- und Nachbereitung der teilnehmenden Klassen findet im Rahmen der Studie nicht statt, da sich der Fokus ausschließlich auf die in der Unterrichtssequenz ablaufenden Prozesse des Spielens und Erkennens richtet. Der zeitliche Verlauf der Settings orientiert sich im Maximum an einer vollen Unterrichtsstunde von 45 Minuten, kann jedoch auch kürzer ausfallen. Der Ablauf ist im Rahmen aller sechs Settings vergleichbar. Die Schülerinnen und Schüler finden sich in Kleingruppen von zwei bis vier Kindern zusammen, erhalten das notwendige Arbeitsmaterial und werden mit der Aufgabenstellung konfrontiert. Im Verlauf der Gruppenarbeit sind die Kinder weitestgehend selbstständig tätig, werden allenfalls durch Hinweise seitens der anleitenden Person unterstützt. Solche Impulse werden zu jedem Setting in einem Praxiskasten aufgeführt (Abschnitt 4.4).

4.3.3 Systematik zur Auswahl der Fallbeispiele

Die Auswahl der Fallbeispiele erfolgt mittels dokumentarischer Methode nach Bohnsack (vgl. Abschnitt 4.3.2). Entlang der Fragestellung, in welchen Zusammenhängen sich Verknüpfungen von Spiel und Erkenntnis im Sachunterricht zeigen, sind das Auftreten von Aspekten des Spielens und Erkennens zentral für die Selektion der Fallbeispiele. Sie grenzen das Forschungsfeld nach außen hin ab. Spannt man einen virtuellen Zaun um diese Aspekte, so reduziert sich das Datenmaterial auf die Fälle, die sowohl spielerische als auch erkenntnisorientierte Momente enthalten. Außerhalb des virtuellen Zaunes verbleiben jene Fälle, die keine, zumindest für den Beobachter nicht-wahrnehmbare, spielerische Aktivität bzw. keine Erkenntnistätigkeit zeigen. Im Rahmen einer solchen Reduktion kristallisiert sich ein Pool an Fällen heraus, in denen zugleich Spiel *und* Erkenntnis sichtbar werden. Dieser Pool wird in einem zweiten Schritt strukturiert, indem zu jedem der sechs Themenfelder (vgl. Abschnitt 4.3.2) ein Fallbeispiel ausgewählt wird, das als sogenannter Eckfall fungiert (Abb. 15). Zur Auswahl der Eckfälle wird eine Interpretationsgruppe eingesetzt, welche die Analyse des Datenmaterials entlang folgender Kriterien kommentiert: (a) Auftreten spielerischer Impulse, (b) Zustandekommen von Erkenntnisprozessen und (c) Produktivität spielerischer Erkenntnistätigkeit. Dies geschieht unter dem Fokus, Fallbeispiele auszusuchen, die hinsichtlich der o. g. Merkmale relevante Unterschiede aufweisen. Die Suche richtet sich also auf Fälle, die sich in der Form des Spielens und Erkennens voneinander unterscheiden. Die Analyse des Datenmaterials und die Fallauswahl erfolgen synchron, unterstützt durch die Interpretationsgruppe.

Dieser Prozess ist beendet, wenn sich im Datenmaterial keine relevanten Unterschiede mehr zeigen.

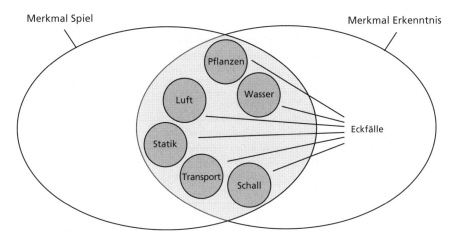

Abb. 15: Systematik zur Auswahl der Fallbeispiele

4.3.4 Zusammenfassung

Als Untersuchungsdesign ergeben sich in zusammenfassender Übersicht folgende Schritte (Abb. 16). Entlang der Ergebnisse der Voruntersuchung (vgl. Kapitel 3) sowie der theoretischen Analyse (vgl. Kapitel 1 und 2) erfolgt die Ausschnittsfestlegung und Präzisierung der Forschungsfrage. Zur Erhebung empirischer Daten werden sechs Settings entworfen (jeweils drei zur natürlichen und technischen Umwelt), die in Schulklassen umgesetzt und in Form eines quasi-experimentellen Vorgehens in die Analyse überführt werden. Aus dem Feld der natürlichen Umwelt werden die Themen Pflanzen, Wasser und Luft ausgewählt, aus dem Feld der technischen Umwelt die Themen Transport, Statik und Schallübertragung. Die Umsetzung der Settings erfolgt in zehn Grundschulklassen, wobei nicht jedes Setting in allen Klassen durchgeführt wird. In zwei Klassen werden jeweils drei Settings realisiert, in drei Klassen sind es je zwei und in fünf Klassen je eines. Somit kommen die Settings zu den Themen Wasser und Luft in jeweils vier Klassen zur Umsetzung, jene zu den Themen Pflanzen und Transport in jeweils drei, das Setting zum Thema Schall in zwei und jenes zum Thema Statik in einer Klasse. Als Sozialform wird in allen Settings die Partner- und Kleingruppenarbeit gewählt. Die Bearbeitung erfolgt innerhalb der Schülergruppen weitestgehend selbstständig; nur bei Bedarf werden Hinweise von der anleitenden Person eingebracht. Mittels Videoaufzeichnung werden die Interaktionen dokumentiert. Hierfür wird innerhalb jeder Klasse eine Schülergruppe ausgewählt, die im Rahmen der Umsetzung der Unterrichtssequenz gefilmt wird. Insgesamt entstehen 17 Videoaufzeichnungen von unterschiedlichen Schülergruppen und von sechs verschiedenen Settings. Das audiovisuell fixierte Interaktionsgeschehen wird transkribiert und in Rückkopplung mit einer Interpretationsgruppe werden sechs Eckfälle ausgesucht. Neben der Interpretation der 17 Transkriptionstexte berücksichtigt die Analyse auch die von den Kindern erstellten Produkte. Ziel des Vorgehens ist es, im gezielten Fallvergleich unterschiedliche Ausprägungsformen einer Schnittmenge von Spiel und Erkenntnis auszudifferenzieren, um hieraus die Generalisierung eines Orientierungsmusters zur Schnittmenge aus Spiel und Erkenntnis sowie eine Abgrenzung gegenüber Aspekten außerhalb dieser Schnittmenge abzuleiten.

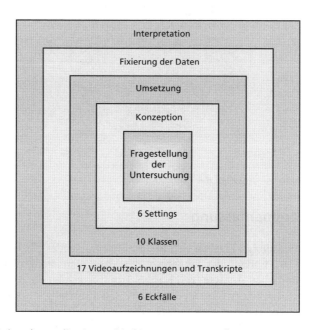

Abb. 16: Schritte der qualitativ-empirischen Hauptuntersuchung

4.4 Darstellung und Interpretation der Untersuchungsergebnisse: Erscheinungsformen spielerischer Erkenntnisprozesse

Die Darstellung der Ergebnisse erfolgt in zwei Schritten, erstens in Bezug auf die Settings zur natürlichen Umwelt (Abschnitt 4.4.1) und zweitens hinsichtlich der Settings zur technischen Umwelt (Abschnitt 4.4.2). Dies umfasst die teilstandardisierten Lernumgebungen Blüten, Wasserdruck, Flugobjekte und ihr Flugverhalten (Abschnitt 4.4.1), Ballonrakete, Brückenbau und Fadentelefon (Abschnitt 4.4.2). Die Untersuchungsergebnisse werden entlang sechs ausgewählter Fallbeispiele vorgestellt. Ausgangspunkt ist die Beschreibung der Klassenstufe und Gruppengröße, des Materials und Kompetenzerwerbs sowie des fachlichen und didaktischen Hintergrunds. Ergänzt wird dies durch einen Gesprächsleitfaden mit Arbeitsanweisungen, die als mögliche Leitimpulse und somit als beobachtbarer Teil der Anordnung zugrunde liegen. Zu jedem Fallbeispiel wird eine Auswahl aufgetretener Schülerprodukte vorgestellt und es wird in Gegenüberstellung mit Dingen der realen Lebenswelt dargelegt, zu welchen Erkenntnissen die Kinder gelangt sind. Bei der Auswahl der Produkte wird darauf geachtet, dass diese die unterschiedlichen Erkenntnisprozesse der Kinder bestmöglich widerspiegeln. Das Kernstück der Analyse bildet die Interpretation der Transkripte, entlang der zentralen Frage, wie sich Spiel und Erkenntnis zeigen. Zudem wird aus didaktischer Perspektive gefragt, in welcher Form spielerische Momente produktiv in die Unterrichtssituation eingehen. Im abschließenden Fallvergleich werden Merkmale ausdifferenziert, die Facetten einer Verknüpfung von Spiel und Erkenntnis kennzeichnen (Abschnitt 4.5). Solche Überlegungen greifen die Ergebnisse der Analyse auf und fassen diese in Kategorien spielerischer Erkenntnistätigkeit zusammen.

4.4.1 Settings zur natürlichen Umwelt

Die Settings zur natürlichen Umwelt beziehen sich auf die Lernbereiche Pflanzen (Hessisches Kultusministerium 1995: 139), Wasser (Hessisches Kultusministerium 1995: 137) und Naturphänomene (Hessisches Kultusministerium 1995: 136). Im neuen Kerncurriculum werden diese Bereiche unter den Basiskonzepten »Leben ist Veränderung« und »Dinge/Lebewesen beeinflussen sich gegenseitig« subsumiert (Hessisches Kultusministerium 2010: 14; vgl. auch Andersen 2010a). Das erste Setting thematisiert den Aufbau von Blüten sowie mögliche Kategorien von Blütenarten. Im zweiten Setting wird das Thema Wasserdruck und dessen Anstieg in zunehmender Tiefe behandelt. Das dritte Setting befasst sich mit dem Thema Flugobjekte sowie Optimierung von Flugeigenschaften. Setting 1 gelangt in den Klassen 3a, 4a und 4b der Schule L zur Umsetzung (Fall 1), Setting 2 in den Klassen 1a, 1b, 2a und 3c der Schule L (Fall 2) und Setting 3 in den Klassen 1a, 1b, 2b und 2c derselben Schule (Fall 3).

Pflanzen: Blüten (Fall 1)

> **Thema:** Aufbau von Blüten
> **Kompetenzerwerb:** Kenntnisse über den Aufbau von Blüten erweitern, die Blütenvielfalt an Beispielen kategorisieren
> **Jahrgangsstufe:** 3.–4. Schuljahr
> **Gruppengröße:** 2–3 Schüler
> **Material:** Pappen in unterschiedlichen Farben, Scheren, Stecknadeln, Streichhölzer, Knetmasse

Zielsetzungen

Die Schülerinnen und Schüler setzen sich mit dem Aufbau von Blüten sowie unterschiedlichen Arten von Blüten auseinander. Sie sollen Blüten in eigenen Modellen erstellen und hierdurch tiefer gehende Einblicke in Form, Größe, Anzahl und Anordnung von Kron-, Staub- und Fruchtblättern erhalten. Mit den zur Verfügung gestellten Materialien erforschen die Kinder, wie eine Blüte aufgebaut sein kann und in welchen Merkmalen sich die verschiedenen Blütenarten voneinander unterscheiden. So befassen sich die Schülerinnen und Schüler nicht nur mit der grundlegenden Beschaffenheit einer Blüte, sondern reflektieren zudem, dass Blüten in unterschiedliche Arten gruppiert werden können und gemeinsame Merkmale für die jeweilige Art charakteristisch sind. In einem solchen Vergleich sollen die Kinder erfahren: Die Blätter von Blüten können verschiedene Farben, Formen, Größen und Anordnungen haben. Manche Blüten ähneln einander, ohne dass die Farbe der Kronblätter für diese Gemeinsamkeit entscheidend sein muss.

Gesprächsleitfaden »Blüten konstruieren«

1. Stellt Blütenblätter aus Pappe her!
2. Verwendet einen Knetklumpen, um die Blütenblätter in Form einer Blüte zusammenzustecken.
3. Wie lässt sich das Innere der Blüte gestalten?
4. Betrachtet eure Blüte und überlegt, welche anderen Blütenarten ihr kennt.
5. Gibt es noch andere Möglichkeiten, Blüten aus den Materialien herzustellen? Probiert dies aus!
6. Besprecht miteinander, welche der von euch erstellten Blüten sich ähneln.
7. Welche Blüten unterscheiden sich voneinander?

Fachlicher und didaktischer Hintergrund

Im Rahmen der Lernumgebung erfahren die Kinder, dass sich Blüten einerseits in Aspekten unterscheiden (z. B. Farbe, Form und Größe) und andererseits Ähnlichkeiten in Merkmalen aufweisen (z. B. Aufbau der Blüte). Manche Blüten sind kelchartig angelegt, andere sind flach aufgebaut. Zu letzteren zählen die *Hahnenfußgewächse*, für die u. a. die Butterblume ein für die Kinder passendes Beispiel darstellt. Diese zeichnet sich durch zahlreiche gelbe Staubblätter und zumeist fünf Kronblätter aus. Die Kelchblätter, sofern diese vorhanden sind, ähneln den Kronblättern in ihrer Form und Größe (Jäkel 2003). Die *Korbblütengewächse* (z. B. Margerite) sind flach aufgebaut und setzen sich aus Kron-, Kelch-, Staub- und Fruchtblättern zusammen. Die *Kreuzblütengewächse* (z. B. Rapspflanze) lassen sich an ihren vier kreuzförmig angeordneten Kronblättern sowie den sechs Staubblättern erkennen. Je Blüte besitzen die Kreuzblütler vier Kelchblätter (Jäkel 2003). Die *Mohngewächse* sind ihnen sehr ähnlich, da sie ebenfalls vier Kronblätter aufweisen. Beim genaueren Vergleich beider Pflanzenfamilien zeigt sich, dass die

Mohngewächse zahlreiche Staubblätter besitzen, die Kreuzblütler indes immer nur genau sechs pro Blüte (Meier 2003). Kelchförmig angeordnet sind die Blüten der *Lippenblütengewächse* (z. B. Thymian). Diese besitzen fünf Kronblätter, die meist zu einer Röhre verwachsen sind und eine Ober- und Unterlippe bilden. Der Kelch der Lippenblütengewächse ist aus fünf Blättern zusammengewachsen. Die Blüte selbst besteht aus vier Staubblättern (Jäkel 2003; Meier 2003). Auch der Kelch der *Schmetterlingsblütengewächse* ist aus fünf Blättern verwachsen. Die Blüten setzen sich aus fünf Kronblättern zusammen, die wie Schmetterlingsflügel aussehen (Jäkel 2003).

Im Setting erhalten die Schülerinnen und Schüler die Möglichkeit, unterschiedliche Formen von Blütenblättern zu erstellen sowie verschiedenartige Anordnungen der Blätter innerhalb der Blüte auszuprobieren. Durch das zur Verfügung gestellte Material werden die Kinder dazu angeregt, zwischen Kron-, Fruchtsowie Staubblättern zu differenzieren und Gemeinsamkeiten bzw. Unterschiede von Pflanzengruppen herauszuarbeiten. Da es eine Fülle an unterschiedlichen Blüten gibt, ist die Aufgabenstellung abwechslungsreich und vielgestaltig. Die Lösungsmöglichkeiten sind entsprechend vielfältig.

Lösungen (Schülerprodukte)

Dieser Abschnitt gibt eine Übersicht über Schülermodelle, die in den Klassen 3a, 4a und 4b (Schule L) entstanden sind. Die Modelle stellen eine Auswahl der von den Kindern angefertigten Produkte dar und geben die Unterschiedlichkeit der Lösungen exemplarisch wieder. Im Rahmen der Analyse werden die Beispielmodelle in Gruppen zusammengefasst und mit Blüten verglichen, die in der Natur vorkommen. Es wird beschrieben, welche Merkmale realer Blüten die Schülerinnen und Schüler in ihren Bastelarbeiten rekonstruieren und in welchen Aspekten die Kinderprodukte von der natürlichen Umwelt abweichen. Dabei werden farbliche und formgebende Gesichtspunkte ebenso wie Übereinstimmungen bzw. Abweichungen von der Anzahl und Anordnung der verwendeten Kron-, Frucht-, Staubsowie Hüllblätter berücksichtigt.

Blüten mit Kronblättern und Stempel

Eine Schülergruppe (drei Mädchen: 9,1; 9,3 und 9,9 Jahre) erstellt das Modell einer Blüte mit sechs Kronblättern, die in einem Kreis leicht überlappend angeordnet sind, sowie einem Stempel mit Fruchtblatt im Inneren der Blüte. Die Staubblätter werden in dem Modell nicht berücksichtigt. Für die Kronblätter verwenden die Kinder die Farben rot und orange, die in der Natur bei Blumen zu finden sind. Sie ordnen die Farben abwechselnd im Kreis an, was ästhetisch ansprechend ist, jedoch in dieser Konstellation in der Natur nicht existiert. Mit dem gelben Knetklumpen wählen die Kinder eine Farbe, die im Blüteninneren zahlreicher realer Blumen auftritt. Somit beinhaltet das Schülermodell sowohl Merkmale aus der natürlichen Umwelt als auch eigene Assoziationen der Kinder. Eine andere Schülergruppe (drei Mädchen: 10,1; 10,3 und 11,1 Jahre) erstellt das Modell einer Blüte mit blauen

Kronblättern und gelbem Stempel. Es ähnelt in Farbe und Aufbau realen Blüten. Die Farbkombination entspricht z. B. den Farben der Anemone aus der Familie der Hahnenfußgewächse. In der Natur zeichnet sich diese Blüte durch zwölf bis 15 blau gefärbte Blütenhüllblätter aus (Jäkel 2003). Im Modell der Kinder werden sechs Blütenhüllblätter verwendet und überlappend angeordnet. Das gelbe Zentrum im Blüteninneren ist charakteristisch für zahlreiche Blütenarten. Einzig durch das Verwenden einer roten Stecknadel im Inneren der Blüte weicht die Schülerkonstruktion in ihrer Farbgebung von der natürlichen Umwelt ab. Ein zweites Modell derselben Schülergruppe ähnelt mit seinen gelben, rund geformten Kronblättern gleich mehreren in der Natur vorkommenden Blüten. Es zeigen sich Parallelen zur Gerbera, zum Arnikakraut und zur Dalie. Diese Blüten zeichnen sich durch dottergelbe Kronblätter bzw. Zungenblüten aus. In Bezug auf Anordnung und Form der Kronblätter ähnelt das Schülermodell der Blüte des Arnikakrauts. Im Unterschied zu dieser mit ihren orangegelben Röhrenblüten gestalten die Kinder ihr Blüteninneres durch einen braunen Knetklumpen mit schwarzen Stecknadelköpfen. Farblich gleicht das Modell eher der Gerbera bzw. Dalie, die gelbe Zungenblüten am Rand und kleinere braun-schwarze Röhrenblüten in der Mitte aufweisen. Im Schülermodell fehlen jedoch die vielfachen Überlappungen der Zungenblüten (Gerbera) sowie deren gezackte Form (Dalie). Das Produkt der Kinder beinhaltet einzelne Merkmale aller hier genannten Blüten.

Blüten mit Kron- und Staubblättern sowie einem Stempel

Eine Schülergruppe (zwei Mädchen: 10,0 und 10,2 Jahre; Junge: 10,2 Jahre) fertigt ein Konstrukt, das der Mohnblüte in wesentlichen Merkmalen ähnelt. Im Modell zeigen sich die typische Formung der Kronblätter des Mohns und deren kreisförmige Anordnung, leicht überlappend in einem Innen- und Außenkreis. Im lilafarbenen Stempel der Blüte werden zahlreiche Köpfe von Streichhölzern arrangiert, die die Staubblätter des Mohns rekonstruieren. Im Unterschied zu realen Mohnblütengewächsen mit vier Kronblättern finden sich in dem Modell der Kinder neun Blütenblätter, die leicht kelchförmig angeordnet sind. In einem zweiten Modell hat dieselbe Schülergruppe die Grundidee der Korbblütengewächse nachempfunden. Die Kinder haben ringförmig um den Blütenboden herum einen Kranz von Zungenblättern platziert. In der Mitte befinden sich die Röhrenblüten, symbolisiert durch Stecknadelköpfe. Die Hüllblätter wurden durch die doppelt kreisförmige Anordnung der Kronblätter rekonstruiert. Von realen Blüten unterscheidet sich das Modell durch das Verwenden unterschiedlichster Farben von Stecknadelköpfen im Blüteninneren. Dieselbe Schülergruppe fertigt ein Blütenmodell in den Farben Blau und Weiß. Was zunächst wie eine rein zufällige Zusammenstellung von blauen Blütenblättern, weißer Knete und durchsichtigen Stecknadelköpfen erscheinen mag, findet in der Natur ihr Pendant. Das Vergissmeinnicht mit seinen azurblauen Blüten und weißen Schlundschluppen gleicht dem Konstrukt der Kinder in wesentlichen Merkmalen.

Weiterführende Blütenkonstruktionen

Eine Schülergruppe (drei Mädchen: 9,1; 9,3 und 9,9 Jahre) wählt für die Darstellung ihrer Blüte die Seitenperspektive. Das Modell zeigt die charakteristische Formung der Kronblätter der Tulpenblüte. Dieselbe Schülergruppe fertigt ein weiteres Modell, das sich mit unterschiedlichen Dingen aus der Pflanzenwelt vergleichen lässt. Einerseits ähnelt es den Lippenblütlern; andererseits ließe sich vermuten, die Kinder basteln nicht nur eine Blüte, sondern die gesamte Blume in Miniaturform – mit Stängel, Blättern und Blüte. Auch ist denkbar, dass der Fallschirm eines Löwenzahns als Vorlage für dieses Konstrukt dient. Unter Fokussierung der Farbwahl und Anordnung der Blütenblätter liegt schließlich der Vergleich mit der Blüte einer Lavendelpflanze nahe. Eine Mischung aus Rekonstruktion und eigenständiger Weiterentwicklung zeigt sich im Modell eines Blütengesichts, das eine Schülergruppe (Junge: 9,3 Jahre; Mädchen: 9,7 Jahre) erstellt. Bezüglich der Farbwahl sowie Anzahl der Blütenblätter ähnelt das Konstrukt einer Tulpenblüte, die sich durch ihre roten Kronblätter und den gelben Stempel auszeichnet. Mit der Darstellung eines Gesichts verknüpfen sich Bilder der Vorstellungswelt (Blüte als Gesicht) mit Bildern aus der natürlichen Umwelt (Aufbau des Blütenstempels). Es ist davon auszugehen, dass die Assoziation Blüte – Gesicht eine fantasieträchtige Tätigkeit der Schülergruppe beinhaltet und dies legt die Vermutung nahe, die Erstellung jenes Blütenmodells gehe mit kindlichem Spiel einher. Zu klären ist nun auf der Grundlage der verbalen und nonverbalen Interaktion der Kinder, inwiefern tatsächlich spielerische Momente mit dem Erstellen des Blütengesichts einhergehen und in welcher Form solche Momente sichtbar werden.

Spielerische Erkenntnisprozesse (Transkript Nr. 1)

Ein Mädchen (Aw; 9,7 Jahre; ohne Migrationshintergrund) und ein Junge (Bm; 9,3 Jahre; ohne Migrationshintergrund) der Klasse 3a (Schule L) bearbeiten die Aufgabenstellung in Partnerarbeit. Die Interakte 6, 9 und 11 zeigen, dass sich Bm zunächst unsicher ist, wie er die Blütenblätter zuschneiden soll. Anhand der Aussagen von Aw (»nicht so groß«, »schön rund«, Interakt 15) und ihrer Aktivitäten (Herausschneiden eines Dreiecks aus dem Blütenblatt) wird deutlich, dass die Schülerin eine genaue Vorstellung von dem zu erstellenden Blütenblatt hat. Aw verweist auf »so eine Art Tulpe« (Interakt 20) und vergleicht ihr Blütenblatt mit einer anderen ihr bekannten Form (»Herz«, Interakt 24). Weitere Assoziationen folgen (Interakte 29–38).

```
29  Aw:  Also so, hier so welche oval ((schneidet drauf los)).
30  Bm:  Oval.
31  Aw:  ((vergleicht ihr Blütenblatt mit dem von Bm)). Das ist schon
32       OK jetzt, ...
33       ((zu Bm)) nee bei einer Tulpe gibt's ja nicht extra Blüten.
34  Bm:  So ((zeigt Aw ein Blütenblatt))?
35  Aw:  Ja, so ovalförmig ein bisschen ((tauschen die Blütenblätter)).
36       Ah ich weiß, wir können ja, die stehen zwar nicht so raus,
37       aber die sind trotzdem da drin, die Blüten von den Tulpen. Die
38       stehen manchmal so raus.
```

Die voranstehenden Interakte machen deutlich, dass Bm zwar die von Aw beschriebene Form »oval« (Interakt 29) verbal aufgreift (Interakt 30), jedoch unsicher scheint, was dies in Bezug auf die Erstellung des Blütenblattes bedeutet. Seine Unsicherheit zeigt sich im Nachfragen (Interakt 34) sowie mehrfachen Zeigen des bereits ausgeschnittenen Blattes (Interakte 34, 40) und schließlich im Herstellen einer Schablone zur Anfertigung der Blätter (Interakt 57). Dies veranlasst Aw dazu, ihre Vorstellung vom Aussehen einer Tulpe genauer zu beschreiben. Die Schülerin bringt zum Ausdruck, dass Tulpenblätter einerseits nach außen stehen, andererseits nach innen gebogen sind (Interakte 36–38) und verweist damit auf wesentliche Charakteristika der kelchartig angelegten Blütengewächse, die sich von den flach aufgebauten Blüten in der Formgebung ihrer Kronblätter unterscheiden. Dominant zeigt sich in diesen Interakten der fachliche Bezugsrahmen (Interakte 51–53, 60–61: Aufbau der Blüte; Interakte 54–59: Anzahl der Blütenblätter; Interakte 64–68: farbliche Gestaltung).

64	Bm:	((nimmt die Knete)). Die Gelb ist schön, oder?
65	Aw:	Gelb, ja? Wie bei einer Sonnenblume, aber das sieht vielleicht
66		komisch aus wegen dem Roten ((Blütenblätter sind aus rotem
67		Papier)). Bm, nimm bloß nicht blau. Es gibt keine blauen Blü-
68		ten, oder? Ja doch, Tulpen. Ach, ich habe keine Ahnung.

Die Interakte 64 bis 68 zeigen, dass die Vorerfahrungen von Aw und Bm für die farbliche Gestaltung des Blütenmodells ausschlaggebend sind. Einerseits ist das persönliche Gefallen entscheidend (Interakt 64), anderseits sind Assoziationen mit bekannten Blüten von Bedeutung (Interakt 65). Dass dies zu einer Diskrepanz führt, wird deutlich, als Aw mit der Farbe Gelb eine Sonnenblume assoziiert (Interakt 65), dabei aber empfindet, dass dies mit den bereits erstellten roten Blütenblättern nicht zusammenpasse (Interakte 65–66). Das Ästhetische scheint bei diesen Überlegungen von Bedeutung, aber auch die Frage, welche Farben in der realen Blütenwelt existieren. Blaue Blüten gebe es nicht, so Aws erste Assoziation (Interakte 67–68), die sie mit Verweis auf die Tulpenblüte revidiert (Interakt 68), um dies sogleich wieder in Frage zu stellen (Interakt 68). Damit zeigt sich ein Moment des Hin und Her, das vergleichbar in den Interakten 78 bis 83 sichtbar wird.

78	Aw:	Guck, habe eine Idee. Guck. Das muss wieder raus, so.
79	Bm:	Komm, wir nehmen große ((steckt erneut Stecknadeln in die
80		Knete)).
81	Aw:	Rot oder? Nee, es gibt keine roten, nimm blau, es gibt keine
82		roten Augen. Hier ((will Bm eine kleine blaue Stecknadel rei-
83		chen)).
84	Bm:	Groß, oder?
85	Aw:	Darf ich auch mal was reinstecken? Ja, also ich mach noch
86		schnell die Nase. So, nein nicht richtig reinstecken ((zu Bm)).
87		((unverständliche Äußerung))
88		Mach einen ganz großen ((Mund)), dann macht er so ((zeigt an
89		ihrem Mund, als würde sie ein langes O sprechen)).

Ein spielerisches Moment entwickelt sich durch den Impuls von Aw, man könne ein »Gesicht« (Interakt 74) mit »Augen« (Interakt 82), »Nase« (Interakt 86) und »Mund« (Interakt 89) im Inneren der Blüte erstellen, womit sie vertraute Formen in neue Kontexte einfügt. Sie reichert bekannte Bilder (Gesicht) mit Assoziationen (Blütengesicht) an, was auf das Kriterium der schöpferischen Entfaltung verweist (K2; vgl. Tab. 5, Abschnitt 3.3.3). Zudem wird anhand des Indikators ›Aufgreifen alltäglicher Zusammenhänge‹ (»Es gibt keine roten Augen«; Interakte 81–82) deutlich, dass sich die Assoziationen der Kinder im Spannungsbereich zwischen Ich und Welt bewegen (K3: Kulturelles Erleben). Auf dieser Basis verändert sich das Ziel, ein möglichst realitätsnahes Tulpenmodell zu erstellen, hin zu der Gestaltung eines Konstruktes der Fantasie. Im Vordergrund steht nicht mehr, wie noch in den Interakten 35 bis 38, die möglichst naturgetreue Wiedergabe einer Blüte, sondern in den Fokus rücken die eigenen Weltbilder der Kinder. Dies wird sichtbar, als Aw und Bm Stecknadeln in einer Farbe auswählen, die sich als Augenfarbe eignet (»Nimm blau, es gibt keine roten Augen«; Interakte 81–82), während sie zuvor ihre Farbwahl an der realen Blütenwelt ausrichteten (»Nimm bloß nicht blau. Es gibt keine blauen Blüten«; Interakte 67–68). Im Verlauf des Konstruktionsprozesses wechseln die Kinder ihre Perspektive, spielen gewissermaßen mit dieser. Fassbar wird das spielerische Moment ebenso anhand des Indikators des ›So tun, als ob‹ (K4: Ästhetisches Gestalten), der für wenige Augenblicke in Erscheinung tritt, als Aw ihren Mund zu einem ›O‹ formt und das Blütenmodell personifiziert: »Dann macht er so« (Interakt 88). Mit dem Flüstern der Kinder (Interakte 76, 87) entsteht der Eindruck, dass sich Aw und Bm von der Außenwelt abgrenzen. Dieses Moment lässt sich jedoch nicht mit dem Merkmal des Vertiefstseins im Spiel (K5) gleichsetzen. Insgesamt scheinen in den Interakten 74 bis 91 spielerische Impulse durch, diese als ausgeprägtes kindliches Spiel bezeichnen zu wollen, wäre allerdings zu ambitioniert. Eher lässt sich von einem spielerischen Augenblick sprechen.

```
93   Aw:   Huch, da ist eine Blüte abgefallen. ((…))
94         Jetzt hast du auf einmal rot.
95   Bm:   ((steckt weitere Stecknadeln in die Blüte)).
```

Der Wechsel der Terminologie von »Gesicht« (Interakt 74) zu »Blüte« (Interakt 93) macht deutlich, dass die Sachzentrierung den spielerischen Augenblick überlagert. Sichtbar wird dies, als die Kinder unter Verwendung von Fachbegriffen unterschiedliche Blütenarten voneinander abgrenzen (Interakte 102, 105, 107, 114, 116) und nicht mehr von Auge, Nase oder Mund sprechen (Interakte 82, 86, 88). Angestoßen wird der Perspektivenwechsel durch die Aufforderung der anleitenden Person (L), »andere Blütenarten« herzustellen (Interakte 99–101).

```
121  Aw:   Bisschen groß ((über ihr Blatt)). Eins, zwei, drei ((zählt die
122        Blütenblätter)), vier und fünf. Was machst du ((zu Bm)? Aha,
123        brauchst nicht mit mir zu sprechen ((nachdem von Bm keine
124        Antwort kam)).
125        ((rollt gelbe Knete zu einem Ball)).
126  Bm:   Du brauchst schwarz.
127  Aw:   Ach ja stimmt. Es gibt kein schwarz. Ich hab's, ich mache so
```

128		einen kleinen schwarzen Kreis, da drin machen ((zeigt auf die
129		gelbe Knete)). Bisschen rot ((unverständliche Äußerung)).
130		Hm, vielleicht sollte ich noch eine Blüte machen ((schneidet
131		noch ein Blütenblatt aus)). Sieht doch sehr wie eine Sonnen-
132		blume aus ((hält ihre Blüte hoch)).

In den Interakten 107 bis 132 zeigt sich dominant der fachliche Bezugsrahmen. Aw und Bm unterscheiden verschiedene Arten von Blüten (Interakte 102, 107, 131–132: Sonnenblume; Interakt 105: Löwenzahn; Interakt 114: Tulpe; Interakt 116: Osterglocke) und beschreiben deren Merkmale. Sie charakterisieren die Sonnenblume durch ihre gelben Blütenblätter (Interakt 110) und ihr schwarzes Inneres (Interakte 126–128), das ebenso ein wenig rot sein könne (Interakt 129). Zudem kennzeichnen sie das Blütenblatt der Sonnenblume als »nicht so fett« (Interakt 116) sowie nicht zu »groß« (Interakt 121) und reflektieren die Anzahl der Zungenblätter (Interakte 121–122). Damit beschreiben Aw und Bm die Grundstruktur der Korbblütler, die flach aufgebaut sind und in Blütenköpfchen angeordnet sind, die wie eine einzige Blüte erscheinen (Jäkel 2003). Diese Blütenart grenzen die Kinder von den Lilienblütengewächsen ab, die sie in Interakt 33 zutreffend umschreiben: »Bei einer Tulpe gibt's ja nicht extra Blüten«. Das Fachwissen, das in diesen Interakten thematisiert wird, ist vielfältig.

149	Aw	Ha ha ha, sieht aus wie ein komisches Männchen ((schaut
150		sich Bms Blüte an und lacht)). Sieht aus wie ein Typ mit einer
151		Hippiefrisur. ((…))
152		Ey, lass uns mal Zähne machen.
153	Bm:	((steckt Stecknadeln in die Knete)).
154	Aw:	Guck mal ((zu Bm)). ((…))
155		Jetzt mache ich, glaube ich, noch Haare. … Nee, blonde sind
156		nicht so gut. ((…))
157		Oh, du machst schon die nächste? Ich brauche noch ein biss-
158		chen. ((…))
159		Sieht aus wie Katzenohren ((hat in einen Knetklumpen zwei
160		Blätter gesteckt)).
161		Aua, Mist ((schüttelt ihre rechte Hand)). Ich habe mir in den
162		Finger gestochen ((schneidet weiter aus; nimmt einen neuen
163		Knetklumpen und befestigt ihr Ausgeschnittenes)). Sehen aus
164		wie Katzenohren. Ich hab eine Idee, ich mache Schnurrhaare.
165		Hier ne kleine ((Stecknadel)) für die Nase. … Und jetzt noch
166		Schnurrhaare. … Setz dich mal ((zu Bm)).

Die Interakte 149 bis 166 zeigen einen weiteren Moment spielerischer Aktivität. Die Kinder personifizieren ihr Modell, sprechen nicht mehr von einer »Blüte« (Interakt 93) oder einem »Gesicht« (Interakt 74), sondern von einem »komische[n] Männchen« (Interakt 149) und vom »Typ mit einer Hippiefrisur« (Interakte 150–151), mit »Zähne[n]« (Interakt 152) und »Haaren« (Interakt 155). Bemerkenswert ist, dass sich das Konstrukt der Kinder seit Beginn des Konstruktionsprozesses nicht grundlegend verändert hat. Nach wie vor besteht es aus einem gelben Knetklumpen, in den verschiedenfarbige Stecknadeln sowie rote Stücke aus Tonpapier platziert wurden. Einzig die Anordnung der Stecknadeln modifizieren Aw und Bm im Verlauf der Interaktion. Allerdings weist ihr Modell zu keinem Zeitpunkt einen klar definierten Körper, geschweige denn Arme oder Beine auf, was optisch die

Bezeichnung »Männchen« oder »Typ« nahelegen würde. Dies macht deutlich, dass die Assoziationen der Kinder vor allem aus deren Fantasie entspringen und dass dies mit einem Spiel der Perspektiven einhergeht (»Sieht aus wie Katzenohren«; Interakt 159; »Ich mache Schnurrhaare«; Interakt 164). Aus der anfänglichen »Tulpe« werden ein »Gesicht«, ein »Männchen«, ein »Typ mit einer Hippiefrisur« und schließlich eine Katze.

173	Bm:	Die hier ((legt die flach aufgebauten Blüten nebeneinander))
174		und die hier ((legt die kelchartigen Blüten zusammen)), oder?
175	Aw:	Die so teilig ((nimmt die gelbe flache Blüte in die Hand)), zum
176		Teil da ((deutet auf die flach aufgebauten Blüten)), zum Teil
177		da ((deutet auf eine andere gelbe Blüte)).
178	L:	Mh.
179	Aw:	Zu Mr. Caty ((legt ihre Blüte zu dem Modell mit dem Blüten-
180		gesicht)).

Das Spielmoment wird durch die Aufforderung der anleitenden Person beendet, Ähnlichkeiten und Unterschiede der hergestellten Blüten herauszuarbeiten (Interakte 168–170). Bm gruppiert die Modelle einerseits in Blüten, die kelchartig strukturiert sind, und andererseits in flach aufgebaute Blüten (Interakte 173–174). Damit erkennt er implizit, dass Blüten, obwohl sie sich in Aspekten voneinander unterscheiden (z. B. Farbe), in anderen Merkmalen Ähnlichkeiten aufweisen (z. B. Aufbau). Aw macht anhand einer von ihr erstellten Blüte deutlich, dass diese hinsichtlich des Aufbaus der einen Kategorie zugeordnet werden könne (Interakt 176), in Bezug auf die Farbe einer anderen (Interakt 177). Von diesem erkenntnisorientierten Zugriff wechselt Aw im nachfolgenden Interakt in einen spielerischen Zusammenhang: Sie personifiziert das von ihr erstellte Blütengesicht, indem sie es »Mr. Caty« (Interakt 179) nennt, und ordnet es der Gruppe von Blüten mit flachem Aufbau zu. In diesen Interakten laufen Augenblicke des Spielens und Erkennens unmittelbar ineinander.

Fazit und Ausblick: Schnittmenge zwischen Spiel und Erkenntnis

Im Transkript zeigt sich, dass die Kinder im Verlauf ihres Konstruktionsprozesses zu vielfältigen Erkenntnissen gelangen. Sie kategorisieren die Blütenmodelle nach typischen Merkmalen und differenzieren die kelchartigen von den flach aufgebauten Blüten. Zur Gruppe der kelchartigen Blüten zählen sie ihr Modell der Tulpe, während sie ihr Modell der Sonnenblume der Gruppe der flach aufgebauten Blüten zuordnen. Als charakteristische Merkmale der Sonnenblume beschreiben sie deren gelbe Blütenblätter (Interakt 110), das schwarzrötliche Innere (Interakte 126–129) und die spezifische Form der Kronblätter (Interakte 116, 121). Die Tulpenblüte grenzen sie von der Sonnenblume ab, indem sie auf deren rote bzw. blaue Farbe (Interakte 65–68), ihre ovalförmigen Blütenblätter (Interakt 35) sowie ihre leicht nach außen stehenden und dennoch nach innen gebogenen Kronblätter (Interakte 36–38) verweisen. Damit erkennen die Schüler wesentliche Merkmale der kelchartig angelegten Blütengewächse, die sich von den flach aufgebauten Blüten vor allem in der Formgebung der Kronblätter unterscheiden.

Derartige Erkenntnisprozesse vermischen sich mit spielerischen Augenblicken gemäß der Kategorie *mimicry* (Caillois 1982/1960; vgl. Abschnitt 1.4.3). Im Transkript zeigt sich das spielerische Element in folgenden Facetten.

1. Das Kriterium der schöpferischen Entfaltung (K2; vgl. Tab. 5, Abschnitt 3.3.3) wird sichtbar, als die Kinder bekannte Muster in neue Zusammenhänge einfügen und eigene Gestaltungsformen (z. B. Blütengesicht) erfinden, ohne auf vorgegebene Bastelanleitungen reproduktiv zurückzugreifen.
2. Das ästhetische Phänomen (K4) zeigt sich einerseits als Entwurf eigener Bilder der Vorstellungswelt (z. B. Blüte als »Typ mit einer Hippiefrisur«) und andererseits in der Vermenschlichung sowie Personifizierung (z. B. Blüte als »Mr. Caty«). Dies verweist auf den intermediären Raum (vgl. Winnicott 2006/1971: 11; vgl. Abschnitt 1.3.4).
3. Nur in Nuancen wird das Merkmal des Freiseins im Spiel (K1) fassbar, sei es bei der Bedeutungszuschreibung der Objekte (z. B. Stecknadeln als »Augen«) oder beim Verändern der Zielsetzung der vorgegebenen Aufgabenstellung (vom Modell einer Blüte zur Katze mit Schnurrhaaren).
4. Die Merkmale des kulturellen Erlebens (K3) und Vertieftseins im Spiel (K5) lassen sich im vorliegenden Transkript nicht ausmachen. In keiner Phase der Interaktion verlieren die Kinder die vorgegebene Aufgabenstellung vollständig aus dem Blick. Sobald sie sich von der Problemstellung entfernen, werden sie aufgefordert, wieder zu dieser zurückzukehren (Interakte 99–101, 168–170).

Momente einer Schnittmenge von Spiel und Erkenntnis zeigen sich im Transkript in Form des Hin- und Herwechselns der Perspektiven. Das spielerische Moment wird vor allem von Aw angestoßen, die ihren Assoziationen freien Lauf lässt und vielfache Fantasiekonstrukte entwirft, wenn sie beispielsweise zwischen den Perspektiven »Typ mit einer Hippiefrisur« (Interakte 150–151), »Mr. Caty« (Interakt 179), »Katzenohren« (Interakte 159, 164) und »Schnurrhaaren« (Interakte 164, 166) hin- und herwechselt. Auf der Grundlage solcher Äußerungen ist davon auszugehen, dass die Bilder ihrer Vorstellungswelt mit dem selbst erstellten Konstrukt verschmelzen. Solche Formen kindlichen Spielens werden in den Interakten von Bm nicht deutlich. Hierfür mögen zwei Faktoren ausschlaggebend sein. Einerseits kann seine auf Fakten ausgerichtete Arbeitshaltung, die strikt an der vorgegebenen Aufgabenstellung orientiert ist, der Entwicklung von Fantasie und Spielfreude im Wege stehen. Andererseits kann ihn die Dominanz seiner Partnerin bei der Entstehung spielerischer Momente bremsen, zumal sich immer wieder Situationen ergeben, in denen Aw in forscher Art ihre fantasieträchtigen Assoziationen vorträgt, während Bm scheinbar stagnierend die Aktivitäten von Aw beobachtet. Erst im Zusammenwirken beider Partner werden Aspekte einer Schnittmenge von Spiel und Erkenntnis sichtbar. Es ist davon auszugehen, dass die Kinder durch ihre unterschiedlichen Vorgehensweisen Prozesse der Wirklichkeitskonstruktion anregen und dadurch punktuell in einen Raum des Intermediären gelangen. Damit werden in diesem Fallbeispiel Aspekte der Spielkategorie *mimicry* fassbar, in der Ausprägung des Wegführens vom Fokus.

Wasser: Springbrunnen (Fall 2)

Thema: Wasserdruck
Kompetenzerwerb: Eigenschaften des Wasserdrucks entdecken, Versuche zur Verdeutlichung des Wasserdrucks planen und durchführen
Jahrgangsstufe: 1.–3. Schuljahr
Gruppengröße: 2–3 Schüler
Material: Plastikflaschen, Trichter, Schere, Klebestreifen, Permanentmarker, Plastikwanne, Wasser, evtl. Tinte

Zielsetzungen

Im Rahmen dieser Lernumgebung erfahren die Schülerinnen und Schüler, dass Wasser aus einer Flasche am stärksten herausströmt, wenn ein Loch in Bodennähe in die Flasche gestochen wird. Beim Experimentieren mit den Materialien können die Kinder entdecken, dass der Wasserdruck mit zunehmender Tiefe ansteigt und dass aus mehreren Löchern, die sich in unterschiedlicher Höhe befinden, das Wasser immer weniger stark strömt, je höher das Loch in der Flasche platziert ist. Hingegen sind die Wasserstrahlen, die aus nebeneinander liegenden Löchern herausströmen, in etwa gleich stark. Vor diesem Hintergrund sollen die Schülerinnen und Schüler zumindest intuitiv verstehen: Der Wasserdruck wird immer größer, je tiefer das Wasser ist.

Gesprächsleitfaden »Springbrunnen miteinander vergleichen«

1. Nehmt euch eine Plastikflasche und markiert, wo ihr zum Bau eines Springbrunnens zwei Löcher hineinstechen wollt.
2. Klebt über die Löcher einen Klebestreifen. Der Streifen sollte so lang sein, dass er beide Löcher gleichzeitig abdecken kann.
3. Füllt die Flasche mit Wasser und stellt diese in die Wanne.
4. Zieht den Klebestreifen mit einem Ruck ab.
5. Was könnt ihr sehen? Wie lässt sich dies begründen?
6. Welche Möglichkeiten gibt es, um euren Springbrunnen zu verändern?
7. Probiert dies an einer zweiten Flasche aus und vergleicht eure Springbrunnen miteinander.

Fachlicher und didaktischer Hintergrund

Viele Kinder kennen die Situation, dass aus einer defekten Flasche Flüssigkeit austritt. Doch wie verhält sich dieses Phänomen, wenn sich gleich mehrere Löcher in einer Flasche befinden? Wie unterscheiden sich die aus der Flasche hervortretenden Strahlen? Diesen Fragen wird im eigenen Experiment nachgegangen. Anhand einer mit Wasser gefüllten und mit Löchern versehenen Flasche wird sichtbar, wie unterschiedlich Wasserstrahlen aussehen, wenn diese aus verschieden hoch liegenden Löchern aus der Flasche hervortreten. Das Wasser strömt deutlich stärker heraus, wenn das Loch relativ weit unten platziert ist, wohingegen der obere Strahl weniger weit reicht. Implizit wird in dem Setting deutlich, dass Wasser eine Materie ist, die sich aus zahlreichen kleinen Teilen zusammensetzt. Die einzelnen Moleküle liegen in einem mit Wasser gefüllten Gefäß eng neben- und übereinander. Wenn sehr viele Wasserteilchen übereinander liegen, erhöht sich das Gewicht (Pfeiffer 2007), weshalb der Wasserdruck in Bodennähe höher ist. Hingegen ist der Druck am oberen Ende der Flasche, wo nur wenige Wassermoleküle darüber liegen, deutlich geringer. Hierdurch ergeben sich verschieden stark herausströmende Strahlen, wenn Löcher in unterschiedlicher Höhe in die mit Wasser gefüllte Flasche gestochen werden.

Das Phänomen des in zunehmender Tiefe ansteigenden Wasserdrucks ist den Schülerinnen und Schülern implizit bekannt, wenn sie z. B. beim Tauchen einen Druck in den Ohren spüren. Beim Bau von Wassertürmen wird der mit zunehmender Tiefe ansteigende Druck in funktionaler Weise genutzt (Pfeiffer 2007). Solche Türme werden an höher gelegenen Stellen gebaut, sodass sie andere Gebäude überragen. Von dort fließt das Wasser aufgrund des vorhandenen Drucks durch die Rohrleitungen bis in die umliegenden Gebäude. Besonders eindrucksvoll zeigt sich das Phänomen des zunehmenden Wasserdrucks in der Tiefsee, in der unter beachtlichen Druckverhältnissen noch immer Tiere leben können.

Lösungen (Schülerprodukte)

Die Springbrunnenmodelle, welche die Kinder der Klassen 1a, 1b, 2a und 3c (Schule L) erstellt haben, sind in den einzelnen Schülergruppen in etwa vergleichbar. Nachfolgend wird eine Übersicht über die auftretenden Varianten gegeben und dabei herausgearbeitet, welche Erkenntnisprozesse auf der Grundlage der Modelle möglich sind. Zur systematischen Darstellung werden die Produkte entsprechend der Anzahl der in die Flasche gebohrten Löcher sowie deren Anordnung kategorisiert.

Springbrunnen mit einem Loch

Eine Schülergruppe (ein Mädchen: 8,0 Jahre; zwei Jungen: 7,2 und 7,7 Jahre) erstellt ein Springbrunnenmodell mit einem Loch in der Mitte der Flasche. Nach dem Abziehen des Klebestreifens strömt das Wasser aus dem Loch in einem Strahl heraus, bis dieser versiegt, sobald der Wasserstand die Höhe des in die Flasche gebohrten Loches erreicht. In einem zweiten Durchgang nutzen die Kinder dieselbe Flasche, um den Versuch zu wiederholen, verschließen allerdings die obere Flaschenöffnung mit der Hand, sodass keine Luft nachströmen kann. Es zeigt sich, dass der Strahl schwächer wird und das Wasser nur als Rinnsal an der Plastikflasche herabfließt. Bei Stagnation des Strahls befindet sich der Wasserstand noch oberhalb des in die Flasche gebohrten Loches. Sobald die Kinder den oberen Flascheneinlass durch Wegnehmen ihrer Hand öffnen, können sie sehen, wie das Wasser nach und nach stärker aus dem Loch hervorströmt, bis sich ein Strahl bildet. Einen ähnlichen Versuchsaufbau wählt eine zweite Schülergruppe (ein Mädchen: 7,7 Jahre; zwei Jungen: 9,0 und 9,1 Jahre). Auch diese Gruppe bohrt in ihre Flasche ein einzelnes Loch, platziert dieses aber weit unten in der Flasche, kurz oberhalb des Flaschenbodens. An ihrem Modell können die Kinder verfolgen, dass ein Wasserstrahl aus dem Loch hervortritt, bis der Wasserstand in der Schüssel die Höhe des Loches erreicht und der Strahl nur noch als Strömung im Wasser der Schüssel zu erkennen ist. Es zeigt sich, dass der Wasserstand in der Flasche und jener in der Schüssel auf etwa gleicher Höhe liegen.

Springbrunnen mit Löchern auf unterschiedlicher Höhe

Drei Schülerinnen (9,2; 9,5 und 9,6 Jahre) platzieren in ihrer Flasche zwei Löcher auf unterschiedlicher Höhe. Nach Abziehen des Klebestreifens strömt das Wasser aus dem unteren Loch stärker heraus als aus dem oberen. Es lässt sich beobachten, dass der obere Strahl abnimmt, je tiefer der Wasserstand sinkt, und zum Versiegen kommt, sobald der Wasserstand das obere Loch erreicht. Zudem zeigt sich, dass der Wasserstrahl aus dem unteren Loch geringer wird, je tiefer der Wasserstand in der Flasche sinkt.

Springbrunnen mit Löchern auf gleicher Höhe

In einem zweiten Modell platzieren dieselben Schülerinnen zwei Löcher auf gleicher Höhe eng nebeneinander. Daraus ergeben sich zwei Wasserstrahlen, die sich unmittelbar nach Austreten aus der Flasche zu einem einzelnen verbinden. Neben der Möglichkeit zu hinterfragen, wie dieses Phänomen zustande kommt, können die Schülerinnen an ihrem Modell beobachten, wie die Stärke des Strahls abnimmt, je tiefer der Wasserstand sinkt. Zudem lässt sich erproben, wie sich der Wasserstrahl verhält, wenn eines der zwei Löcher mit einem Finger verschlossen wird. Hier zeigt sich, dass das Wasser aus dem anderen Loch nun deutlich stärker herausströmt. Dieses Experiment lässt sich auch mit drei oder mehr Löchern sowie auf unterschiedlicher Höhe liegender Löcher durchführen, wobei die Kinder ausprobieren können, wie sich die Strahlen verändern, wenn sie mehrere Löcher gleichzeitig zuhalten.

Weiterführende Konstruktionen

Eine ›Springbrunnen-Rakete‹ hat eine Schülergruppe (ein Mädchen: 8,0 Jahre; zwei Jungen: 7,2 und 7,7 Jahre) konstruiert. In den Boden der Flasche haben die Kinder zwei Löcher gestochen, aus denen zwei gleich starke Wasserstrahlen herausströmen. Optisch ähnelt das Konstrukt einer Rakete mit nach unten ausströmender Schubkräfte. Eine andere Schülergruppe (drei Mädchen: 9,2; 9,5 und 9,6 Jahre) erstellt mehrere Springbrunnenmodelle und vergleicht diese miteinander. Die Kinder beobachten, welche Wasserstrahlen stärker herausströmen und in welcher

Flasche das Wasser schneller bzw. weiter sinkt. Inwieweit sich im Rahmen solcher Experimente spielerische Impulse zeigen, wird nachfolgend auf der Grundlage eines Transkriptes aus dem dritten Schuljahr geklärt.

Spielerische Erkenntnisprozesse (Transkript Nr. 2)

Cw (9,2 Jahre; ohne Migrationshintergrund), Dw (9,5 Jahre; ohne Migrationshintergrund) und Ew (9,6 Jahre; ohne Migrationshintergrund) der Klasse 3c (Schule L) erstellen zwei Springbrunnenmodelle. Die kurzen, meist einsilbigen Kommentare (Interakte 9, 11, 12, 14–19) zeigen, dass die Mädchen zu Beginn der Interaktion nur die notwendigsten Informationen verbalisieren. Primär verständigen sie sich nonverbal, indem sie sich z. B. durch Zeigen mit der Hand (Interakte 7, 8, 9–10, 12–13) bezüglich der Platzierung der in die Flasche zu bohrenden Löcher abstimmen. Dass die Wahl der Positionen nicht beliebig ausfällt, zeigen die Andeutungen von Cw, es sei schwierig, in den Flaschenhals ein Loch zu bohren (Interakte 7–8, 20–21). Dies macht deutlich, dass in dieser Phase logistische Gesichtspunkte dominieren. Die Kinder fragen nicht, welche Positionen geeignet erscheinen, um einen möglichst guten Springbrunnen zu erstellen, sondern wählen die Punkte vor dem Hintergrund der Fragestellung aus, wo sich möglichst leicht ein Loch in die Flasche bohren lässt.

9	Dw:	Hier und hier ((zeigt auf zwei Stellen, die im oberen Teil der
10		Flasche liegen)).
11	Cw:	Ja, da.
12	Dw:	Also am besten da und da ((deutet auf eine Stelle unterhalb
13		des Flaschenhalses)).
14	Cw:	Nein, da.
15	Dw:	So?
16	Cw:	Ja, auch gut.

Die Interakte 25 bis 36 zeigen, dass das Erstellen des Springbrunnens in Zusammenarbeit erfolgt. Während Cw demonstriert, an welcher Stelle das Loch gebohrt werden soll (Interakte 25–26), hält Ew die Flasche beim Bohren des Loches fest (Interakt 36) und Dw erklärt, wie die Schere zu halten ist (Interakte 28, 33). Auf der Grundlage der Interakte ist davon auszugehen, dass die Kinder die Arbeitsanweisungen der anleitenden Person (Interakte 23–24, 43, 45) umsetzen, ohne diese in Bezug auf die Funktionsweise ihres Modells zu hinterfragen. Nur punktuell zeigen sich Momente eigenständiger Reflexion (Interakte 55–56).

55	Dw:	Wieso haben wir jetzt eigentlich Löcher gemacht und überkle-
56		ben es wieder? ((...))
57	L:	((färbt das Wasser mit Tinte ein)).
58	Ew:	Was, Tinte?
59	Dw:	Oh.
60	Cw:	Cool.

Die Ausrufe der Kinder (Interakte 58–60) markieren deren Interesse am Experiment. Jedoch lässt sich dies nicht mit kindlichem Spiel gleichsetzen, da die Schülerinnen in keine Form spielerischen Erlebens gelangen und allein das Gefallen am

Experiment nicht ausreicht, um sagen zu können, hier spielen Kinder. Die einsilbige Kommunikation der Schülerinnen macht deutlich, dass diese abwartend die Vorbereitungen zum Experiment durchführen. Potenzial für einen spielerischen Augenblick zeigt sich, als die Schülerinnen eigenständig Ergänzungen vornehmen (Interakte 71–76).

71	Cw:	((füllt die Flasche mit Wasser)).
72	Ew:	Noch mehr ((die Flasche ist fast voll)).
73	Dw:	Es passt noch was rein.
74	Cw:	((füllt noch mehr Wasser ein)).
75	Dw:	Stopp ((das Wasser läuft am Flaschenhals wieder heraus))!
76	Cw:	Oh.

Nachdem zunächst logistische Überlegungen dominieren (»Wer darf dies jetzt machen?«, Interakte 67–68; »Wer macht was?«, Interakt 70), lässt die Bemerkung von Ew, dass noch mehr Wasser in die Flasche passe, obwohl diese fast voll ist (Interakt 72), einen Ansatz für kindliches Spiel erkennen. Fassbar wird der spielerische Moment anhand der Reaktionen der Schülerinnen (Interakte 73, 74, 76), die Begeisterung zum Ausdruck bringen, aber auch ein »mehr« herausfordern.

95	Dw:	Der hier ((zeigt auf das obere Loch)), der staut sich irgendwie.
96	Ew:	Kommt bisschen raus. Und bei dem anderen, der läuft immer
97		noch, aber bald, wenn das ((Wasser)) hier ist, nicht mehr.
98	Cw:	Was ist das hier überhaupt ((hat etwas an der Flasche ent-
99		deckt))?
100	Ew:	Das ist das Preisschild, was wahrscheinlich da war. ((…))
101	Dw:	Eben, wo es noch voller war, wahrscheinlich von dem Druck,
102		da ist es noch mehr geströmt.
103	L:	Mh.
104	Dw:	Da ist das so raus geschossen.
105	Cw:	Und jetzt ist da Luft. So Druck.
106	Dw:	Wahrscheinlich hat das was mit dem Druck zu tun.
107	Cw:	Das sieht man hier.
108	Dw:	Ja. Jetzt ah, jetzt weiß ich, was da passiert ist. Wegen dem
109		Druck und wegen dem hh wegen den kühlen und den warmen
110		Molekülen hat sich das jetzt vermischt und jetzt geht … kann,
111		kann der Druck nicht mehr raus fließen.

Erkenntnisorientiertes Tun zeigt sich, als die Kinder für das im Experiment Beobachtete Erklärungsversuche formulieren (Interakte 94–116). Es finden sich Begründungen dafür, warum das Wasser aus dem oberen Loch nicht so stark herausströmt wie aus dem unteren (Interakte 95–97) und weshalb der untere Wasserstrahl versiegt, wenn der Wasserstand die Höhe des Loches erreicht (Interakte 105, 112–114). Die Argumentationen sind zunächst unspezifisch, bringen beispielsweise zum Ausdruck, dass »sich das irgendwie staue« (Interakt 95). Im Fortlauf werden die Erklärungen spezifischer, was sich im Verwenden von Fachbegriffen (»Druck«, Interakte 101, 105, 106, 109, 111; »Moleküle«, Interakt 110) zeigt. Die Begriffe verknüpfen die Kinder mit ihren Beobachtungen am eigenen Modell, begründen beispielsweise das stärkere Herausströmen des Wassers durch den höheren »Druck« (Interakte 101–102) und bringen dies mit »Luft« (Interakt 105) und »Molekülen« (Interakt 110) in Verbindung. Dass ihnen das Verbalisieren der kausalen Zusammenhänge schwer fällt, zeigt das wiederholte Innehalten (Interakte 108–111). Auf der Grundlage dieser Interakte ist davon auszugehen, dass sich die Kinder beim Sprechen an Begriffe und Zusammenhänge erinnern (»Moleküle«, Interakt 110), die sie in anderen Kontexten kennengelernt haben und nun auf die neue Situation übertragen (»der Druck [kann] nicht mehr raus fließen«, Interakt 111). Aus einem physikalischen Blickwinkel betrachtet, ist die von den Kindern dargelegte Erklärung nicht stimmig; es zeigt sich jedoch, dass die Schülerinnen eigene Hypothesen generieren (Interakte 108–111, 115–116).

128	Cw:	Diesmal würde ich, diesmal würde ich unten ((deutet auf eine
129		Stelle am unteren Ende der Flasche)).
130	Ew:	Ein Großes.
131	Dw:	Nee, nicht zu groß.
132	Ew.	Reicht das?
133	Cw:	Nein, warte, etwas breiter.
134	Dw:	Am besten machen wir das so gerade machen, also hier, hier
135		so oder auf der anderen Seite ((zeigt auf die obere Mitte der
136		Flasche)).
137	Ew:	Ich würde das hier rein machen ((zeigt auf die untere Mitte der
138		Flasche)).
139	Dw:	Nee. Das ist ja wieder.
140	Cw:	/ Das haben wir ja schon. Ich würde das hier machen ((deutet
141		auf die Mitte)).

Die voranstehenden Interakte lassen erkennen, dass sich nach Meinung der Kinder das zweite Springbrunnenmodell von dem zuvor erstellten unterscheiden soll (Interakte 139–141). Zugleich soll es aber dem ersten Modell in wesentlichen Aspekten entsprechen (Interakte 151–155). Es zeigt sich eine Art Hin und Her zwischen Rekonstruktion des ersten Modells und Neuerungen des zweiten. Auf der Grundlage bereits gesammelter Erfahrungen wählen die Schülerinnen im unteren Teil der Flasche einen Punkt aus, um ein Loch zu bohren (Interakt 128). Dieses soll nicht zu klein (Interakt 130), aber auch nicht zu groß (Interakt 131) sein, nicht zu tief (Interakte 134–136) und nicht zu hoch (Interakt 137) platziert werden. Spielerisches Tun lässt sich am ehesten in Bezug auf das Merkmal der schöpferischen Entfaltung erkennen (K2), ohne jedoch die Schüleraktivitäten mit kindlichem Spiel im Sinne der im Theorieteil erarbeiteten Definition gleichsetzen zu wollen. Zutreffender erscheint es, von spielerischen Impulsen zu sprechen.

193	Ew:	Jetzt will ich noch mal ((Wasser einfüllen)).
194	Cw:	((zu Ew) Stopp, stopp, stopp ((die Flasche läuft über))! Oh, ist
195		das kalt. So und jetzt muss ich das ((den Klebestreifen))
196		gleich abziehen. Und ... los!
197	Ew:	((sagt über den Springbrunnen)) OK, jetzt geht's besser. Ein
198		Druck. Der ist gerade viel stärker.
199	Dw:	Oh nein.
200	Alle:	((schauen zu, wie das Wasser aus der Flasche strömt)).
201	Ew:	Das sinkt auch viel schneller.
202	Dw:	Ich meinte nur, das sinkt jetzt schneller, weil wir das weiter
203		runter gemacht haben.
204	Cw:	((betrachtet das untere Loch)). Und es wird immer weniger,
205		weil wir das bis ganz unten gemacht haben.
206	Ew:	Das wird müde.

Die Kommentare der Mädchen »Stopp, stopp, stopp!« (Interakt 194) »und ... los!« (Interakt 196) zeigen, dass in diesen Interakten ein eher scherzhaft-spaßiges Tun im Vordergrund steht. Mit dem Startkommando leiten die Schülerinnen eine Art imaginärer Wettbewerb zwischen den beiden Springbrunnenmodellen ein, was sich in folgenden Fragestellungen äußert: In welchem Springbrunnen ist der Wasserdruck stärker (Interakt 198)? Wo sinkt der Wasserstand schneller (Interakt 201)? Wo verbleibt weniger Wasser (Interakt 204)? Die Mädchen kommentieren ihren ›Wettbewerb‹ und begründen das »besser« (Interakt 197), »stärker« (Interakt 198), »schneller« (Interakt 201) und »weniger« (Interakt 204). Dw erklärt z. B. den schneller sinkenden Wasserstand des zweiten Modells mit dem Argument: »weil wir das [Loch] weiter runter gemacht haben« (Interakte 202–203) und Cw ergänzt: »Es wird immer weniger, weil wir das ganz unten gemacht haben« (Interakte 204–205). Solche Beobachtungen führen die Schülerinnen zur Assoziation: »Das wird müde«, was eine Form der Vermenschlichung und des (Um)Deutens impliziert. Damit verknüpft sich das spielerische Moment mit erkenntnisorientiertem Tun.

```
221  Ew:  Weil, hh hier ((bei dem ersten Brunnen)) kommt eigentlich
222       kaum Wasser raus, weil wir die ((Löcher)) zu weit oben ge-
223       macht haben.
224  Dw:  Ja. Da hatten wir weniger Abstand.
225  Cw:  Hh.
226  Dw:  Viel zu wenig Abstand. ((…))
227       Hier ((bei dem zweiten Brunnen)) haben wir noch irgendwo
228       was, warte, wo war das? Hier und hier ((zeigt auf die beiden
229       Löcher)).
230  Ew:  / Dort oben.
231  Dw:  Das ist mehr Abstand als hier ((zeigt die Löcher des ersten
232       Brunnens)) und dort.
233  Ew:  Die Löcher sind auch tiefer und dann strömt das stärker da
234       raus.
```

In diesen Interakten zeigt sich, dass zwei Faktoren die besondere Aufmerksamkeit der Kinder auf sich ziehen: die Höhe der Löcher einerseits (Interakte 222–223) und deren Abstand zueinander andererseits (Interakte 224, 226, 231). Es zeigt sich, dass die Kinder eigene Begründungszusammenhänge formulieren (Interakte 221–223, 226, 227–228, 231, 233–234), wobei es nicht immer gelingt, die Argumentationen sprachlich klar zu fassen (Interakte 227–228). Entlang von Assoziationen (Interakt 226: »viel zu wenig Abstand«, Interakt 230: »dort oben«, Interakt 231: »das ist mehr Abstand als hier«) gelangen die Mädchen zu der Erkenntnis, dass der Druck mit zunehmender Tiefe ansteigt (Interakte 233–234). Damit beschreiben sie eine wesentliche Eigenschaft des Wasserdrucks.

Fazit und Ausblick: Schnittmenge zwischen Spiel und Erkenntnis

Zur Beurteilung, ob im Rahmen des Settings Erkenntnisprozesse und kindliches Spiel miteinander verschmelzen, wird von dem Schülermodell der Springbrunnen-Rakete (vgl. Lösungen) Ausgang genommen. Diese geht über die vorgegebene Bauanleitung hinaus und verweist auf das Spielmerkmal ästhetischen Gestaltens (K4). Auf der Basis eines solchen Produktes von Erkenntnisprozessen zu sprechen, wäre aber zu weit gegriffen. Wenn Erkenntnis jede Konstruktion des Kindes ist, die sich von einer vorgegebenen Bauanleitung unterscheidet, dann haben wir es bei vielen Spielen mit Erkenntnis zu tun. Deshalb scheint es notwendig, den Blick um Aspekte des Intermediären zu erweitern. Im Intermediären ist das Kind von den Bildern seiner Vorstellungswelt ergriffen (Winnicott 2006/1971; Schäfer 1989; Schiller 1962/1793; vgl. Abschnitt 1.5), z. B. wenn die Schülerinnen den versiegenden Wasserstrahl als »das wird müde« (Interakt 206) beschreiben oder einen ›Wettbewerb‹ zweier Springbrunnenmodelle inszenieren (Interakte 196–207). In diesen Momenten lassen sich Aspekte eines intermediären Spielraumes verorten.

Die spielerischen Augenblicke, zu denen die Schülerinnen gelangen, vermischen sich punktuell mit Erkenntnisprozessen, als die Mädchen mit der Höhe, dem Abstand und der Größe der in der Flasche platzierten Löcher experimentieren und darüber wesentliche Eigenschaften des Wasserdrucks entdecken. Sie erfassen, dass Wasserstrahlen unterschiedlich weit reichen, wenn diese aus verschieden hoch liegenden Löchern hervortreten. Im Vergleich der Strahlen stellen die Kinder fest: Das Wasser strömt aus dem unteren Loch weiter und stärker heraus als aus dem oberen (Interakte 233–234). Als Begründungszusammenhang verweisen sie auf den unterschiedlichen Druck (Interakte 105–106), der mit den Molekülen des Wassers zusammenhänge (Interakte 109–110). In den Interakten zeigt sich, dass die Schülerinnen zunächst meist einsilbig kommunizieren und erst mit zunehmendem Durchdringen des Problems längere Sätze sprechen, eigene Hypothesen formulieren und prüfen. Dabei gelangen sie zur Erkenntnis, dass das Wasser stärker aus dem Loch hervorströmt, wenn der Wasserstand höher ist, und dass der Wasserstand schneller sinkt, wenn das Loch tiefer liegt.

In diesem Fallbeispiel verbinden sich gemäß der Kategorie *alea* (Caillois 1982/1960; vgl. Abschnitt 1.4.2) Momente des Spielens und Erkennens im Hinblick auf das Material- und Experimentierspiel. Die Schülerinnen zeigen Freude am ›In-die-Hand-Nehmen‹. Sie erleben die Kälte des Wassers, was sie in ihrer Hypothese zu »kühlen […] Moleküle[n]« (Interakte 109–110) und deren Bedeutung für den »Druck« (Interakt 111) aufgreifen. Damit ist der Aspekt der Aufmerksamkeit in diesem Fallbeispiel zentral. Mit Bezug auf die Kategorie *agôn* (vgl. Abschnitt 1.4.1) zeigen sich zudem Momente des Chancengebens und Überraschens. Fassbar wird diese Form kindlichen Spielens in der Faszination der Kinder beim Wettbewerb der zwei Springbrunnenmodelle.

Luft: Flugobjekte (Fall 3)

> **Thema:** Flugobjekte und ihr Verhalten
> **Kompetenzerwerb:** Bedeutung des Luftwiderstands für das Flugverhalten von Objekten ergründen
> **Jahrgangsstufe:** 1.–2. Schuljahr
> **Gruppengröße:** 2–3 Schüler
> **Material:** Taschentücher, Federn, Korken, Strohhalme, Büroklammern, Papier, Pappe, Scheren, Klebstoff, Kordel, Draht

Zielsetzungen

Die Schülerinnen und Schüler konstruieren mit dem zur Verfügung stehenden Material Flugobjekte. Diese Objekte können in ihrem Flugverhalten Unterschiede aufweisen, was die Kinder beschreiben und dabei Zusammenhänge zwischen Bauart und Flugverhalten ergründen. Sie sollen implizit verstehen, dass der Fall ihrer Flugobjekte durch Erhöhung des Luftwiderstands verlangsamt wird. Es geht darum, die Flugfähigkeiten der eigenen Konstrukte zu erkunden und in Experimenten zu erproben, inwiefern sich unterschiedliche Materialeigenschaften für den Bau einer Flugvorrichtung nutzen lassen. Ziel ist es, Eigenschaften herauszufinden, die sich für die Verbesserung des Flugverhaltens besonders gut eignen, und solche, die eher hinderlich sind. Im Fokus steht das Erkunden des Luftwiderstands und dessen Bedeutung für das Flugverhalten.

Gesprächsleitfaden »Flugobjekte ergründen«

1. Welche der Materialien könnt ihr nutzen, um ein Flugobjekt zu bauen?
2. Denkt dabei auch an Beispiele aus der Natur, z. B. an Flugsamen von Pflanzen. Was ist das Besondere, dass diese vom Wind getragen werden?
3. Erstellt zu eurem Flugobjekt eine Skizze und baut es mithilfe der Materialien.
4. Erprobt euer Modell!
5. Was sind die Gründe, warum euer Modell besonders gut oder noch nicht so gut fliegen kann?
6. Wie gelingt es, das Modell länger bzw. weiter fliegen zu lassen?

Fachlicher und didaktischer Hintergrund

In der Natur gibt es eine Vielzahl unterschiedlicher Flugrealisationen. Adler oder Bussarde segeln mit ausgebreiteten Flügeln in der aufsteigenden warmen Luft. Manche Singvögel (z. B. Amsel) fliegen in einer ständigen Auf- und Abbewegung. Sie schlagen mit ihren Flügeln, um ein Stück aufzusteigen. Danach legen sie ihre Flügel am Körper an und sinken nach unten. Hingegen bewegen fliegende Insekten ihre Flügel in einer solchen Geschwindigkeit auf und ab, dass die Flügel kaum mehr gesehen werden können (Köster & Nordmeier 2006). Neben dem Flugverhalten von Tieren sind pflanzliche Flugsamen ein gutes Anschauungsobjekt zur Konstruktion eigener Flieger. Ein Großteil der Pflanzensamen ist so gebaut, dass sie vom Wind getragen werden, bevor sie zu Boden sinken. Manche Samen (z. B. Linde) weisen besondere Flugeigenschaften auf; sie fallen kreiselnd zu Boden. Auch Kiefer und Lärche produzieren Propellerflieger, wohingegen die Pappel kleine Haarschirme besitzt (Dulitz 2006). Zu den Haar- oder Schirmfliegern gehört ebenso der Löwenzahn. Bei ihm ist der Samen mit einem Stiel verbunden, an dessen oberen Ende sich eine Art Schirm befindet. Dieser ermöglicht, dass bei entsprechenden Windverhältnissen der Samen weit fliegt. Indes zählen die Samen der

Birke, Ulme und Erle zu den Gleit- und Segelfliegern. Sie segeln in weiten Bögen zu Boden (Dulitz 2006).

Alle diese Flugobjekte funktionieren nach demselben physikalischen Prinzip. Die Schwerkraft der Erde bewirkt, dass die Objekte in Richtung des Bodens gezogen werden. Sollen sie längerfristig in der Luft bleiben, müssen die Flugobjekte die Erdanziehungskraft überwinden oder diese zumindest verlangsamen. Mögliche Lösungen bietet die Natur in vielfältiger Weise, die vom Menschen aufgegriffen und beim Bau von z. B. Segelfliegern auf ihre Bedürfnisse übertragen wurden. Im Rahmen des Settings sollen solche Strategien zum Fliegen und Gleiten von den Schülerinnen und Schülern nachempfunden werden. Sie sollen realisieren, worauf es bei der Konstruktion ihrer Flugobjekte ankommt: auf die Leichtigkeit der Bauweise.

Lösungen (Schülerprodukte)

Ausgewählte Schülermodelle, die in den Klassen 1a, 1b, 2b und 2c (Schule L) entstanden sind, werden im Hinblick auf die verwendeten Materialien und Konstruktionsweisen beschrieben. Zusätzlich wird ein Vergleich mit Flugrealisationen in der Natur bzw. Umwelt vorgenommen. Dabei werden Übereinstimmungen mit Merkmalen von Pflanzensamen und fliegenden Tieren, aber auch Bezüge zur Luftfahrt herausgearbeitet. Entsprechend gliedert sich die nachfolgende Übersicht in Flugrealisationen der Tierwelt, Pflanzenwelt und Luftfahrt. Folgende Fragestellung wird hierdurch evoziert: Welche Aspekte der äußeren Welt finden sich in den Modellen der Kinder wieder und in welchen Merkmalen gehen die Schülerkonstrukte über die Objekte der Außenwelt hinaus?

Flugkonstrukte in Anlehnung an die Tierwelt

Das Flugobjekt einer Schülergruppe (Mädchen: 7,3 Jahre; zwei Jungen: 7,1 und 7,7 Jahre) ähnelt einem fliegenden Vogel. Zwei nach unten hängende Federn symbolisieren den Abschlag der Flügel. Die Büroklammer, die am vorderen Ende des Strohhalms befestigt ist, könnte Kopf oder Schnabel darstellen. Ebenso wie ein echter Vogel besitzt das Flugobjekt der Kinder einen Schwanz, der aus Federn besteht. Die bunte Farbgebung im Schülermodell ist ein markanter Unterschied im Vergleich zu realen heimischen Zugvögeln. Farblich lässt sich das Konstrukt eher mit einem Kakadu vergleichen. Das Flugmodell von drei Jungen (7,0; 7,3; 8,0 Jahre) ähnelt sowohl hinsichtlich der Farbwahl als auch Anordnung der Federn einem Pfau. Die gelbe Büroklammer könnte den Schnabel und der Strohhalm den Körper des Tieres darstellen. Die bunten Federn am Ende des Strohhalmes mögen das aufgeplusterte Federkleid symbolisieren, wenngleich die für den Pfau typischen ›Augen‹ darauf fehlen. Eine andere Schülergruppe (Mädchen: 8,0 Jahre; zwei Jungen: 8,3; 8,6 Jahre) erstellt ein Flugobjekt aus Federn, Strohhalmen und einem Korken. An dem einen Ende des Korkens befestigen die Kinder eine lange Feder, die einen Schwanz skizzieren könnte. An dem anderen Ende fixieren sie zwei kleinere Federn, die leicht nach oben gebogen sind. Da der Wellensittich einen ähnlichen Körperbau aufweist, liegt der Vergleich mit diesem Vogel nahe.

Flugobjekte als Pflanzensamen

Das aus Federn und zwei kreuzförmig miteinander verbundenen Strohhalmen bestehende Gebilde einer Schülergruppe (drei Jungen: 7,7; 7,9 und 8,1 Jahre) gleicht dem Samen einer Löwenzahnblüte. An den Enden der Strohhalme sowie in der Mitte des Flugobjektes wurde jeweils eine Feder befestigt, was dem Aufbau des Löwenzahnsamens entspricht. Allerdings fehlt dem Objekt der Stiel, an dem sich der Samen befindet. Dieselbe Schülergruppe erstellt ein zweites Modell, das ebenso dem Flugsamen der Löwenzahnblüte ähnelt. Es besteht aus einem Taschentuch mit einem daran befestigten Korken, in den ein spiralförmig gedrehter Draht gesteckt wurde. Während das Taschentuch das Schirmchen darstellt, symbolisiert die Spirale den Stiel. Das Modell der Kinder gleicht nicht nur den Schirmfliegern der Pflanzensamen, sondern im Wesentlichen auch einem Fallschirm. In einem dritten Modell verwendet die Gruppe ein Blatt Papier als Flügel, auf das sie einen Korken klebt. An den Korken hängen die Kinder mehrere Büroklammern. Dieser Aufbau erinnert an den Flugsamen der Linde, der aus einem Tragblatt besteht, an dem kleine Nüsschen hängen. Von dem realen Flugsamen unterscheidet sich das Schülermodell durch seine farbliche Gestaltung. Zur Herstellung eines Flugobjektes verwendet eine Kindergruppe (Mädchen: 8,0 Jahre; zwei Jungen: 8,3; 8,6 Jahre) einen Korken sowie zwei Federn. Das hieraus gebastelte Modell gleicht in markanten Merkmalen einem Schraubenflieger. Implizit hat die Schülergruppe verstanden, dass der Propellerflieger unter Drehbewegungen langsamer zum Boden sinkt, da seine Flügel in der Luft Widerstand und Auftrieb finden. Zwar entspricht das von den Kindern entworfene Modell nicht detailgenau dem Aufbau eines Schraubenfliegers, aber es werden grundlegende Eigenschaften nachempfunden.

Flugrealisationen aus dem Luftfahrtraum

Das aus einem Papier, einem Taschentuch und bunten Federn gestaltete Konstrukt dreier Jungen (7,0; 7,3; 8,0 Jahre) stellt ein Flugzeug dar. Die Tragfläche, die aus dem Taschentuch besteht, ist deutlich breiter als die eines echten Flugzeugs. Auch verläuft die aus Papier geformte Spitze des Modellfliegers weniger aerodynamisch. Der Flugzeugrumpf wird mit einer gelben Feder rekonstruiert und die Triebwerke werden aus bunten Federn gefertigt. Ein anderes Flugobjekt ähnelt mit seinen aus Federn und Strohhalmen gebastelten Rotorblättern einem Hubschrauber. Mithilfe von Taschentüchern, Büroklammern, Federn sowie eines Bindfadens haben drei Jungen (7,4; 7,6; 8,1 Jahre) eine Transportkabine gebaut; allerdings fehlen dem gebastelten Hubschrauber tragfähige Standbeine. Das Flugobjekt einer anderen Kindergruppe (zwei Mädchen: 7,3; 7,6 Jahre; Junge: 7,5 Jahre) könnte einen sogenannten Doppeldecker darstellen. Zwar entspricht die Anordnung der Federn nicht exakt den Tragflächen realer Doppeldecker, dennoch hat die Schülergruppe grundlegende Merkmale rekonstruiert. So befindet sich beispielsweise ein Propeller an der Spitze ihres Flugmodells. Der Bindfaden könnte den Körper des Flugzeugs symbolisieren. Im Vergleich mit realen Doppeldeckern fehlen in der gebastelten Variante die Räder.

Weiterführende Flugkonstruktionen

Eine Schülergruppe (Mädchen: 8,0 Jahre; zwei Jungen: 8,3; 8,6 Jahre) hat mit einem Strohhalm und zwei an seinen Enden befestigten Federn ein Modell gefertigt, dem gleich mehrere Bedeutungen zugeordnet werden können. Es ergeben sich Assoziationen mit einem Stab, den Tänzerinnen bei Gardeauftritten verwenden, aber auch mit einem Pfeil, der mit Federn verziert wurde. In vertikaler Position betrachtet ähnelt das Flugobjekt dem Samen der Löwenzahnblüte. Auch ein weiteres Schülermodell (drei Jungen: 7,4; 7,6; 8,1 Jahre) könnte den Schirm eines Löwenzahnsamens darstellen, bei dem Federn den Schirm rekonstruieren und ein Taschentuch die Basis bildet. Denkbar wäre ebenso, dass das Schülermodell die Tragfläche eines Gleitschirms darstellt, die mit Federn verziert wurde. Im Überblick aller von den Schülerinnen und Schülern angefertigter Modelle zeigt sich, dass grundlegende Aspekte von in der Tierwelt, Pflanzenwelt und im Luftverkehr vorhandener Flugobjekte von den Kindern nachempfunden wurden. Zu welchen Erkenntnissen die Kinder dabei gelangen und inwieweit dies mit spielerischen Impulsen einhergeht, wird anhand eines Transkriptes aus dem ersten Schuljahr dargestellt.

Spielerische Erkenntnisprozesse (Transkript Nr. 3)

Fm (7,1 Jahre; ohne Migrationshintergrund), Gw (7,3 Jahre; ohne Migrationshintergrund) und Hm (7,7 Jahre; türkischer Migrationshintergrund) der Klasse 1a (Schule L) erstellen ein Flugobjekt, das aus einem Strohhalm, mehreren Federn sowie einer Büroklammer besteht, welche die Kinder derart zusammenfügen, dass das Produkt einem fliegenden Vogel ähnelt. Die Interakte 7 bis 13 zeigen, dass Fm bereits Vorkenntnisse in Bezug auf den Aufbau eines Flugsamens (Interakt 10: »Fallschirmchen«; Interakt 12: »Stiel«) sowie dessen Flugmechanismen (Interakte 13–14: »wird das hoch gehoben«; Interakt 14: »weil der Wind dagegen fliegt«) hat. Anhand der Formulierungen »so welche« (Interakt 11) und »hier neben welche« (Interakt 13) zeigt sich, dass der Schüler nach sprachlich passenden Erklärungen sucht. Auch sein Stottern (Interakte 10–11) und seine Handbewegungen (Interakte 11–12) machen deutlich, dass ihm das Verbalisieren der erkannten Zusammenhänge schwer fällt. Für seine Mitschüler sind seine Beschreibungen (Interakt 11: »da hängen so welche dran«) letztlich nur anhand seiner Gesten nachvollziehbar. Damit zeigt sich die besondere Bedeutung der nonverbalen Darstellungsform für den Austausch über fachliche Zusammenhänge, wenn die zugrunde liegenden Fachbegriffe nicht allen Gruppenmitgliedern bekannt sind (Interakte 10–14).

7	Fm:	Löwenzahn.
8	L:	Mh, was ist denn das Besondere von Flugsamen, dass die
9		vom Wind getragen werden können? Überlegt mal.
10	Fm:	Weil die Fallschirmchen sind, wie Fallschirmchen. Das sind,
11		sind da, da hängen so welche dran ((gestikuliert mit den Hän-
12		den)). Guck, hier ((zeigt auf seinen Zeigefinger)) ist der Stiel,
13		dann gucken hier neben welche raus, dann wird das hoch ge-
14		hoben. Dann heben die ab, weil der Wind dagegen fliegt.

Spielerische Nuancen entwickeln sich im Gedankenaustausch der Interakte 21 bis 46, in denen die Kinder ihre Stimmen absenken und sich weitestgehend flüsternd austauschen. Nacheinander ziehen sie eine Feder aus dem zur Verfügung stehenden Materialfundus (Interakte 28, 30, 32, 33, 34, 36). Hierfür legen sie eine Reihenfolge fest, die im ersten Durchgang von Fm vorgegeben wird (Interakte 28–32). In der zweiten Runde wiederholen die Kinder das Ziehen der Federn in derselben Reihenfolge, ohne dies zu verbalisieren (Interakte 33–36). Damit greift die Gruppe die von Fm vorgegebenen ›Regeln‹ auf. Dennoch ist die zweite Spielrunde nicht wie die erste; Gw reicht die von ihr gezogene Feder an Hm weiter, wodurch dieser mehr Federn als die anderen Kinder hat. Als Gw dies bemerkt, nimmt sie Hm die Feder wieder weg (Interakte 40–41). Zu vermuten ist, dass die ungleiche Verteilung der Federn nicht zu Gws Vorstellung vom ›Spiel‹ passt. Und noch eine zweite Perspektive scheint für den ›Spielablauf‹ von Bedeutung: die ästhetische Dimension (K4). So fragt Gw:» Welche Farbe?« (Interakt 43), worauf Fm antwortet: »Vielleicht die hier? Jetzt haben wir alle Farben fast gemischt« (Interakte 44–45). Letztere Aussage macht deutlich, dass die Kinder selbstständig Regeln für ihr ›Spiel‹ entwickeln.

28	Fm:	((greift eine rote Feder)). Jetzt kannst du ((zu Hm)) dir eine
29		((Feder aussuchen)).
30	Hm:	((nimmt eine grüne Feder)).
31	Fm:	Und jetzt C.
32	Gw:	((wählt eine rosa Feder aus)).
33	Fm:	((sucht sich erneut eine Feder aus)).
34	Hm:	((sucht sich ebenfalls eine Feder aus und wirbelt mit dieser
35		umher, da eine weitere an ihr klebt)).
36	Gw:	((nimmt eine mintgrüne Feder)).
37		((unverständliche Äußerung))
38		((gibt Hm ihre mintgrüne Feder)). Jetzt hast du zwei ((zu Fm))
39		und du ((zu Hm)), ja ((bemerkt, dass Hm eine Feder mehr hat
40		als Fm und nimmt die mintgrüne Feder dem Jungen wieder
41		weg)).

Die Aufforderung, eine Skizze des assoziierten Flugobjektes zu erstellen (Interakte 47–48), veranlasst Gw und Fm dazu, sich über ihre Bauideen auszutauschen. Dies geschieht zunächst flüsternd (Interakte 50–57), was auf das Geheimnisvolle des kindlichen Spiels verweist. Die Assoziationen der Kinder pendeln zwischen eher spaßhaften Bemerkungen (Interakte 56–57, 65) und erkenntnisbezogenem Tun (Interakte 59–63: Planen des Modells; Interakte 64–65: Vergleichen mit bekannten Objekten). Dabei zeigt sich, dass das Zeichnen der Skizze und das Bauen des Modells parallel verlaufen. So wird z. B. der Vorschlag, eine Büroklammer in das Konstrukt einzufügen (Interakt 63), zunächst zeichnerisch fixiert und schließlich am Flugmodell umgesetzt (Interakt 71).

Wesentlich sind neben ästhetischen Aspekten (Interakt 72: »Vielleicht weiß?«) auch statische Überlegungen (Interakt 75: »So hält das«). Die Schwierigkeit, die eigenen Assoziationen zutreffend zu formulieren, zeigt sich mehrfach (Interakte 59–60, 62, 66–67, 74–75).

```
62   Fm:    Oder wir können, oder wir können da ((zeigt auf das Papier))
63          noch eine Klammer reinmachen und hier ((zeigt aufs Papier))
64          dann so Federn hin. Dann ist es ein Fallschirm.
65   Gw:    Ja. Wir können da einfach so Striche hinmalen.
66   Fm:    ((malt Striche)). Hier, dann können wir auch so malen. Und
67          hier kommt dann ((betrachtet sich die Feder und zeichnet die-
68          se)).
69          ((unverständliche Äußerung))
70          ((legt den Stift weg und zieht das Blatt etwas näher an sich
71          heran)). Wollen wir weiße ((Büroklammern)) nehmen ((greift
72          eine Büroklammer))? Vielleicht weiß? Hier muss das doch ge-
73          hen ((versucht die Klammer an der Feder zu befestigen)).
74          Nee, da ((befestigt die Klammer)). Weißt du, und jetzt hier
75          oben ((will die Feder in den Strohhalm stecken)). So hält das.
```

Spielerische Impulse sind in den bisherigen Interakten lediglich implizit zu vermuten, z. B. als ein Konstituieren eigener Regeln (Interakte 28–41) oder als eine Abgrenzung gegenüber dem eigentlichen Unterrichtsgeschehen (Interakte 21–27, 50–57). Sichtbare Kennzeichen spielerischer Tätigkeit treten erst beim Erproben des Flugobjektes in Erscheinung (Interakte 92–105). Hier zeigt sich ein spaßhaft-fröhliches Tun. Die Kinder lachen (Interakte 94, 96, 105) und gehen Aktivitäten nach, die sich durch die Freude an der Sache selbst auszeichnen (Interakte 92–93, 95, 97–98). So wirft Gw das Flugobjekt Fm zu, der es zu ihr zurückwirft. Dieses Hin und Her wiederholen die Kinder in den Interakten 95 bis 104 insgesamt siebenmal. Dabei zeigt sich eine Form des Erprobens der Flugeigenschaften, wenn die Kinder ihr Flugobjekt einmal senkrecht in die Luft werfen (Interakte 92–93), ein anderes Mal horizontal (Interakte 95–98) und schließlich in höherem Bogen (Interakt 100).

```
 97  Fm:    He Flugzeug, hui ((wirft das Objekt zurück)).
 98  Gw:    Hui ((wirft es erneut zu Fm)).
 99  L:     Was sind denn ...
100  Fm:    / Oben drüber ((wirft es zu Gw)).
101  L:     Was sind denn die Gründe dafür, warum es fliegt?
102  Gw:    / Hui ((wirft es zu Fm)).
103  Fm:    ((wirft es zu Gw)).
104  Hm:    ((wirft das Flugobjekt in höherem Bogen)).
105  Alle:  ((lachen)).
106  L:     OK, setzt euch mal kurz hin, wieder. Was meint ihr, was ist
107         der Grund oder warum fliegt das gut? Oder vielleicht nicht so
108         gut? Fandet ihr's schon gut?
109  Fm:    ((nickt mit dem Kopf)).
110  Hm:    Ja.
```

Die voranstehenden Interakte geben den Anschein, als wären die Kinder derart in ihrer Aktivität versunken, dass sie die Impulse der anleitenden Person (Interakte 99, 101) nicht wahrnehmen (Interakte 100, 102–105). Dies verweist auf das Merkmal des Vertieftseins im Spiel (K5). Gemäß der Ausführungen des Theorieteils ist davon auszugehen, dass das spielende Kind in seiner Tätigkeit versinkt, sich in einem Zustand gleichzeitiger Nähe und Zurückgezogenheit bewegt (vgl. Abschnitt 1.5). Das Transkript zeigt jedoch, dass sich ein solches Moment des Versunkenseins nicht entwickeln kann, da die anleitende Person durch ihr mehrfaches Nachfragen (Interakte 99, 101, 106–108) den spielerischen Augenblick des stimmlichen Nachahmens von Geräuschen eines Flugobjektes (Interakte 98, 102) unterbindet und zur eingangs formulierten Problemstellung zurückführt (Interakte 109–110, 112–146).

```
145  Gw:    Oder wir müssen da noch zwei Federn dran machen ((zeich-
146         net diese in die Skizze und grinst)).
147  Fm:    ((lacht los)).
148  Alle:  ((lachen)).
149  Gw:    ((nimmt das Flugobjekt in die Hand)). Es ((unverständliche
150         Äußerung)), ein Vogel ((bewegt das Objekt hin und her)).
151  Alle:  ((lachen)).
152  Gw:    Das sind die Flügel ((zeigt auf die seitlichen Federn)), das ist
153         der Kopf ((zeigt auf die vorderen Federn)) und hier ((zeigt
154         nochmals auf die vorderen Federn)) ist der Schnabel ((bewegt
155         das Objekt)).
```

Wenn man im Rahmen dieser Interaktion von kindlichem Spiel sprechen möchte, so zeigt sich dieses vor allem in der schöpferischen Entfaltung (K2) und im ästhetischen Phänomen (K4). Momente des Spiels werden sichtbar als spaßhaftes Geschehen, wenn z. B. Gw beim Zeichnen einer Feder zu lachen beginnt (Interakte 145–146) und ihre Partner einstimmen (Interakte 147–148). Der Grund für die Begeisterung ergibt sich aus den Assoziationen von Gw, die im Modell einen »Vogel« (Interakt 150) mit »Flügel«, »Kopf« und »Schnabel« (Interakte 152–154) erkennt. Damit mischen sich unter die spielerischen Impulse erkenntnisbezogene Momente, indem in der Natur befindliche Formen und Strukturen am eigenen Modell identifiziert werden. Die Kinder lachen in dieser Phase mehrmals (Interakte 147, 148, 151, 156), während sie ihr Flugobjekt hin- und herbewegen (Interakte 150, 154–155). Dies legt die Vermutung nahe, dass in diesen Interakten spielerische Augenblicke stattfinden und die Schülergruppe Spaß an ihrer Tätigkeit findet.

```
160  Gw:    ((wirft das Flugobjekt. Es landet auf dem Kopf von Fm, fällt
161         dann aber auf den Boden)).
162  Alle:  ((lachen)).
163  Fm:    Ui, dann, jetzt so. Macht aber nix. Ui ((wirft es zu Gw)).
164  Gw:    ((fängt das Flugobjekt auf)).
165  Fm:    Ui, wie cool.
166  Gw:    Ui ((wirft es Richtung Fm, doch es fällt auf den Boden)).
167  Fm:    Ui, doller ((hebt das Flugobjekt vom Boden auf. Der Strohhalm
168         ist gebrochen)). Soll es mal so ((verkehrt herum)) fliegen?
```

Spielerische Momente äußern sich durch lautes Lachen und Rufen (Interakte 162, 171) sowie durch Nachahmen von Geräuschen eines Flugobjektes (Interakte 163, 165, 166, 167). Das »Hui« der Interakte 98 und 102 wird in den Interakten 163 bis 167 durch ein »Ui« ersetzt, was die Schülergruppe insgesamt fünfmal wiederholt.

Dass für die Kinder hiermit Freude einhergeht, wird nicht nur auf akustischer, sondern auch auf visueller Ebene erkennbar, als Gw und Fm sich ihr Flugobjekt mehrmals zuwerfen. Dabei landet es einmal auf dem Kopf von Fm (Interakt 160), ein andermal gelingt es Gw, das Objekt zu fangen (Interakt 164) und schließlich zerbricht der Strohhalm, als das Konstrukt auf den Boden fällt (Interakte 167–168). Dieses spielerische Hin und Her scheint langsam zu beginnen und wird immer intensiver, was Fm auch verbal äußert: »Ui, wie cool« (Interakt 165) und »ui, doller« (Interakt 167). Das Zerbrechen des Strohhalms bringt die Kinder auf eine neue Idee: »Soll es mal so [verkehrt herum] fliegen?« (Interakt 168). In diesem Vorschlag zeigt sich ein experimenteller Ansatz, entspringend aus spielerischen Momenten.

176	Gw:	((hält das Flugobjekt hoch und dreht es)). Das ist ein Vogel
177		jetzt ((lacht)).
178	Fm:	Ja, gerade sein Flügel zusammengeschnappt.
179	Gw:	((lacht)).
180	L:	Gut.
181	Fm:	((hält das Flugobjekt)). Weil dann gingen da die Luft, gingen
182		da. Weil unten, weil unten kommt ja die warme Luft. Guck
183		hier, C. ((zeigt das Flugobjekt)), die hier sind erst so ((biegt
184		die seitlichen Federn leicht nach unten)) und ich lass sie jetzt
185		mal in der Luft runterfliegen. Gehen von der Luft hoch ((Flug-
186		objekt landet auf dem Boden. Die Federn stehen nicht mehr
187		so schön)).
188	Gw:	((lacht)).

Die spielerischen Augenblicke vermischen sich mit dem Überprüfen der Flugeigenschaften des Konstruktes (Interakte 176, 185–187, 189–190, 193–194) sowie dem Formulieren von Begründungszusammenhängen für das Flugverhalten (Interakte 181–185). Fm gelangt zu der Erkenntnis, dass das Flugobjekt in der Luft Widerstand und Auftrieb findet. Dies zu verbalisieren, fällt dem Jungen schwer, wie die Interakte 181 und 182 zeigen. Wie bereits in den Interakten 10, 11 und 62 ist bei ihm eine Art Stottern zu bemerken, was veranschaulicht, dass das Kind Schwierigkeiten hat, seine Assoziationen verbal zu fassen. Es zeigt sich, dass ihm beim Demonstrieren am eigenen Objekt das Erklären flüssiger gelingt (Interakte 183–185) und er bringt zum Ausdruck, dass Flugobjekte in Luftmoleküle eingebettet sind; wörtlich spricht Fm von »in der Luft runterfliegen« (Interakt 185). Damit verweist er darauf, dass die Federn eine Angriffsfläche für den Widerstand bieten, den die Luftmoleküle dem Objekt entgegensetzen. Hierdurch gehen die Federn, gemäß des Bildes von Fm, »von der Luft hoch« (Interakt 185). Solche Aussagen lassen erkennen, dass das spielerische Herumalbern unmittelbar in Erkenntnisprozesse übergehen kann. Spielerische Momente zeigen sich, als Fm scherzhaft formuliert: »Ja, gerade sein Flügel zusammengeschnappt« (Interakt 178) und damit das innere Bild seiner Vorstellungswelt (ein Strohhalm als Flügel) mit der äußeren Realität (der gebrochene Strohhalm) verknüpft. Zudem tritt das spielerische ›So tun, als ob‹ in Erscheinung, als Gw das Werfen des Flugobjektes mit einem »Hui« (Interakt 194) begleitet. Interakt 195 (Hm schaut distanziert zu) zeigt jedoch, dass nicht jedes Mitglied einer Arbeitsgruppe in eine sogenannte Spielbewegung geraten muss.

Fazit und Ausblick: Schnittmenge zwischen Spiel und Erkenntnis

Im Fallbeispiel zeigen sich vielfache Verknüpfungen zwischen spielerischen Augenblicken und erkenntnisorientiertem Tun. Dies äußert sich in den Merkmalen der schöpferischen Entfaltung (K2), des kulturellen Erlebens (K3) und ästhetischen Gestaltens (K4). Es wird deutlich, dass die Schülergruppe ihnen bekannte Bilder in neuen Kontexten nutzt (Interakte 10–14, 62–64) und mit ihren Assoziationen spielt (Interakte 97, 150, 152–154, 176–177). In keiner Phase der Interaktion sind die Kinder reproduktiv tätig; sie entwickeln und überprüfen eigene Ideen und gelangen darüber zu Erkenntnissen. Beispielsweise erfassen sie, dass ihr Flugobjekt besser fliegt, wenn es horizontal (Interakt 95) und in hohem Bogen (Interakt 104) geworfen wird, und dass es schlechter von der Luft getragen wird, wenn sie es senkrecht nach oben (Interakte 92–93) oder verkehrt herum (Interakt 170) werfen. Letztere Varianten erproben die Kinder nur einmalig und verwerfen diese direkt, nachdem sie die schlechteren Flugeigenschaften am Modell feststellen konnten. Damit einhergehende Erkenntnisprozesse verlaufen zunächst implizit (Interakte 92–110, 160–171), werden erst zum Ausgang der Interaktion in Bezug auf Zusammenhänge zum Widerstand und Auftrieb durch Luft (Interakte 183–185) sowie zu Aspekten der Thermik (Interakte 181–182) explizit formuliert. Zwar entsprechen die Erklärungsversuche der Kinder nicht vollständig den zugrunde liegenden physikalischen Mechanismen; sie erläutern aber in zentralen Merkmalen die Bedeutung des Luftwiderstands für das Flugverhalten von Objekten.

Im Fallbeispiel zeigt sich die Verknüpfung von Erkenntnisprozessen und spielerischen Impulsen anhand des Merkmals der Scheinhaftigkeit (K3). Auf der Basis des Datenmaterials lässt sich dieses Merkmal in weitere Teilaspekte untergliedern. Erstens zeigt sich eine material-fantasiebezogene Ebene beim (Um)Deuten der Objekte (Federn, Strohhalm, Büroklammer) als »Fallschirm« (Interakt 64), »Flügel« (Interakt 152), »Kopf« (Interakt 153) oder »Schnabel« (Interakt 154). Zweitens ist ein handlungsbezogenes Moment beim Hin- und Herbewegen bzw. -werfen des Flugobjektes (Interakte 92–104, 150, 160–171, 176–194) zu erkennen, was zumeist gepaart ist mit, drittens, der verbalen Ebene, wenn die Kinder mittels stimmlicher Laute die Fluggeräusche ihres Konstruktes imitieren (Interakte 98–102, 163–167, 194) oder lachen bzw. laut rufen (Interakte 96, 162, 171). Es macht den Anschein, als wäre in diesen Situationen eine Form des ›Quatschmachens‹ dominant, aber auch die Freude am Ausprobieren. Hingegen sind die Kinder in anderen Phasen auffallend ruhig, fast in sich gekehrt. Sie tauschen sich flüsternd aus, was vor allem für Gw und Fm zutrifft, wodurch Hm phasenweise aus der Interaktion ausgegrenzt wird (Interakte 21–27, 50–53). Diese Art der Kommunikation mit dem Merkmal des Versunkenseins im Spiel (K5) gleichsetzen zu wollen, wäre zu weit gegriffen, nicht zuletzt vor dem Hintergrund, dass derartige Phasen des Tuschelns und In-sich-gekehrten-Arbeitens im vorliegenden Transkript nur äußerst kurz andauern (Interakte 21–24, 50–53).

In diesem Fallbeispiel zeigt sich eine Form spielerischer Konstruktionsarbeit, die in den voranstehenden Fällen noch nicht sichtbar wurde. Dies ist das Definieren eigener Spielregeln, was als neue Unterkategorie dem Merkmal des kulturellen Erlebens (K3) zuzuordnen ist. Im Transkript wird dies u. a. dadurch erkennbar, dass die Kinder für ihre spielerischen Aktivitäten eigene Regeln konstituieren (Interakte 21–46). Als ein weiteres, bislang nicht benanntes Merkmal spielerischer Augenblicke im Sachunterricht zeigt sich gemäß der Kategorie *ilinx* (Caillois 1982/ 1960; vgl. Abschnitt 1.4.4) das Subspiel. Dieses manifestiert sich zuvorderst darin, dass die Kinder ausgelassen, phasenweise sogar albern erscheinen. Sie werfen ihr Flugobjekt durch die Luft, rufen und lachen hierbei, und nehmen in Kauf, dass das Konstrukt beim Herumalbern kaputt geht (Interakte 167–168). Wie in keiner zuvor benannten Form spielerischer Konstruktionsarbeit zeigt sich im Subspiel der Gegenwartsbezug des kindlichen Spiels. Kaum ist der Strohhalm in der Mitte gebrochen, entwickeln die Kinder eine Modifikation ihres Spiels. Sie werfen sich ihr Flugobjekt verkehrt herum zu (Interakt 168) und geben dem Konstrukt eine neue Bedeutung (Interakt 178).

Mit Blick auf die einzelnen Mitglieder der Schülergruppe zeigt sich, dass zwei Kinder (Gw und Fm) in eine Art Spielbewegung – sowohl auf verbaler als auch auf handlungsbezogener Ebene – gelangen. Das dritte Mitglied der Gruppe (Hm), das unter denselben materialen Bedingungen an der Aufgabenstellung arbeitet, gerät in keine sogenannte spielerische Hin- und Herbewegung. Eher distanziert beobachtet der Junge die spielerischen Aktivitäten der Partner. Verschiedene Gründe können hierfür ausschlaggebend sein. Erstens: Aufgrund der Form der Kommunikation, die Gw und Fm miteinander pflegen, kann davon ausgegangen werden, dass sie miteinander befreundet sind, wohingegen Hm ausgegrenzt zu sein scheint. Auf jeden Fall harmonieren Gw und Fm in der Zusammenarbeit sehr gut, scheinen sich in der Situation wohlzufühlen. Das Zulassen spielerischer Aktivität könnte somit ein ›Geborgen- und Aufgenommensein‹ in der Gruppe erforderlich machen. Zweitens: In der Schülergruppe ist vor allem das Spaßspiel dominant, wohingegen andere Formen spielerischer Aktivität, z. B. das Rollenspiel, nicht in Erscheinung treten. Es kann nicht ausgeschlossen werden, dass Hm zu anderen Formen des Spiels eher eine Affinität besitzt als zum Subspiel. Drittens: Inwiefern der Migrationshintergrund des Schülers für seine ablehnende Haltung gegenüber den spielerischen Aktivitäten der Partner von Belang ist, lässt sich auf der Grundlage der vorliegenden Daten nicht beurteilen.

4.4.2 Settings zur technischen Umwelt

Das Inhaltsfeld »Technik« berührt die »Kenntnis von grundlegenden technischen Errungenschaften« sowie das Erproben und Anwenden technischer Wirkungsweisen. Ziel sind die Entwicklung von technischem Verständnis und das »Erkennen technischer Zusammenhänge« (Hessisches Kultusministerium 2010: 20). Dies umfasst im Kompetenzbereich »Bewertung«, dass die Lernenden »technische Sachverhalte und Zusammenhänge benennen und hinterfragen« (Hessisches Kultusministerium 2010: 18), und im Kompetenzbereich »Erkenntnisgewinnung«, dass sie »Vermutungen anstellen«, »Fragen formulieren« und »Lösungsansätze finden« (Hessisches Kultusministerium 2010: 17). Gemäß dieser Vorgaben werden für die empirische Erhebung drei Settings zur technischen Umwelt konzipiert. Setting 1 greift im Feld Transport- und Verkehrswesen das Beispiel der Ballonrakete auf. Setting 2 bezieht sich auf stabile Möglichkeiten für den Brückenbau und im Setting 3 gehen die Kinder mittels eines Fadentelefons dem Prinzip der Schallübertragung nach. Im Zentrum aller drei Settings steht das Lösen einfacher technischer Probleme. Das Experiment zur Ballonrakete kommt in den Klassen 2a, 2c und 3c (Schule L) zur Umsetzung, der Brückenbau in der Klasse 2c (Schule A) und das Experiment zum Fadentelefon in den Klassen 1a und 1b (Schule L).

Transport und Verkehrswesen: Ballonrakete (Fall 4)

> **Thema:** Brems- und Antriebskraft
> **Kompetenzerwerb:** Ballonrakete bauen und ihre Funktionsweisen erproben
> **Jahrgangsstufe:** 2.–3. Schuljahr
> **Gruppengröße:** 3–4 Schüler
> **Material:** Papprollen, Strohhalme, Luftballons, Kordel, Klebestreifen, Scheren, Wäsche- und Büroklammern, Korken, Streichhölzer, Schwämme

Zielsetzungen

In diesem Setting beschäftigen sich die Schülerinnen und Schüler mit dem Phänomen des Vortriebs. Sie sollen erkennen, dass eine Rakete etwas ausstoßen muss, um sich vorwärts bewegen zu können. Dafür ist Druck notwendig, der durch ausströmende Luft erzeugt wird. Beim selbsttätigen Erproben erfahren die Kinder, dass die Ballonrakete ohne zusätzliches Gewicht weiter fliegt als mit einer extra Last. Durch die Spannung, die die Luft aus dem Ballon herausströmen lässt, entsteht eine Kraft, welche ihrerseits eine Gegenkraft hervorruft. Diese Gegenkraft treibt die Ballonrakete an. Vor diesem Hintergrund sollen die Kinder erfassen, dass der Ballon erst durch eine einwirkende Kraft in Bewegung versetzt wird und es von dieser Kraft abhängt, wie stark die Ballonrakete beschleunigt wird. So finden die Kinder im Experiment heraus, wie bestimmte Kräfte eine Ballonrakete an einer Schnur entlang fliegen lassen und was es den Kräften erschwert, einen Vortrieb zu erzeugen.

> **Gesprächsleitfaden »Lastentransport mit einer Ballonrakete«**
>
> 1. Überlegt, wie man einen Gegenstand bewegen kann, ohne ihn anzustoßen. Welche Möglichkeiten fallen euch ein?
> 2. Wie könnt ihr aus den Materialien eine Ballonrakete erstellen?
> 3. Sucht euch zwei Punkte, an denen ihr die Schnur befestigt.
> 4. Den Luftballon könnt ihr mit einer Wäscheklammer verschließen und mit Klebestreifen an eurer Rakete befestigen. Startet eure Rakete, indem ihr die Klammer entfernt.
> 5. Probiert aus, wie ihr mit eurer Rakete Gegenstände transportieren könnt.
> 6. Wie viele Gewichte kann eure Rakete tragen, bevor sie sich nicht mehr vorwärts bewegt? Wie bekommt ihr sie wieder zum Fliegen?

Fachlicher und didaktischer Hintergrund

Die Lernumgebung ermöglicht die Auseinandersetzung mit den Prinzipien der Brems- und Antriebskraft. Diesen Gesetzen gehen die Kinder am Beispiel der Ballonrakete nach, indem sie am eigenen Modell erproben, wie Kräfte einen Gegenstand in Bewegung versetzen können. Aus alltäglichen Situationen ist ihnen bewusst, dass sich ein Objekt durch Drücken oder Ziehen bewegen lässt. Im Rahmen des Settings wird geprüft, wie es gelingen kann, einen Gegenstand zu beschleunigen, ohne ihn zu berühren. Auf diese Frage lassen sich verschiedene Antworten finden, angefangen vom Erstellen einer schiefen Ebene, auf der ein Objekt nach unten rollen oder rutschen kann, über den Antrieb durch Wasserkraft bis hin zur Kraft, die durch ausströmende Luft erzeugt wird. Besonders ansprechend ist die Aufgabenstellung, eine Rakete als Transportmittel herzustellen. Manche Kinder wissen eventuell bereits, dass bei einer Rakete die Treibstoffe nach der Verbrennung durch eine Düse nach hinten ausströmen. Hierdurch entstehen Schubkräfte, welche die Rakete nach vorne schnellen lassen. Je höher das Gewicht der Rakete ist, umso stärker müssen die Schubkräfte sein; mit anderen Worten: Für den Transport von Lasten muss die Rakete zusätzliche Schubkräfte entwickeln, z.B. indem die Ausströmungsgeschwindigkeit des Gases erhöht wird (Hamann 2005).

Dieser Zusammenhang verweist auf das Gesetz der Antriebskraft. Am Modell der Ballonrakete lässt sich erkennen, dass ausströmende Luft die Rakete in die entgegengesetzte Richtung schiebt. Durch das Anbringen zusätzlicher Gewichte erfahren die Kinder die Notwendigkeit stärkerer Schubkräfte für den Transport von Gegenständen. Die Anzahl der Gewichte lässt sich soweit erhöhen, bis die Ballonrakete nicht mehr imstande ist, sich vorwärts zu bewegen. Für den Transport besonders schwerer Lasten können neue Lösungsansätze gesucht werden. Diese mögen von einer nach unten führenden Flugstrecke über die Verstärkung der Schubkräfte durch weitere Luftballons bis hin zur Verwendung eines besonders großen Ballons führen. Solche Vorschläge lassen sich im Rahmen der Lernumgebung in ihrer Effizienz überprüfen, wodurch die drei Naturgesetze von Newton erfahrbar gemacht werden. Es lässt sich zeigen, dass (1) Körper träge sind und nur durch eine einwirkende Kraft in Bewegung versetzt werden, dass (2) die Bewegung von der Kraft abhängt, die aufgebracht wird, um einen Körper zu beschleunigen und dass (3) es zu einer Kraft stets auch eine Gegenkraft gibt (Hamann 2005: 60). Diese drei Axiome stehen im Fokus der Aufgabenstellung.

Lösungen (Schülerprodukte)

Im Rahmen der Umsetzung in den Klassen 2a, 2c und 3c (Schule L) ist es allen Gruppen gelungen, eine flugfähige Ballonrakete zu erstellen. Die meisten Schülergruppen verwenden einen Strohhalm, dessen Vortrieb effektiver ist als der einer Papprolle. Die glatte Oberfläche des aus Plastik bestehenden Strohhalms gleitet besser an der Schnur entlang als die Papprolle mit rauer Oberfläche. Unterschiede im Bau der Ballonrakete zeigen sich vor allem in der Transportfähigkeit der Modelle. Zu welchen Lösungen die Schülerinnen und Schüler gelangen und welche

Materialien sie für ihre Modelle verwenden, wird anhand ausgewählter Ballonraketen vorgestellt. Hierbei erfolgt eine Gliederung in Raketen mit und ohne Transportmöglichkeit sowie mit zusätzlichem Antrieb.

Konstruktion einer Ballonrakete

Eine Schülergruppe (zwei Mädchen: 9,3; 10,1 Jahre; zwei Jungen: 9,7; 9,9 Jahre) erstellt eine Ballonrakete, die aus einem Luftballon, einem Strohhalm und einer Wäscheklammer besteht. Die Schnur, auf der die Rakete aufgefädelt wird, hängt nach unten durch, was zur Erhöhung der Bremskraft und Verkürzung der Flugstrecke führt. Im Rahmen einer Wiederholung des Versuchs spannen die Kinder die Schnur stärker, wodurch die Bremskraft geringer und die Flugstrecke länger wird. Anstelle eines Strohhalmes verwendet die Schülergruppe nun eine Papprolle, die als Führungsschiene entlang der Schnur dient. Außerdem installieren die Kinder eine Startmarkierung, indem sie auf Höhe ihrer Ballonrakete eine Wäscheklammer an der Schnur befestigen. So können sie die zurückgelegte Wegstrecke messen. Der Versuchsaufbau legt den Vergleich mit einer Seilschwebebahn nahe. Die Schnur, an welcher der Luftballon mithilfe der Papprolle entlang gleitet, erfüllt den gleichen Zweck wie die Stahlseile, an denen die Gondeln verkehren. Ebenso wie bei einer echten Seilschwebebahn hat die Schülergruppe in ihrem Modell separate Fahrwege für die Hin- und Rückfahrt installiert. So können zwei Ballonraketen, die sich in entgegengesetzte Richtungen bewegen, auf getrennten Schnüren aneinander vorbeifahren, ohne zusammenzustoßen.

Ballonrakete als Transportmittel

Die Kinder (Mädchen: 8,2 Jahre; zwei Jungen: 8,4; 8,5 Jahre) befestigen einen Luftballon an einem Strohhalm, den sie auf eine Schnur auffädeln, und bringen oberhalb des Halmes einen zu transportierenden Gegenstand (ein Stück Pappe) an. Am unteren Ende des Luftballons kleben sie ein weiteres Objekt (ein Stück Plastik) fest. Hierdurch wird die Rakete nach unten hin beschwert und in geeigneter Flugbahn gehalten. Es zeigt sich, dass die Variante des Fixierens oberhalb des Luftballons nur bei sehr kleinen Gewichten gelingt, da sich ein schwerer Gegenstand aufgrund der Anziehungskraft nach unten dreht. Eine andere Schülergruppe (drei Mädchen: 7,6; 8,0; 8,3 Jahre; Junge: 8,2 Jahre) konstruiert einen separaten Transportraum an ihrer Rakete. Die Kinder fixieren unterhalb des Ballons eine Papprolle, in die sie mehrere mit einer Schnur verbundene Korken legen. Das Modell ähnelt in grundlegenden Zügen dem Aufbau eines Zeppelins mit einer Gondel, in der Personen transportiert werden können. Während die Ballonrakete sich an einem Bindfaden und mit Luft als Antrieb fortbewegt, wird der Zeppelin mit Wasserstoff betrieben. Beide Objekte werden durch Rückstoß ausströmender Luft bzw. Gase vorwärtsgetrieben. Hierdurch entstehen Schubkräfte, die das Flugobjekt vorantreiben. In späteren Konstruktionsschritten erweitern die Kinder ihr Modell um einen zweiten Luftballon, an den sie zwei Strohhalme kleben. Am Ende der Halme befestigen sie jeweils einen Korken. Optisch wirken diese Verlängerungen wie Düsen, die sich unterhalb des Flugkörpers befinden. Darüber ergeben sich Assoziationen mit einer Rakete bzw. einem Flugzeug, bei denen der Rückstoß mit von Treibstoff angetriebenen Turbinen erzeugt wird. Im Vergleich hierzu wirkt das Schülermodell deutlich graziler und weniger aerodynamisch, dafür aber farbenfroher.

Ballonrakete mit zusätzlichem Antrieb

Drei Jungen (8,0; 8,3; 8,6 Jahre) erproben, wie weit ihre Ballonrakete fliegen kann, wenn diese einen zusätzlichen Antrieb erhält. Sie verwenden einen zweiten Luftballon, den sie mithilfe von Klebeband unterhalb des ersten Ballons befestigen. Dabei beachten die Schüler, dass die Enden beider Ballons in dieselbe Richtung weisen. So kann die ausströmende Luft des zweiten Ballons die Rakete mit zusätzlicher Energie versorgen. Würden die Enden in entgegengesetzte Richtungen zeigen, käme es zu einem gegenseitigen Ausbremsen der zwei antreibenden Ballons und die Rakete bliebe mehr oder weniger auf der Stelle stehen. Im Folgenden erweitern die Schüler ihr Konstrukt zu einer Ballonrakete als Transportmittel mit zusätzlichem Antrieb. Sie befestigen an ihrer Rakete zwei Strohhalme, in die sie mehrere Streichhölzer hineinschieben, und verschließen diese jeweils mit einer Wäscheklammer. Zusätzlich kleben sie einen Schwamm und ein Stück Plastik an der Ballonrakete fest. Der Aufbau dieser Rakete ist als durchaus komplex zu bezeichnen. Die zahlreichen Details lassen vermuten, dass die Schüler in mehrfacher Hinsicht eine Optimierung der Antriebs- sowie Transportmöglichkeiten ihres Konstruktes durchdacht haben.

Einen ähnlich umfassenden Konstruktionsansatz wählt eine zweite Schülergruppe (vier Jungen: 9,1; 9,3; 9,8 und 10,0 Jahre). Für ihre Ballonrakete verwenden die Kinder eine Papprolle, die sie auf einer Schnur auffädeln und an der sie beidseitig einen Luftballon als Antrieb befestigen. Optisch kommt das Schülermodell dem Bild einer Rakete nahe: Zwischen Turbinen (zwei Luftballons) befindet sich eine Kabine für Passagiere (Toilettenpapierrolle). Daraus gestalten die Schüler eine Transportmöglichkeit. Sie befördern im Inneren der Rolle zwei Korken und bringen außen eine Kette aus Büroklammern an. Im Weiteren montieren sie am unteren Ende der Kette eine zweite Papprolle. Hierdurch ähnelt das Schülermodell in grundlegenden Zügen einem Schlepplift. Die leere Papprolle am unteren Ende der Rakete lässt sich mit dem Bügel des Lifts vergleichen, der mit Strom in Gang gebracht und mithilfe von Stahlseilen fortbewegt wird. Im Schülermodell dient hierfür eine Schnur, an der sich die Ballonrakete entlang bewegt. Mittels der aus den Ballons ausgestoßenen Luft wird die Rakete der Kinder angetrieben.

Vier Schüler (drei Mädchen: 7,6; 8,0; 8,3 Jahre; Junge: 8,2 Jahre) erproben, wie ihre Ballonrakete an einer schräg gespannten Schnur funktioniert. Es zeigt sich, dass die Rakete durch den Anstieg abgebremst wird. Um dies zu kompensieren, befestigen die Kinder an ihrer Rakete einen zweiten Luftballon als zusätzlichen Antrieb. Die gebastelte Variante kann durchaus mit einem Skilift verglichen werden. Beides bewegt sich an Seilen voran (Produkt der Kinder: Schnur; Skilift: Stahlseil). Zwar wird der Skilift elektrisch betrieben, während die Luft der Ballons zum Antrieb der Rakete dient, doch hängen die Ballons rechts und links von der

Schnur herunter, ähnlich wie die Transportsitze beim Skilift. Die am unteren Ende angebrachte Papprolle, die im Modell der Kinder als Transportmöglichkeit genutzt wird, verstärkt den Eindruck dieses Vergleichs. Zu welchen Assoziationen die Kinder in Bezug auf ihre Modelle gelangen und welche Momente des Erkennens und Spielens sich in der Interaktion zeigen, wird anhand des Transkripts eines zweiten Schuljahres erarbeitet.

Spielerische Erkenntnisprozesse (Transkript Nr. 4)

Im Rahmen der Lernumgebung erstellen die Schüler Im (8,3 Jahre; ohne Migrationshintergrund), Jm (8,6 Jahre; ohne Migrationshintergrund) und Km (8,0 Jahre; ohne Migrationshintergrund) der Klasse 2c (Schule L) ein Konstrukt, das als komplex zu bewerten ist. Neben einem zusätzlichen Antrieb weist die Ballonrakete verschiedene Transportmöglichkeiten auf. Im Transkript zeigt sich, dass die von der anleitenden Person gegebene Fragestellung, wie sich ein Gegenstand ohne direktes Anstoßen bewegen lasse (Interakte 4–5), die Schüler zum Austausch ihrer Assoziationen veranlasst (Interakte 6–12). Die Vorschläge der Kinder (Interakt 7: »Föhn«; Interakt 9: »puste[n]«; Interakt 11: »Wind«) lassen deren Vorerfahrungen erkennen und skizzieren Möglichkeiten des Antriebs durch Luft, entweder durch elektrische Energie (Föhn), natürliche Ressourcen (Wind) oder durch Einwirken des Menschen (Pusten). Während die Schüler ihre Assoziationen verbalisieren, imitieren sie Geräusche (Interakt 8) und Bewegungen (Interakte 8–10) einer Rakete, was in Richtung des ästhetischen Phänomens (K4) weist.

```
6         ((Die Kinder setzen sich zusammen und flüstern)).
7    Im:  Föhn, ein Föhn.
8    Jm:  Dschschsch ((bewegt seine Fäuste rasch auf Im zu)). Wenn
9         man so pustet ((hält die Hände wie ein Blasrohr vor seinen
10        Mund und pustet)).
11   Km:  Draußen in den Wind hinstellen und den Gegenstand und
12        dann kann der ihn anschubsen. ((…))
```

Die Instruktionen zum Bau der Rakete umfassen neben materialspezifischen (Interakt 17: »ein Stück Schnur«) und logistischen Vorgaben (Interakt 19: »zwei Punkte«; Interakt 20: »Stuhllehnen«) auch den Hinweis auf Materialvarianten (Interakte 28-29: »Strohhalm oder Toilettenpapierrolle«). Über die unterschiedlichen Materialien, deren Eigenschaften und Verwendungsmöglichkeiten für eine Ballonrakete tauschen sich die Kinder aus, was zeigt, dass das Bereitstellen von Materialvarianten einen Anlass zum Durchdringen des Experiments bietet. Deutlich wird jedoch, dass den Kindern das Verbalisieren der Begründungszusammenhänge schwer fällt (Interakte 31–34) und dass die Demonstration mithilfe des Materials (Interakte 32–33) eine Hilfe bietet, um die Vorstellungen vom Modell zu veranschaulichen. Fraglich muss an dieser Stelle bleiben, ob die Assoziationen der einzelnen Gruppenmitglieder identisch sind oder ob nicht jedes Kind ein je eigenes Bild vom Konstrukt entwickelt. Letztere Vermutung liegt vor dem Hintergrund der Interakte 30 und 36 nahe, in denen Km und Jm die Verwendung von Strohhalmen für den Bau der Ballonrakete vorschlagen, während Im die Toilettenpapierrolle präferiert (Interakte 31–34, 37–38). Diese Differenz zeigt sich ebenso in späteren Konstruktionsschritten (Interakte 328–329).

30	Km:	((deutet auf die Strohhalme)).
31	Im:	Nein ((hält die Toilettenpapierrolle hoch)). Die kann doch bes-
32		ser fliegen ((hat die Toilettenpapierrolle in der Hand und lässt
33		diese kurz mit seinen Händen fliegen)). Der Strohhalm kann
34		doch nicht fliegen.
35		((nickt)).
36	Jm:	((hält einen Strohhalm hoch)).
37	Im:	T. ((Jm)), das ((zeigt ihm die Rolle)).

Die kurzen, meist einsilbigen Kommentare der Interakte 76 bis 84 zeigen, dass es den Kindern schwerfällt, ihre Gedankengänge verbal zu fassen. Dominant zeigt sich in dieser Phase die handlungsbezogene Ebene durch Verwendung von Gestik (Interakte 74–75, 80–81) und körperlicher Bewegung (Interakt 85). Dabei wird mit dem Anpusten der Rakete (Interakt 85) eine Idee aufgegriffen, die in früheren Interakten bereits verbalisiert wurde (Interakte 8–10). Zudem wird mit dem Anstoßen durch die Hand (Interakt 85) eine neue Variante ausprobiert.

76	Im:	Die muss gespannt sein? … Ja, du musst spannen.
77	Km:	Richtig?
78		Ja.
79		Fest ((nachdem er das eine Schnurende festgebunden hat)).
80	Im:	N. ((Km))? Ich würde es jetzt hier abschneiden ((zeigt die Stel-
81		le und schneidet es ab)). ((…))
82		((holt die Toilettenpapierrolle)). So durch hier ((zu L))?
83	L:	Auffädeln.
84	Im:	Drum herum ((fädelt die Rolle auf die Schnur)).
85	Jm:	((bewegt die Rolle an der Schnur fort, pustet sie an)).

Spielerische Züge nimmt die Interaktion an, als die Schüler verschiedene Möglichkeiten ausprobieren, die Schnur gestrafft zwischen den Fenstergriffen festzumachen. Die Aussagen »bisschen weiter, tiefer. Schon bisschen« (Interakt 115) und das Vorantreiben dieses Gedankens (Interakt 117: »tiefer«; Interakt 120: »noch ein bisschen«) lassen erkennen, dass das spielerische Moment langsam beginnt und zunehmend heftiger wird. Das Lachen von Jm (Interakt 117) unterstreicht den spielerisch-scherzhaften Charakter dieser Phase der Interaktion. Auch die Assoziation von Km wird durch ein Lachen begleitet: »Soll das eine Seilbahn werden?« (Interakt 121). Damit verbindet der Junge Bilder seiner Vorstellungswelt (Seilbahn) mit dem aufgebauten Modell (Papprolle auf nach unten führender Schnur), was auf das Merkmal kulturellen Erlebens (K3) verweist.

Dominant zeigen sich in den Folgeinterakten Überlegungen zur Logistik des Vorgehens (Interakt 137: Wer bläst den Ballon auf? Interakte 146–151: Wie lässt sich dieser verschließen?). Zwar deuten sich spielerische Impulse an (Interakt 144: »Bis er platzt«; Interakt 179: Wegköpfen des Ballons), allerdings lässt sich auf der Grundlage solcher Momente nicht von kindlichem Spiel sprechen, da die Impulse nur äußerst kurz andauern und in den Interakten 185 bis 192 von der sachbezogenen Reflexion überlagert werden. Fassbar wird die Sachorientierung in der von den drei Jungen formulierten Erkenntnis, dass das Ende des Ballons in Richtung der Schnur weisen muss, damit die ausströmende Luft die Rakete vorantreiben kann

(Interakte 190–192). Wie bereits in den Interakten 31 bis 34 wird in den Interakten 191 und 192 deutlich, dass sich die Kinder mit dem Verbalisieren der von ihnen assoziierten Zusammenhänge schwer tun. Wiederum zeigt sich die besondere Bedeutung des Demonstrierens anhand des Modells (Interakt 192), um die Sachkontexte zu veranschaulichen. Zusätzlich werden dieses Mal stimmliche Laute zur Illustration verwendet (Interakt 193: »diuoo«), womit sich eine neue Variante des Merkmals der schöpferischen Entfaltung (K2) zeigt.

```
185 Im:   Hab's, hab's.
186 Jm:   So ((schiebt den Ballon an den Anfang der Schnur)).
187 L:    Und startet nun die Ballonrakete, indem ihr die Büroklammer
188       vom Luftballon entfernt.
189 Im:   ((will die Klammer entfernen)).
190 Km:   Falsch.
191 Jm:   Wir haben was falsch gemacht. Falsch, falsch, falsch. Die
192       dreht sich dann nur so ((macht es mit der Hand nach und
193       ahmt das Geräusch nach)), diuoo.
194 Km:   T. ((Jm)), geh weg.
195 Im:   ((lässt die Rakete starten, die sich nicht fortbewegt)).
```

Eine Form spielerischen Ausprobierens gemäß der Spielkategorie *alea* (Caillois 1982/1960; vgl. Abschnitt 1.4.2) zeigt sich, als die Schüler ihre Ballonrakete starten lassen (Interakt 195), obwohl sie von deren Nicht-Funktionieren überzeugt zu sein scheinen (Interakte 190–193). Es bestätigt sich die Annahme der Kinder: Die Rakete bewegt sich nicht von der Stelle, was die Gruppe dazu veranlasst, das Experiment zu verändern. Als der Ballon beim Wiederaufbau des Versuchs platzt (Interakt 198), überlegen die Schüler, die defekte Stelle zuzuhalten (Interakt 204) oder diese zuzukleben (Interakt 205), was zeigt, dass sie auf Erfahrungen zurückgreifen, die sie bei der Reparatur anderer defekter Gegenstände gesammelt haben. Dass diese Vorschläge nicht ernst gemeint sind, ist am Lachen der Kinder zu erkennen (Interakt 205). Dies mit einem spielerischen Moment gleichzusetzen, wäre jedoch zu weit gegriffen, da die sachorientierte Auseinandersetzung mit dem Lerngegenstand (Interakte 212–219) die spielerischen Nuancen überlagert.

```
212 Jm:   Hey T. ((Im)), falsch rum ((hält den Ballon mit der Öffnung zur
213       Rolle)).
214 Im:   Das ist richtig.
215 Km:   Ist egal. Doch.
216 Jm:   Falsch.
217 Km:   Du lässt ihn gleich richtig abfahren. Man muss das hinten raus
218       machen. Hier gibt er Gas ((zeigt auf das Schnurende und die
219       Öffnung des Ballons, die nach hinten zeigen muss)).
```

In anderen Interakten (273–280) zeigt sich die Verknüpfung sachorientierten Forschens mit spielerischen Augenblicken gemäß des Merkmals ästhetischen Gestaltens (K4; Interakt 273: »niuoo«). Das stimmliche Untermalen der Rakete bereits als vollständiges kindliches Spiel bezeichnen zu wollen, wäre jedoch unzutreffend, da die Situation nur einen Moment andauert, bevor die anleitende Person sie unterbindet (Interakte 276–277) und mit dem Hinweis auf den Strohhalm (Interakt 282) ein Konstruktionsansatz aufgegriffen wird, der bereits zuvor verbalisiert wurde (Interakte 30, 36).

273	Jm:	Ja, ne Rakete ((imitiert das Geräusch)), niuoo.
274	Im:	Luftballon. Lass los ((die Rakete bleibt an einer Stelle)).
275	Jm:	((lacht laut)). Das ist zu schwer, zu schwer das Teil.
276	L:	Was könnt ihr denn verändern, um zu schauen, ob es viel-
277		leicht anders funktioniert?
278		Ich weiß was.
279	Km:	Das muss angespannt, das muss angespannter sein und
280		nach unten hin ((geht zu einem Fenstergriff hin, um die
281		Schnur fester zu spannen)).
282	Im:	Strohhalm.

Eine neue Dimension spielerischer Momente zeigt sich, als die Kinder das Starten ihrer Rakete mit stimmlichen Lauten untermalen (Interakt 338: »fffff«; Interakt 342: »wuuschsch«; Interakt 358: »niuuoo«) und vor dem Start einen Countdown zählen (Interakte 354–355). Dies zeigt, dass Vorerfahrungen in die spielerische Aktivität einfließen, die z. B. beim Betrachten von Reportagen über Raketenstarts gesammelt wurden. Erkenntnisbezogene Momente vermischen sich mit spielerischen Augenblicken, als die Schüler Aspekte zur Optimierung der Flugeigenschaften ihrer Rakete erörtern (Interakte 339–341, 344, 350–352) und dabei spielerische Momente fassbar werden (Interakte 338, 342–343, 345, 354–360). Die Verknüpfung von Spiel und Erkenntnis zeigt sich in diesen Interakten erstens beim Umgestalten der Ballonrakete (K2: Schöpferische Entfaltung), zweitens beim Nachahmen von Geräuschen und Bewegungen (K4: Ästhetisches Phänomen) und drittens beim Aufgreifen von Vorerfahrungen, welche die Kinder in neue Kontexte einfügen (K3: Kulturelles Erleben). Ihrer Freude und Begeisterung am Fliegen der Rakete verleihen sie lautstark Ausdruck (K1: Freisein im Spiel). Die genannten Kriterien kommen im vorliegenden Transkript nicht in vollem Ausmaß kindlichen Spielens zum Tragen. Es scheint passender, von spielerischen Augenblicken zu sprechen.

338	Km:	Fffff ((macht das Geräusch nach, als würde die Rakete schnell
339		fliegen)). Aber das muss ein bisschen runter, oder ((bezieht
340		sich auf die Steigung der Schnur))? Ok ((betrachtet sich die
341		Konstruktion)).
342	Jm:	((lacht)). Die Raketenbahn. Wuuschsch ((imitiert das Ge-
343		räusch)).
344	Im:	So, so ((zeigt, wie er den Ballon aufhängen würde)).
345	Alle:	((lachen, da Im die Kleberolle auf den Luftballon hält)).

Die Äußerung »Guck mal, meine Erfindung« (Interakte 378–379) zeigt, dass die Kinder sich selbst als Konstrukteur ihres Experiments sehen. Ausgehend von den Impulsen der anleitenden Person (Interakte 19–20: Befestigen der Schnur an Stuhllehnen; Interakt 83: Auffädeln der Rolle auf einer Schnur; Interakte 187–188: Entfernen der Büroklammer etc.) entwickeln die Schüler eigene Konstrukte (Interakte 110–120: Schnur mit Gefälle; Interakt 371: »längere Bahn«; Interakt 379: Streichhölzer im Strohhalm). Die damit einhergehenden erkenntnisbezogenen Prozesse vermischen sich mit spielerischen Augenblicken, wie das wiederholte Zählen des Countdowns vor dem Start der Ballonrakete zeigt (Interakte 354–355, 380–381). Das Wiederholen eines bereits durchgeführten Spielmoments macht deutlich, dass die Kinder eigene Regeln für ihr Spiel konstituieren.

377	Im:	Ey, N. ((Km)). So ist es gut ((möchte eine Steigung)). Der
378		Strohhalm geht jetzt nach oben. N. ((Km)) guck mal, meine
379		Erfindung ((hat Streichhölzer in den Strohhalm gesteckt)).
380	Alle:	Zehn, neun, acht, sieben, sechs, fünf, vier, drei, zwei, eins,
381		null ((benutzen erneut die kürzere Strecke, die sie zuerst be-
382		festigt haben. Alle jubeln als der Ballon fliegt)).
383	Im:	Geil.

Es zeigt sich, dass die spielerischen Augenblicke eher zufällig entstehen, als z. B. auf der Suche nach Transportmöglichkeiten (Interakte 378–379) Streichhölzer in den Luftballon gesteckt (Interakte 389–390), dieser aufgeblasen und mit dem Mund hin- und hergeschüttelt wird (Interakte 420–421). Dazu bewegt sich Km im Rhythmus, bis der Ballon platzt (Interakt 421). Die Idee, Gegenstände in den Luftballon zu stecken und hiermit Klänge zu erzeugen, verweist auf das kreative Potenzial, das mit kindlichem Spiel einhergehen kann, und ließe sich z. B. im Rahmen des Musikunterrichts beim Bau von Elementarinstrumenten produktiv aufgreifen (Abschnitt 6.1.1). Im vorliegenden Setting wird auf den Einfall der Kinder nicht eingegangen und der sich anbahnende spielerische Prozess durch die Frage, welche Möglichkeiten es zum Fixieren von Gegenständen an der Ballonrakete gibt (Interakte 423–424), unterbrochen.

415	Km:	((pustet den Ballon mit den Streichhölzern darin auf)).
416	Jm:	((lacht)). Die fliegen da drin rum … geil.
417	Km:	((schüttelt den Ballon mit seinem Mund)).
418	Jm:	((lacht)). Ey T. ((Im)), … geil, die sind da drin ((deutet auf die
419		Streichhölzer im Ballon)).
420	Km:	Und jetzt kommen ((schüttelt den Ballon mit den Streichhöl-
421		zern und bewegt sich dazu im Rhythmus. Der Ballon platzt)).
422	Alle:	((lachen)).

Der Übergang von spielerischer Assoziation zu erkenntnisbezogenem Tun verläuft fließend, wie die Aussagen von Jm zeigen. Zuerst kommentiert der Junge den Start eines Flugzeugs (Interakt 444) und übernimmt die Rolle des Piloten (Interakte 444–445), um dann im Rückgriff auf bereits gesammelte Erfahrungen (Interakte 195–197) den Partner sachbezogen bezüglich der Ausrichtung der Rakete zu instruieren (Interakt 447). Spielerische Momente zeigen sich beim Start der Rakete, als die Kinder wie bereits in den Interakten 354, 355, 380 und 381 einen Countdown herunterzählen (Interakte 452–455) und damit einen echten Start nachspielen. Direkt im Anschluss an den Flug der Ballonrakete geht der spielerische Augenblick in eine erkenntnisbezogene Reflexion über, als die Kinder über die Funktionsfähigkeit ihres Konstruktes und damit implizit über die Gesetze der Brems- und Antriebskraft nachdenken (Interakte 457–458). Die Frage der anleitenden Person, wie viele Objekte die Rakete maximal transportieren könne (Interakte 459–460), verlagert die Reflexion auf eine Ebene deskriptiven Aufzählens aller bislang transportierter Gegenstände (Interakte 461–465; vgl. im Gegensatz hierzu die Interakte 275, 339–340, 377–379, 457).

443	Jm:	((lacht)). … Und jetzt bitte, ey ((nimmt die Schere und schnei-
444		det das Klebeband ab)). Flugzeug, Flugzeug startet. Bitte
445		melden, bitte melden. Die Rakete wird jetzt befestigt. Und jetzt
446		((hält den Klebestreifen, während Km den Ballon befestigt)).
447		Anders rum, anders rum.

448	Im:	Ich hab auch ne Rakete mir gebaut.
449	L:	Der T. ((Im)) hilft euch bestimmt noch mal.
450	Jm:	Und jetzt, warte mal, warte mal.
451	Im:	Warte.
452	Jm:	Zehn ((möchte den Countdown starten)).
453	Im:	Lass mich, lass mich doch.
454	Alle:	Sechs, fünf, vier, drei, zwei, eins. ((Die Rakete fliegt weit)).
455	Alle:	((jubeln und klatschen)).
456	Km:	Wenigstens hat's geklappt.
457	Jm:	War ein bisschen zu schwer.

Zum Ausgang der Interaktion überschlagen sich die Assoziationen der Kinder (Interakte 518–523: Befestigen eines Schwammes, Zuschneiden und Festkleben von Bauteilen) derart, dass der nochmalige Countdown dreimal unterbrochen und schließlich von neuem gestartet wird (Interakte 512–525). Dies ist Ausdruck dafür, dass die Kinder ihr Modell weiter zu optimieren suchen. Beim Start der Ballonrakete zeigt sich, dass die Flugfähigkeit des Modells noch immer nicht den Erwartungen der Schüler entspricht (Interakte 525–526), woraufhin die Kinder die Hypothese entwickeln, ihr Konstrukt fliege mit dem Antrieb zusätzlicher Luftballons weiter (Interakte 526–527). Damit gehen die spielerischen Impulse unmittelbar in erkenntnisbezogenes Tun über. Solche Prozesse hören auf, sobald die Schüler erfahren, dass die Stunde in wenigen Minuten endet (Interakte 530–533). Dies zeigt die Bedeutsamkeit von ausreichenden Zeitkontingenten, um spielerische Momente produktiv für den Unterricht fruchtbar zu machen.

Fazit und Ausblick: Schnittmenge zwischen Spiel und Erkenntnis

In diesem Fallbeispiel beschäftigen sich die Schüler mit dem Phänomen des Vortriebs. Beim Bau und Erproben der Ballonrakete erkennen sie, dass eine Rakete etwas ausstoßen muss, um sich vorwärts bewegen zu können und dass die aus dem Ballon ausströmende Luft den dafür notwendigen Druck erzeugt (Interakt 218). Zudem erkennen sie, dass die Öffnung des Ballons in Richtung der Schnur weisen muss (Interakte 217–218). Zu dieser Erkenntnis gelangen die Kinder, nachdem sie zunächst die Öffnung des Ballons seitlich ausgerichtet hatten, wodurch die Rakete beim Start stehen blieb (Interakte 183–195). Dies zeigt, dass die aus dem missglückten Versuch hervorgehenden Impulse produktiv für spätere Erkenntnisprozesse sind (Interakt 447). Durch einen weiteren missglückten Versuch kommen die Kinder zu der Erkenntnis, dass der Antriebskraft besondere Bedeutung zukommt und dass sich die Kraft erhöhen lässt, indem ein zweiter Ballon als Antrieb hinzugenommen wird (Interakte 526–527). Außerdem erkennen sie, was es den Kräften erschwert, einen Vortrieb zu erzeugen (z. B. Gewichte), ohne dies jedoch in Anschlussversuchen mit konstanten Parametern zu verifizieren. Die Begriffe »Gewicht« (Interakt 546) und »Kraft« (Interakte 547, 548) verwenden die Schüler explizit. Indes beschreiben sie nicht die Spannung, welche die Luft aus dem Ballon herausströmen lässt und ihrerseits eine Gegenkraft hervorruft.

Die Suche nach kindlichem Spiel muss in diesem Setting auf den Begriff des ›spielerischen Augenblicks‹ reduziert werden. Die auftretenden Momente sind derart kurzweilig, dass nicht vom Spiel im Sinne der im Theorieteil dargelegten

Definition gesprochen werden kann, eher von spielerischen Augenblicken. Auffallend ist, dass diese stets in vergleichbare Kontexte eingebettet sind, sich in Struktur sowie Inhalt ähneln und sich immer kurz vor dem Start der Ballonrakete ergeben. Fassbar werden die spielerischen Augenblicke erstens durch stimmliche Laute (»fffff«, »niuuoo«, »wuuschsch«) in Nachahmung einer realen Rakete, zweitens durch Bewegungen der Hände zur Veranschaulichung der Fortbewegung der Rakete und drittens durch Kommentieren des Startvorgangs, einmal als außenstehender Berichterstatter (Interakt 444), ein andermal aus Sicht des Piloten (Interakt 445) und schließlich durch Zählen eines Countdowns (Interakte 380–381, 452–454, 523–525). Obwohl sich die spielerischen Inszenierungen der Startvorgänge jedes Mal ähneln (Countdown zählen, Geräusche imitieren, Bewegungen nachahmen), unterscheidet sich jeder Start vom anderen. Einmal ertönt eine Sirene, ein andermal spricht der Pilot und beim dritten Mal ein Kommentator. Jeder dieser spielerischen Momente ist für sich genommen einzigartig und doch ist er eingebettet in sich wiederholende Spielregeln.

Eine Kopplung von spielerischen Augenblicken und Erkenntnistätigkeit zeigt sich in diesem Fallbeispiel in Form des Material- und Experimentierspiels. Beim spielerischen Umgang mit den Materialien optimieren die Schüler ihre Ballonrakete, indem sie ihr Modell mehrmals in Einzelteile zerlegen und wieder neu zusammenfügen. Dabei zeigt sich durch das Generieren von Hypothesen eine Haltung propädeutischer Wissenschaftlichkeit, die eng mit spielerischen Momenten verbunden ist, z. B. als die Kinder Hypothesen zum Vortrieb der Rakete formulieren und dabei ihr Modell entlang des Fadens hin- und herschuben. Damit wird die Spielform der Freude am ›In-die-Hand-Nehmen‹ durch das Verknüpfen mit dem Hypothesenformulieren zu einer Form der Erkenntnistätigkeit. Solche Facetten verweisen auf Aspekte der Spielkategorie *alea* (Caillois 1982/1960; vgl. Abschnitt 1.4.2).

Mit dem Rollenspiel im Sinne der Kategorie *mimicry* (Caillois 1982/1960; vgl. Abschnitt 1.4.3) tritt in diesem Fallbeispiel eine Spielform in Erscheinung, die in den voranstehenden Fällen noch nicht in dieser ausgeprägten Form sichtbar wurde. Im vorliegenden Transkript zeigt sich das Rollenspiel, indem die Schüler einmal ›so tun, als ob‹ sie ein Pilot seien, ein andermal wie aus einem Kontrollturm heraus einen Countdown zählen und schließlich mit Gestik, Mimik und stimmlichen Lauten eine Sirene oder den Start der Rakete begleiten. Dabei beziehen die Kinder ihre Vorerfahrungen (z. B. aus Filmen) in die didaktische Situation des Baus einer Ballonrakete ein. Bedeutsam für die zentrale Fragestellung der Untersuchung ist, dass es in diesem Fallbeispiel Situationen gibt (z. B. das Köpfen des Luftballons; Interakt 179), die nicht produktiv in Bezug auf die Erkenntnisprozesse der Kinder wirksam werden. Dies zeigt die Notwendigkeit einer Abgrenzung von spielerischen Momenten, die produktiv in den Sachunterricht eingebunden werden, gegenüber Aspekten außerhalb der Schnittmenge von Spiel *und* Erkenntnis. Für Prozesse, die sich innerhalb einer solchen Schnittmenge bewegen, sind im vorliegenden Fallbeispiel die Formen des Material- und Experimentierspiels sowie das Rollenspiel entscheidend.

Statische Grundsätze: Brückenbau (Fall 5)

Thema: Brückenkonstruktion und Statik
Kompetenzerwerb: mit statischen Lösungen experimentieren, Verbindungen zwischen Material und Konstruktionsweise entdecken
Jahrgangsstufe: 1.–3. Schuljahr
Gruppengröße: 2–3 Schüler
Material: Papier, Scheren, Klebstoff, Klebestreifen, Spielzeugautos

Zielsetzungen

Die Schülerinnen und Schüler sollen Erfahrungen mit statischen Grundsätzen sammeln und sich mit unterschiedlichen Konstruktionsweisen von Brückenbauten auseinandersetzen. Sie sollen erste Einblicke in Zusammenhänge von Stabilität und Belastbarkeit eines Brückenbauwerks erhalten und feststellen, dass bestimmte Bauweisen tragfähiger, andere wiederum weniger belastbar sind. In der Bearbeitung der Aufgabenstellung erfahren sie, welche Funktionen Träger, Stützen oder Rundbögen haben und wie sich die Tragfähigkeit ihres Modells mit diesen Konstruktionshilfen erhöhen lässt. Die Kinder sollen eine Vorstellung davon entwickeln, mit welchen Möglichkeiten die Standfestigkeit ihrer Brücke optimiert werden kann. Es gilt, Fundamente und Stabilisationshilfen aus Papier zu konstruieren. Vor allem aber geht es bei dieser Aufgabe darum, die Problemlösefähigkeiten der Schülerinnen und Schüler und ihr kritisches Denken zu fördern. Dies impliziert Faktoren des gemeinsamen Erörterns von Lösungsansätzen.

Gesprächsleitfaden »Brücken bauen und stabilisieren«

1. Nehmt euch mehrere Blätter Papier und erstellt daraus eine Brücke.
2. Verwendet Klebstoff oder Klebestreifen, um eure Brücke zu fixieren.
3. Nehmt euch ein Spielzeugauto und probiert aus, ob eure Brücke das Auto tragen kann.
4. Können auch mehrere Spielzeugautos auf eurer Brücke stehen?
5. Versucht eure Brücke so zu stabilisieren, dass möglichst viele Autos gleichzeitig über sie fahren können.
6. Besprecht innerhalb der Gruppe, welcher eurer Konstruktionsschritte der wichtigste war, um eure Brücke stabil werden zu lassen.

Fachlicher und didaktischer Hintergrund

Eine Brücke ist ein Bauwerk, das in unterschiedlichen Formen konstruiert werden kann. Es gibt Balken- oder Bogentragwerke, Hängebrücken und Schrägseilbrücken, wobei die Balkenbrücke die einfachste Form einer Brücke ist. Hier liegt die

Fahrbahn wie ein Balken direkt auf den Stützpfeilern, wodurch die Bauweise relativ einfach zu planen und umzusetzen ist. Jedoch ist der Abstand zwischen den Pfeilern kleiner als bei allen anderen Brückenarten (Brown 2007). Bei der Bogenbrücke wird die Last, welche die Fahrbahn tragen muss, nicht nur von unten gestützt, sondern auf die Bögen umgelenkt, wodurch große Abstände zwischen den Brückenpfeilern möglich sind. Bei Schrägseil- und Hängebrücken erfolgt die Lastableitung über Tragseile, weshalb die Pfeiler in großen Abständen errichtet werden können (Ewert 2003).

Balkenbrücken sind vermutlich die älteste Bauform von Brücken. Sie bestehen im einfachsten Fall aus zwei Widerlagern und dem Träger, auf dem sich die Fahrbahn befindet (Brown 2007). Die Widerlager, die am Brückenanfang und -ende platziert sind, bilden den Übergang zwischen der Brücke und der angrenzenden Straße. Der Träger muss die auftretenden Lasten aufnehmen und in die Widerlager ableiten. Die Tragfähigkeit einer Balkenbrücke hängt in erster Linie von der Biegesteifigkeit des Überbaus ab (Ewert 2003). Müssen größere Spannweiten überbrückt werden, wird die Balkenbrücke auch als Mehrfeldbauwerk ausgeführt. Ein bekanntes Beispiel für solche Mehrfeld-Balkenbrücken ist die Öresundbrücke in Dänemark (Brown 2007). Die bewusste Herstellung einer Bogenbrücke setzt ein gewisses Verständnis für die statischen Zusammenhänge in einem Bogen voraus. Bereits 109 v. Chr. wurde die Milvische Brücke über den Tiber erbaut, bei der vier Bogen von 18 m Spannweite errichtet wurden (Perino & Faraggiana 2006).

Die vorliegende Lernumgebung kann zum Bewusstwerden der unterschiedlichen Bauarten von Brücken eingesetzt werden. Beim Bau der Papierbrücken entwickeln die Schülerinnen und Schüler nicht nur Ideen für unterschiedliche Konstruktionsansätze, sie erhalten auch die Gelegenheit, statische Gesetzmäßigkeiten zu entdecken. Beispielsweise erforschen sie die Funktionen von Trägern, Stützpfeilern oder Rundbögen und hinterfragen, wie Papier durch einfaches Falten oder Rollen stabiler gemacht werden kann. Ebenso werden mögliche Zufahrtswege ergründet und es wird überlegt, wo und ob Schiffe unter der Brücke durchfahren können. Dank der Offenheit des Settings ermöglicht die Aufgabenstellung eine Vielzahl von Lösungen, aus denen die Schülerinnen und Schüler auswählen können. Bewusst wird nicht vorgegeben, ob eine Balken-, Bogen- oder bewegliche Brücke entstehen soll. Die Kinder werden einzig mit der Aufgabe konfrontiert: Baut mithilfe von Papier, Scheren, Klebstoff oder Klebestreifen eine Brücke, über die eure Spielzeugautos fahren können. Darüber hinaus wird mit den Schülergruppen vereinbart, dass keine weiteren Hilfsmittel verwendet werden dürfen, auch keine Fundamente, es sei denn, sie werden aus Papier hergestellt. Auf der Grundlage dieser Vorgaben sollen die Kinder in ihren Kleingruppen Vermutungen äußern, wie die Papierbrücke an Stabilität gewinnen kann, und sie sollen dies überprüfen. Ziel ist es, eine möglichst stabile Brücke zu bauen, auf der mehrere Spielzeugautos gleichzeitig stehen können, ohne dass die Papierbrücke zusammenknickt oder umfällt. Dass es sich hierbei um spielerische Versuche handelt, die mit Ungewissheit einhergehen, ist eine grundlegende Prämisse. Die Garantie für ein Gelingen gibt es bei dieser Aufgabenstellung nicht.

Lösungen (Schülerprodukte)

Die von den Schülerinnen und Schülern der Klasse 2c (Schule A) erstellten Papierbrücken werden im Folgenden in ihren statischen Merkmalen analysiert und mit realen Brückenbauten verglichen. Der Übersichtlichkeit halber wird eine Systematisierung in zwei Kategorien vorgenommen. Erstens werden die von den Kindern erstellten Balkenbrücken aus Papier beschrieben und zweitens werden Schülermodelle ausgewählt, die sich der Kategorie Bogenbrücke zuordnen lassen. Als Grundlage für die Interpretation dienen neben statischen auch ästhetische Gesichtspunkte.

Papier-Balkenbrücken

Eine Schülergruppe (zwei Jungen: 8,5; 8,7 Jahre) erstellt im Rahmen des Settings eine Mehrfeld-Balkenbrücke aus Papier, die drei Brückenfelder umfasst. Die Schüler fixieren die Fahrbahn durch ineinander verschachteltes Papier. Sie schneiden die Blätter an mehreren Stellen ein und verkleben die Überlappungen. An den Enden der Brücke konstruieren sie eine Auf- bzw. Abfahrt. Unter der Fahrbahn platzieren die Jungen vier Stützpfeiler. Damit ähnelt das Schülermodell in markanten Zügen der Balkenbrücke in Saint Aygulf (Frankreich) sowie der Öresundbrücke in Dänemark, deren Zufahrt zur mittleren Hochbrücke über zwei Rampenbrücken erfolgt. Die westliche Zufahrt besteht mit einer Gesamtlänge von über 3 km aus 22 Brückenfeldern; die 3,8 km lange östliche Rampenbrücke umfasst 28 Felder (Brown 2007). Die Abmessungen des Schülermodells können mit solchen Brückenbauten nicht verglichen werden, allerdings zeigen sich durch das Verwenden von Stützpfeilern als Träger Parallelen hinsichtlich des Aufbaus. Im Schülermodell sind die ersten drei Pfeiler in gleichmäßigem Abstand zueinander platziert, während der vierte Stützpfeiler von den anderen deutlich entfernt ist. Hierdurch reduziert sich die Tragfähigkeit im hinteren Teil der Brücke.

Statische Fehler haben sich in der Vergangenheit auch bei echten Brückenbauten gezeigt, z. B. beim Bau der Eisenbahnbrücke bei Quebec (Kanada), deren Spannweite im Vergleich zu den Vorentwürfen von 488 auf 549 m erhöht wurde, um aufgrund des geringeren Tiefgangs der Stützpfeiler Kosten zu sparen (Brown 2007). Eventuell wurde auch damit geliebäugelt, die Quebec-Brücke könne die Spannweite der Firth-of-Forth-Brücke (Schottland) übertreffen und zur längsten Auslegerbrücke der Welt werden (Ewert 2003). Kurz vor Fertigstellung brach die Quebec-Brücke in sich zusammen (Brown 2007). Solche Konstruktionsfehler sind nur in Ansätzen mit statischen Schwächen der Schülermodelle vergleichbar. Wenn ein Stützpfeiler der Papierbrücken zu kurz gerät oder der Abstand zwischen zwei Pfeilern zu groß ist, so hat dies meist nicht zur Konsequenz, dass die Papierbrücke in Einzelteile zerbricht. Dies gibt den Kindern die Gelegenheit zur Nachbesserung.

In einem der Schülermodelle fehlt die Möglichkeit, dass Schiffe unter der Fahrbahn durchfahren können. Mit dem Kompromiss, die Brücke als Verbindung zweier nebeneinander stehender Tische zu verwenden, löst sich das Problem mit wenig Aufwand und rekonstruiert eine in der Realität gängige Situation, zwei durch eine Schlucht o. ä. getrennt liegende Orte mittels einer Brücke zu verbinden. In grundlegenden Zügen ähnelt das Schülermodell der Auslegerbrücke bei Saint

Tropez (Frankreich). Daraus darf nicht die Schlussfolgerung gezogen werden, die Kinder (zwei Mädchen: 7,8; 8,5 Jahre) hätten die Brücke bei Saint Tropez neu erfunden. Das Problem der Tragfähigkeit stellt sich beim Bau der Papierbrücke in unvergleichbar geringerem Maße. Zentrale Ideen zur Stabilisation werden jedoch im Schülermodell nachvollzogen, z. B. die Konstruktion von Säulen.

Bogenbrücken aus Papier

Im Vergleich der von einer Schülergruppe (zwei Mädchen: 7,7; 8,3 Jahre) erstellten Bogenkonstruktion aus Papier mit einem römischen Aquädukt zeigen sich Parallelen. In den römischen Bauten wurden »über einem meist halbkreisförmigen Lehrgerüst [...] keilförmige Quader zu einem Gewölbe geschichtet und durch einen Schlußstein gegeneinander geklemmt« (Ewert 2003: 3). Diesen statischen Grundsatz verwenden die Kinder implizit in ihrem Modell, indem sie zur Herstellung von Bogen das Papier halbkreisförmig formen und auf einem Fundament befestigen. Die Fixierung der nebeneinander liegenden Bogen erfolgt mithilfe von mehrfach gefaltetem Papier, was die Konstruktion in sich stabilisiert. Zu fragen ist, ob es sich bei diesem Lösungsversuch tatsächlich um eine Brücke handelt oder eher um mehrere Tunnelbahnen. Eine Kombination von Brücken- und Tunnelbauwerk hat eine andere Schülergruppe (zwei Mädchen: 8,4; 8,6 Jahre) erstellt. Mit ihrer Papierbrücke ist es den Kindern gelungen, im eigenen Modell die statischen Grundsätze der Stabilisation mithilfe von Stützpfeilern sowie der Kraftverteilung durch Rundbogen zu verarbeiten. Dies erhöht die Stabilität der Papierbrücke derart, dass eine zweite Fahrebene geschaffen werden kann. Diese zweite Ebene wird durch die Anbringung eines Geländers zu einem vollständig nutzbaren weiteren Fahrweg. Dadurch eröffnen sich Möglichkeiten des getrennten Passierens der Brücke von Fahrzeugen und Fußgängern.

In diesem Schülermodell finden sich statische Besonderheiten, die in vergleichbarer Weise in der Eisenbahnbrücke von Lausanne (Schweiz) wiederzufinden sind – angefangen mit dem Verwenden von Rundbogen über die Integration von Tunnelelementen und Geländern bis hin zum Bau einer zweiten Fahrebene. Trotz dieser Parallelen ist das Schülermodell keine Kopie der Brücke in Lausanne. Die Papierbrücke zeichnet sich durch ihre mit Liebe zum Detail gestaltete Form aus, ist jedoch in ihren Fahrwegen (vor allem im mittleren Tunnelelement) beschränkt. Das Brückenbauwerk in Lausanne überzeugt indes durch seine Funktionalität, mit einer Ebene für Kraftfahrzeuge und Fußgängern und einer zweiten für den Schienenverkehr. Somit ist die Papierkonstruktion eine gelungene Variante von im Bauwesen vorhandener Elemente. Vor diesem Hintergrund ist zu fragen, in welcher Form beim Bau dieses Konstruktes eine Verschmelzung von innerer und äußerer Welt fassbar wird.

Spielerische Erkenntnisprozesse (Transkript Nr. 5)

In dem Modell, das zwei Mädchen (Lw: 8,4 Jahre; Mw: 8,6 Jahre; beide ohne Migrationshintergrund) der Klasse 2c (Schule A) angefertigt haben, ist eine Vielzahl von statischen Elementen realer Brückenbauten enthalten. Dies reicht vom Erstellen von Säulenkonstruktionen über das Integrieren von Rundbogen und Brückengeländern bis hin zur Anfertigung eines Unterbaus. Von Interesse ist, welche spielerischen Momente mit der Herstellung der Papierbrücke einhergehen und welche Elemente kindlichen Spielens dazu beitragen, den Konstruktionsprozess produktiv zu entfalten.

5	Lw:	((nickt)). Mhm. ((...)) Ich weiß es.
6	Mw:	Ich auch.
7	Lw:	((legt zwei Blätter Papier der Länge nach aneinander, holt
8		Klebeband und reißt ein Stück ab)).
9	Mw:	((nimmt Klebeband)). Ich halte fest.
10	Lw:	((legt die zwei Blätter am kurzen Rand etwas übereinander
11		und klebt sie mit einem Streifen Klebeband zusammen)).
12	Mw:	((stellt das Klebeband ab)). Das stellen wir mal hier oben hin.
13	Lw:	((nimmt ein weiteres Blatt Papier, holt eine Schere und reicht
14		sie Mw, deutet mit dem Finger eine Schnittlinie der Län-
15		ge des Blattes nach an)). Wir brauchen einen kleinen Streifen.
16	Mw:	((beginnt zu schneiden, reicht dann das Blatt an Lw weiter)).
17		Schneide du mal.
18	Lw:	((schneidet einen ca. 4 cm breiten Streifen von ihrem Blatt
19		ab)).
20	Mw:	((nimmt Lw den zurechtgeschnittenen Papierstreifen aus der
21		Hand)). Das ist gar nicht so leicht.

Die Interakte 1 bis 59 zeigen, dass sich der Prozess des Suchens und Reflektierens in abgrenzbare Phasen unterteilen lässt. In einer ersten Phase (Interakte 1–20) wird deutlich, dass die von der anleitenden Person formulierte Aufgabenstellung (Interakte 1–4) die Schülerinnen zu intuitiven Bauversuchen anregt (Interakte 5–19), wie das spontane »Ich weiß es« (Interakt 5) zeigt. Mit der Äußerung, dies sei »gar nicht so leicht« (Interakt 21), beginnt eine zweite Phase des Konstruktionsprozesses. Dies zeigt sich darin, dass die Kinder unterschiedliche Lösungsmöglichkeiten gegenüberstellen und diese beim Schneiden des Papiers erproben (Interakte 22–59). Das zunehmend spezifischer werdende Vorgehen findet im Entstehen einer Tunnelkonstruktion ihren Ausdruck, die aus einer Grundfläche und mehreren in einem Rundbogen geklebten Blättern besteht. Für Mw ist die Aufgabenstellung damit gelöst: »Fertig« (Interakt 60). Durch die Fragestellung der anleitenden Person, ob die Fläche oberhalb des Tunnels befahren werden könne (Interakte 66–67), gelangen die Kinder wieder auf die erste Ebene intuitiver und nicht ganz ernst gemeinter Versuche (Interakte 68–75), was sich durch das Lachen von Mw äußert (Interakt 68).

78	Lw:	[...] Wir kleben etwas drüber.
79	Mw:	Stimmt.
80	Beide:	((nehmen sich jeweils ein Blatt Papier und falten es über die
81		Breite)).
82	Mw:	((deutet auf die gefaltete Linie)). Da müssen wir hier schnei-
83		den und die dann oben auf den Tunnel legen. Dann wird das
84		fester. ((Kinder schneiden die Blätter entlang der gefalteten
85		Linie auseinander)). So wird das fester.
86	Lw:	((legt mehrere der zugeschnittenen Papiere auf den Bogen,
87		lässt ein Spielzeugauto auf der verstärkten Stelle hin und her
88		fahren, erklärt und demonstriert das Vorgehen)). OK, wir neh-

89		men zwei Stück Papier. Das müsste gehen. ((Lw stellt das
90		Spielzeugauto auf die verstärkte Stelle)).
91	Mw:	((legt ein weiteres Blatt Papier auf die bereits verstärkte Stelle
92		und stellt das Fahrzeug darauf)). Das hält.

Die voranstehenden Interakte verdeutlichen, dass sich aus den spontanen Versuchen und dem Feststellen der unzureichenden Stabilität des Modells (Interakte 68, 71) eine produktive Idee entwickelt (Interakt 78), die zur Hypothese ausformuliert (Interakte 82–84), im Test geprüft (Interakte 86–90) und durch einen erweiterten Lösungsansatz modifiziert wird (Interakte 88–89). Damit zeigt sich eine neue Ebene erkenntnisorientierten Tuns, in der Phasen des Ausprobierens (Interakte 69–70, 72–78, 87–88, 89–90, 92, 103–104) mit Phasen des Überprüfens (Interakte 80–81, 82–85, 86, 88–89, 91, 95–98) wechseln, wobei sich die verbalen Anteile auf kurze Kommentare wie »das hält« (Interakt 92) oder »das hält besser« (Interakt 93) beschränken. Die handlungsbezogenen Anteile zeigen sich in Situationen der unspezifischen Exploration (Interakte 69–78, 99–100), der spezifischen Exploration (Interakte 78–85, 88–89, 91, 101–102) und in Phasen des Überprüfens (Interakte 86–88, 90, 92, 103–104). Dabei wird deutlich, dass dieser Prozess nicht linear verläuft, sondern ein ständiges Zurückkehren zur eingangs formulierten Fragestellung (Interakte 66–67) erforderlich macht. Hierdurch eröffnen sich neue Lösungswege (Interakte 99–102).

108	Lw:	Das hält dann besser, guck mal.
109	Mw:	Ja, stimmt. Gut.
110		((Kinder rollen und kleben Stützpfeiler)).
111	Lw:	((zeigt Mw, wie man die Pfeiler mit Klebeband im Tunnel-
112		inneren befestigen kann. Kinder bringen zwei Pfeiler am vor-
113		deren Ende des Tunnels an)).
114	Mw:	((drückt die entsprechend verstärkte Stelle des Tunnels mit
115		einer Hand nach unten)). Das hält.
116	Mw:	((stellt ein Spielzeugauto auf die Konstruktion)). Hält.
117	Lw:	((nimmt sich ein Blatt Papier)). In der Mitte muss noch ein
118		Pfosten hin.

Es zeigt sich, dass die Kinder Einsichten aus realen Erfahrungen beim Schneiden, Falten und Kleben entwickeln. Fassbar werden die Erkenntnisprozesse, wenn die Schülerinnen eigene Vermutungen äußern (Interakt 108), ihre Ideen überprüfen (Interakte 114–115) und Zusammenhänge verbalisieren (Interakte 117–118). Dass sie dabei an eine Art Anfangsstelle der Suchbewegung zurückkommen, wird deutlich, als die Mädchen auf ein Problem stoßen (Interakte 130–142), das sie in veränderter Form bereits zuvor gelöst hatten (Interakte 76–99). Diese Rückkehr zum Ausgangspunkt geht mit einem Erfahrungszuwachs einher, wodurch die neu ansetzende, produktive, aber auch unberechenbare Suchbewegung eine andere als die vorhergehende ist. Auf jeden Fall haben die Kinder etwas dazugelernt. Sie gelangen gewissermaßen mit neuen Erkenntnissen an den Ausgangspunkt zurück (Interakt 125).

145	Lw:	((deutet mit den Händen eine Art Geländer an)). Ah hier, …
146		das hier, … ähm, …, dass sie nicht runterfahren, die Autos.
147		((Kinder nehmen sich erneut Papierstücke und Scheren)).

148	Mw:	Wir können ja so einen Streifen hinmachen.
149	Lw:	((modelliert aus einem ca. 1 x 4 cm großen Papierstreifen ei-
150		nen Pfosten, zeigt diesen Mw)). Mhm.
151	Mw:	Was machst du denn da? Da müssen wir Streifen dran kle-
152		ben ((bringt an einem ca. 3 x 15 cm langen Papierstreifen
153		Klebeband an)).
154	Lw:	((befestigt mit Klebestift einen Pfosten auf dem Tunneldach,
155		weist auf weiteres Vorgehen hin)). OK, guck hier, da zwei hin
156		und da zwei hin.
157	Mw:	Mhm. Pfosten, ... ach so.

Die Einzigartigkeit des Welterlebens der Kinder zeigt sich in den voranstehenden Interakten. Lw und Mw können nicht nur deshalb als verschiedenartig betrachtet werden, weil sie unterschiedliche Probleme in der Situation wahrnehmen (Interakte 130, 143–144), sondern auch, weil es verschiedene Wege zur Antizipation desselben Problems gibt (Interakte 151–157). Jede von ihnen betrachtet den Vorschlag, ein Geländer zu errichten, mit den Augen ihres Systems persönlicher Konstrukte. Dies wird deutlich, als Lw Pfosten zur Begrenzung der Fahrbahn erstellt (Interakte 149–150), während Mw Leitplanken fertigt (Interakte 151–153). Die Mädchen unterscheiden sich darin, wie sie ihr Konstrukt interpretieren, was sie für bedeutsam an ihm halten und welche Implikationen sie in ihm vermuten. Zum Ausgang der Interaktion wird deutlich, dass die je unterschiedlichen Assoziationen geteilt werden können, wenn die Schülerinnen die Idee der Partnerin zusammen mit der eigenen vernetzen (Interakte 158–169). Als bedeutsam in diesem Prozess zeigt sich das Erkennen und Verstehen der jeweils anderen Konstruktionsidee (Interakt 157).

165	L:	Habt ihr euch schon überlegt, wo das Wasser durchfließen
166		könnte?
167	Mw:	((lacht, deutet auf die untere Hälfte des Tunnels)). Ich würde
168		ja hier irgendwo ein Loch rein machen.
169		((Kinder betrachten ihre Konstruktion)).
170	Lw:	Hm.
171	Mw:	Unten drunter. Mit zwei Stützen ging doch das ((hebt die Kon-
172		struktion etwas vom Tisch ab)). Dass es so steht.
173	Lw:	((ist ratlos)). Ffff. Ja.
174	Mw:	Gut. ((...)) Brauchen wir aber lange Stützen.
175		((Kinder nehmen sich Material)).
176	Lw:	Das wird aber eine große Brücke.

Die Fragestellung der anleitenden Person (Interakte 165–166) führt auf der einen Seite zur Ratlosigkeit von Lw (Interakte 170, 173) und stößt auf der anderen Seite Assoziationen bei Mw an, die eher spaßhaft formuliert werden (Interakte 167–168), was sich am Lachen des Mädchens zeigt (Interakt 167). Damit wird deutlich, dass die Kinder abermals in eine Art Ausgangssituation unspezifischen Suchens gelangen, was sich bereits in den Interakten 5 bis 19 sowie 131 bis 142 im Anschluss an die von der anleitenden Person (Interakte 1–4) bzw. von den Kindern (Interakt 130) formulierte Fragestellung zeigte. Wie bereits in den Situationen zuvor greifen die Schülerinnen ihren ersten Impuls auf und konkretisieren diesen zunehmend (Interakt 171: »zwei Stützen«; Interakt 174: »lange Stützen«). Dass sich Lw zunächst schwer tut, die Assoziationen von Mw nachzuvollziehen, zeigt ihre Ratlosigkeit (Interakt

173), bis sie das antizipierte Bild in eigene Worte fasst (Interakt 176) und mit neuen Ideen weiterentwickelt (Interakte 182–183, 187–191). Dies zeigt, dass solche Prozesse zögerlich beginnen können, um zunehmend heftiger zu werden.

178	Mw:	((schneidet Papier in Streifen)). Da gibt es doch diese, ähm, ...
179		große, lange Straße von China.
180	Lw:	((winkt ab)).
181	Mw:	Stützen bauen.
182	Lw:	((probiert die erste Stütze unter dem Tunnel aus, nimmt sich
183		anschließend zwei weitere Blätter Papier)).
184	Mw:	Viele Stützen, sonst hält das nicht.
185	Lw:	((klebt die Blätter der Länge nach zusammen)).
186	Mw:	Muss da oben bleiben.
187	Lw:	Jetzt halt mal hoch ((hebt die Konstruktion an. Kinder setzen
188		die Konstruktion mit den ersten beiden fertigen Stützpfeilern
189		auf den neu erstellten Papierstreifen. Während Mw die Kon-
190		struktion weiterhin hält, bastelt Lw an zwei zusätzlichen Stütz-
191		pfeilern)). Das ist noch nicht stabil genug.

Die Interakte 178 und 179 zeigen, dass Mw frei assoziiert, was in einer Art Wortspiel fassbar wird. Wörtlich greift Mw den Begriff »groß« von Lws Assoziation (Interakt 176) auf und verknüpft hiermit die »große, lange Straße von China« (Interakte 178–179). Das Innehalten beim Sprechen zeigt, dass das Mädchen ihre Gedanken im Prozess der Konstruktion formt. Einen solchen Impuls als spielerisches Moment werten zu wollen, wäre zu weit gegriffen, da der Augenblick nur sehr kurz andauert. Es zeigt sich aber, dass dieser Impuls produktiv im Konstruktionsprozess wirksam wird, als die Kinder zwei Rundbogen (Interakte 143–145) und sechs Stützpfeiler (Interakte 194–198) im Unterbau erstellen. Kontinuierlich verfolgen sie dabei die grundlegende Frage nach Stabilität und Tragfähigkeit des Modells (Interakte 184, 191), ein Aspekt, der die Kinder seit Beginn ihres Konstruktionsprozesses beschäftigt (Interakt 68).

213	Kind 2:	Da unten ist das Wasser. Duuuuh ((imitiert das Geräusch ei-
214		nes Dampfers und greift mit seiner Hand durch den unteren
215		Tunnel, als würde ein Schiff darunter durchfahren)).
216	Lw:	Ja.
217	Mw:	Ja.
218	Kind 2:	Cool. Das ist ja ne Brücke mit zwei Straßen ((nimmt sich ein
219		Spielzeugauto und lässt dieses über die Brücke fahren)).
220		Tuuut. Ich komme. Weg da ((zu einem entgegenkommenden
221		Fahrzeug))!

Nach dem Läuten der Pausenglocke (Interakte 207–208) sind spielerische Augenblicke zu erkennen. Dies zeigt sich im Nachahmen von Geräuschen eines Dampfers (Interakt 213) und der Hupe eines Fahrzeuges (Interakt 220), begleitet vom Bewegen der Hand (Interakt 214) oder des Spielzeugautos (Interakt 219). Diese Momente vermitteln den Eindruck, dass die Kinder für wenige Augenblicke in eine Spielbewegung geraten. Auffallend ist, dass solche Momente erst nach dem Ertönen der Pausenglocke und dem Hinzustoßen weiterer Kinder auftreten. Dies kann verschiedene Ursachen haben. Einerseits lässt sich argumentieren, dass die Schülerinnen erst nach Beendigung der Unterrichtsstunde, respektive nach Erfüllen der vorgegebenen Aufgabenstellung, sich wirklich frei für spielerische Prozesse fühlen.

Andererseits fällt auf, dass sich die Momente kindlichen Spielens just zu dem Zeitpunkt einstellen, als zwei weitere Kinder die Interaktion durch neue Impulse bereichern (Interakte 211, 213–215, 218–221).

Fazit und Ausblick: Schnittmenge zwischen Spiel und Erkenntnis

In diesem Fallbeispiel zeigen sich dominant Prozesse des Verstehens und Prüfens von Funktionsweisen. Dies äußert sich erstens im Formulieren von Problemzusammenhängen, die durch eigenes Erproben gelöst werden, zweitens im Planen und Durchführen von Arbeitsschritten und drittens im Reflektieren der Ergebnisse sowie Verändern der Konstruktionsschritte. Dieser Prozess erfolgt nicht linear, sondern erfordert ein ständiges Zurückkehren zur eingangs gestellten Frage nach Stabilität (Interakte 68, 184, 191). Durch die wiederholte Rückkehr zum Ausgangspunkt vollzieht sich ein Erfahrungszuwachs, denn es zeigt sich, dass jede neu ansetzende, aber auch unvorhersehbare Suchbewegung eine andere als die vorhergehende ist. In jedem Fall haben die Kinder etwas dazugelernt; sie kehren in gewisser Weise ›gebildeter‹ an den Ausgangspunkt zurück.

Im Fallbeispiel wird deutlich, dass sich dieser Prozess in vier wiederkehrenden Phasen vollzieht. Erstens wird eine *Frage- bzw. Problemstellung* formuliert, z. B. wie sich aus Papier eine Brücke bauen lasse (Interakte 1–4), ob Autos über die Brücke fahren können (Interakte 66–67), wo das Wasser unter der Brücke durchfließen könne (Interakte 165–166) oder dass das Errichten von Pfeilern in der Mitte des Tunnels problematisch sei (Interakt 130). Zweitens sammeln die Kinder in einer *Phase unspezifischen Explorierens* Assoziationen, die nicht offensichtlich mit der Fragestellung in Beziehung stehen (Interakte 68–78), aber Hinweise für die Lösung beinhalten. Solche Bemerkungen sind meist scherzhaft formuliert (Interakte 68, 167–168). Drittens werden *eigene Hypothesen* aufgestellt, z. B. »Da müssen wir hier schneiden und die dann oben auf den Tunnel legen. Dann wird das fester.« (Interakte 82–84) oder »viele Stützen, sonst hält das nicht« (Interakt 184; vgl. auch Interakte 117–118; 171; 174). Viertens *überprüfen* die Kinder ihre Thesen, indem sie diese am Modell ausprobieren. Teilweise müssen sie ihre Annahmen angesichts der Ergebnisse verändern, z. B. wenn sie feststellen, dass weitere Stützpfeiler (Interakte 128–129) oder Blätter Papier (Interakte 88–102) notwendig sind, um die angestrebte Stabilität zu erreichen. Damit gelangen die Mädchen zu neuen Erkenntnissen in Bezug auf Zusammenhänge von Stabilität und Belastbarkeit eines Brückenbauwerks.

Auf der Suche nach spielerischen Augenblicken, im Sinne der im Theorieteil dargelegten Definition, finden sich am ehesten Berührungspunkte zum kulturellen Erleben (K3) und zum ästhetischen Phänomen (K4; vgl. u. a. Interakte 213–215, 218–223). Geht man über die bislang erarbeitete Definition kindlichen Spielens hinaus und betrachtet Spiel als etwas ›Unvorhergesehenes‹, dann geraten weitere Aktivitäten in den Blick, z. B. das Konstruieren des Brückengeländers, das von den Mädchen in je unterschiedlicher Weise ausgeführt wird (Interakte 145–157). Es zeigt sich, dass solche Situationen der Differenz dazu beitragen, etwas anderes als das ursprünglich Geplante zu tun und dass dies ohne Vorankündigung geschieht. Zudem wird deutlich, dass im Nachhinein kaum auszumachen ist, was den Impuls zum Wechsel der Perspektive ausmachte. Fokussiert man die Interaktion der zwei Schülerinnen unter dem Blickwinkel des Perspektivenwechsels, so ist es vor allem das Moment der Überraschung, das zur Produktivität im Unterrichtsgeschehen beiträgt, z. B. als das Mädchen erkennt: »Pfosten, ... ach so« (Interakt 157). Zur Spielform gemäß der Kategorie *agôn* (Caillois 1982/1960; vgl. Abschnitt 1.4.1) wird eine solche Situation, wenn sich das Kind für die neue Perspektive öffnet und mit eigenen Bildern im Sinne des spielerischen Wettbewerbs anreichert. Werden solche Momente zugelassen und den Kindern Raum und Zeit zur Entfaltung jeweils andersgearteter Sichtweisen gegeben, kann aus Situationen der Differenz etwas Unvorhergesehenes und Überraschendes entstehen.

Schallübertragung: Fadentelefon (Fall 6)

> **Thema:** Schall
> **Kompetenzerwerb:** Modell eines Fadentelefons bauen, Beispiele für unterschiedliche Formen der Schallübertragung sammeln
> **Jahrgangsstufe:** 1.–2. Schuljahr
> **Gruppengröße:** 2–3 Schüler
> **Material:** Kordel, Schläuche, Geschenkband, Becher, Scheren

Zielsetzungen

Diese Lernumgebung bietet vielfältige Anlässe, sich mit dem Prinzip der Schallübertragung auseinanderzusetzen. Im Umgang mit den zur Verfügung gestellten Materialien sollen die Schülerinnen und Schüler erfahren, was es bedeutet, Schallwellen mithilfe spezieller Mechanismen weiterzuleiten. Dabei entdecken sie, dass Schwingungen, die beim Sprechen entstehen, auf den Boden ihres Fadentelefons übertragen und von dort über eine Kordel, ein Geschenkband oder einen Schlauch bis zum anderen Ende des Telefons weitergeleitet werden. Darüber hinaus sollen die Kinder erkennen, wie sich komplexere Systeme eines Fadentelefons erstellen lassen und welche Gründe für eine besonders gute bzw. schlechte Übertragungsqualität ausschlaggebend sind.

> **Gesprächsleitfaden »Ein Fadentelefon entwerfen«**
>
> 1. Baut mithilfe von Plastikbechern und Kordel ein Fadentelefon.
> 2. Probiert aus, wie man den Gesprächspartner am besten hören kann?
> 3. Wann überträgt das Telefon eure Stimmen nur schlecht oder gar nicht?
> 4. Erprobt auch andere Materialien. Wie gut oder schlecht funktionieren das Geschenkband oder die Schläuche? Und warum ist dies so?
> 5. Probiert aus, ein Fadentelefon für drei oder mehr Gesprächsteilnehmer zu bauen. Was muss man hier beachten?

Fachlicher und didaktischer Hintergrund

Mittels weniger Materialien lassen sich Apparaturen bauen, die Schallwellen weiterleiten. So kann bereits aus Plastikbechern und Kordel ein Fadentelefon erstellt werden. In diesem Setting geht es darum, eigene Erklärungsansätze zum Thema Schall zu untersuchen. Es gilt zu eruieren, wie eine Schallwelle entsteht und wie sich diese von einem Ort zum anderen weiterleiten lässt. Dabei werden die Schülerinnen und Schüler erkennen, dass auch das menschliche Sprechen eine Schallwelle ist. Während eine Person spricht, wird die Luft um den Sprecher herum in Schwingungen versetzt. Die Luft überträgt diese Schwingungen bis an unser Ohr. So können wir die Töne wahrnehmen (Raab, Schwartze & Wittemann 2004). Aus alltäglichen Situationen kennen die Kinder das Phänomen, ein Geräusch zu hören, auch wenn sie weit von der Geräuschquelle entfernt stehen. Die meisten Schülerinnen und Schüler wissen, dass man bei einem Gewitter einen Donner hört, obwohl das Gewitter selbst noch weit entfernt ist. Die Schallwellen brauchen Zeit, um sich in der Luft auszubreiten (Raab, Schwartze & Wittemann 2004).

Im Rahmen der Aufgabenstellung bieten sich vielfältige Gelegenheiten, solche Vorerfahrungen zu vertiefen. So werden die Schülerinnen und Schüler erfahren, dass es der Übertragung durch Medien bedarf, um Schallwellen auch in größerer Entfernung wahrnehmen zu können. Als Schallleiter lernen sie verschiedene feste Stoffe (Plastikbecher, Kordel, Schlauch, Geschenkband) kennen. Diese Stoffe leiten die beim Sprechen entstehenden Schwingungen weiter. Zunächst werden die Schwingungen auf den Becherboden des Fadentelefons übertragen. Nun fängt auch dieser zu schwingen an und überträgt seinerseits die Schwingungen auf die Kordel. Am anderen Ende des Fadentelefons werden die Schwingungen der Kordel wieder auf den Boden des zweiten Bechers weitergegeben. So kann das Kind hören, was der Gesprächspartner gesagt hat. Beim selbsttätigen Erproben des Fadentelefons erfahren die Schülerinnen und Schüler, dass die Schallübertragung nur gelingen kann, wenn Kordel bzw. Geschenkband des Telefons straff gespannt sind.

Lösungen (Schülerprodukte)

Die im Rahmen dieses Settings entstandenen Produkte wurden in Kleingruppen der Klassen 1a und 1b (Schule L) angefertigt und waren in allen Schülergruppen in etwa vergleichbar. Modifikationen beschränken sich auf die zur Herstellung der Sprech- bzw. Hörmuscheln verwendeten Objekte (Größe des Bechers) sowie auf das für die Verbindung zwischen den Muscheln gewählte Material (Kordel, Geschenkband, Schlauch). Auch zeigen sich Unterschiede in Bezug auf die Länge der jeweils gewählten Verbindungsoption. Manche Schülergruppen verknüpfen mehr als nur zwei Hörmuscheln miteinander und erproben die Weiterleitung der Schallwellen durch die Kombination unterschiedlicher Stoffe (z. B. Kordel verbunden mit einem Schlauch). Nachfolgend werden unterschiedliche Schülermodelle vorgestellt.

Einfache Modelle eines Fadentelefons

Eine einfache Lösung eines Fadentelefons erstellt eine Schülergruppe (drei Mädchen: 6,4; 7,2; 7,5 Jahre), indem sie zwei Plastikbecher mittels einer Kordel verbindet. In die Böden der Plastikbecher stechen die Kinder jeweils ein Loch und fädeln eine Kordel durch die Löcher. Die Enden der Kordel fixieren sie in den Plastikbechern mithilfe eines Knotens. In einem zweiten Modell benutzt die Schülergruppe als Verbindung zwischen zwei Bechern ein Stück eines Geschenkbandes. In der Anwendung ihres Fadentelefons variieren die Kinder zwischen einem Sprechen mit straff gespanntem und losem Geschenkband. Für die Erstellung eines weiteren Fadentelefons verwendet die o. g. Schülergruppe einen Plastikschlauch. Diese Variante vergleichen die Kinder mit den Modellen eines Fadentelefons, das sich aus zwei Plastikbechern und einer Kordel bzw. aus zwei Bechern und einem Geschenkband zusammensetzt, indem sie die drei Fadentelefone abwechselnd in ihrer Qualität der Schallweiterleitung überprüfen. Eine andere Schülergruppe (zwei Jungen: 7,3; 7,4 Jahre) erstellt ähnliche Modelle, u. a. ein Fadentelefon mit Schlauch, verwendet jedoch größere Plastikbecher sowie einen etwas dickeren und kürzeren Schlauch, sodass sich längere Distanzen nicht überbrücken lassen. Die Experimente, welche die Kinder mit ihren Modellen durchführen, sind vielfältig. Ein Junge erprobt das Fadentelefon seiner Schülergruppe (Mädchen: 7,2 Jahre; zwei Jungen: 7,0; 7,3 Jahre) in Einzelarbeit, indem er die eine Muschel des Telefons an sein Ohr hält und in die andere hineinspricht. Damit rekonstruiert das Kind eine frühe Form des Kurbeltelefons.

Komplexere Lösungen für Fadentelefone

Eine anspruchsvolle Lösung hat eine Schülergruppe (zwei Mädchen: 7,2; 7,3 Jahre; Junge: 6,9 Jahre) mit der Konstruktion eines über mehrere Stationen gehenden Fadentelefons gefunden. Die Kinder verbinden drei Plastikbecher mit einer Kordel. Alle drei Anschlüsse gehen von einem zentral in der Mitte liegenden Knoten ab, der wie ein Verteiler fungiert. Hierdurch wird die Schwingung, die beim Sprechen im Becher erzeugt wird, über die Kordel auf die zwei anderen Becher übertragen. So ist der Ton an zwei Enden des Telefons zu hören. Mit diesem Modell wird eine sogenannte Verteilerdose nachempfunden, die das gleichzeitige Gespräch mehrerer Personen ermöglicht.

In einem anderen Experiment benutzt eine Schülergruppe (zwei Mädchen: 6,4; 7,1 Jahre, Junge: 6,6 Jahre) zwei einfache Modelle eines Fadentelefons. In dem einen Modell verwenden die Kinder ein Stück Geschenkband als Verbindung zwischen den Bechern, in dem anderen einen Schlauch. Die Dreiergruppe setzt beide Telefone gleichzeitig ein, indem das eine Mädchen in der Mitte als ›Verteiler‹ innerhalb des Telefonsystems fungiert. Da das Fadentelefon mit Geschenkband nicht gespannt gehalten wird, ist die Weiterleitung der Schallwellen in diesem Telefon eingeschränkt. Zwar treffen die Schallwellen auf den Boden des Bechers, der sozusagen als Membran dient und das Geschenkband in Schwingungen versetzt, allerdings treffen diese nur in deutlich reduzierter Form auf den Boden des zweiten Bechers. So sind die Töne bei der Umwandlung der Schwingungen in

Schallwellen kaum zu hören. In welcher Form bei solchen Experimenten spielerische Momente auftreten und zu welchen Erkenntnisprozessen die Schülerinnen und Schüler gelangen, wird am Beispiel eines Transkriptes aus dem ersten Schuljahr untersucht.

Spielerische Erkenntnisprozesse (Transkript Nr. 6)

Nw (6,4 Jahre; ohne Migrationshintergrund), Ow (7,2 Jahre; ohne Migrationshintergrund) und Pw (7,5 Jahre) der Klasse 1b (Schule L) arbeiten in einer Kleingruppe zusammen. Pw weist einen Migrationshintergrund auf. Im Rahmen des Settings erstellen die Mädchen drei Fadentelefone. Ihre Modelle unterscheiden sich im Hinblick auf das verwendete Material. Einmal nutzen die Mädchen ein Stück Kordel, um zwei Plastikbecher miteinander zu verbinden, ein andermal ein Stück Geschenkband und im dritten Fadentelefon einen Schlauch. Beim Erproben der Modelle überprüfen die Kinder die Funktionsfähigkeit ihrer Telefone und vergleichen die verschiedenen Konstruktionsweisen im Hinblick auf die Qualität der Schallweiterleitung. In welcher Form hierbei kindliches Spiel stattfindet, steht im Fokus der nachstehenden Analyse. Parallel dazu wird gefragt, in welchen Zusammenhängen sich Spielmoment und Erkenntnistätigkeit im Konstruktionsprozess der Schülergruppe vermischen.

Dominant zeigen sich zu Beginn der Interaktion Überlegungen zur Logistik (Interakt 11: »Macht jeder ein eigenes Fadentelefon?«; Interakte 14–20: Welche Becher wählen wir aus?). Es wird deutlich, dass für die Entscheidungen der Schülerinnen pragmatische Argumente ausschlaggebend sind (Interakte 19–20: »Weil davon haben wir nicht so viele.«) und dass eine Art Herantasten an das Experiment stattfindet, ohne dass Formen des Spielens oder Erkennens sichtbar werden. Zugleich zeigt sich, dass die Vorerfahrungen der Kinder für die ersten Konstruktionsideen von Bedeutung sind, als Nw für den Bau des Fadentelefons einen »Schlauch« (Interakte 2, 41) verwenden möchte, obwohl von der anleitenden Person mehrmals auf die »Kordel« (Interakte 8, 13) verwiesen wird. Es ist davon auszugehen, dass gemäß der Vorerfahrungen von Nw das Kabel eines Telefons eher einem Schlauch als einer Kordel ähnelt. Eventuell hat das Kind auch bereits die Erfahrung gesammelt, dass die Stimme am anderen Ende eines hohlen Raumes, wie ihn der Schlauch bildet, zu hören ist, wenn man in diesen hineinspricht. Die Kordel indes transportiert – den Vorerfahrungen der Schülerin zufolge – das eigene Sprechen nicht weiter. Solche Gedankengänge finden in dem mehrfachen Verweis auf den Schlauch ihren Ausdruck. Die Ungeduld, das ausgedachte Konstrukt ausprobieren zu können, zeigt sich in der mit Gestik untermalten Frage: »Wann können wir dann so reden?« (Interakt 38), was deutlich macht, dass Nw, das Spielen eines Telefonats bereits gedanklich entwickelt. Hingegen berühren die Aussagen von Ow und Pw in dieser Anfangsphase der Interaktion ausschließlich die sachliche Ebene (z. B. Interakte 60–61: »Das Loch ist zu klein.«) und zeigen kein explizites Potenzial für kindliches Spiel.

105	Nw:	Hallo, M. ((Ow)).
106	Ow:	((hält sich den Becher ans Ohr. Die Schnur ist nicht gespannt,
107		da die Mädchen dicht beieinander stehen)).
108	Nw:	Hast du es gehört?
109	Ow:	Nochmal.
110	Nw:	((geht weiter nach hinten, sodass die Schnur gespannt ist)).
111		Hallo, M. ((Ow)).
112		Es geht.
113	Nw:	Jetzt sagst du was.
114	Ow:	((hält sich den Becher vor den Mund)). C. ((Nw)), war das
115		schön?
116	Nw:	Ja ((spricht in den Becher hinein)).
117	Ow:	OK, dann tschühüss.
118	Nw:	Tschühüss. OK, jetzt ist S. ((Pw)) dran.

Spielerische Augenblicke werden fassbar, als das Konstrukt fertiggestellt ist und Nw ihre Idee vom Telefonieren (Interakte 38–39) umsetzt (Interakte 105–118). Sie tut so, als würde sie ein echtes Telefonat führen. Dabei zeigt sich, dass sie Gesprächsfloskeln benutzt (Interakte 105, 108, 111), die sie in früheren Telefonaten bereits verwendet oder die sie bei Gesprächen der Eltern in ähnlicher Form gehört hat (K3). Im Unterschied zu einem üblichen Telefonat mit größerer Entfernung zwischen den Gesprächspartnern bezieht die Unterhaltung der Schülerinnen die unmittelbare Handlungssituation mit ein (Interakte 114–115). Es wird deutlich, dass sich die kindlichen Spielmomente nicht bei allen Kindern gleichzeitig einstellen, denn bei Ow zeigt sich erst zum Ausgang des Gesprächs ein spielerischer Impuls (Interakt 117). Solche Momente können nur schwer als kindliches Spiel im Sinne der im Theorieteil dargelegten Definition bezeichnet werden. Vielmehr muss von spielerischen Nuancen gesprochen werden, die sich mit Erkenntnisprozessen vermischen, was sich zeigt, als die Mädchen inmitten ihres Rollenspiels die Schnur des Fadentelefons spannen (Interakt 110) und feststellen, dass sie sich nun besser hören (Interakt 112).

120	Ow:	Hallo S. ((Pw)).
121	Nw:	((betrachtet die beiden Mädchen und lacht)).
122	Pw:	Hörst du mich ((die Schnur ist nicht stark gespannt))?
123	Ow:	Ja, ich höre dich ((hält den Becher an ihr Ohr und hält sich
124		das andere Ohr zu)).
125	Nw:	Jetzt müsst ihr noch tschüss sagen.
126	Pw:	Tschüss.
127	Ow:	Tschüss.
128	Nw:	Dann ist die M. ((Ow)) wieder mit mir ((dran)).
129	L:	Wie funktioniert das Fadentelefon, wenn die Kordel nach un-
130		ten durchhängt und wie funktioniert es, wenn die Schnur straff
131		gespannt ist?
132	Nw:	Hier unten so hin hängt ((lässt die Schnur durchhängen)).
133	L:	Wenn die Schnur durchhängt.
134	Nw:	So?
135	Ow:	So? So ist durchhängt ((spannt die Schnur)) und so ist runter
136		hängt ((lässt die Spannung los)).

Dass kindliche Spielmomente mit dem Merkmal des Wiederholens einhergehen, zeigen die Interakte 120 bis 127, als Ow und Pw das zuvor geführte Telefonat (Interakte 105–118) in nahezu identischer Form wiederholen. Wiederum begrüßen

(Interakt 120) und verabschieden (Interakte 126–127) sich die Kinder, wobei es für Nw von Bedeutung ist, dass die beim ersten Telefonat verwendeten Floskeln (Interakte 118–119) auch beim zweiten Mal benutzt werden (Interakt 125). Dies vermittelt den Eindruck, Nw gebe die Spielregeln vor, was sich ebenso darin zeigt, dass das Mädchen für den Wechsel der Gesprächspartner eine Reihenfolge festlegt (Interakte 118, 128). Die Fragestellung der anleitenden Person, ob das Fadentelefon bei durchhängender oder gestraffter Schnur besser funktioniere (Interakte 129–131), beendet den spielerischen Augenblick. In Bezug auf diese Fragestellung sind die Kinder bereits in früheren Interakten zu Erkenntnissen gelangt (Interakte 110, 112), die sie nun jedoch nicht auf den von der anleitenden Person verwendeten Begriff »durchhängt« (Interakt 133) beziehen können. Dies zeigen die Interakte 135 und 136, als Ow mit »durchhängt« eine gespannte Schnur assoziiert (Interakt 135) und mit dem von ihr gewählten Begriff »runterhängt« eine nicht gespannte Schnur (Interakte 135–136). Aufgrund jener Begriffszuordnung gelangen die Kinder zu einer sachlich fehlerhaften Aussage (Interakt 132), obgleich sie den zugrunde liegenden fachlichen Zusammenhang bereits in voranstehenden Interakten richtig erkannt hatten (Interakte 106–110, 112).

154	Nw:	Ich habe dich nicht verstanden.
155	Ow:	Straff ((möchte, dass die Mädchen die Kordel stärker span-
156		nen)).
157	Nw:	Hallo.
158	Pw:	Hallo.
159	Nw:	Geht's dir gut ((Pw vergisst, sich den Becher ans Ohr zu hal-
160		ten))?
161	Pw:	Ja.
162	Nw:	Ja dann, hi. Hi. Also ich wollte dich heute fragen: Wo ist denn
163		die Nicole?
164	Pw:	((vergisst zunächst, den Becher an den Mund zu halten, denkt
165		dann jedoch daran)) Wer?
166	Nw:	Wo ist denn die Nicole?
167	Pw:	Weiß nicht.
168	Nw:	((lacht)). OK. Dann bin, dann bin ich mit der M. ((Ow)) dran.

Die Interakte 154 bis 156 zeigen, dass die Schülerinnen wesentliche Implikationen der Schallweiterleitung erfassen, indem Ow auf das schlechte Verstehen der Partnerin mit stärkerer Spannung der Schnur reagiert und dies auch entsprechend verbalisiert (Interakt 155: »straff«). Dass spielerische Impulse für diesen Erkenntnisprozess von Bedeutung sind, wird deutlich, als die Kinder im Rahmen ihres Rollenspiels die Variante des Sprechens mit gespannter Schnur in Bezug auf die Qualität der Weiterleitung prüfen (Interakte 157–167; vgl. auch 111–118, 120–127). Dabei erweitern sie das bereits zuvor gespielte Telefonat (z. B. Interakt 157: »hallo«) um zusätzliche Elemente (z. B. Interakt 159: »Geht's dir gut?«), womit kulturell anerkannte Gesprächsformen (K3) aufgegriffen werden. Es zeigt sich, dass das Rollenspiel mit der momentanen Unterrichtssituation verknüpft wird (Interakte 162–163), was bei Pw dazu führt, dass sie für einen Augenblick die von ihr gespielte Rolle einer telefonierenden Person vergisst und nicht mehr in ihr Fadentelefon hineinspricht (Interakt 164). Die Aufforderung seitens Nw, die Ge-

Qualitative Hauptuntersuchung: Spielerische Erkenntnisprozesse im Sachunterricht

sprächpartner in einer bestimmten Reihenfolge nochmals zu wechseln (Interakt 168), zeigt einerseits die Bedeutung des Einhaltens von Spielregeln und andererseits die Begeisterung der Mädchen für diese Form des Rollenspiels.

182	Ow:	Mir geht es sehr gut. Hier kann man sich gut verstehen.
183	Nw:	Danke, mir geht es auch sehr gut. Du bist jetzt irgendwie sehr
184		noch lauter.
185	Ow:	Halte dir am besten das eine Ohr zu. Dann verstehst du mich
186		besser ((hält sich währenddessen ein Ohr zu)).
187		Ja, es hat wohl geklappt. Hh es hat wohl geklappt, weil der,
188		ich hatte eben so leise gehört, weil der, der Knoten war ein
189		bisschen zu klein, glaube ich.
190	Ow:	Hh, halte dir bitte nochmal ein Ohr zu. OK? Weil sonst, dann
191		hörst du mich ja richtig, weil du das eine Ohr noch frei hast
192		und dann musst du dir das Ohr zuhalten.
193	Nw:	Ja, du hast recht ((unverständliche Äußerung)). Also
194		tschühüss ((winkt mit einer Hand)).
195	Ow:	((hält sich zunächst den Becher ans Ohr und fängt an zu
196		sprechen, korrigiert sich dann und hält den Becher vor den
197		Mund)). Tschühüss.
198	Nw:	Guck, damit man sich lauter versteht, muss man so machen
199		((spannt die Schnur straff)). Dann versteht man sich lauter.
200		Wenn man so macht, dann hört man sich leiser ((lässt die
201		Spannung der Schnur los)). Das habe ich kapiert.

Das Besondere bei dieser nochmaligen Wiederholung des Rollenspiels ist, dass sich innerhalb ein und desselben Interaktes spielerisches Tun (»Mir geht es sehr gut«) und erkenntnisbezogenes Tun (»Hier kann man sich gut verstehen«, Interakt 182) miteinander verbinden, was zeigt, dass die Schülerinnen die Spielsituation nutzen, um Mechanismen der Schallweiterleitung zu prüfen. Dabei wird deutlich, dass die Erkenntnisse zunehmend spezifischer werden – in Bezug auf die Körperhaltung des Gesprächspartners (Interakt 192), den Aufbau (Interakte 188–189) und die Übertragungsqualität (Interakte 183–184, 199) des Telefons. Zu solchen Aspekten formulieren und überprüfen die Kinder eigene Hypothesen (z. B. Interakte 185–189), wobei sich zeigt, dass die von den Mädchen gewählten Erklärungen (Interakte 190–192, 198–200) die Mechanismen der Schallübertragung in ihren Grundprinzipien richtig wiedergeben. Auf der anderen Seite zeigt sich, dass den Schülerinnen das Verbalisieren der Ursache-Wirkungs-Zusammenhänge schwer fällt, was durch die unvollständigen, durch Gestik untermalten Sätze der Interakte 198 bis 201 fassbar wird.

203	Ow:	Hallo ((spricht in das Telefon zu Pw))?
204	Nw:	Das musst du ((schiebt Pw ein Stück von Ow weg, damit die
205		Schnur gespannt ist)).
206	Ow:	Sag mal hallo ((zu Pw))!
207	Nw:	/ So gerade.
208	Ow:	/ Wir versuchen es mal ...
209	Nw:	/ So, dann wird es lauter.
210	Pw:	((zu Ow durch das Telefon)). Hallo.

Wie in keiner zuvor beschriebenen Form zeigt sich in den Interakten 203 bis 218 die Verknüpfung des Hypothesengenerierens (Interakte 204, 209) mit dem Erproben

147

im spielerischen Rollenspiel (Interakte 206, 210) und einer auf Erkenntnis ausgerichteten Reflexion (Interakt 207). Grundlegend ist die forschende Haltung der Kinder, was sich im Formulieren von Vermutungen zum Prinzip der Schallübertragung (Interakt 209) sowie im Überprüfen der Hypothesen zeigt (Interakte 210–212). Dies erfolgt in Wechselwirkung mit spielerischen Momenten (Interakte 203, 210–218), die einen Teil des experimentellen Vorgehens ausmachen.

297	Nw:	Hallo M. ((Ow)), hallo M. ((Ow)), hallo, wie geht's dir?
298	Ow:	Sehr gut, sehr gut, sehr gut.
299	Nw:	Also, ich möchte hören, wo ist denn die ((unverständliche Äu-
300		ßerung))?
301	Ow:	Die sind im Unterricht nebenan.
302		Tschühüss.
303	Nw:	Nein, noch nicht tschüss. Ich möchte dich noch was fragen.
304		Also, aber das muss geheim bleiben. Das darfst du niemandem verraten. OK?
305		
306	Ow:	OK.
307	Nw:	Hi ((lacht)).
308	Ow:	((lacht)).
309	Nw:	Und ich muss dir noch was ganz Geheimes sagen. Hallo
310		((ahmt eine Fantasiesprache nach)). Hast du es gehört?

Dominant zeigt sich, dass sich das Nachspielen des Telefongesprächs wie ein roter Faden durch das Transkript zieht (Interakte 105–118, 120–127, 181–197, 203–209, 290–312) und dass sich die spielerischen Momente durchweg mit erkenntnisorientiertem Tun vermischen. Fassbar wird dies z. B., als die Kinder mittels ihres Rollenspiels prüfen, ob das zu groß geratene Loch am Boden des Bechers die Übertragungsqualität minimiert (Interakte 293–298). In solchen Zusammenhängen lässt sich nicht von kindlichem Spiel im Sinne der im Theorieteil dargelegten Definition sprechen, eher von spielerischen Rahmungen, die in der Wiederholung je unterschiedliche Nuancen aufweisen. Einmal benutzen die Schülerinnen eine Art Funkersprache (Interakt 290: »Hallo, hallo, hallo«; Interakt 298: »Sehr gut, sehr gut, sehr gut«) und ein andermal eine Fantasiesprache (Interakte 310–313), um die Übertragungsqualität zu prüfen. Damit zeigen sich im ästhetischen Phänomen (K4) Nuancen des Geheimnisvollen, was Nw auch wörtlich zum Ausdruck bringt (Interakte 304, 309).

319	Nw:	Hälahälahäla ((spricht wieder in Fantasiesprache)). Guck, du
320		redest und ich rede, oder? Rede mal rein und ich rede auch
321		rein.
322	Ow:	Eins, zwei, drei.
323	Beide:	Hälahälahäla ((sprechen in ihrer Fantasiesprache in das Tele-
324		fon)).
325	Ow:	Das geht nur, wenn einer zuhört. Jetzt haben wir uns fast gar
326		nicht verstanden.

Mit dem mehrfachen Verwenden der Funkersprache (Interakte 290, 298, 328–329, 331) bzw. Fantasiesprache (Interakte 310, 312–313, 319, 323) zeigt sich, dass Wiederholungen für spielerische Momente bedeutsam sind. Als Ow und Nw beim Sprechen in der Fantasiesprache vergessen, der Partnerin am Telefon zuzuhören (Interakte 319–324), wird deutlich, dass die neue Dimension spielerischer Aktivität

Qualitative Hauptuntersuchung: Spielerische Erkenntnisprozesse im Sachunterricht

(Interakte 319, 323: »Hälahälahäla«) die Rollenspielsituation überlagert. Kulturelles Erleben (K3) reicht in die Interaktion hinein, als die Kinder das Nicht-Zuhören (Interakte 325–326) und Unterbrechen des Gesprächspartners (Interakt 336) als »unhöflich« (Interakt 337) und entgegen ihnen bekannter Gesprächsregeln bewerten. Wie bereits in den Interakten 129 bis 133 wird in Interakt 341 die Spielsituation durch eine Fragestellung der anleitenden Person unterbrochen, wobei der rhetorische Charakter der Frage auffällt (»Geht das besser als die Kordel eben?«). Es zeigt sich, dass die Kinder durch diesen Impuls nicht zum Nachdenken angeregt werden, da die Antwort von Ow in demselben Wortlaut folgt (Interakt 342: »Das hier geht besser als die Kordel«). Zur Reflexion ihres Tuns gelangen die Kinder, als Nw eine Gegenhypothese aufstellt (Interakte 343–344) und diese zusammen mit Ow in einem Versuch überprüft (Interakte 344–349). Dies zeigt die besondere Bedeutung des hypothesengenerierenden Arbeitens für die Aktivierung von Erkenntnisprozessen.

```
367  Ow:    / Dass, dass, dass hier ((im Schlauch)) mehr durch kommt.
368          Hier ((deutet auf den Becher)) kommt das doch raus und die
369          Stimme geht wieder raus.
370  Nw:    ((deutet auf den Becher)). Guck, hier geht die Stimme rein.
371          Wenn ich hier so rede, dann geht die Stimme so durch die
372          Luft rein und wenn er es ans Ohr hält, dann hört er es ja.
373  Ow:    Genau und durch dieses Kordel, weil es ja da durch gehen
374          kann.
```

Beim Überprüfen der Hypothese aus Interakt 342 zeigen die Kinder ein systematisches Vorgehen, indem sie die erstellten Fadentelefone unter Verwendung vergleichbarer Parameter testen und miteinander vergleichen (Interakte 354–363). Wissenschaftspropädeutisches Tun deutet sich an, als die Schülerinnen explizit darauf hinweisen, dass der Vergleich nur gelingen kann, wenn beide Testerinnen in derselben Lautstärke (Interakt 355) und unter Verwendung desselben Silbenlautes (Interakt 354) ihren Test durchführen. Dies zeigt den wissenschaftspropädeutischen Anspruch, durch Nutzen möglichst konstanter Parameter zu einem validen Ergebnis zu gelangen. Mit dem Stottern von Ow (Interakte 367–369) wird jedoch deutlich, dass den Kindern das Verbalisieren der Ergebnisse schwer fällt und es zeigt sich zudem, dass die Versprachlichung allein auf der Ebene von Alltagssprache erfolgt (Interakte 371–374).

```
382  Nw:    ((zu Pw)) Was machst du denn heute?
383  Pw:    Einkaufen ((spricht in den Becher hinein)).
384  Beide: ((lachen)).
385  Ow:    Ich lege schon mal die Sachen bereit.
386  Nw:    Was willst du denn kaufen ((zu Pw))? Willst du auch Essen
387          einkaufen? Ich soll Essen einkaufen? Aha, aha.
388  Ow:    Beim Geschenkband hört man, hört man bestimmt gar nichts.
```

Eine veränderte Form des gespielten Telefonats zeigt sich in den Interakten 382 bis 402, indem die Mädchen mit dem »Einkaufen« (Interakt 383) ein Thema für ihr Telefongespräch festlegen. Die leichte, spontane Art, mit der sich die Assoziationen im Telefonat ergeben (Interakte 386–387), lässt die Freude von Nw an diesem Rollenspiel erkennen. Dass nicht alle Kinder der Kleingruppe gleichermaßen in eine

Spielbewegung geraten, zeigt die betont sachliche Haltung von Ow, die logistische Aspekte der Aufgabenstellung überdenkt (Interakte 385, 394–395) und Hypothesen formuliert (Interakt 388). Es wird deutlich, dass Nw mit immer neuen Impulsen (Interakt 391: Klingelzeichen) das Spiel in Gang hält, während Pw versucht das Spiel der Partnerin zu beenden (Interakt 400: »Müssen wir jetzt nicht auflegen?«). Diese Art von Fragehaltung lässt vermuten, dass Pw das Herumalbern der Partnerin unangenehm ist. Auch ist möglich, dass der klassische Charakter einer Unterrichtsstunde mit vorgegebener Aufgabenstellung und anschließender Bearbeitung bei Pw derart verankert ist, dass sie kindliche Spielmomente nur in Nuancen zulässt. Wird von Nw ein Spielimpuls gegeben (Interakte 386–387, 391, 397, 399), verebbt dieser bei Ow und Pw fast unmittelbar (Interakte 385, 388, 390, 392, 394–395, 398, 400).

430	Pw:	Ich weiß, was ich mache. Das macht Spaß ((nimmt sich die
431		Schere und möchte das Geschenkband kräuseln)).
432	Nw:	Ich will auch mal ((das Geschenkband kräuseln)).
433	Pw:	Mach erst mal deine Arbeit.
434	Nw:	Ey!
435	Pw:	Das macht man, wenn man jemandem, wenn man ein Ge-
436		schenk für jemand macht. Z. B., wenn man auf einen Geburts-
437		tag geht. Da macht das die Mama immer. Aber nicht gerade
438		richtig ((deutet auf ihr Geschenkband)).
439	Ow:	((lacht)). Habe so viele Knoten rein ((gemacht)). OK ((der
440		Knoten ist groß genug, dass das Geschenkband in dem Be-
441		cher fixiert ist)).
442	L:	OK, wie weit seid ihr ((zu Pw und Nw))?
443	Ow:	Soll ich das ((Geschenkband durch den Becher)) machen ((zu
444		Nw))?
445	Nw:	Ich mache gar nichts ((lacht)).
446	Pw:	Ich mache meine Arbeit hier ((Geschenkband kräuseln)).
447	Nw:	Das ist dein Arbeitsgeschenk ((lacht)).

Dass Spaß und Arbeit in einem ambivalenten Verhältnis zueinander stehen, bringen die Kinder in den Interakten 430 bis 447 zum Ausdruck. So mache gemäß Pw das Kräuseln eines Geschenkbandes »Spaß« (Interakt 430), stelle jedoch im Sinne der Aufgabenstellung keine zweckvolle »Arbeit« (Interakt 433) dar. Als dasselbe Mädchen abermals das Geschenkband kräuselt und sagt: »Ich mache meine Arbeit hier« (Interakt 446), zeigt sich der Wechsel der Perspektive. Ein und dieselbe Tätigkeit wird einmal als Arbeit assoziiert (Interakte 435–437), und ein andermal von der Arbeit explizit abgegrenzt (Interakt 433). Dabei zeigt sich der Kontext als entscheidend: Während das auf das Verpacken eines »Geschenk[s]« ausgerichtete Tun mit »Arbeit« assoziiert wird, sei dasselbe Tun in der Herstellung eines Fadentelefons keine »Arbeit«. Zudem wird deutlich, dass die jeweils handelnde Person einen Unterschied macht: Während das Tun der Mutter mit »Arbeit« assoziiert wird, sei das eigene Tun hingegen »nicht gerade richtig« (Interakte 437–438). Solche Assoziationen sind mit einem Wechsel der Perspektive verbunden und führen mit dem Erfinden des Begriffes »Arbeitsgeschenk« (Interakt 447) zu einem Neologismus. Somit trägt der Perspektivenwechsel zu einer Art Wortspiel bei. Wie bereits in vorangehenden Interakten zeigt sich, dass solche spielerischen Impulse durch die Anweisungen der anleitenden Person (Interakte 448–451) in eine sachbezogene Reflexion überführt werden (Interakte 452–554, 555–559).

Erkenntnisbezogene Momente werden sichtbar, als die Modelle hinsichtlich ihrer Funktionsfähigkeit verglichen werden und die Kinder z. B. feststellen, »die Schnüre müssen gespannt sein. Nur dann werden die Stimmen durch die Schnur weitergeleitet. Das vibriert so in der Schnur und kommt dann hier an. Aber nur, wenn wir es spannen« (Interakte 636–639). Solche Interakte zeigen, dass die Mädchen verstanden haben, wie Schwingungen, die beim Sprechen entstehen, von einer gespannten Schnur übertragen werden. Mit ihren Formulierungen »durch die Schnur weitergeleitet« und »vibriert so in der Schnur« verbalisieren sie zentrale Aspekte der Schallweiterleitung mittels fester Stoffe. Sie erkennen, dass in der Verbindung der weiterleitenden Stoffe keine Unterbrechungen auftreten dürfen (Interakte 593–596). In diesen Interakten wird deutlich, dass die Schülerinnen die Funktionszusammenhänge des Schalls in Alltagssprache beschreiben und dass solche erkenntnisbezogenen Reflexionsphasen von spielerischen Nuancen umrahmt sind (Interakte 499–508, 587–605). Dies zeigt die enge Verbindung von Spiel und Erkenntnis in diesem Fallbeispiel.

```
593  Ow:  Bisschen zu groß ((das Loch im Becher)), aber das macht
594       nichts. Das kann man auch machen. Man kann auch ein ganz
595       großes Loch haben und dann einfach den Faden rein machen
596       und dann einfach Knete drum machen.
597  Nw:  Heja, heja,
598  Pw:  Schon wieder du?
599  Nw:  Ich wollte nur basteln.
600  Pw:  Tschüss.
601  Nw:  S. ((Pw)), jetzt lass das doch mal. S. ((Pw)), ich meine es
602       ernst. Ich kann ganz schön böse werden. ((...)) Hallo.
603  Pw:  Huuh.
```

Die Interaktion der Kinder als Spiel im Sinne der im Theorieteil vorgenommenen Definition bezeichnen zu wollen, wäre zu weit gegriffen. Geeigneter erscheint die Bezeichnung des ›spielerischen Augenblicks‹ in Form des Rollenspiels, um die Impulse zutreffend zu klassifizieren. Dass in solche Augenblicke erkenntnisbezogene Momente hineinreichen, zeigt sich sowohl beim Nachspielen eines Telefonats als auch beim Ausprobieren einer Fantasie- und Funkersprache. Dabei werden die spielerischen Augenblicke einmal als Quatschmachen (Interakte 297–312, 327–337, 587–605) und ein andermal als Mittel und Zweck zum Prüfen der Übertragungsqualität (Interakte 105–118, 120–127, 157–168, 181–197, 203–217) fassbar. Dass auch der Spielform des Quatschmachens eine Ernsthaftigkeit anhaften kann, wird in den Interakten 601 und 602 explizit formuliert. In allen genannten Varianten des Rollenspiels ist die kulturelle Dimension (K3) zu finden, die sich im Nachspielen von Begrüßungs- und Verabschiedungsformen verortet, mit »Hallo« (insgesamt 33mal, u. a. Interakte 105, 111, 120, 137, 139, 157, 158), »Geht's dir gut?« (sechsmal, Interakte 140, 159, 178, 181, 289, 517), »sehr gut« oder »Danke, mir geht's gut« (viermal, Interakte 183, 289, 328, 518), »Tschüss« (insgesamt 16mal, u. a. Interakte 117, 118, 126, 127, 194, 197, 217) und der Höflichkeitsform »Danke« oder »Danke sehr« (fünfmal, Interakte 183, 289, 328, 329, 518). Unter solche spielerischen Augenblicke mischt sich nahtlos die Erkenntnistätigkeit der Kinder (Interakte 108–112, 182–192, 198–201, 204–209, 293–296, 367–374, 388, 593–596).

Fazit und Ausblick: Schnittmenge zwischen Spiel und Erkenntnis

Im Rahmen des Fallbeispiels wird das Prinzip der Schallübertragung in zentralen Aspekten von den Schülerinnen erfasst. Im Umgang mit den zur Verfügung gestellten Materialien erfahren die Kinder, was es bedeutet, Schallwellen mittels eines sogenannten Fadentelefons zu übertragen. Sie erkennen, dass Schwingungen, die beim Sprechen entstehen, über eine Kordel, ein Geschenkband oder durch einen Schlauch bis zum anderen Ende des Telefons weitergeleitet werden. Durch Ausprobieren erfahren die Kinder, dass die Übertragungsqualität des Telefons höher ist, wenn die Schnur straff gespannt ist (Interakte 198–199); indes ist die Stimme der Gesprächspartnerin schlechter zu hören, wenn die Schnur nach unten durchhängt (Interakte 200–201). Darüber hinaus gelangen die Schülerinnen zu der Erkenntnis, dass manche Stoffe den Schall besser weiterleiten (Interakt 558: Schlauch; Interakt 559: Schnur) als andere (Interakt 555: Geschenkband) und sowohl Luft (Interakte 371–372) wie auch feste Stoffe (Interakte 373–374) Schallwellen transportieren können. Diesen Erkenntnisprozessen liegen Phasen des selbsttätigen Experimentierens zugrunde, in deren Rahmen die Kinder Thesen formulieren (Interakte 204–207), die sie am eigenen Modell überprüfen (Interakte 208–209).

In diesem Fallbeispiel zeigen sich unterschiedliche Formen spielerischer Aktivität. Formen des Rollenspiels mit Nachspielen eines Telefonats unter Verwendung kulturell anerkannter Gesprächsformen lassen sich ebenso erkennen wie das Fantasiespiel mit selbst erdachter Sprache. Zentral ist in allen Spielsituationen der Perspektivenwechsel, der mit dem Anwenden vertrauter Zusammenhänge in neuen Kontexten einhergeht. Dabei zeigt sich, dass die spielerischen Impulse wiederholt durch äußere Einflüsse unterbunden werden, sei dies die Aufforderung durch die anleitende Person, eine bereits begonnene oder neue Aufgabenstellung auszuführen (Interakte 314–315, 364–365, 404–405), oder auch das Einlenken der Kinder selbst, man müsse die vorgegebene Aufgabe fortführen (Interakte 439–441). Hinsichtlich der Spieltätigkeit der einzelnen Mädchen werden Unterschiede deutlich. Während für die eine Schülerin (Pw) fast keine Spielbewegungen auszumachen sind, gehen von ihrer Partnerin (Nw) immer wieder neue spielerische Impulse aus. Pw ist in Spielaktivitäten nur eingebunden, wenn eine ihrer Partnerinnen sie explizit dazu auffordert. Auf der Grundlage des vorliegenden Datenmaterials lässt sich nicht beurteilen, welche Gründe hierfür ursächlich sind (vgl. auch Abschnitt 4.4.1).

Als roter Faden durchziehen Facetten des Rollen- und Fantasiespiels gemäß des *mimicry* (vgl. Abschnitt 1.4.3) das gesamte Transkript. Fassbar werden die spielerischen Momente als selbst-inszeniertes Telefonat zwischen zwei Interaktionspartnern, das vergleichbar im realen Leben stattfinden könnte (z. B. Interakte 382–393). Im inszenierten Telefonat vermischen sich spielerische Nuancen mit erkenntnisorientierter Tätigkeit, beispielsweise wenn die Schülerinnen beim gegenseitigen Begrüßen feststellen, dass die Schallwellen vom Telefon mit Schlauch besser als vom Telefon mit Kordel weitergeleitet werden. Daraus formt sich die Erkenntnis, dass auch feste Stoffe den Schall transportieren können, die Schallübertragung in der Luft jedoch am besten gelingt (Interakte 370–374). Eine neue Facette spielerischer Aktivität zeigt sich mit dem Spaßspiel gemäß der Kategorie *ilinx* (vgl.

Abschnitt 1.4.4). Diese Form des Spielens trägt dazu bei, dass die Kinder ihrer Fantasie freien Lauf lassen, Dinge umdeuten und z. B. in Form eines Wortspiels einen Neologismus kreieren (Interakt 447). Grundlegend hierfür ist der Perspektivenwechsel, der sich im gedanklichen Durchspielen von Ideen und Möglichkeiten zeigt. Fassbar wird dies auf der Ebene des Verbal-Kognitiven als Pendant zum Handlungsbezug des Material- und Experimentierspiels.

4.5 Fazit: Die innere Dialektik von Spiel und Erkenntnis

Die abschließende Diskussion der Ergebnisse beleuchtet die Einzelfälle vor dem Vergleichshorizont der anderen Fallbeispiele. Drei Denkanreize stehen in der Analyse im Fokus.

1. Welche Facetten einer Schnittmenge von Spiel und Erkenntnis zeigen sich im gezielten Fallvergleich?
2. In welchen Aspekten liegt der Unterschied der Fälle?
3. Welche Momente kristallisieren sich heraus, um spielerische Erkenntnistätigkeit in unterrichtlichen Prozessen beurteilbar zu machen?

Ziel der Analyse ist es, Dimensionen einer Schnittmenge von Spiel und Erkenntnis im Sachunterricht sichtbar zu machen und zu ergründen, inwieweit eine Abgrenzung gegenüber Aspekten außerhalb dieser Schnittmenge möglich ist. Im gezielten Fallvergleich wird die Unterschiedlichkeit der Fälle herausgearbeitet, um die Bandbreite von Facetten spielerischer Erkenntnistätigkeit aufzuzeigen. Dies geschieht in drei Schritten. Erstens wird auf der Grundlage der Falldarstellungen geklärt, inwieweit die im Theorieteil dargelegten Kriterien kindlichen Spielens als Ausgangspunkt zur Klassifizierung spielerischer Erkenntnistätigkeit im Sachunterricht zugrunde gelegt werden können (Abschnitt 4.5.1). Zweitens werden vor dem Vergleichshorizont anderer Fälle Facetten einer Schnittmenge aus Prozessen des Spielens und Erkennens herausgearbeitet; diese Analyse fokussiert die Unterschiedlichkeit der Fallbeispiele (Abschnitt 4.5.2). Drittens erfolgt eine Abgrenzung gegenüber Aspekten außerhalb der Schnittmenge aus Spiel und Erkenntnis (Abschnitt 4.5.3).

4.5.1 Kindliches Spiel versus spielerische Augenblicke

Ein erster Schritt der Analyse klärt, inwieweit die im Theorieteil erarbeiteten Merkmale kindlichen Spielens (vgl. Tab. 5, Abschnitt 3.3.3) für Kontexte des

Sachunterrichts anwendbar sind. Ausgehend von den Einzelfallanalysen wird gefragt, in welchen Formen die Kriterien Freisein (K1), schöpferische Entfaltung (K2), kulturelles Erleben (K3), ästhetisches Gestalten (K4) und Vertieftsein (K5) in den Ergebnissen sichtbar werden. Im Theorieteil wurde gezeigt, dass das Merkmal des Freiseins (K1) grundlegend ist für kindliches Spiel und sich im Freisein von Zwängen und Verpflichtung äußert (vgl. Abschnitt 1.5). In den empirischen Daten zeigen sich solche Aspekte nur andeutungsweise. Zwar sind Momente erkennbar, in denen die Schülerinnen und Schüler die Zielsetzung der vorgegebenen Aufgabenstellung modifizieren (z. B. Blüte mit Schnurrhaaren und Katzenohren, Fall 1) und den selbst konstruierten Dingen eine eigene Bedeutung zuweisen (Blüte als »Mr. Caty«, Fall 1). Allerdings wird der Anspruch des Freiseins von Zwängen und Verpflichtung damit nur in Nuancen erfüllt. In den Ergebnissen zeigt sich dominant, dass die Aktivitäten der Kinder unterbunden werden, bevor sich aus den spielerischen Impulsen ein Freisein im Spiel entwickeln kann. Solche Unterbrechungen haben unterschiedliche Ursachen, beispielsweise das Klingeln der Schulglocke (Transkript 4, Interakte 530–533) oder die Aufforderung der anleitenden Person (Transkript 6, Interakte 364–365) bzw. der Kinder selbst (Transkript 6, Interakt 400), zur Aufgabe zurückzukehren. Wie gezeigt werden konnte, tritt in keinem der Fallbeispiele das Vertieftsein im Spiel (K5) im Sinne der im Theorieteil dargelegten Definition (vgl. Abschnitt 1.5) auf.

Das Spielmerkmal der schöpferischen Entfaltung (K2) zeigt sich in den Fallbeispielen anhand konstruktiver Formen, wobei nicht auf der Basis vorgegebener Anleitungen reproduziert, sondern vor dem Hintergrund eigener Erfahrungen selbstständig konstruiert wird. Es wird deutlich, dass die Schülerinnen und Schüler ihnen bekannte Zusammenhänge in neuen Kontexten nutzen und eigene Formen finden. Dies zeigt sich im Herstellen einer Blüte mit Augen, Nase, Mund, Ohren und Schnurrhaaren (Fall 1) oder im Bau eines Vogels, dessen Flügel »zusammenschnappt« (Fall 3). Das kulturelle Element (K3) wird im fünften und sechsten Fallbeispiel sichtbar, einmal in der Auseinandersetzung mit Kulturgütern wie der chinesischen Mauer (Fall 5) und ein andermal im Anwenden kulturell anerkannter Gesprächsformen (Fall 6). Das Merkmal des Ästhetischen (K4) ist in den Fallbeispielen in unterschiedlichen Ausprägungen identifizierbar. Im ersten und dritten Fallbeispiel zeigt sich die ästhetische Dimension im Gestalten von Blüten bzw. Flugobjekten, die in Form und Farbe harmonisch aufeinander abgestimmt werden. Beim Brückenbau (Fall 5) zeigt sich das ästhetische Moment in formschönen Bauelementen und im Fallbeispiel zur Brems- und Antriebskraft beim Erzeugen von Geräuschen mit einem mit Streichhölzern gefüllten Luftballon. In den Settings zu den Themen Wasserdruck (Fall 2) sowie Schall (Fall 6) wird das ästhetische Phänomen nur im weiteren Sinne fassbar, beispielsweise als Start einer Rakete oder Erfinden einer Fantasiesprache. Auch kann das Zählen eines Countdowns ästhetische Züge annehmen. Dem in der Spielpädagogik verwendeten Begriff des Ästhetischen im Sinne der Bildhaftigkeit (vgl. Abschnitt 1.5) wird man damit jedoch nur bedingt gerecht.

Neben den hier genannten Bezügen zu Kriterien kindlichen Spielens verbleibt eine Vielzahl von Aktivitäten, die in den Fallbeispielen sichtbar werden und in denen sich spielerische Nuancen vermuten lassen, die sich allerdings mittels der im

Theorieteil dargelegten Kategorien nicht darstellen lassen. Dies zeigt sich vor allem im zweiten Fallbeispiel, das sich keiner der Kriterien (K1–5) eindeutig zuordnen lässt (Abb. 17). Auch die Frage nach der Produktivität spielerischer Aktivität in Unterrichtsprozessen lässt sich auf der Grundlage bisheriger Kategorien nicht beantworten. Die in den Fallbeispielen auftretenden Impulse, die teilweise onomatopoetische Züge aufweisen, dauern nicht länger als ein paar Interakte an, weshalb der Begriff des »kindlichen Spiels« im Kontext des Sachunterrichts an der Grundschule zu weit gegriffen scheint. Zutreffender ist die Bezeichnung ›spielerischer Augenblick‹, die in der Fachliteratur nicht verankert ist und mit dieser Untersuchung neu konstituiert wird. Die Ergebnisse der qualitativen Studie zeigen dominant, dass die spielerischen Augenblicke sich nicht auf die im Theorieteil dargelegten fünf Kriterien kindlichen Spielens reduzieren lassen, sondern die Klassifizierung in neue bzw. erweiterte Kategorien notwendig ist, um kindliches Spiel im Sachunterricht beurteilbar zu machen. Dieser Aufgabe widmet sich der folgende Abschnitt, der als Kernstück der empirischen Analyse zu betrachten ist.

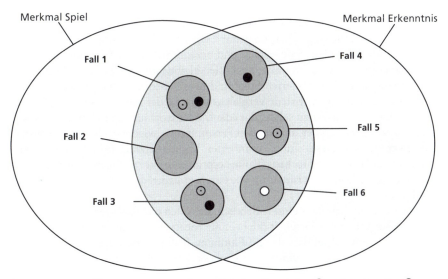

Legende: Freisein ⊜, schöpferische Entfaltung ●, kulturelles Erleben ○, ästhet. Gestalten ⊙, Vertieftsein ● (vgl. Tab. 5, Abschnitt 3.3.3).

Abb. 17: Auftreten der Strukturmomente des Spiels in den Fallbeispielen

4.5.2 Facetten einer Schnittmenge aus Spiel und Erkenntnis

Der zweite Schritt der Analyse arbeitet im gezielten Fallvergleich Merkmale spielerischer Erkenntnistätigkeit im Sachunterricht heraus (Abb. 18) und begründet Kategorien einer Schnittmenge aus Spiel und Erkenntnis (Tab. 10, 11). Auf der Basis der Fallanalysen ist davon auszugehen, dass mit dem Rollen- und

Fantasiespiel (SE1), Material- und Experimentierspiel (SE2), Konstruktionsspiel (SE3) sowie Subspiel (SE4) vier Hauptkategorien einer Schnittmenge aus spielerischen und erkenntnisorientierten Momenten in Erscheinung treten. Das Rollenspiel (SE1) wird sichtbar in den Fallbeispielen Blütenkonstruktion (Fall 1), Ballonrakete (Fall 4) und Fadentelefon (Fall 6). In den Fallbeispielen 1 und 4 zeigen sich nur kurze Augenblicke einer Rollenübernahme, beispielsweise beim Benennen der Blüte als »Mr. Caty« (Fall 1), beim Imitieren der Kommandos eines Piloten oder Abzählen eines Countdowns (Fall 4). Solche spielerischen Impulse wiederholen sich in identischer oder ähnlicher Form, wobei sich im Datenmaterial dominant zeigt, dass mit der Wiederholung neue Spielideen einhergehen und dass dies mit dem Moment der Freude am ›In-die-Hand-Nehmen‹ gekoppelt ist, z. B. beim Hin- und Herbewegen der Ballonrakete durch Berühren, Pusten, Drücken, Schieben etc., um die Funktionsmöglichkeiten des Modells zu prüfen (Fall 4). Wie gezeigt werden konnte, gehen aus diesem Tun Denkanstöße hervor, die sich produktiv auf die Optimierung der Konstruktionsideen der Kinder auswirken. Bei dieser Form spielerischer Erkenntnistätigkeit dominiert der Handlungs- und Gegenwartsbezug.

Eine Variante der Spielform SE1 zeigt sich im Fallbeispiel 6. Hier verschmilzt beim Nachahmen eines Telefonats spielerische Aktivität mit erkenntnisbezogenem Tun, indem die Rollenspielsituation genutzt wird, um die Übertragungsqualität des Fadentelefons zu prüfen. Spielerische und erkenntnisbezogene Impulse fließen in dem Fallbeispiel derart ineinander, dass offen bleiben muss, in welchen Momenten das Erfreuen am selbst kreierten Spiel und in welchen das Überprüfen der Tonqualität dominant ist. Vor dem Vergleichshorizont der anderen Fälle ist das Besondere des Falls 6 darin zu sehen, dass die Kinder trotz häufiger Unterbrechungen durch Fragestellungen der anleitenden Person immer wieder zu ihrem Rollenspiel zurückkehren, um dieses unter veränderter Themensetzung (»Einkaufen«) oder modifizierter Form des Sprechens (Fantasiesprache) weiterzuführen. Die Ergebnisse zeigen, dass die Rollenspielsituation wie ein roter Faden den Konstruktionsprozess durchzieht.

Insgesamt machen die Befunde deutlich, dass sich das Rollenspiel als Kategorie spielerischer Erkenntnistätigkeit (SE1) in die Facetten Wegführen vom Fokus (Fall 1), Perspektivenwechsel (Fall 4) und Einübung (Fall 6) ausdifferenziert und damit Berührungspunkte zum »*mimicry*« (Caillois 1982/1960; vgl. Abschnitt 1.4.3) aufweist. Fassbar wird dies im ›So tun, als ob‹, bei dem das Kind mittels Gestik, Mimik und/oder stimmlicher Laute Rollen nachspielt, die ihm aus anderen Kontexten bekannt sind. Wie gezeigt werden konnte, ist dabei der Handlungsbezug dominant, wohingegen im Fantasiespiel stärker die verbal-kognitive Ebene von Bedeutung ist. Damit ist eine Abgrenzung zu dem in der Literatur etablierten Begriff des Fantasiespiels notwendig. Dort ist der Begriff sehr weit ausgelegt und subsumiert ohne Einschränkung das gedankliche Spiel ebenso wie das ›So tun, als ob‹ (Fritz 2004; Schäfer 1989). Die Fallbeispiele 1, 4 und 6 zeigen jedoch die Notwendigkeit, eine Differenzierung in Handlungselemente (›So tun, als ob‹) und Fiktion (Fantasiearbeit) vorzunehmen. Im Rahmen der Fantasiearbeit bewegen sich die Schülerinnen und Schüler in einem Spektrum zwischen Wirklichkeit und Utopie. Sie setzen vertraute Möglichkeiten in neue Bezüge, entwerfen eigene

Weltbilder, wobei sich Imagination und Einbildungskraft als wichtige Fähigkeiten in der Auseinandersetzung mit der Welt zeigen. Fassbar wird dies vor allem im Fallbeispiel 6, als die Kinder im Rahmen des Sammelns von Assoziationen zum Begriff »Arbeit« einen Neologismus (»Arbeitsgeschenk«) kreieren.

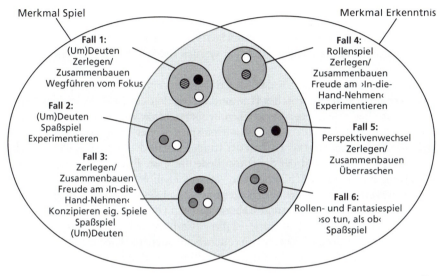

Abb. 18: Merkmalsausprägungen in den Fallbeispielen

Im Vergleich der drei Fälle, in denen Momente des Spielens und Erkennens in Form des Rollenspiels (SE1) fassbar werden, zeigen sich zwischen den Schülergruppen alters-, geschlechts- und migrationsspezifische Unterschiede. Eine Gruppe setzt sich aus einem Mädchen und einem Jungen zusammen (Fall 1), eine aus drei Jungen (Fall 4) und die dritte aus drei Mädchen (Fall 6). Die Jungengruppe ist im Durchschnitt über ein Jahr älter als die Gruppe der Mädchen. Im Anschluss an Menichetti et al. (2006) ist die Kommunikation zwischen den Schülern für Kinder mit Migrationshintergrund von zentraler Bedeutung. Die Ergebnisse zeigen jedoch, dass das Kind mit Migrationshintergrund (Fall 6) kaum in die Interaktion einbezogen wird und dass es nur unter expliziter Aufforderung der Gruppenmitglieder am Rollenspiel teilnimmt, ohne dabei in eine sichtbare Spielbewegung zu geraten. Welche Bedeutung hierfür der migrationsspezifische Hintergrund des Kindes hat, lässt sich auf der Grundlage des erhobenen Datenmaterials nicht beantworten. Hierzu bedarf es entsprechender Anschlussuntersuchungen.

Das Material- und Experimentierspiel (SE2) als zweite Kategorie spielerischer Erkenntnisprozesse zeigt sich in den Fallbeispielen Blütenkonstruktion (Fall 1), Flugobjekte (Fall 3), Ballonrakete (Fall 4) und Brückenbau (Fall 5). Im Fallbeispiel 1 wird die Kategorie SE2 in Form des Zuschneidens und Zusammenfügens von Blütenblättern sowie im Umstrukturieren der Stecknadeln als Spiel mit den Möglichkeiten fassbar. Dabei wird deutlich, dass die Kinder auf ihre Vorerfahrungen zurückgreifen und dass sie ihre Modelle entsprechend der Bilder ihrer Vorstellungswelt gestalten. Zudem zeigen die Ergebnisse, dass an solchen Berührungspunkten von innerer und äußerer Welt spielerische Impulse entstehen, z. B. wenn im Schülermodell Phänomene der äußeren Welt (Blüte mit roten Kronblättern und gelbem Stempel) mit Bildern der kindlichen Vorstellungswelt (Blütengesicht) verschmelzen (Fall 1). In solchen Modellen werden die Weltbilder der Schülerinnen und Schüler fassbar.

Im Fallbeispiel 3 zeigt sich das Materialspiel in einer erweiterten Dimension. Hier verbinden sich spielerisches Hin- und Herwerfen des Modells mit Fragestellungen zur Flugfähigkeit der Materialien, wobei sichtbar wird, dass die Freude am ›In-die-Hand-Nehmen‹ für solche Momente spielerischer Erkenntnistätigkeit von zentraler Bedeutung ist. Das Lachen der Kinder macht deutlich, dass ein fröhlichfreies Tun stattfindet und der Spaß von Bedeutung ist. Erkenntnisbezogene Momente zeigen sich, als die Schülergruppe Variationen ihrer Flugversuche durchführt und beim Werfen des Fliegers über Flugeigenschaften des Objektes nachdenkt. Eine andere Facette des Material- und Experimentierspiels (SE2) zeigt sich im Fallbeispiel 5 in Form der Spielkategorie »*agôn*« (Caillois 1982/1960; vgl. Abschnitt 1.4.1). Seinen Ausdruck findet dies im Falten, Schneiden und Kleben von Papier, um die Stabilität der Papierbrücke möglichst optimal zu gestalten. Spielerische Augenblicke zeigen sich, als die Schülerinnen ihre Brücke in Einzelteile zerlegen und in neuen Kontexten zusammenfügen. Dies geht einher mit dem Formulieren von Hypothesen und dem Überprüfen der Stabilität, was Analogien zum Begriff der Wissenschaftspropädeutik nahelegt.

In der Kategorie SE2 ist die materiale und handlungsbezogene Ebene dominant. Einerseits zeigt sich, dass die Schülerinnen und Schüler beim Experimentieren Sachzusammenhänge prüfen und reflektieren, und andererseits, dass sie die Materialien erleben und sich am Umgang mit ihnen vergnügen. Darunter fallen Aspekte wie das ›In-die-Hand-Nehmen‹ sowie das Zerlegen und Zusammenfügen. Dies gilt nicht nur für lose Materialien, sondern auch für bereits erstellte Modelle, die von den Kindern in Einzelteile zerlegt und neu zusammengebaut werden. Das Wahrnehmen von Materialeigenschaften und deren Nutzung in bislang nicht erprobter Form sind in dieser Kategorie dominant. Sichtbar wird dies in Aktivitäten des Kombinierens von Materialien in ungewohnter Art ebenso wie im Ausprobieren der eigenen Modelle, wie diese zum Fliegen oder Transportieren gebracht werden können. Solche Formen spielerischer Aktivität sind in der Situation verhaftet, was sich darin zeigt, dass mögliche Lösungen nicht zuvorderst gedanklich geprüft, sondern am bzw. mit dem Material ausgetestet werden. Damit verweist diese Kategorie im Sinne des Zufälligen und Überraschenden auf Aspekte des »*alea*« (Caillois 1982/1960; vgl. Abschnitt 1.4.2).

In den Schülergruppen, in denen Formen des Material- und Experimentierspiels (SE2) sichtbar werden, zeigen sich alters-, geschlechts- und migrationsspezifische Differenzen. In einer Schülergruppe arbeiten ein Mädchen und ein

Junge zusammen (Fall 1), in der anderen ein Mädchen und zwei Jungen (Fall 3), in der dritten drei Jungen (Fall 4) und in der vierten zwei Mädchen (Fall 5). Das Alter der Kinder variiert zwischen 7,1 Jahren (Fall 3) und 9,7 Jahren (Fall 1). Die durchschnittliche Altersdifferenz zwischen der ältesten (Fall 1) und der jüngsten Gruppe (Fall 3) liegt bei über zwei Jahren. Während in der jüngsten Schülergruppe vor allem auf handlungsbezogener Ebene spielerische Augenblicke sichtbar werden, zeigen sich in der ältesten Gruppe vornehmlich Momente des Aufgreifens von Vorerfahrungen. Hinsichtlich des migrationsspezifischen Hintergrunds wird deutlich, dass ein Junge mit Migrationshintergrund (Fall 3) eher distanziert die Handlungen der Partner verfolgt und im Gegensatz zu diesen nicht in sichtbare, spielerische Momente gelangt. Auf der Basis des vorliegenden Datenmaterials kann jedoch nicht geschlussfolgert werden, dass seine Distanz zu spielerischen Augenblicken mit dem migrationsspezifischen Hintergrund zusammenhänge. Ebenso können andere Faktoren ausschlaggebend sein, z. B. sein Alter (er ist das älteste Kind der Gruppe), aber auch fehlende Vorerfahrungen zum Thema, wozu keine Daten vorliegen.

In Abgrenzung zum Materialspiel stützt sich das Konstruktionsspiel (SE3) stärker auf die verbale Ebene, wie in den Fallbeispielen Blütenkonstruktion (Fall 1), Flugobjekte (Fall 3) und Brückenbau (Fall 5) gezeigt werden konnte. In allen drei Fällen zeigt sich dominant das gedankliche Konstruieren, jedoch in unterschiedlichen Ausprägungen. Während in den Fallbeispielen 3 und 5 das Konstruktionsspiel als ein Konzipieren eigener Spielregeln im Vordergrund steht, zeigt sich beim Fallbeispiel 1 das mit Spaß einhergehende (Um)Deuten von Objekten. Dieses Merkmal wird sichtbar, wenn die Schülerinnen und Schüler alte Sichtweisen durch neue ersetzen, Hypothesen formulieren und Funktionen von Materialien zweckentfremden. Wie die Ergebnisse zeigen, gehen solche Momente zumeist mit einem Perspektivenwechsel einher, z. B. wenn die Kinder ihre Blüte einmal als »Tulpe«, dann als »Gesicht« und schließlich als »Katze«, »komisches Männchen« oder »Typ mit einer Hippiefrisur« betrachten (Fall 1). Das Modell selbst, und hier liegt der Unterschied zum Materialspiel, wird im Prozess des (Um)Deutens nicht verändert. Das Konstruktionsspiel lässt sich somit auf handlungsbezogener Ebene nicht erkennen; nachvollziehbar wird es nur über das Verbal-Kognitive, beispielsweise beim Formulieren eigener Spielregeln. Wie im Fallbeispiel 3 gezeigt werden konnte, ist die ästhetische Dimension für das Erstellen eigener Spielregeln der Kinder von zentraler Bedeutung (Fall 3).

Eine Differenzierung in Materialspiel einerseits und Konstruktionsspiel andererseits wird auch in der Fachliteratur vorgenommen. Die Begriffe werden dort, z. B. von Blank-Mathieu (2010), hinsichtlich ihrer Anwendungsformen weitestgehend synonym gebraucht, jedoch zeigen sich Differenzen in Bezug auf die zur Verfügung gestellten Baustoffe. Das Materialspiel wird zumeist auf das Spielen mit Sand, Ton, Wasser, Schnee, Eis und anderen Naturmaterialien bezogen; demgegenüber wird das Konstruktionsspiel mit Bausteinen, Steckspielen oder Puzzles in Verbindung gebracht. In der vorliegenden Untersuchung soll sich nicht auf eine Trennung in Spiel mit Naturmaterialien einerseits und Spiel mit Konstruktionsspielzeug andererseits festgelegt werden. Eine solche Differenzierung erscheint für den vorschulischen Bereich angemessen, nicht indes für die Klassifizierung spielerischer Augenblicke im Sachunterricht. Auf der Grundlage der Ergebnisse empfiehlt sich eine modifizierte Abgrenzung, mit einer Trennung in eine material-handlungsbezogene Ebene (fassbar im Begriff des Materialspiels) und eine verbal-kognitive Ebene (Konstruktionsspiel). Letztere beinhaltet Aspekte des (Um)Deutens im Sinne des (Um)Benennens von Objekten, Formulierens von Hypothesen sowie Konzipierens eigener Spielregeln. Darunter fallen das Absprechen und Einhalten von Regeln, aber auch das Erproben selbst erfundener Richtlinien. Wie gezeigt werden konnte, verbinden sich das Verbale (Konstruktionsspiel) und das Handlungsbezogene (Materialspiel) beim Ausprobieren der eigenen Modelle. An solchen Übergängen vom Verbal-Kognitiven (Bilden von Hypothesen, Durchspielen möglicher Sichtweisen) zum Material-Handlungsbezogenen (Erleben und Erkunden von Materialien) lässt sich die Schnittmenge von Spiel und Erkenntnis in besonderer Deutlichkeit verorten.

Das Datenmaterial zeigt, dass solche Prozesse nicht immer ›so geplant‹ und ›so vorgesehen‹ sind. Sie ergeben sich z. T. rein zufällig und lassen sich als Subspiel (SE4) bezeichnen. Diese vierte Kategorie spielerischer Augenblicke des Sachunterrichts beinhaltet das Unvorhergesehene des Spiels. Damit sind Aktivitäten gemeint, die sich spontan ergeben und zumeist mit der eigentlichen Aufgabenstellung in keinem direkten Bezugsrahmen stehen. Das Fallbeispiel zum Setting Flugobjekte (Fall 3) ebenso wie die Beispiele Wasserdruck (Fall 2) und Schallübertragung (Fall 6) zeigen, dass mit dem Subspiel das Spaßspiel einhergeht. Dieses äußert sich im Ausgelassen- und Albernsein, bei dem die Kinder lachen und versuchen, andere zum Lachen zu bringen. Sie rufen laut und bringen ihre Ideen und Assoziationen geräuschvoll zum Ausdruck. Dies impliziert das Quatschmachen, sowohl auf verbaler, aber auch auf materialer und handlungsbezogener Ebene. Solche Momente des Spaßspiels können in Prozesse des Erkennens übergehen, z. B. wenn die Kinder feststellen, dass die Schallwellen im Fadentelefon besser übertragen werden, wenn man laut schreit (Fall 6), oder dass sich der Wasserdruck durch das Befüllen der Flasche bis zum Überlaufen erhöhen lässt (Fall 2). Im direkten Vergleich der zwei Schülergruppen, in denen das Spaßspiel in besonderem Maße fassbar wird, zeigen sich Differenzen hinsichtlich des Alters der Gruppenmitglieder. In der Gruppe, die das Thema Wasserdruck bearbeitet, liegt das Alter der Kinder im Durchschnitt bei 9,5 Jahren. Die Schülergruppe des Fallbeispiels Schallübertragung ist durchschnittlich 7,1 Jahre alt. Die Altersdifferenz zwischen ältestem (9,6 Jahre) und jüngstem (6,4 Jahre) Kind liegt bei fast drei Jahren. Im gezielten Fallvergleich der zwei Gruppen sind die Momente des Spaßspiels in der jüngeren Schülergruppe stärker ausgeprägt und durchziehen mit nur wenigen Unterbrechungen das gesamte Transkript.

Auf der Grundlage der empirischen Daten werden mit den hier erarbeiteten Kategorien und Unterkategorien wesentliche Facetten spielerischer Erkenntnistätigkeit des Sachunterrichts ausdifferenziert (Tab. 10, 11). Diese Merkmale ersetzen bzw. konkretisieren die im Theorieteil der Untersuchung erarbeiteten Momente kindlichen Spielens (vgl. Abb. 3, Abschnitt 1.5) und entwerfen eine Beobachterperspektive, die spielerische Prozesse im Grundschulunterricht beurteilbar sowie die Nähe von spielerischen Augenblicken zum Erkennen von Sachzusammenhän-

Tab. 10: Kategorien spielerischer Erkenntnistätigkeit im Sachunterricht

		Kategorie	Umsetzungsebene
Rollen-/Fantasiespiel		›So tun, als ob‹	• Rollen mit Gestik, Mimik und stimmlichen Lauten imitieren • eigene Rollenbilder entwerfen • Symbolspiel mit Objekten durchführen • auf alltägliche Zusammenhänge eingehen • Erfahrungen und Erinnerungen aufgreifen
		Fantasiespiel	• Möglichkeiten in Gedanken durchspielen • vertraute Zusammenhänge in neuen Kontexten beleuchten • eigene Weltbilder entwerfen • Perspektive wechseln
Konstruktionsspiel	Material-/Experimentierspiel	Zerlegen/Zusammenbauen	• Konstrukte in Einzelteile zerlegen und in neuen Kontexten zusammenfügen • Materialien zerschneiden, umstrukturieren, zusammenkleben • Erfahrungen und Erinnerungen aufgreifen
		Freude am ›In-die-Hand-Nehmen‹	• Materialien ohne erkennbaren Zweck formen • Materialien erleben • Dinge mit allen Sinnen wahrnehmen
		Umdeuten	• Objekte (um)benennen • Hypothesen formulieren • Funktionen von Materialien zweckentfremden • alte Sichtweisen durch neue ersetzen
Subspiel		Konzipieren eigener Regeln	• Regeln absprechen und einhalten • vorgegebene Regeln erproben und modifizieren • Erfahrungen aufgreifen
		Unvorhergesehenes	• beim Bearbeiten von Aufgabenstellungen verselbstständigen sich Aktivitäten • etwas anderes als vorher vorgesehen tun
		Spaßspiel	• sich freuen/ausgelassen sein • albern sein, laut rufen • lachen/andere zum Lachen bringen • mit Materialien Unsinn machen

gen fassbar macht. Diese Ergebnisse stützen sich auf die Analyse von Datenmaterial zum Sachunterricht, was nicht ausschließen soll, dass aus einer anderen fächerspezifischen Betrachtungsweise abweichende Aspekte in den Fokus geraten. Zudem zeigt sich im Datenmaterial eine Ebene, die mit der Schnittmenge von Spiel und Erkenntnis nicht einhergeht und somit eine Abgrenzung gegenüber Aspekten außerhalb dieser Schnittmenge erforderlich macht. Die Suche nach Momenten, die nicht oder zumindest nicht vordergründig mit einer Verknüpfung von Spiel und Erkenntnis verbunden sind, erfolgt im nachfolgenden Abschnitt.

Teil II: Empirische Untersuchungen zu Dimensionen des Spielens und Erkennens

Tab. 11: Strukturmerkmale und zeitlicher Bezugsrahmen spielerischer Erkenntnistätigkeit

	Kategorie	Strukturmerkmale							Bezugsrahmen					
		Wettkampf (agón)	Chance (alea)	Verkleidung (mimicry)	Rausch (ilinx)	schöpferische Entfaltung	kulturelles Erleben	ästhetisches Gestalten	Handlungsbezug	verbale Ebene	materiale Ebene	Zukunftsorientierung	Gegenwartsbezug	Vergangenheitsbezug
Rollen-/ Fantasiespiel	›So tun, als ob‹			•	•	•			•			•	•	•
	Fantasiespiel			•	•	•						•	•	•
Material-/ Experimentierspiel	Zerlegen/ Zusammenbauen	•	•						•	•	•	•		
	Freude am ›In-die-Hand-Nehmen‹	•	•						•		•		•	
Konstruktionsspiel	Umdeuten	•				•						•	•	•
	Konzipieren eigener Regeln					•			•	•		•		
Subspiel	Unvorhergesehenes				•						•			•
	Spaßspiel				•						•	•	•	

4.5.3 Abgrenzung gegenüber Aspekten außerhalb der Schnittmenge

Eine Abgrenzung gegenüber Faktoren außerhalb der Schnittmenge von Spiel und Erkenntnis rückt sowohl Gesichtspunkte in den Fokus, die eher auf der Seite kindlichen Spielens anzusiedeln sind, als auch solche, die in erster Linie erkenntnisorientierten Prozessen entsprechen. Zunächst fällt im Hinblick auf eine Schnittmenge aus Spiel und Erkenntnis auf, dass Formen des Material-, Experimentier- und Konstruktionsspiels dominieren, während Formen des Fantasie- und Rollenspiels diese Aspekte zu ergänzen scheinen. Eine besondere Bedeutung kommt dem Subspiel zu, dessen erkenntnistheoretische Implikationen nicht auf den ersten Blick sichtbar werden. Erst im gezielten Fallvergleich werden Verknüpfungen von Facetten des Subspiels und erkenntnisbezogener Tätigkeit offenkundig (Fälle 3, 6). Neben diesen Kategorien finden in der Fachliteratur weitere Klassifizierungen des kindlichen Spiels Erwähnung (vgl. Emslie & Mesle 2009; Fritz 2004; Flitner 2002; Ehlert 1986), die jedoch im Rahmen der Fallbeispiele nicht in Erscheinung treten. Darunter fallen u. a. die Meditationsspiele, die der physischen und psychischen Erholung dienen, dem Angstabbau sowie dem Lösen von Verspannungen.

Dass jene Spielform im Rahmen der Befunde nicht sichtbar wird, soll nicht ausschließen, dass Spiele des Entspannens z. B. im Sport- oder Musikunterricht von größerer Bedeutung sein können. Zu vermuten ist jedoch: Die spielerischen Augenblicke des Entspannens gehen nicht zuvorderst mit Prozessen des Erkennens einher und sind deshalb für die zentrale Fragestellung der Studie nur von nachrangiger Relevanz. Dies trifft vergleichbar für die Reaktionsspiele (z. B. Fang-, Ball- und Abklatschspiele) zu, die bei Kindern sehr beliebt sind. Unter dieser Kategorie lassen sich ebenso viele Bewegungsspiele subsumieren, die der Feinmotorik und Handlungssteuerung dienen. Auch wenn Bewegungsspiele zahlreiche Lernmöglichkeiten im motorischen Sinne implizieren (Clark 1992), beschränken sich die durch sie angestoßenen Erkenntnisprozesse vor allem auf die im Rahmen des Sportunterrichts fixierten Kompetenzfelder (Hessisches Kultusministerium 2010). Vergleichbar trifft dies für Tanzspiele, Zirkusspiele und Mannschaftssportspiele zu, die sich noch klarer von der Schnittmenge des Spielens und Erkennens abgrenzen. Dies gilt auch für Brett- und Wettspiele, wenn diese nach fest vorgegebenen Regeln gespielt werden. Somit lassen sich Formen kindlichen Spielens benennen, die nicht zuvorderst mit Erkenntnisprozessen einhergehen.

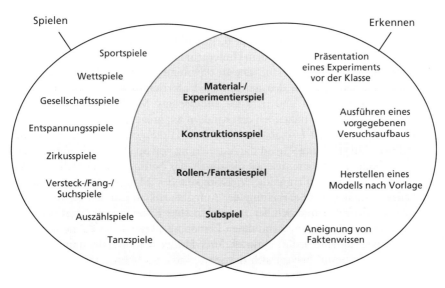

Abb. 19: Abgrenzung gegenüber Aspekten außerhalb der Schnittmenge (mit Bezug auf Emslie & Mesle 2009; Fritz 2004; Flitner 2002; Ehlert 1986)

Analog zeigen sich in unterrichtlichen Kontexten Formen der Erkenntnistätigkeit, die in der Regel nicht mit spielerischen Augenblicken verbunden sind. Hierzu zählt z. B. das Reproduzieren eines vorgegebenen Versuchsaufbaus ebenso wie das Nachvollziehen von Inhalten im Rahmen eines von der Lehrkraft (oder von einer/m Schüler/in) vor der Gruppe präsentierten Experiments. Auch das Herstellen eines Modells in genau beschriebenen Arbeitsschritten kann Erkenntnisprozesse bei den Kindern anstoßen, führt jedoch vermutlich nicht zu spielerischen Impulsen. Solche Formen des Lernens sind durchaus effizient, um neue Inhalte im Unterricht einzuführen bzw. um bereits Erarbeitetes zu festigen. Sie eignen sich jedoch nur bedingt zur Initiierung spielerischer Momente. Zwar kann nicht ausgeschlossen werden, dass sich im Rahmen der Durchführung eines angeleiteten Experiments oder auch beim Herstellen eines Modells nach Vorlage spielerische Augenblicke einstellen. Auf der Basis der Ergebnisse der qualitativen Studie erscheint jedoch bei solchen Arbeitsformen die Wahrscheinlichkeit zur Aktivierung von Spiel und Erkenntnis deutlich geringer, als wenn die Schülerinnen und Schüler die Möglichkeit erhalten, selbst Hypothesen zu formulieren und diese durch eigene Experimente zu überprüfen.

Verschiedene Schüleraussagen lassen erkennen, dass sich die Aktivitäten, die im Rahmen der Fallbeispiele auftreten, von Handlungsmustern abgrenzen, welche die Schülerinnen und Schüler alltäglich im Sachunterricht erleben. So fragt ein Mädchen beim Erstellen ihrer Papierbrücke:»Hättest du gedacht, dass wir so was jemals in der Schule machen?« (Transkript 5, Interakte 137–138) und bringt damit zum Ausdruck, dass sich das Tun in diesem Setting vom alltäglich erlebten Unterricht abhebt. Dies verbalisiert ebenso ein anderes Mädchen, welches die Aktivitäten im Setting zum Thema Schall nicht mit ihrem Verständnis des Begriffes »Unterricht« in Einklang bringen kann (Transkript 6, Interakte 331–332: »Ich wollte nur fragen, warum bist du nicht im Unterricht?«), um anschließend festzustellen: »Ach so, wir haben ja ein Experiment« (Transkript 6, Interakt 334) und: »Das macht Spaß« (Transkript 6, Interakt 430). Vor dem Hintergrund solcher Aussagen und basierend auf den Ergebnissen der Untersuchung ist davon auszugehen, dass sich einerseits die gewählten Settings von den gewohnten Unterrichtsarrangements des Sachunterrichts unterscheiden und dass sie andererseits Möglichkeiten bieten, um spielerische Erkenntnistätigkeit bei den Kindern anzuregen.

Als Zwischenfazit ist festzuhalten: Vor dem Hintergrund der Ergebnisse der qualitativen Untersuchung scheint die Aktivierung von Spiel und Erkenntnis umso eher zu gelingen, je facettenreicher die durch das Setting bereitgestellten Möglichkeiten sind. Dies trifft auf die Vielseitigkeit des Materials und die Vielfalt möglicher Varianten zur Bearbeitung der Aufgabenstellung zu. Die Analyse zeigt, dass die Schülerinnen und Schüler zu spielerischer Erkenntnistätigkeit im Sachunterricht angeregt werden, wenn ihnen Lernen als aktive Konstruktionsleistung ermöglicht wird und ihnen die Lehrkraft durch Hinweise hilft, selbstständig Wissen zu konstruieren. Somit bewegt sich die Schnittmenge aus Prozessen des Spielens und Erkennens im Sachunterricht in einem Spektrum konstruktivistischer Unterrichtsgestaltung. Reich (2010; 2008), Klimsa (1993) und v. Glasersfeld (1987) hatten in ihren Studien darauf aufmerksam gemacht, dass für eine konstruktivistische Unterrichtsgestaltung die »erfolgreiche Organisation der Erfahrung *des*

Schülers durch diesen selbst« (v. Glasersfeld 1987: 281) von zentraler Bedeutung ist. Mit den vorliegenden Ergebnissen wird diese Befundlage insofern bekräftigt, dass auch hier deutlich wird, dass sich der jeweilige Lernweg über den individuellen Erfahrungshintergrund der Kinder konstituiert und dass dies nicht vorhersehbar ist. Zudem zeigen die Befunde, dass sich Grenzen der Leistungsfähigkeit spielerischer Prozesse im Sachunterricht zeigen, erstens in Bezug auf mangelnde Zeitkontingente, zweitens hinsichtlich fehlender Unterstützung der Schülerinnen und Schüler sowie drittens bezüglich der Ergebnissicherung aufgrund der meist heterogenen Schülerprodukte. Was dies im Hinblick auf die Weiterentwicklung einer Theorie des Sachunterrichts im Spiegel einer konstruktivistischen Perspektive bedeutet und welche Grundsätze der Unterrichtsgestaltung für die Aktivierung von spielerischen Augenblicken und erkenntnisorientiertem Tun ausschlaggebend sind, wird im dritten Teil der Studie dargelegt.

Teil III:
Konzeptionelle Weiterentwicklung einer Theorie des Sachunterrichts im Spiegel einer konstruktivistischen Perspektive

5 Didaktische Horizonte: Schnittmenge von Spiel und Erkenntnis

In der Diskussion der Ergebnisse werden die Befunde nun an den wissenschaftlichen Diskurs angeschlossen. Siebert (2008; 2005), Lindemann (2006) und Reich (2010) haben in theoretischer Erörterung gezeigt, dass konstruktivistisches Lernen immer in sozialen Zusammenhängen erfolgt und mit einer weitgehenden Selbstorganisation des Lernprozesses einhergeht. Mit der vorliegenden Studie wird diese Befundlage insofern bekräftigt, dass hier empirisch gezeigt werden kann, dass Problemstellungen, die mit sozialer Interaktion verbunden sind, bei den Schülerinnen und Schülern zu Prozessen führen, die sich in einer Schnittmenge von Spiel und Erkenntnis bewegen. Die Befunde machen deutlich, dass im Sachunterricht die Verschmelzung von spielerischen Augenblicken und erkenntnisbezogenem Tun gelingt, wenn die Kinder in sozialen Zusammenhängen und im Umgang mit Materialien Problem- und Situationskontexte selbst konstruieren und zum Formulieren und Überprüfen eigener Hypothesen angeregt werden (vgl. Tab. 10, 11, Abschnitt 4.5.2).

Auf der Basis der Ergebnisse ist davon auszugehen, dass für die Verbindung spielerischer und erkenntnisbezogener Aspekte Rahmenbedingungen von Bedeutung sind, die zur Selbstorganisation auffordern, persönliche Erfahrungsbereiche der Kinder ansprechen und zum Handeln sowie zur vielgestaltigen Kommunikation anregen. Welche Implikationen sich hieraus für eine Theorie des Sachunterrichts und dessen Didaktik ergeben, steht im Fokus des dritten Teils der Untersuchung. Dieser Teil geht von den Ergebnissen der empirischen Studie (vgl. Abschnitt 4.5) aus und führt einerseits Elemente des Spielens und Erkennens zusammen, die den Sachunterricht produktiv gestalten können (Abschnitt 5.1), und konstruiert andererseits Grundsätze einer konstruktivistischen Unterrichtsgestaltung (Abschnitt 5.2), exemplifiziert anhand von Beispielen (Abschnitt 5.3), um diese in ein konstruktivistisches Paradigma der Verknüpfung von Spiel und Erkenntnisgewinn zu überführen (Abschnitt 5.4).

5.1 Synthese von Elementen des Spielens und Erkennens

Für die Weiterentwicklung einer Theorie des Sachunterrichts wird an die Ergebnisse der empirischen Studie angeknüpft, um Leitlinien für eine Synthese von Elementen des Spielens und Erkennens zu entwickeln. Ziel ist der Entwurf einer theoretischen Konzeption, die Lernprozesse des Sachunterrichts in einer Schnittmenge von Spiel und Erkenntnis fokussiert. Dieses Anliegen wird in vier Schritten bearbeitet. Erstens werden Spiel und Erkenntnis als Perspektivenwechsel (Abschnitt 5.1.1), zweitens im Fokus der Wissenschaftspropädeutik (Abschnitt 5.1.2) und drittens als Konstruktion (Abschnitt 5.1.3) beleuchtet. Viertens werden Perspektiven zur Produktivität einer Schnittmenge aus Spiel und Erkenntnis im Sachunterricht entworfen (Abschnitt 5.1.4).

5.1.1 Schnittmenge im Fokus des Perspektivenwechsels

Die Untersuchung stärkt den Diskurs um Erkenntnistätigkeit als konstruktivistisches Paradigma, das vom Lernen als Konstruktion ausgeht (vgl. Abschnitt 2.4.3). Die Ergebnisse zeigen, dass nicht jede Art von Konstruktion zur Verknüpfung von Spiel und Erkenntnis führt, sondern vor allem jene, die das Kind sozial wie auch kognitiv aktiviert. Während die Theorie des Konstruktiven Alternativismus die »ganze Menschheit« als »Wissenschaftler« betrachtet (Kelly 1986: 18; vgl. Abschnitt 2.4.2), machen die Befunde deutlich, dass diese Begriffswahl für den Kontext des Sachunterrichts zu weit gegriffen ist. Zwar zeigen sich in den Fallbeispielen klare Kennzeichen des Generierens und Prüfens eigener Hypothesen (u. a. Transkript 5, Interakte 82–104), allerdings reichen die Vorgehensweisen der Schülerinnen und Schüler nicht an die systematischen Strategien von Wissenschaftlern heran. Kelly (1986) bezieht sich in seiner Argumentation zum Konstruktiven Alternativismus fast ausnahmslos auf die erwachsene Person (vgl. Abschnitt 2.4.2). Dies begründet, weshalb er den Begriff der Wissenschaftlichkeit verwendet und nicht den Begriff der »Konstruktion«, wie ihn Reich (2008), Krüssel (1996) und Kösel (2002) in schulpädagogischen Kontexten gebrauchen. Letztere Terminologie impliziert, dass wir »Inhalte und Beziehungen […] stets vermittelt denken müssen. Das aber bedeutet, dass uns […] kein solipistisch begründeter ›radikaler Konstruktivismus‹ mehr genügen kann«, sondern ein »*soziale[r] Konstruktivismus*« (Reich 1998: 385) erforderlich ist, der soziales Lernen mit einschließt.

Mit der vorliegenden Studie werden diese Aussagen insofern bekräftigt, dass hier empirisch deutlich wird, dass Kommunikation und Aspekte sozialer Perspektivenübernahme für eine Verknüpfung von Spiel und Erkenntnis im Sachunterricht von Bedeutung sind. Es zeigt sich, dass der Austausch mit den Gruppenpartnern wichtig ist, um Sachzusammenhänge zu erkennen (z. B. Flugfähigkeit von Materialien; Fall 3), um Funktionen zu erforschen (z. B. Säule als Träger; Fall 5) und eigene Konstrukte zu entwerfen (z. B. Springbrunnen-Modelle; Fall 1). Diese Konstrukte sind als Ausdruck dafür zu verstehen, dass das Kind ihm bekannte Begriffe (»Druck«; Fall 4) mit neuen Inhalten füllt (»Die Löcher sind […] tiefer und dann strömt das stärker da raus«; Transkript 2, Interakte 233–234). Nach Kösel (2002: 97) verhalten sich die Schülerinnen und Schüler hier wie »kleine Professor[en]«. Sie sind intuitiv und fantasievoll (»Soll das eine Seilbahn werden?«; Transkript 4, Interakte 121–122), formulieren Fragen (»Wie können wir es vergrößern?«; Transkript 6, Interakt 62) und entwickeln selbstständiges

Denken (»Da müssen wir hier schneiden und die dann oben auf den Tunnel legen. Dann wird das fester«; Transkript 5, Interakte 82–84). In diesem Sinne lassen sich die Schülerinnen und Schüler als »de/re/konstruktiv« (Reich 1996: 87) beschreiben, wobei nicht die »Einschleusung von Fremdwissen« (Jantsch 1979: 269) im Vordergrund steht, sondern die Aktivierung von Prozessen, die dem Kind selbst immanent sind.

Die Befunde der empirischen Untersuchung machen deutlich, dass die Schülerin bzw. der Schüler auf der Grundlage »von früheren Konstruktionen und Dekonstruktionen« (Lévi-Strauss 1973: 30) zu Aktivitäten gelangt, die sich in einer Schnittmenge aus Spiel und Erkenntnis bewegen. Man kann in gewisser Weise auch vom Sammler sprechen, der sich eher zufällig ein Kontingent an Formen aneignet (z. B. Säulen, Träger, Fundamente), auf welche er zurückgreifen kann (Stabilisierung der Papierbrücke; Fall 5). Es zeigt sich, dass die Schülerinnen und Schüler solche Formen aus bekannten Zusammenhängen herausnehmen und in neue einfügen. Das Erfinden ist also zunächst ein Entdecken, dann ein Bewerten und schließlich ein Verändern (z. B. Blüte als Gesicht; Fall 1; vgl. auch Lévi-Strauss 1973). Dominant zeigen die Ergebnisse, dass der Wechsel der Perspektive eng mit einer Schnittmenge des Spielens und Erkennens verknüpft ist.

An dieser Stelle wird sichtbar, dass die Ansätze des Konstruktivismus (vgl. Abschnitte 2.4.1–2.4.3) für eine Theorie des Sachunterrichts ausdifferenziert werden müssen. Das Paradigma des Radikalen Konstruktivismus geht von der These aus, jede Wahrnehmung gehe aus dem Erlebnisraum des Kindes hervor (vgl. Abschnitt 2.4.1). Die Befunde zeigen jedoch, dass Wirklichkeit im Sachunterricht nicht beliebig konstruiert werden kann; Grenzen zeigen sich einerseits in den Möglichkeiten des Kindes (Transkript 6, Interakte 167, 273) und andererseits in der Beschaffenheit der Materialien (Transkript 4, Interakte 198, 202–203, 421). Es wird deutlich, dass die Schülerinnen und Schüler nicht nur bestehende Wissensbestände aufgreifen (Transkript 3, Interakt 10: »Fallschirmchen«), sondern neue Zusammenhänge erschließen (Transkript 3, Interakte 182–185: »Die hier sind erst so und […] gehen von der Luft hoch«) und dass dies sowohl auf begrifflicher Ebene als auch in Handlungsbezügen geschieht. Auf der Basis der Ergebnisse ist davon auszugehen, dass der Zusammenklang von Verbalisieren und Handeln für das Spiel mit den Perspektiven von zentraler Bedeutung ist.

Eine Systematik von Spiel und Erkenntnis als Perspektivenwechsel (Abb. 20) umfasst die Kategorien Lernumgebung, Ereignis, Begründungszusammenhang und Konstrukt. Vertikal ist die inhaltliche Achse mit den Faktoren Ereignis und Konstrukt, horizontal sind die Ressourcen Lernumgebung und Begründungszusammenhang zu erkennen. In dieser Systematik richtet sich der Fokus auf das Kind, das auf der Grundlage eigener Bezugssysteme Wissen konstruiert und in Rückbezug auf Erfahrungszusammenhänge seine Modelle selbst organisiert. Wie gezeigt werden konnte, sind hierfür spielerische Augenblicke in Form des Perspektivenwechsels von zentraler Bedeutung. Sie eröffnen dem Kind Möglichkeiten, seine Lernumgebung mit anderen Augen zu sehen und sich neue Horizonte zu erspielen. Hierzu gehört auch, fehlerhafte Aussagen (z. B. »Wegen den kühlen und den warmen Molekülen […] kann der Druck nicht mehr raus fließen«; Transkript 2, Interakte 109–111) aufzugreifen und in weiteren Experimenten zu prüfen.

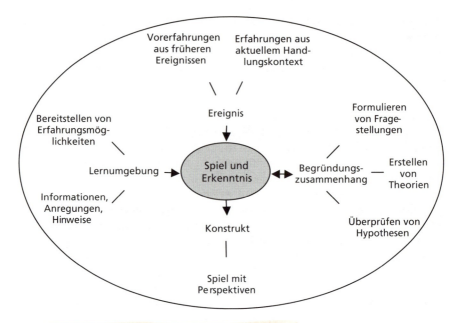

Abb. 20: Spiel und Erkenntnis als Perspektivenwechsel

Die Ergebnisse zeigen, dass sich die Schülerinnen und Schüler in der Art unterscheiden, wie sie Ereignisse konstruieren. Zwei Faktoren sind hierfür ausschlaggebend. Erstens setzen sich Kinder mit verschiedenartigen Ereignissen auseinander, inklusive differenter Perspektiven ansonsten identischer Geschehnisse. Zweitens wird deutlich, dass es zahlreiche Möglichkeiten gibt, dieselbe Situation zu konstruieren, sodass Schülerinnen und Schüler nicht nur deshalb als ungleich betrachtet werden können, weil sie in Unterrichtssituationen verschiedenartig reagieren, sondern auch, weil es unterschiedliche Zugänge zur Antizipation derselben Problemstellung gibt (z.B. Konstruktion des Brückengeländers; Fall 5). Die Befunde zeigen, dass jedes Kind aus dem Blickwinkel seines Systems persönlicher Erfahrungen etwas konstruiert und erkennt. Es grenzt sich von anderen dadurch ab, wie es eine Situation interpretiert und welche Möglichkeiten es mit ihr verbindet. In solchen Zusammenhängen zeigt sich das Spiel mit den Perspektiven.

5.1.2 Formen der Wissenschaftspropädeutik

Duncker (1995) hat auf theoretischer Ebene deutlich gemacht, dass mit dem Spiel eine schöpferische »Form von Weltaneignung« (1995: 4) einhergeht und dass im Spielraum die kindlichen Fantasiekonstrukte mit dem äußerlich Fassbaren verschmelzen. Damit knüpft er an Winnicotts (2006/1971: 24) Beschreibung eines »intermediäre[n] Bereich[s]« sowie Schäfers Darstellung (1989: 29) eines »Zwischenbereich[s] zwischen innerer und äußerer Welt« an. Auch Cassirer (1956: 175) bezieht sich mit seinen Ausführungen zu einer »Welt selbstgeschaffener Zeichen und Bilder« auf die Verknüpfung innerer und äußerer Welt, wenngleich zu bedenken gilt, dass Cassirer nicht explizit auf Facetten des Spiels Bezug nimmt. Dennoch sind seine Überlegungen für den vorliegenden Forschungszusammenhang relevant, denn unter dem Begriff der symbolischen Form subsumiert er den »geistige[n] Bedeutungsgehalt«, der an ein »konkretes sinnliches Zeichen geknüpft und diesem Zeichen innerlich zugeeignet wird«. In diesem Sinne tritt Sprache als besondere symbolische Form in Erscheinung, denn »unser Bewußtsein« begnügt sich nicht damit, den »Eindruck des Äußeren zu empfangen, sondern daß es jeden Eindruck mit einer freien Tätigkeit des Ausdrucks verknüpft und durchdringt« (Cassirer 1956: 175). Mit der vorliegenden Studie werden diese Aussagen insofern bekräftigt, dass hier empirisch deutlich wird, dass im Sachunterricht die Wissenskonstruktion der Kinder im Diskurs von innerer und äußerer Welt erfolgt und dass für eine Schnittmenge aus Spiel und Erkenntnis der sprachliche Ausdruck von Bedeutung ist.

Die Befunde machen auch deutlich, dass die von Cassirer (1956: 175 f.) beschriebene »Welt selbstgeschaffener Zeichen und Bilder«, das, was der »objektive(n) Wirklichkeit der Dinge« gegenübertritt, in Settings zum Sachunterricht mit einer Schnittmenge aus Spiel und Erkenntnis einhergeht. Es zeigt sich, dass die selbst konstruierten Bilder den Schülerinnen und Schülern helfen, ihre Erfahrung zu deuten und zu verallgemeinern, und dass es in spielerischen Augenblicken zu einem Prozess des Entdeckens kommt, der dem erkenntnisbezogenen Vorgang des Zergliederns und Zusammenfügens zu neuen Einheiten (Duncker 1995) entspricht. Die Ergebnisse der Untersuchung machen deutlich, dass die Tätigkeiten des Sammelns und Ordnens zentrale Aktivitäten einer Schnittmenge von Spiel und Erkenntnis sind. Es zeigt sich, dass das Kind eigene Fragen und Hypothesen formuliert (Fälle 2–6), kategorisiert und systematisiert (Fälle 1–6), womit Elemente einer Wissenschaftspropädeutik sichtbar werden. Zudem machen die Befunde deutlich, dass es von der Formulierung der Fragestellung abhängt, ob die Schülerinnen und Schüler Lösungen zu ihren Fragen finden. Bereits Einstein konstatierte, »die brauchbare Formulierung eines Problems ist in den meisten Fällen wesentlicher als die Lösung« (Sikora 1976: 32), was in den Ergebnissen dieser Studie in Bezug auf das Formulieren von Hypothesen fassbar wird (Fälle 2–6).

Duncker (1993: 121) spricht vom »strukturalistische[n] und kombinatorische[n] Spiel«, das sich im Datenmaterial mit dem Sammeln und Ordnen von Informationen (Fälle 1–6) und dem Abwägen unterschiedlicher Konstruktionsideen (Fälle 1–4) zeigt. Die Befunde machen deutlich, dass die spielerischen Augenblicke mit dem Sammeln von Hinweisen einhergehen, die z. T. nur am Rande mit der Fragestellung in Beziehung stehen, das Kind dem Lösungsweg jedoch näherbringen. Winnicott (2006/1971: 76) spricht vom Suchen, das nur aus »rudimentärem Spielen entstehen [könne], als geschähe es in einem neutralen Bereich. Nur hier […] kann das, was wir als kreativ beschreiben, in Erscheinung treten. Wird es dann reflektiert […], so wird es Teil der strukturierten individuellen Persönlichkeit«. Die Befunde bekräftigen diese Aussage insoweit, dass auch hier deutlich wird, dass der Prozess der Reflexion dem Kind hilft, die in spielerischen Augenblicken gesammelten Erfahrungen zu verstehen und zu ordnen. Es zeigt sich, dass sich das Kind im Verlauf dieses Prozesses von der Problemstellung entfernt und dass ihm dieser Abstand von der Fragestellung Möglichkeiten eröffnet, das Problem von einem anderen Blickwinkel zu betrachten (vgl. Abschnitt 5.1.1).

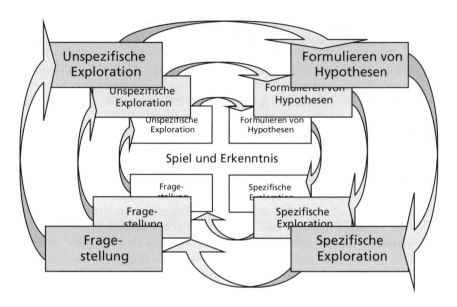

Abb. 21: Spiel und Erkenntnis als Form der Wissenschaftspropädeutik

Die Befunde zeigen, dass der Prozess des Suchens und Reflektierens als zyklisches Moment verläuft, als eine Bewegung, die immer wieder zum Ausgangspunkt zurückkehrt. Diese Rückkehr geht mit einem Erfahrungszuwachs einher, wodurch die neu ansetzende, kreative, aber auch unberechenbare Suchbewegung zugleich eine andere als die vorhergehende ist. In jedem Fall hat das Kind etwas dazugelernt, sozusagen kehrt es ›gebildeter‹ zur ursprünglichen Fragestellung zurück (vgl. Schwander & Andersen 2005). Die Struktur des Spielens als kreisförmige Bewegung, die Buytendijk (1933) beschreibt, vernachlässigt gewissermaßen diesen Erfahrungszuwachs des Kindes. Wie gezeigt werden konnte, ähneln die Suchbewegungen der Schülerinnen und Schüler einer Bewegung, in der die Fragestellung erhalten bleibt, aber auf einer höheren Ebene vorangetrieben wird. Dies entspricht dem Bild einer spiralförmigen Bewegung (Abb. 21), welche die Schnittmenge von Spiel und Erkenntnis im Sachunterricht anschaulich beschreibt. Ob dies gleichermaßen für das Konstruktions-, Material-, Experimentier-, Rollen- und Fantasiespiel zutrifft, gilt es in nachfolgenden Studien zu klären.

Damit stärkt die vorliegende Untersuchung den Diskurs um Analogien zum Begriff der Wissenschaftlichkeit, die hier als Zugang zum Erstellen von Hypothesen zu verstehen ist. Erkenntnis bedeutet demnach, Ereignisse aufgrund gewonnener Erfahrungen zu antizipieren. Das Kreativitätskonzept von Heinelt (1974), Kellner (1999), Harten (1997) sowie Kluge und Zysno (1993) geht davon aus, dass die Ideenfindung durch bestimmte Techniken (z. B. Brainstorming) vorangetrieben werden kann. Die Ergebnisse der qualitativen Untersuchung zeigen jedoch, dass die kreativen Prozesse im Rahmen spielerischer und erkenntnisbezogener Momente des Sachunterrichts nur schwer planbar sind, weil es um das wirklich Neue und bislang nicht Gelernte geht.

5.1.3 Spiel und Erkenntnis als Konstruktion

Auf der Basis bisheriger Sichtweisen zum Spiel (vgl. Kapitel 1), das gemäß Scheuerl (1994/1954: 121) »phänomenal nicht getan wird, sondern geschieht«, stellt sich die Zusammenführung mit dem konstruktivistischen Paradigma einer »aktive[n] Konstruktion alles Erkennens und Wissens« (v. Glasersfeld 2007: 27; vgl. Absatz 2.4) als schwierig dar. Dem konstruktivistischen Gedanken des aktiven Operierens (v. Glasersfeld 2007; 2002; 1997; v. Forster 2007; Roth 2003; 1997) stehen im Grunde Scheuerls (1994/1954; 1981) Ausführungen zum Spiel als sinnlich wahrnehmbare Erscheinung, die nicht bewusst veranlasst werden kann, entgegen. Die Ergebnisse der qualitativen Studie zeigen jedoch, dass die Perspektive der Konstruktion von Wirklichkeit für die Theorie einer Schnittmenge aus Spiel und Erkenntnis im Sachunterricht fruchtbar gemacht werden kann. Die Befunde machen deutlich, dass es vor allem drei Gesichtspunkte sind, welche die Verknüpfung von Spiel, Erkenntnis und der Denkweise des Konstruktivismus fassbar machen: erstens der Raum des Intermediären, bei dem Grenzen zwischen innerer und äußerer Welt verschwimmen, zweitens die Erlebenswelt, die von den Handlungen des Kindes ausgeht, und drittens das Moment des Unvorhergesehenen, das im Rollen- und Fantasiespiel, im Material- und Experimentierspiel sowie im Konstruktionsspiel fassbar wird.

Nach Winnicott (2006/1971: 22) erstreckt sich der Raum des Intermediären über den kulturellen Bereich und umfasst neben künstlerischer Kreativität, Traum, Dichtung und Illusion auch das Spiel (vgl. Abschnitt 1.3.4). Analog sieht Huizinga (2006/1939) Musik, Kunst, Dichtung, Theater, Wissenschaft und Philosophie im Spiel enthalten, das alle wesentlichen Bereiche des sozialen Lebens durchziehe und dennoch als außerhalb des alltäglichen Lebens stehend empfunden werde (vgl. Abschnitt 1.3.1). Die Befunde der Untersuchung bekräftigen diese Aussagen insofern, als dass sie sichtbar machen, dass spielerische Augenblicke im Sachunterricht sowohl das kreative als auch das kulturelle Leben berühren. Es zeigt sich, dass die innere Vorstellungswelt des Kindes und die Welt äußerer Dinge in die spielerischen Aktivitäten hineinreichen und ein Spannungsbereich zwischen Kind und Sache entsteht. Roth (1997: 316) spricht von der »*transphänomenale [n]* Welt«, die nicht »Teil des ›Nicht-ich‹, der Welt« (Winnicott 2006/1971: 52) ist, da »der Entdeckung der äußeren Natur wieder eine ihr gleiche der *inneren*« (v. Weizsäcker 1950: 30) folgt. Die Studie kann dies insofern bekräftigen, als dass sie empirisch belegt, dass das Kind auf der Grundlage seiner individuellen Erfahrungen und Bezugspunkte eigene Bilder zur Sache entwirft. Es zeigt sich dominant, dass das Erkennen und Erleben der Schülerinnen und Schüler ein selbst konstruiertes Bild ist, das dazu beiträgt, die Sachzusammenhänge zu erschließen.

V. Glasersfeld (2007: 30) spricht in seiner theoretischen Erörterung von der »Erlebenswelt«, die sich durch »Handlungen eines aktiven Subjekts« organisiert, das Wissen aufbaut (vgl. Abschnitt 2.4.1). Auf der Basis der Ergebnisse der vorliegenden Untersuchung wird am Beispiel des Sachunterrichts deutlich, dass das Erleben und Handeln der Schülerinnen und Schüler für die Konstruktion eigener

Weltbilder zentral sind. Sichtbar wird dies in Aktivitäten des ›So tun, als ob‹ (Rollen- und Fantasiespiel), des Zerlegens und Zusammenbauens (Material- und Experimentierspiel), Umdeutens und Konzipierens eigener Regeln (Konstruktionsspiel). Es zeigt sich, dass in diesen Spielformen die Vorstellungen des Kindes mit Dingen der Außenwelt verschmelzen. Kösel (2002: 97) nennt diesen konstruktiven Teil des Kindheits-Ich-Zustands den »kleine[n] Professor«, »Menschenkenner«, »Künstler« oder »Pfiffikus«, aus dem möglicherweise eine »Überraschung« (Berne 1967: 43) hervorgehe. Ein solches Überrascht-Werden – Scheuerl (1981: 48) spricht vom Spielraum, der »einigermaßen überschaubar und doch in jedem Moment voll potenzieller Überraschungen« ist – zeigt sich in den Ergebnissen der Untersuchung als Subspiel. Die Befunde machen deutlich, dass Momente des Unvorhergesehenen es dem Kind ermöglichen, zu erstaunlichen Erkenntnissen zu gelangen, und dass für die Verknüpfung spielerischer und erkenntnisbezogener Momente sowohl die Vorerfahrungen der Kinder und deren Interaktion innerhalb der Schülergruppe als auch die Beschaffenheit des Materials ausschlaggebend sind.

5.1.4 Faktoren der Produktivität spielerischer Augenblicke

Die Ergebnisse zeigen, dass im Sachunterricht spielerische Augenblicke produktiv wirksam werden können und dass für die Aktivierung jener Augenblicke der Vorstellungs- und Erfahrungsraum des Kindes einerseits und die aus den im Setting gegebenen Anreizstrukturen andererseits von zentraler Bedeutung sind. Wie in der voranstehenden Diskussion gezeigt werden konnte, ergeben sich solche Bezüge in Formen des Intermediären, Ästhetischen und Kreativen (Abb. 22).

> *Perspektive des Intermediären:* Im Sachunterricht werden spielerische Augenblicke produktiv wirksam, wenn sich die Vorstellungswelt des Kindes und die Gegebenheiten der Sache miteinander verknüpfen.

Die Befunde zeigen, dass die spielerischen Augenblicke von der Erlebenswelt des Kindes ausgehen, das seine Umwelt vor dem Hintergrund eigener Verstehensprozesse (re)konstruiert. Es erschließt Sachzusammenhänge, indem es von seinen Erfahrungen und Vorkenntnissen ausgeht und diese an die Ereignisse anzupassen versucht. Dies zeigt sich in den Ergebnissen als Form produktiver Spielmomente, die sich durch die Prozesse des Zerlegens und Zusammenbauens, Umdeutens und Konzipierens eigener Regeln auszeichnen. Die Befunde machen deutlich, dass die Schülerinnen und Schüler im handelnden Umgang mit den Materialien Strukturen und Formen ausdifferenzieren. Duncker (1993) hat auf theoretischer Basis gezeigt, dass das Kind »kleine Bereiche der Wirklichkeit« auswählt, an denen »es exemplarisch das Ausgrenzen, Gliedern und Verfügbarmachen übt«. Erst wenn im eigenen Tun »Strukturen gefunden, erprobt und dabei zumindest in subjektiver Sicht eine Bewährung erfahren haben, können auch wissenschaftliche Kategorien fruchtbar aufgenommen werden« (Duncker 1993: 123). Mit der Untersuchung werden diese

Aussagen insofern bekräftigt, dass sich hier empirisch zeigt, dass durch das Schaffen eigener Ordnungen Formen der Wissenschaftspropädeutik sichtbar werden, und zwar in den Formen des Konstruktionsspiels, Material- und Experimentierspiels. Mit diesen Kategorien, die dem Beobachter eine Beurteilbarkeit spielerischer Prozesse im Sachunterricht ermöglichen (vgl. Tab. 10, 11, Abschnitt 4.5.2), wird eine Schnittmenge zwischen innerer und äußerer Welt fassbar.

> *Perspektive des Ästhetischen:* Im Sachunterricht zeigt sich die Ästhetik spielerischer Augenblicke in den Produkten der Kinder aber auch in der Sprache und im ästhetischen Ausdruck.

Die Befunde machen deutlich, dass für eine Schnittmenge aus Spiel und Erkenntnis die Dimension des Ästhetischen von zentraler Bedeutung ist. Es zeigt sich, dass spielerische Augenblicke mit ästhetischen Momenten einhergehen, wenn die Kinder selbsttätig etwas erproben, Materialeigenschaften entdecken und eigene Modelle entwickeln. Sichtbar wird die Verschmelzung von Spiel und Ästhetik durch die Freude am ›In-die-Hand-Nehmen‹, aber auch in Formen des Zerlegens und Zusammenbauens (z. B. Fall 1: Blüte als Gesicht), womit die handlungsorientierte Ebene in den Fokus rückt. Zudem zeigen die Befunde, dass die Schülerinnen und Schüler das von ihnen im Handeln sinnlich Erlebte nicht immer sprachlich fassen können und dass sie eigene Wortkonstrukte kreieren, um das Wahrgenommene oder Vermutete mitzuteilen. Es entstehen Gedankenverknüpfungen (»sein Flügel [ist] zugeschnappt«, Transkript 3, Interakt 178), selbst konstruierte Termini (»große, lange Straße von China«, Transkript 5, Interakte 178–179) bis hin zu Neologismen (»Arbeitsgeschenk«, Transkript 6, Interakt 447). Damit wird eine erweiterte Form von Ästhetik sichtbar, die im Diskurs zum Spiel in der Grundschule bislang keine Berücksichtigung fand.

> *Perspektive des Kreativen:* Die Kreativität in Form ungewöhnlicher Assoziationen ist für die Produktivität spielerischer Augenblicke im Sachunterricht von Bedeutung.

Die Ergebnisse der Untersuchung zeigen, dass die Schülerinnen und Schüler Fragen formulieren, die dazu anregen, den bisher eingenommenen Blickwinkel zu verändern und den Sachverhalt neu zu betrachten. Es zeigt sich, dass die Fragen häufig einen Überraschungseffekt bereithalten und dass der Perspektivenwechsel sich quasi ›von selbst‹ ergibt, beispielsweise beim ›So tun, als ob‹ (z. B. Imitieren eines Telefongesprächs, Transkript 6, Interakte 383–393) oder beim assoziativen Umdeuten (z. B. Blüte als »Gesicht«, »Typ mit einer Hippiefrisur«, »Katze«, Transkript 1, Interakte 74, 150–151, 159). Die Befunde machen deutlich, dass die Fragen der Kinder oftmals mit dem Unvorhergesehenen einhergehen und Anstöße geben zum Sub- bzw. Spaßspiel (Fälle 2, 3, 6). Damit zeigt sich eine neue Kategorie spielerischer Aktivität, die bislang im Diskurs zum Lernen in der Grundschule nicht berücksichtigt wurde. Das Besondere dieser Kategorie ist vor allem darin zu sehen, dass spielerische Augenblicke und erkenntnisorientiertes Tun in Momenten des Kreativen verschmelzen, beispielsweise wenn die Schülerinnen und Schüler eine Fantasiesprache entwickeln. Wie gezeigt werden konnte, geht dies sowohl mit Augenblicken des Spaßigen (Transkript 6, Interakte 348, 354) als auch mit erkenntnisbezogener Reflexion (Transkript 6, Interakte 310–313, 349, 355–356) einher. In der Perspektive des Kreativen zeigt sich die Schnittmenge aus kindlichem Spielen und Erkennen in ihrer deutlichsten Form.

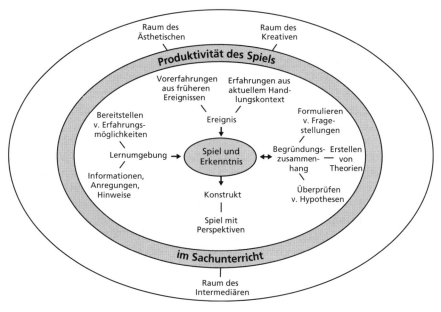

Abb. 22: Perspektiven zur Produktivität des Spiels im Sachunterricht (vgl. auch Abschnitt 5.1.1)

5.2 Grundsätze der Unterrichtsgestaltung

Die Ergebnisse lassen den Bedarf deutlich werden, Grundsätze einer Unterrichtsgestaltung im Schnittfeld von Spiel und Erkenntnis zu entwickeln. Auf der Basis der Befunde ist davon auszugehen, dass nicht jede Art von Aktivität zur Verknüpfung des Spielens und Erkennens im Sachunterricht führt, sondern vor allem jene, die den Lernenden einen *Anreiz* und *Spielraum* bieten. Wie gezeigt werden konnte, sind darüber hinaus Aspekte der *Sachzentrierung, Kreativität, Kooperation, Flexibilität* und *Zurückhaltung* von zentraler Bedeutung (vgl. auch Schwander & Andersen 2005). Diese Faktoren werden nachstehend entlang der Ergebnisse der Untersuchung dargestellt.

5.2.1 Anreiz: Infragestellen alltäglicher Zusammenhänge

Die Gegebenheiten, die am Anfang einer Lernsituation vorliegen, entscheiden darüber, ob die Schülerinnen und Schüler den besonderen Inhalt der Aufgabenstellung erkennen, und ob sie spontan die möglichen Beziehungen zum Thema formulieren können. Gerade aus der »Leerstelle« (Schwander & Andersen 2005: 43) in der Anfangssituation geht die Idee der Sache hervor und aktiviert die Kinder zum Formulieren eigener Hypothesen. Wie gezeigt werden konnte, kann das Fehlen eines wichtigen Details im Sachzusammenhang eine solche ›Leerstelle‹ sein, z. B. das Fehlen der Schiffsdurchfahrt beim Brückenbau (Transkript 5, Interakte 165–173). Dieses Detail muss von den Kindern erkannt und gefunden werden, um das Thema in seinen Implikationen zu durchdringen. Die Befunde zeigen, dass auch das Infragestellen alltäglicher Phänomene eine solche ›Leerstelle‹ in der Aufgabenstellung ausmachen kann (Transkript 6, Interakt 265) und dass alltägliche Kontexte dem Denken der Kinder eine Motivation bieten, wenn sie als irritierend erlebt werden und ihre Selbstverständlichkeit infrage gestellt ist (Transkript 2, Interakte 55–56). Auf der Basis der Ergebnisse ist davon auszugehen, dass Momente des Fehlens und Mangels für die Aktivierung von Prozessen einer Schnittmenge aus Spiel und Erkenntnis von Bedeutung sind und dass der Anreiz für solche Prozesse besonders hoch ist, wenn die Schülerinnen und Schüler Lösungsansätze für ›echte‹ Probleme suchen.

5.2.2 Spielraum: Anknüpfen an individuelle Wahrnehmungen

Die Befunde machen deutlich, dass für die Aktivierung von Prozessen im Schnittfeld aus Spiel und Erkenntnis Spielräume für unterschiedliche Lösungen und individuelle Interessen bedeutsam sind. Es zeigt sich, dass nicht die Vermittlung vorgegebener Wissensstrukturen im Vordergrund steht, sondern der aktive Aufbau eigener Bilder. Lernen kann unter dieser Betrachtungsweise nicht auf die nachahmende Übernahme von Wissensstrukturen bezogen werden, sondern lässt sich nur über die erfolgreiche Strukturierung der Erfahrung des Kindes durch dieses selbst erschließen (Freire 1987). Die Ergebnisse der Untersuchung geben Anlass zur Hypothese, dass für Lernprozesse im Sachunterricht das Zulassen von Spielräumen in einer Schnittmenge aus Spielen und Erkennen zentral ist. Es ist davon auszugehen, dass das Tun der Kinder in Verknüpfung aus Spiel und Erkenntnis kein von der Lehrkraft gelenkter Vorgang, eher ein selbstgesteuerter Konstruktionsprozess ist.

5.2.3 Sachzentrierung: Erkennen des Sinnzusammenhangs

Die Ergebnisse machen deutlich, dass eine sachzentrierte Arbeitshaltung für die Entwicklung des spielerischen Augenblicks zu einem durchschaubaren Sinnzusammenhang von Bedeutung ist. Konkret heißt dies, den Beitrag eines anderen Kindes nicht zu überhören oder abzuwerten. Jede Meinung zur Sache gilt es am

Sachverhalt selbst zu prüfen und erst dann darüber zu entscheiden, ob sie richtig, teilweise richtig oder falsch ist (Schwander & Andersen 2005). Mit der vorliegenden Studie wird deutlich, dass jede Assoziation zur Lösung des Problems beiträgt, und sei es, die Schülerinnen und Schüler stellen beim Ausprobieren fest, dass der eingeschlagene Weg für die vorgegebene Problemstellung nicht fruchtbar ist und für das weitere Vorgehen ausgeschlossen werden kann. Die Ergebnisse zeigen zudem, dass das Formulieren ungewöhnlicher Fragen eine wichtige Grundlage bildet, um Probleme aus einer neuen Perspektive zu beleuchten (z. B. Transkript 3, Interakt 168). Ungewöhnliche Fragen fordern die Kinder zu kreativem Tun und Denken heraus, wodurch sich Lösungswege abzeichnen, die zu Beginn der Aufgabenstellung nicht absehbar waren. Wie gezeigt werden konnte, wird kreatives Tun in produktiver Weise angestoßen, wenn vorhandene Lösungsansätze auf ein Problem nicht anzuwenden sind und neue Wege von den Schülerinnen und Schülern gefunden werden müssen (z. B. Fall 4).

5.2.4 Kreativität: Fehler als Versuch-Irrtum-Experiment

Die Ergebnisse zeigen, dass sich die Schülerinnen und Schüler in kreativer Weise mit Sachverhalten aus ihrer Umwelt auseinandersetzen und dass sie eigene Wege wählen, um Problemzusammenhänge zu verstehen. Auf der Basis der Befunde ist davon auszugehen, dass Lernprozesse, die sich im Sachunterricht in einer Schnittmenge aus Spiel und Erkenntnis bewegen, nicht von ihrem Endpunkt her strukturiert sind, sondern von kreativen Ideen der Schülerinnen und Schüler und den sich daraus ergebenden Handlungsmöglichkeiten ausgehen. Der Hessische Rahmenplan Grundschule beschreibt als fachdidaktischen Grundsatz, dass die Kinder in aller Regel zuerst »durch einen naiv-spielerischen Umgang, durch Gebrauch und Ausprobieren« einen »Zugang zu Sachverhalten aller Art« finden, ohne dass diesen Aktivitäten bereits ein gezieltes Lerninteresse innewohnen muss. Erst wenn solche »naiv-spielerischen Umgangserfahrungen in ausreichendem Maße gemacht wurden, können sich Fragen und gezielte Lernintentionen entwickeln« (Hessisches Kultusministerium 1995: 123 f.). Die Ergebnisse der Untersuchung zeigen, dass spielerische und erkenntnisbezogene Momente eng miteinander verzahnt sind und dass solche Momente durch ungewöhnliche und abweichende Unterrichtsbeiträge angeregt werden. Auf der Basis der Befunde ist davon auszugehen, dass vor allem das kreative Potenzial dazu beiträgt, die spielerischen Augenblicke mit erkenntnisbezogenem Tun zu vernetzen und produktiv für das Unterrichtsgeschehen fruchtbar zu machen (Fälle 3, 4, 6).

5.2.5 Kooperation: Atmosphäre gegenseitiger Akzeptanz

In der Studie zeigt sich, dass für das Entstehen von Lernprozessen in einer Schnittmenge aus Spiel und Erkenntnis eine Atmosphäre des Zuhörens und Verstehens sowie der konstruktiven Auseinandersetzung mit andersgearteten Meinungen bedeutsam ist. Schwander und Andersen (2005) haben in ihrer Untersuchung sichtbar gemacht, dass sich Kommunikation und Kooperation nur unter

Bedingungen gegenseitiger Achtung entfalten und dass dies Einfluss auf das soziale Miteinander, aber auch auf die Qualität des Denkens hat. Mit der vorliegenden Studie wird diese Befundlage insofern bekräftigt, dass auch hier deutlich wird, dass für das Verknüpfen spielerischer und erkenntnisorientierter Momente ein Unterrichtsklima entscheidend ist, in dem Beiträge aller Art in der Gemeinschaft der Kleingruppe akzeptiert werden. Es zeigt sich, dass in der Gruppengemeinschaft soziale Lernprozesse in Gang kommen, wenn das Entwickeln eigener Ideen in spielerisch leichter Art erfolgt (Fälle 1, 2, 4) und dass die Gruppenmitglieder ihre Konstruktionsvorschläge mit den Assoziationen der Partner in Einklang bringen (Fall 5). Nach Ehlert (1986) ist dies Voraussetzung, um ein intensives Gefühl der Gemeinschaft zu entfalten und um über die Ideen der Gruppenpartner zur Ich-Abgrenzung zu gelangen. Erst die »Abgrenzung von Ich und Nicht-Ich schafft die Erkenntnis zweier Individuen, die sich aufeinander beziehen« (Ammon 1979: 133). Auf der anderen Seite wird in den Befunden auch deutlich, dass spielerische Aktivität nicht bei allen Kindern der Gruppe gleichermaßen auftritt und dass das Gruppenklima hierfür von Bedeutung zu sein scheint (Fall 3).

5.2.6 Flexibilität: Offenheit für Weiterentwicklungen

Die Untersuchung stärkt den Diskurs um konstruktivistische Formen der Unterrichtsgestaltung, die von einer Öffnung des Unterrichts ausgehen. Es zeigt sich, dass nicht jede Form von Öffnung die Produktivität spielerischer Augenblicke im Sachunterricht unterstützt und dass das Zulassen verschiedener Lösungswege solche Momente aktiviert. Nach Reich (1996: 80) ist es Ziel einer konstruktivistischen Unterrichtsgestaltung, dass die Schülerinnen und Schüler Wissenszusammenhänge eigenständig erschließen, um dabei »sich selbst als maßgeblichen Konstrukteur von Wirklichkeit zu erleben«. Mit der Untersuchung werden diese Überlegungen insofern gestärkt, dass hier empirisch deutlich wird, dass die Kinder vorgegebene Ideen nicht reproduzieren, sondern dass sie zu eigenen Konstruktionsleistungen gelangen. Die Befunde zeigen dominant, dass für die eigenständige Konstruktionsarbeit die Offenheit des Settings von Bedeutung ist. Sichtbar wird dies, wenn die Schülerinnen und Schüler flexibel das ihnen zur Verfügung gestellte Material nutzen, um zu individuell unterschiedlichen Lösungen zu gelangen (Fälle 1, 3, 4, 5). Im Rahmen der Settings wurde darauf verzichtet, den Kindern eine Anleitung für das Experiment an die Hand zu geben. Offen muss an dieser Stelle bleiben, ob sich Aktivitäten in einer Schnittmenge aus Spiel und Erkenntnis auch beim Experimentieren nach Vorlage zeigen. Die Ergebnisse der Untersuchung geben jedoch Anlass zur Hypothese, dass je mehr freies Experimentieren zugelassen wird und je mehr Offenheit im Setting besteht, umso eher stellen sich Momente einer Schnittmenge aus Spiel und Erkenntnis ein.

5.2.7 Zurückhaltung: Anregen vielfältiger Denkprozesse

Auf der Basis der Befunde ist davon auszugehen, dass die Lehrkraft, welche die Sachzusammenhänge gut kennt, für die Aktivierung von Tätigkeiten in einer Schnittmenge aus Spiel und Erkenntnis ihre eigenen Erfahrungen zurückhalten sollte. Nach Schwander und Andersen (2005) sollte sie die Bedingungen des Lernens so gestalten, dass die Schülerinnen und Schüler zu eigenen Erfahrungen gelangen und befähigt werden, die jeweiligen Sinnzusammenhänge an den Sachverhalten selbst auszuarbeiten. Lernen lässt sich nicht als Reiz-Reaktions-Verknüpfung fassen, sondern ist als Konstruktionssystem zu begreifen (Bransford et al. 2000). Ulich (1995:71 f.) beschreibt dies als »kognitive Wende in der neueren Psychologie« und verweist auf die Bedeutung der »subjektive[n] Einschätzungen der Person in Bezug auf sich selbst [...] und die Umwelt« (vgl. auch Salomon 1993). Damit wird eine konstruktivistische Perspektive fokussiert, derzufolge das Kind seine Handlungen »konstruiert«, indem es »intuitive Theorie in die Umwelt hineinträgt, kontrolliert Handlungsentwürfe ausprobiert und die entsprechenden ›Rückmeldungen‹ aus der Umwelt zur Korrektur [seiner] Handlungsentwürfe einsetzt« (Ulich 1995: 72). Mit der vorliegenden Untersuchung werden diese Aussagen insofern bekräftigt, dass hier empirisch fassbar wird, dass die Wissenskonstruktion in einer Schnittmenge aus Spiel und Erkenntnis als konstruktiver Vorgang verläuft, der allein von den Erfahrungen des Kindes her zu fassen ist.

5.3 Aktivierung einer Schnittmenge aus Spiel und Erkenntnis

Für die Unterrichtsgestaltung im Fach Sachunterricht resultiert hieraus, dass zur Aktivierung spielerischer Erkenntnistätigkeit die Bezüge der Kinder untereinander und zur Lehrkraft bedeutsam und dass Wissen und Kompetenzen im Sinne eines Lernens von- und miteinander zu fokussieren sind. Auf der Basis dieses Paradigmas sowie unter Berücksichtigung der o. g. Grundsätze zum Lernen in einer Schnittmenge aus Spiel und Erkenntnis werden im Folgenden 16 Vorschläge für den Sachunterricht ausgearbeitet (vgl. auch Andersen 2010a; 2010b). Dabei erfolgt eine Anknüpfung an die im Empirieteil erarbeiteten Kategorien spielerischer Erkenntnistätigkeit (vgl. Tab. 10, 11, Abschnitt 4.5.2) einerseits und an die fachlichen Inhalte des Sachunterrichts (Hessisches Kultusministerium 2011; 1995) andererseits. Zur Systematisierung werden die Vorschläge den Lernfeldern Technik/Statik (Abschnitt 5.3.1), Naturphänomene (Abschnitt 5.3.2), Raum/Zeit (Abschnitt 5.3.3) und Zusammenleben (Abschnitt 5.3.4) zugeordnet. Anhand der Unterrichtsentwürfe wird exemplarisch gezeigt, wie eine Verknüpfung spielerischer Umgangserfahrungen mit einem auf Erkenntnis zielenden Arbeiten erfolgen kann. Eine Vorhersage über das tatsächliche Eintreten von spielerischen Augenblicken ist nicht bei jedem Vorschlag möglich. Dies gilt insbesondere für die Spielform des Subspiels, da sich Facetten des »Unvorhergesehenen« und »Spaßspiels« eher zufällig ergeben und sich somit in didaktischen Planungen nur bedingt voraussehen lassen.

5.3.1 Technik/Statik: Strukturiertes und unstrukturiertes Baumaterial

Der Sachunterricht bietet wie kein anderes Fach des Grundschulunterrichts Möglichkeiten, mit strukturiertem und unstrukturiertem Material zu konstruieren. Bereits das Kleinkind interessiert sich für die materialspezifischen Möglichkeiten der Dinge, indem es Bauwerke errichtet und dabei Erfahrungen mit den Proportionen sammelt. Erst allmählich entwickelt sich aus dem materialspezifischen Funktionsspiel das Konstruktionsspiel. Dieser Übergang geht mit Fortschritten im kognitiven Bereich einher, was sich darin zeigt, dass das Kind zu länger dauerndem Spiel fähig ist (Schenk-Danzinger 1983). Im Grundschulalter rückt neben dem spielerischen Erleben die Förderung konkreter Entwicklungsziele in den Fokus, z. B. das Erfassen von Merkmalen und Dimensionen von Bauteilen, das Erkennen von Funktionsprinzipien und das Entdecken räumlicher Beziehungen von Teilen im Modell (Einsiedler 1999).

Diese fachlichen Kompetenzen bilden den Ausgangspunkt für die nachfolgenden Beispiele zum Themenfeld Technik/Statik. In der Aktivität »Stabilität von Objekten« (1.–3. Schuljahr) ist es Aufgabe, einen möglichst hohen und zugleich stabilen Turm aus Verpackungsmaterialien zu bauen. Mit dem Ziel der Optimierung von Stabilität lassen sich beim »Zerlegen und Zusammenbauen« gemäß der Kategorie Material-/Experimentierspiel Momente des Wettkampfs (*agôn*) und der Chance (*alea*) aktivieren. Auch beim Bau einer »Kugelbahn« (1.–2. Schuljahr) aus Pipprollen werden diese Momente spielerischer Erkenntnistätigkeit angeregt und dabei Fragen zur Beschleunigung evoziert. Die Aufgabe »Schwimmende Objekte« (1.–2. Schuljahr) thematisiert die Tragfähigkeit von Booten aus Knete und aktiviert das Material- und Experimentierspiel in den Facetten »Zerlegen und Zusammenbauen« sowie »Freude am ›In-die-Hand-Nehmen‹«. Im Rahmen der Aufgabenstellung »Drehmechanismen« (3.–4. Schuljahr) werden beim Bau eines technischen Konstrukts die Momente Wettkampf (*agôn*) und Chance (*alea*) angesprochen.

Die Beispiele zum Lernfeld Technik/Statik fokussieren Formen des Material- und Experimentierspiels, die sich in die Kategorien »Zerlegen und Zusammenbauen« sowie »Freude am ›In-die-Hand-Nehmen‹« ausdifferenzieren (vgl. Tab. 10, Abschnitt 4.5.2). Als Strukturmerkmale sind die Momente Wettkampf (*agôn*), Chance (*alea*) und ästhetisches Gestalten zentral. In den Befunden der qualitativen Studie hat sich gezeigt, dass die Kategorie »Freude am ›In-die-Hand-Nehmen‹« eng mit dem Moment des Rausches (*ilinx*) verbunden ist (vgl. Tab. 11, Abschnitt 4.5.2). Auf der Basis der Ergebnisse ist aber davon auszugehen, dass dieses Moment zuvorderst in Unterrichtssituationen auftritt, in denen die Kinder mit den von ihnen erstellten Bastelarbeiten kleine Spiele inszenieren. Solche Inszenierungen sind in didaktischen Entwürfen kaum planbar und bleiben deshalb hier unberücksichtigt.

| Technik/Statik | Stabilität von Objekten | Material-/Experimentierspiel |

Ziel und didaktischer Kontext

Die Schülerinnen und Schüler
- führen Versuche zur Verbesserung der Stabilität durch,
- erkennen, welche Bauelemente die Stabilität ihres Konstruktes erhöhen,
- setzen sich kreativ mit den zur Verfügung stehenden Materialien auseinander,
- lösen gemeinsam Probleme.

Schuljahr	Gruppengröße	Vorkenntnisse	Dauer	Materialien
1.–3. Klasse	2–3 Kinder	keine	ca. 35 min	Scheren, Klebestreifen, Verpackungsmaterialien

Durchführung

Die Kinder bauen aus den zur Verfügung gestellten Materialien (z. B. Joghurtbecher, Papprollen, Milchtüten, Streichholzschachteln) einen Turm. Die Objekte dürfen geschnitten, gebogen oder geklebt werden. Dabei wird verabredet, dass der Turm nicht angelehnt oder befestigt werden darf.

Im Anschluss an die Bauphase tauschen sich die Kinder über ihre Erfahrungen aus. Nicht nur die Höhe der Türme wird begutachtet, sondern ebenso deren Stabilität.

Anmerkung

Bei dieser Aufgabe geht es darum, Merkmale für die Standhaftigkeit eines Turmes zu erkennen, z. B. dass

- ein stabiles Fundament von Bedeutung ist,
- Würfel starke Bauteile sind,
- die Stabilität durch mehrere nebeneinanderstehende Würfel erhöht werden kann,
- größere Bauteile unten, kleinere oben platziert werden sollten.

Solche Erkenntnisprozesse sollten im Gespräch mit allen Kindern aufgegriffen und vertieft werden. Auch können die Kinder ausprobieren, wie sich aus anderen Materialien Türme bauen lassen, z. B. aus Spaghetti, Zahnstochern oder Papier.

Merkmale spielerischer Erkenntnistätigkeit

- Zerlegen und Zusammenbauen
- Wettkampf *(agôn)*
- Chance *(alea)*
- ästhetisches Gestalten

| Technik/Statik | Schwimmende Objekte | Material-/Experimentierspiel |

Ziel und didaktischer Kontext

Die Schülerinnen und Schüler
- führen Versuche zur Tragfähigkeit von Booten durch,
- erkennen Zusammenhänge zwischen Form und Tragfähigkeit ihrer Boote,
- setzen sich kreativ mit dem zur Verfügung stehenden Material auseinander,
- lösen gemeinsam Probleme.

Schuljahr	Gruppengröße	Vorkenntnisse	Dauer	Materialien
1.–2. Klasse	2–3 Kinder	keine	ca. 45 min	Knete, Schüssel mit Wasser, Murmeln

Durchführung

Jede Schülergruppe baut aus Knete ein Boot und probiert Möglichkeiten aus, das Boot zum Schwimmen zu bringen. Anschließend wird die Tragfähigkeit des Bootes geprüft. Hierfür stehen den Kindern Murmeln zur Verfügung, die sie auf dem Boot platzieren. Folgende Fragestellungen werden hierdurch evoziert:

- Wie lässt sich die Knete formen, damit sie schwimmen kann?
- Welche Formen eignen sich zum Transport von Dingen?
- Wie lässt sich die Tragfähigkeit optimieren?

Auf der Grundlage der Experimente wird eine Tabelle erstellt, die Kriterien für eine gute Tragfähigkeit des Bootes festhält. In einer zweiten Spalte werden Konstruktionsvarianten aufgeführt, die sich nicht bewährt haben.

Anmerkung

Im Rahmen der Aufgabenstellung gelangen die Kinder zu grundlegenden Kenntnissen zur Tragfähigkeit schwimmender Objekte. Beispielsweise finden sie heraus, dass

- das Boot nicht zu schwer sein darf,
- es sich anbietet, eine schalenähnliche Form als Bootskörper zu verwenden,
- die Tragfähigkeit erhöht werden kann, wenn Luft im Bootskörper eingeschlossen wird.

Merkmale spielerischer Erkenntnistätigkeit

- Zerlegen und Zusammenbauen
- Freude am ›In-die-Hand-Nehmen‹
- Wettkampf *(agôn)*
- Chance *(alea)*

| Technik/Statik | Beschleunigung | Material-/Experimentierspiel |

Ziel und didaktischer Kontext

Die Schülerinnen und Schüler
- bauen eine Kugelbahn,
- führen Versuche zur Beschleunigung von Objekten durch,
- erproben Möglichkeiten zum Abbremsen einer zu schnell laufenden Kugel,
- setzen sich kreativ mit dem zur Verfügung stehenden Material auseinander.

Schuljahr	Gruppengröße	Vorkenntnisse	Dauer	Materialien
1.–2. Klasse	4–5 Kinder	keine	ca. 40 min	Papprollen, Scheren, Klebestreifen, Murmeln

Durchführung

Die Kinder bauen aus Papprollen eine Kugelbahn. Zur Verbesserung der Stabilität können sie neben Klebeband und Scheren auch Bücher oder Ähnliches verwenden. Beim Experimentieren werden folgende Fragen evoziert:

- Wie gelingt die Beschleunigung der Kugel am besten?
- Welche Auswirkungen haben Kurven auf die Beschleunigung der Kugel?
- Welche Möglichkeiten gibt es zum Anhalten und Umleiten der Kugel?
- Wie lassen sich zwei Bahnen kreuzen?
- Welche Möglichkeiten gibt es zur Integration von Tunnel, Brücken oder Drehelementen?

Anmerkung

Bei der Aufgabe geht es nicht darum, die größte oder längste Kugelbahn zu bauen, sondern ungewöhnliche Elemente einzufügen. Beim Bauen der Bahn können die Kinder erkennen, dass z. B.

- für die Geschwindigkeit der Kugel das Gefälle der Strecke ausschlaggebend ist,
- Kugeln bei zu starkem Gefälle aus der Bahn getragen werden,
- eine Bahn mit zunächst starkem und später abflachendem Gefälle schneller ist als eine Bahn mit mäßigem, gleich bleibendem Gefälle.

Merkmale spielerischer Erkenntnistätigkeit

- Zerlegen und Zusammenbauen
- Wettkampf *(agôn)*
- Chance *(alea)*
- ästhetisches Gestalten

| Technik/Statik | Drehmechanismen | Material-/Experimentierspiel |

Ziel und didaktischer Kontext

Die Schülerinnen und Schüler
- erstellen einen Leuchtturm,
- entwickeln Mechanismen zum Drehen der Lampe,
- vergleichen unterschiedliche Konstruktionsweisen miteinander,
- setzen sich mit der Funktionsweise eines Leuchtturms auseinander.

Schuljahr	Gruppen-größe	Vorkenntnisse	Dauer	Materialien
3.–4. Klasse	2–3 Kinder	keine	ca. 40 min	Faden, leere Milchkartons, Holzspieß, Taschenlampe

Durchführung

Die Gruppen erhalten jeweils einen leeren Milchkarton, etwas Faden, eine kleine Taschenlampe und einen Holzspieß. Aufgabe ist es, aus diesen Materialien einen Leuchtturm zu bauen. Fragen, die hierzu diskutiert werden können, sind beispielsweise:

- Wie gelingt es, dass es vom ›Meer‹ so aussieht, als würde das Licht nicht durchgängig brennen?
- Welcher Mechanismus ermöglicht, dass das Licht nur hin und wieder aufleuchtet?
- Wie lässt sich dies im eigenen Modell realisieren?

Die Konstruktionen werden im Sitzkreis vorgestellt. Dabei sollte herausgearbeitet werden, dass es unterschiedliche Varianten gibt.

Anmerkung

Die Experimentierphase sollte nicht zu kurz bemessen sein, damit die Kinder die Gelegenheit erhalten, zu solchen Erkenntnissen zu gelangen wie z. B.

- die Drehbewegung der Taschenlampe ermöglicht das wiederholte Aufleuchten des Lichtes, ohne dieses An- und Abschalten zu müssen,
- eine gleichmäßige Drehbewegung bewirkt ein Aufleuchten in regelmäßigen Abständen,
- das Aufleuchten ist aus unterschiedlichen Blickrichtungen zu sehen, wenn die sich drehende Lampe nicht durch Mauern o. ä. verdeckt wird.

Merkmale spielerischer Erkenntnistätigkeit

- Zerlegen und Zusammenbauen
- Freude am ›In-die-Hand-Nehmen‹
- Wettkampf *(agôn)*
- Chance *(alea)*
- ästhetisches Gestalten

5.3.2 Naturphänomene: Entwickeln eigener Experimente

In den Kerncurricula für die Grundschule werden die Themenbereiche Pflanzen, Wasser und Tiere zumeist getrennt voneinander aufgeführt (vgl. u. a. Hessisches Kultusministerium 2011; 1995). Da jedoch zahlreiche Verknüpfungen zwischen diesen Lernfeldern bestehen, werden sie hier unter dem Schwerpunkt Naturphänomene zusammengefasst und anhand von vier Beispielen wird gezeigt, wie sich das Material- und Experimentierspiel, das Subspiel und Fantasiespiel einbinden lassen. Die Vorschläge werden so gestaltet, dass die Kinder zum Ausprobieren angeregt werden, wobei der Ausgang der Experimente weitestgehend offen bleibt. Es wird nicht vorgegeben, wie das Modell aussehen soll oder welche Schritte vollzogen werden müssen, um zu einer bestimmten Lösung zu gelangen. Zwar werden Teile des Versuchsaufbaus beschrieben, dabei bleiben jedoch ›Leerstellen‹, die das Kind selbstständig zu füllen hat. Nach Klein und Oettinger (2007) beinhalten Experimente häufig nur die Funktion der Veranschaulichung. Es bleiben kaum Möglichkeiten zum eigenen Handeln, da das Experiment oftmals so gestaltet ist, dass »die Schüler keineswegs von sich aus die Strukturierung durchschauen können. Es wird vorgegeben« (Klein & Oettinger 2007: 105). Die Befunde der Untersuchung zeigen jedoch, dass bestimmte Unterrichtssettings (z. B. Partner-/Kleingruppenarbeit, Bereitstellen vielfältigen Materials, offene Aufgabenstellungen) dazu beitragen können, dass die Kinder eigene Experimente entwickeln und dass hierfür vor allem das »Zerlegen und Zusammenbauen«, »Fantasiespiel«, »Spaßspiel« und die »Freude am ›In-die-Hand-Nehmen‹« von Bedeutung sind.

Diese Kategorien dienen als Ausgangspunkt für die Experimente »Vulkanausbruch« (3.–4. Schuljahr), »Blumentagebuch« (1.–2. Schuljahr), »Teekategorien« (1.–2. Schuljahr) und »Reinigung von Wasser« (3.–4. Schuljahr). Das Experiment »Vulkanausbruch«, bei dem der Ausbruch eines Vulkans am eigenen Modell (re) konstruiert wird, regt Momente des »Spaßspiels« an und evoziert erkenntnisbezogene Fragestellungen, wie z. B.: Wie lassen sich Gemeinsamkeiten und Unterschiede des eigenen Vulkanmodells im Vergleich mit dem Modell anderer Schülergruppen begründen? Die Aufgabe »Teekategorien« aktiviert eine Mischung aus Material- und Konstruktionsspiel, indem die Kinder durch Ausprobieren eigene Kategorien für unterschiedliche Teesorten erstellen. Damit werden Aspekte des ästhetischen Gestaltens, des »Zerlegens und Zusammenbauens« sowie des »Konzipierens eigener Regeln« angesprochen. Bei der Aufgabe »Reinigung von Wasser« finden die Kinder durch selbsttätiges Ausprobieren heraus, wie sich mittels verschiedener Naturmaterialien verschmutztes Wasser säubern lässt. Mit den Momenten des »Zerlegens und Zusammenbauens« sowie der »Freude am ›In-die-Hand-Nehmen‹« werden bei diesem Experiment die Spielformen Wettkampf (*agôn*) und Chance (*alea*) angeregt. Die Aufgabe »Blumentagebuch« berührt Facetten des Fantasiespiels, indem die Kinder einerseits das reale Wachstum einer Pflanze dokumentieren und andererseits Mutmaßungen anstellen, wie diese wenige Tage später aussehen könnte. Mit diesen Beispielen werden die Spielkategorien Fantasiespiel, Subspiel, Material- und Experimentierspiel sowie Konstruktionsspiel aktiviert.

| Naturphänomene | Vulkanausbruch | Subspiel |

Ziel und didaktischer Kontext

Die Schülerinnen und Schüler
- simulieren im eigenen Modell einen Vulkanausbruch,
- vergleichen unterschiedliche Vulkanmodelle,
- begründen Ähnlichkeiten zwischen den Modellen,
- formulieren Gründe für die Unterschiedlichkeit der Modelle.

Schuljahr	Gruppengröße	Vorkenntnisse	Dauer	Materialien
3.–4. Klasse	2–4 Kinder	keine	ca. 45 min	Plastikflasche, Sand, Backpulver, Essigessenz

Durchführung

Auf einer ausgebreiteten Plastiktüte bauen die Schülergruppen ihren Vulkan auf. Sie füllen etwas Backpulver in die Plastikflasche und schütten um die Flasche herum einen Sandberg auf, sodass nur noch die Flaschenöffnung herausschaut.
Nun geben die Kinder wenige Tropfen Essigessenz in die Flasche und beobachten ihr Experiment. Dies evoziert u. a. folgende Überlegungen:

- Welche Stellen am Sandberg werden von der Lava zuerst/zuletzt erreicht?
- Welche bleiben verschont?
- Welche Gründe sind dafür ausschlaggebend?
- Wird die Lava bei einem erneuten Ausbruch denselben Weg wählen?

Das eigene Vulkanmodell wird mit denen der anderen Gruppen verglichen, um Gemeinsamkeiten und Unterschiede herauszuarbeiten.

Anmerkung

In diesem Versuch rekonstruieren die Kinder das Naturereignis eines Vulkanausbruchs. Im Vergleich der Modelle der einzelnen Gruppen stellen sie fest, dass jedes Vulkanmodell anders aussieht und sich dennoch Gemeinsamkeiten finden.

- Wie lässt sich dies begründen?
- Was lässt sich hieraus für Vulkanausbrüche in der Natur schließen?

Merkmale spielerischer Erkenntnistätigkeit

- Unvorhergesehenes
- Spaßspiel

Teil III: Konzeptionelle Weiterentwicklung einer Theorie des Sachunterrichts

| Naturphänomene | Blumentagebuch | Fantasiespiel |

Ziel und didaktischer Kontext

Die Schülerinnen und Schüler
- beobachten Veränderungen im Wachstum einer Pflanze,
- dokumentieren das Wachstum aus unterschiedlichen Perspektiven,
- geben Prognosen zur weiteren Entwicklung der Pflanze ab,
- erstellen Zeichnungen zur Pflanze.

Schuljahr	Gruppengröße	Vorkenntnisse	Dauer	Materialien
1.–2. Klasse	1 Kind	keine	ca. 2–3 Wochen	Blumentopf, Erde, Blumensamen, Tagebuch

Durchführung

Jedes Kind pflanzt einen Samen in einen Blumentopf und gießt ihn regelmäßig. In einem Bildertagebuch dokumentieren die Kinder jeden zweiten Tag das Wachstum ihres Saatguts, indem sie Zeichnungen ihrer Pflanze aus der Seitenansicht sowie aus der Vogelperspektive erstellen.

Nachdem der Ist-Zustand der Pflanze bildlich festgehalten wurde, zeichnen die Kinder auf der Folgeseite ihres Tagebuchs ein Bild, wie die Pflanze beim nächsten Mal ihrer Beobachtungen aussehen könnte. Die Kinder stellen Mutmaßungen an, welche Farbe oder Form ihre Blüte haben könnte, wie viele Blätter sich bilden werden etc.

Anmerkung

In der Aufgabenstellung ist der Perspektivenwechsel von Bedeutung. Im Tagebuch wird jeweils auf der linken Seite die Pflanze aus der Seitenansicht gezeichnet. Auf der rechten Seite werden Detailzeichnungen aus der Vogelperspektive angefertigt. Hieraus ergeben sich u. a. folgende Denkanstöße:

- Welche Details der Blüte sind aus der Vogelperspektive zu erkennen?
- Wie stellt sich die Blüte aus der Seitenansicht dar?
- Welche Einzelteile des Blattes sind aus der Seitenansicht (Vogelperspektive) zu sehen?

Merkmale spielerischer Erkenntnistätigkeit

- Fantasiespiel
- schöpferische Entfaltung

| Naturphänomene | Teekategorien | Material-/Konstruktionsspiel |

Ziel und didaktischer Kontext

Die Schülerinnen und Schüler
- ordnen verschiedene Teesorten,
- erstellen eigene Kategorien zu den Teesorten,
- vergleichen unterschiedliche Kategoriensysteme,
- begründen Gemeinsamkeiten und Unterschiede der Kategoriensysteme.

Schuljahr	Gruppengröße	Vorkenntnisse	Dauer	Materialien
1.–2. Klasse	2–3 Kinder	keine	ca. 30 min	Teebeutel in versch. Sorten, Becher, Plakat, warmes Wasser

Durchführung

Die Kinder erhalten in ihren Gruppen Teebeutel verschiender Sorten, warmes Wasser und Becher. Hiermit führen sie eigene Experimente durch und formulieren Fragen wie z. B.:

- Welche Dinge befinden sich in den Teebeuteln?
- Wie unterscheiden sich die Inhalte?
- Wie färbt sich das Wasser bei Zugabe der verschiedenen Teesorten?
- Welche Farben (Gerüche, Geschmäcker) entstehen?

In ihren Gruppen erstellen die Kinder ein Plakat, auf das sie die verschiedenen Teebeutel in Kategorien geordnet aufkleben. Die einzelnen Plakate werden im Klassenverband vorgestellt und miteinander verglichen.

Anmerkung

Für die Systematisierung auf den Plakaten wählen die Kinder eigene Kategorien, z. B.:

- Farbe (Rot, Grün, Schwarz etc.),
- Geschmack (Vanille, Brombeere, Zitrone etc.),
- Sorte (Kräuter, Früchte etc.).

Im Vergleich der Plakate zeigen sich Gemeinsamkeiten und Unterschiede in den Kategorien, die von den Kindern beschrieben werden.

Merkmale spielerischer Erkenntnistätigkeit

- Zerlegen und Zusammenbauen
- Konzipieren eigener Regeln
- Chance *(alea)*
- ästhetisches Gestalten

| Naturphänomene | Reinigung von Wasser | Material-/Experimentierspiel |

Ziel und didaktischer Kontext

Die Schülerinnen und Schüler
- nutzen Naturmaterialien zur Reinigung von verschmutztem Wasser,
- erproben unterschiedliche Möglichkeiten zur Säuberung,
- vergleichen verschiedene Varianten miteinander,
- formulieren Begründungszusammenhänge.

Schuljahr	Gruppengröße	Vorkenntnisse	Dauer	Materialien
3.–4. Klasse	2–3 Kinder	keine	ca. 45 min	Plastikflasche, Erde, Sand, Kies, Steine, Filter

Durchführung

Die Kinder reinigen anhand des zur Verfügung gestellten Materials verschmutztes Wasser. Sie geben die Naturmaterialien in eine halb aufgeschnittene Plastikflasche und lassen das verschmutzte Wasser durchlaufen. In einem Becher unterhalb der Plastikflasche wird das gereinigte Wasser aufgefangen.

Anschließend vergleichen die Kinder die Sauberkeit des von ihnen gereinigten Wassers mit dem der anderen Gruppen. Sie diskutieren vor dem Hintergrund ihrer Ergebnisse, welche Zusammenhänge zwischen Sauberkeit des Wassers und Anordnung der Schichten erkennbar werden.

Anmerkung

Beim Experimentieren gelangen die Kinder zu solchen Denkanstößen wie z. B.:

- Wie behilft sich die Natur, um Wasser zu reinigen?
- Welche Reihenfolge der Schichten eignet sich, dass die Reinigung gelingt?
- Gibt es noch andere Naturmaterialien, die sich zur Reinigung von Wasser eignen?

Merkmale spielerischer Erkenntnistätigkeit

- Zerlegen und Zusammenbauen
- Freude am ›In-die-Hand-Nehmen‹
- Wettkampf *(agôn)*
- Chance *(alea)*

5.3.3 Raum und Zeit: Wechsel der Perspektive

Die Befunde der Untersuchung haben gezeigt, dass für die Aktivierung von Prozessen in einer Schnittmenge aus Spiel und Erkenntnis der Wechsel der Perspektive von zentraler Bedeutung ist und dass sich der Perspektivenwechsel vor allem über das »Umdeuten«, »Zerlegen und Zusammenbauen«, »Konzipieren eigener Spielregeln« und das »So tun, als ob« anregen lässt. Die Beispiele dieses Abschnittes geben vielfachen Anlass zum Wechsel der Perspektive. So wird bei der Aufgabenstellung »Klassenraum« (1.–2. Schuljahr) der bestehende Klassenraum nicht nur in Miniaturform nachgebaut, sondern es wird ebenso gefragt, was sich im Raum verändern lässt, was sich bewährt hat und welche Ergänzungen sinnvoll erscheinen. Über eine solche Fragehaltung gelangen die Kinder von der Dekonstruktion »in den Zirkel der Konstruktion und Rekonstruktion« (Reich 1996: 86) und durch diesen Wechsel der Perspektive werden die Spielformen des »Umdeutens« sowie »Zerlegens und Zusammenbauens« aktiviert. In der Aufgabenstellung »Weltkarte und Globus« (3.–4. Schuljahr) kommt der Perspektivenwechsel in Form des Messens der Entfernung zweier Orte auf einer Weltkarte im Vergleich mit der Entfernung derselben zwei Orte auf einem Globus zum Tragen. Das Messen und Vergleichen berührt Facetten des Konstruktionsspiels, indem die Kinder Hypothesen zu ihren Messungen formulieren, ihre Mutmaßungen in weiteren Messungen prüfen und dabei gemäß des Wettkampfes (*agôn*) in den Vergleich ihrer Vermutungen gelangen.

Im Beispiel »Schulweg« (2.–3. Schuljahr) aktiviert der Perspektivenwechsel das »Konzipieren eigener Regeln«. Beim Erstellen eines Plakates, das die Lage der Wohnhäuser zur Schule wiedergibt, gehen die Kinder vom Blickwinkel des eigenen Wohnhauses aus und analysieren die Entfernungen zu den anderen Häusern und zur Schule. Manche Gebäude stehen vom eigenen Haus weit entfernt, andere befinden sich in unmittelbarer Nähe. Wird das Plakat aus der Perspektive eines anderen Schülerhauses fokussiert, ändert sich der Blickwinkel: Wer wohnt jetzt am nächsten und wer am weitesten entfernt? Wie wiederum ändert sich der Blickwinkel, wenn das Plakat vom Fokus der Schule aus betrachtet wird? Auch die Aufgabe, einen »Kalender« nachzuspielen (2.–3. Schuljahr), fordert zum Wechsel der Perspektive heraus, indem die Schülerinnen und Schüler überlegen, welche unterschiedlichen Möglichkeiten es gibt, einen Kalender mit Gestik und Mimik zu gestalten. Über eine solche Fragehaltung gelangen die Kinder gemäß des Konstruktionsspiels in Prozesse des »Umdeutens« und »Konzipierens eigener Regeln«, aber auch in das »So tun, als ob« und kulturelle Erleben des Fantasiespiels. Im Zentrum steht nicht, vorgegebene Anweisungen auszuführen, sondern eigene Ideen zu entwickeln und vertraute Sichtweisen zu wechseln. Damit aktivieren die Settings dieses Abschnittes weniger die materiale Ebene (im Sinne des Material- und Experimentierspiels) als vielmehr die verbale und handlungsbezogene Ebene (im Sinne des Konstruktions- und Fantasiespiels). Im Fokus stehen Situationen und Kontexte, die von den Schülerinnen und Schülern selbst ausgehen, z. B. ihrem Schulweg, ihrem Klassenraum oder ihren Aktivitäten im Verlauf des Kalenderjahres.

| Raum und Zeit | Weltkarte und Globus | Konstruktionsspiel |

Ziel und didaktischer Kontext

Die Schülerinnen und Schüler
- messen die Entfernung zweier Orte auf einer Weltkarte,
- messen die Entfernung derselben zwei Orte auf einem Globus,
- vergleichen die Entfernungen miteinander,
- erkennen Unterschiede und Zusammenhänge.

Schuljahr	Gruppengröße	Vorkenntnisse	Dauer	Materialien
3.–4. Klasse	3–4 Kinder	Kenntnisse im Umgang mit Weltkarte und Globus	ca. 30 min	Globus, Weltkarte, Kordel, Schere

Durchführung

Jede Gruppe erhält eine Weltkarte. Auf der Karte suchen sich die Kinder zwei beliebige Städte aus. Diese Städte können nah beieinanderliegen oder weit voneinander entfernt sein. Die Distanz zwischen beiden Orten wird mithilfe einer Kordel gemessen und diese in entsprechender Länge abgeschnitten. Anschließend wird die Schnur auf einem Globus an dieselben zwei Orte angelegt.

- Wie unterscheiden sich die Messungen?
- Welche Längen ergeben sich beim Messen mit einem Zentimeterband?
- Wie lässt sich dies begründen?

Die Kinder prüfen ihre Vermutungen durch das Messen weiterer Ortsentfernungen. Die Ergebnisse tragen sie in eine Tabelle ein und vergleichen ihre Messungen mit denen der anderen Gruppen.

Anmerkung

Im Idealfall stehen für jede Schülergruppe eine Weltkarte und ein Globus in gleichem Maßstab zur Verfügung. Wenn sich dies nicht realisieren lässt, können die Gruppen zunächst anhand einer Weltkarte mehrere Kordeln vorbereiten und diese in entsprechender Länge zuschneiden. Die Kordeln werden mit einem Kärtchen versehen, auf dem Anfangs- und Zielstadt vermerkt sind. Anschließend lassen sich im Sitzkreis mit allen Kindern die Entfernungen an einem Globus prüfen. Dies evoziert u. a. folgende Fragen:

- Über welche Orte (Städte, Inseln, Meere) führt die Verbindungslinie?
- Werden dieselben Orte überquert, wenn diese Städte auf der Landkarte miteinander verbunden werden?
- Wie stark differiert das Messergebnis zwischen Weltkarte und Globus, wenn die zwei Orte nah zusammen bzw. weit auseinander liegen?

Merkmale spielerischer Erkenntnistätigkeit

- Umdeuten
- Wettkampf *(agôn)*

Didaktische Horizonte: Schnittmenge von Spiel und Erkenntnis

Raum und Zeit	Klassenraum	Material-/Konstruktionsspiel

Ziel und didaktischer Kontext

Die Schülerinnen und Schüler
- Bauen ihren Klassenraum in Miniaturform,
- verwenden Verpackungsmaterialien zur Herstellung des Modells,
- entwerfen eigene Ideen zur Gestaltung des Klassenraumes,
- gehen kreativ mit dem zur Verfügung gestellten Material um.

Schuljahr	Gruppengröße	Vorkenntnisse	Dauer	Materialien
1.–2. Klasse	3–4 Kinder	keine	ca. 40 min	Schuhkarton, Schere, Verpackungsmaterialien, Klebstoff

Durchführung

Aufgabe ist es, den Klassenraum in Miniaturform nachzubauen. Dazu steht den Kindern ein Schuhkarton zur Verfügung, in dem sie ihren Klassenraum aus Verpackungsmaterialien reproduzieren und mit neuen Konstruktionsideen erweitern. Daraus ergeben sich folgende Fragestellungen:

- Was gibt es für Möglichkeiten, die Tische und Stühle im eigenen Modell anzuordnen?
- Was ändert sich, wenn ich den Betrachtungswinkel wechsele und die Klasse z. B. aus Sicht des Lehrerpults sehe?
- Welche Dinge haben sich bislang bewährt und sollten erhalten bleiben?
- Was fehlt im Klassenraum?

Anmerkung

Bei der Bearbeitung dieser Aufgabenstellung lernen die Kinder implizit den Umgang mit einem Maßstab. Gelungene Ideen zur Umgestaltung des Klassenraumes können ggf. hinsichtlich ihrer Tauglichkeit in der Praxis erprobt werden. In einer Fortführung der Aufgabenstellung lassen sich andere Örtlichkeiten, z. B. der Schulhof oder das Schulgebäude, in Miniaturform erstellen.

Merkmale spielerischer Erkenntnistätigkeit

- Zerlegen und Zusammenbauen
- Umdeuten
- Konzipieren eigener Regeln
- Wettkampf *(agôn)*
- ästhetisches Gestalten

| Raum und Zeit | Schulweg | Konstruktionsspiel |

Ziel und didaktischer Kontext

Die Schülerinnen und Schüler
- erstellen ein Plakat zu ihren Schulwegen,
- rekonstruieren die Entfernung von ihren Wohnorten zur Schule,
- vergleichen die Entfernungen miteinander,
- lösen gemeinsam Probleme.

Schuljahr	Gruppengröße	Vorkenntnisse	Dauer	Materialien
2.–3. Klasse	6–8 Kinder	keine	ca. 45 min	Papier, Stifte, Fäden, Schere, Klebstoff, Plakat

Durchführung

Jedes Kind zeichnet ein Bild seines Wohnhauses und schneidet dieses aus. Innerhalb der Kleingruppe legen die Kinder ihre Bilder auf ein Plakat um ein Bild der Schule herum. Gemeinsam überlegen sie, wo welches Bild angeordnet werden muss, um die tatsächlichen Begebenheiten möglichst gut wiederzugeben. Folgende Fragen werden hierdurch evoziert:

- Welche Kinder wohnen nebeneinander?
- Wer wohnt sehr nah an der Schule?
- Welches Wohnhaus liegt am weitesten entfernt?
- Wer wohnt in gleicher (entgegengesetzter) Richtung?

Die Schulwege der Kinder werden durch Fäden angedeutet, die miteinander verglichen werden.

Anmerkung

Bei der Herstellung des Plakates ist es sinnvoll, zunächst nur ein oder zwei Häuser anzuordnen. Nach und nach lassen sich weitere Wohnhäuser hinzufügen. Immer gilt es dabei von neuem zu fragen:

- Stimmen Lage und Entfernung zur Schule sowie zu den anderen Wohnhäusern?
- Müssen die Positionen der bereits gelegten Bilder verändert werden?

Diese Aufgabe lässt sich im Klassenverband weiterführen. In einem ersten Schritt ordnet eine Schülergruppe ihre Wohnhäuser um das Bild der Schule herum an. Dies kann auf dem Fußboden im Sitzkreis erfolgen. Anschließend fügt eine andere Gruppe ihre Bilder hinzu, bis alle Wohnhäuser der Klasse platziert sind.

Merkmale spielerischer Erkenntnistätigkeit

- Konzipieren eigener Regeln
- Wettkampf *(agôn)*
- kulturelles Erleben

| Raum und Zeit | Kalender | Rollen-/Fantasiespiel |

Ziel und didaktischer Kontext

Die Schülerinnen und Schüler
- denken sich typische Aktivitäten aus, die in einem bestimmten Monat stattfinden,
- erproben Möglichkeiten zur Darstellung ihrer Aktivität,
- stellen ihre Aktivitäten im pantomimischen Kalender dar,
- setzen sich mit den Darstellungen der anderen Gruppen auseinander.

Schuljahr	Gruppengröße	Vorkenntnisse	Dauer	Materialien
2.–3. Klasse	ca. 2 Kinder	Kenntnisse über Abfolge und Namen der Monate	ca. 35 min	12 Karteikarten mit den Monatsnamen

Durchführung

Für dieses Spiel bilden die Kinder zwölf Gruppen. Jedes Team erhält eine Karteikarte, auf der ein Monatsname steht. Die Kinder überlegen, was in diesem Monat üblicherweise alles passiert, und versuchen, die Aktionen mit Bewegungen und ohne Sprache darzustellen. Im Anschluss stellen sich die Gruppen in der Reihenfolge der Monatsnamen in einem Kreis auf. Monat für Monat wird der pantomimische Kalender gespielt.

Die pantomimischen Darstellungen der Kinder werden fotografiert und mit einem Untertitel für den jeweiligen Monatsnamen versehen. Dieser Kalender wird im Klassenraum aufgehängt und um die Geburtstage der Schülerinnen und Schüler ergänzt.

Anmerkung

Im Vorfeld dieses pantomimischen Spiels sollte der Kalender behandelt worden sein, sodass die Kinder die Namen und Abfolge der Monate kennen. Sie sollten wissen, dass z. B. der Monat Juli im Sommer liegt. Daraus lassen sich solche Zuordnungen ableiten wie beispielsweise:

- Januar: Schneeballschlacht
- Februar: Fasching feiern
- März: Wachsen der ersten Blumen
- April: Ostereier suchen
- Mai: Tanz in den Mai
- Juni: ins Freibad gehen
- Juli: am Meer spielen
- August: Wandern
- September: Äpfel pflücken
- Oktober: Drachen steigen lassen
- November: St.-Martins-Umzug
- Dezember: Weihnachten feiern

Merkmale spielerischer Erkenntnistätigkeit

- ›So tun, als ob‹
- Verkleidung *(mimicry)*
- schöpferische Entfaltung
- kulturelles Erleben

5.3.4 Zusammenleben: Sich selbst und andere ergründen

Das Lernfeld Zusammenleben fokussiert mit den Aufgaben »Gefühlskiste«, »Gesichtscollage«, »Verkehrsschilder« und »Handbuch für Paten« Themen der sozialen Umwelt. Dies umfasst die Auseinandersetzung mit eigenen Emotionen und mit den Empfindungen anderer, aber auch die Themen Schule als öffentlicher Raum sowie außerschulische Aktivitäten. Wie entlang der Befunde der Untersuchung gezeigt werden konnte, aktiviert der Wechsel der Perspektive Facetten des Konstruktions- und Materialspiels, z. B. das »Umdeuten«, »Konzipieren eigener Regeln« sowie das »Zerlegen und Zusammenbauen«. In der Aufgabenstellung »Gefühlskiste« (1.–3. Schuljahr) wird das »Umdeuten« und »Konzipieren eigener Regeln« in den Facetten des kulturellen Erlebens und ästhetischen Gestaltens angeregt, indem aus einer Streichholzschachtel eine Gefühlskiste hergestellt wird, in der das Kind ein Gefühl individuell gestaltet. Die Entscheidung für eine bestimmte Gestaltungsform trägt dazu bei, sich mit den eigenen Emotionen genauer auseinanderzusetzen. Mit der Wahl von z. B. dunklen Farbtönen wird etwas anderes zum Ausdruck gebracht, als wenn die Streichholzschachtel mit Federn ausgekleidet wird.

Während sich die Kinder im Rahmen der Aufgabe »Gefühlskiste« mit den eigenen Gefühlen auseinandersetzen, geht es im Beispiel »Gesichtscollage« (1.–2. Schuljahr) um das Erkennen der Empfindungen anderer. Damit geht ein Wechsel der Perspektive einher, indem die Schülerinnen und Schüler fragen, was sich aus der Mimik im Gesicht einer anderen Person auf deren Empfinden schließen lässt, ob es noch andere Formen der Deutung gibt und wie man sich selbst in einer entsprechenden Situation fühlen könnte. Solche Fragen aktivieren die Spielformen des »Umdeutens« und »Konzipierens eigener Regeln« im Fokus kulturellen Erlebens. Beim Herstellen selbst erfundener »Verkehrsschilder« mithilfe unterschiedlicher Materialien (2.–3. Schuljahr) werden die Spielformen »Umdeuten« und »Konzipieren eigener Regeln« nicht nur unter dem Blickwinkel kulturellen Erlebens, sondern auch als ästhetisches Gestalten aktiviert und es wird zusätzlich das »Zerlegen und Zusammenbauen« angeregt. Damit kommt es zur Aktivierung des Konstruktionsspiels und des Materialspiels, vor allem aber wird mit dem Erraten der von den anderen Kindern konstruierten Verkehrsschilder eine Form des Wettkampfes (*agôn*) angestoßen.

Die Aufgabe »Handbuch für Paten« (4. Schuljahr) berührt das Konstruktionsspiel im Fokus des kulturellen Erlebens, indem die bisherigen Paten der Schulanfänger beim Erstellen eines Handbuches für andere Kinder, die künftig ebenso Paten sein werden, zum »Konzipieren eigener Regeln« angeregt werden. Aus den selbst gesammelten Erfahrungen als Pate leiten die Schülerinnen und Schüler Regeln ab, was sich im Umgang mit den Schulanfängern bewährt hat und welche Dinge weniger empfehlenswert scheinen. Damit gelangen die Kinder auf eine Ebene der Abstraktion und zugleich werden ihre Erfahrungen durch das Aufschreiben in einem Handbuch, das an nachfolgende Paten weitergereicht wird, zu einem Moment kulturellen Erlebens.

| Zusammenleben | Gefühlskiste | Material-/Konstruktionsspiel |

Ziel und didaktischer Kontext

Die Schülerinnen und Schüler
- erstellen aus einer Streichholzschachtel eine ›Gefühlskiste‹,
- stellen ein Gefühl in ihrer ›Gefühlskiste‹ dar,
- gestalten individuell die Streichholzschachtel entsprechend ihres Gefühls,
- setzen sich mit den Gefühlen anderer auseinander.

Schuljahr	Gruppengröße	Vorkenntnisse	Dauer	Materialien
1.–3. Klasse	1 Kind	keine	ca. 30 min	Streichholzschachtel, Papier, Klebstoff, Schere, Stifte

Durchführung

Die Kinder erhalten jeweils eine Streichholzschachtel, die sie zu einer ›Gefühlskiste‹ ausgestalten. Dazu schneiden sie in der Breite der Schachtel einen Streifen von einem Blatt Papier ab. Diesen Streifen gestalten die Kinder individuell, indem sie auf ihm malen, schreiben oder Dinge (z. B. Wollfäden, Federn) aufkleben. Wegweisend sind hierbei folgende Fragestellungen:

- Wie fühlst du dich im Moment?
- Welche anderen Gefühle kennst du?
- Wie geht es dir, wenn du etwas verloren hast (ins Kino gehst oder eine schlechte Note geschrieben hast)?

Anschließend falten die Kinder den fertigen Papierstreifen in Form einer Ziehharmonika und kleben ihn in ihre ›Gefühlskiste‹.

Anmerkung

Um die eigenen Gefühle anderen zeigen zu können, lässt sich die ›Gefühlskiste‹ öffnen und der Papierstreifen hervorziehen. Die Kinder können zu unterschiedlichen Gefühlen eine Streichholzschachtel gestalten. Je nachdem, wie man sich gerade fühlt, lässt sich die fröhliche, traurige, ängstliche oder missmutige Schublade herausziehen.

Merkmale spielerischer Erkenntnistätigkeit

- Zerlegen und Zusammenbauen
- Umdeuten
- Konzipieren eigener Regeln
- kulturelles Erleben
- ästhetisches Gestalten

| Zusammenleben | Gesichtscollage | Konstruktionsspiel |

Ziel und didaktischer Kontext

Die Schülerinnen und Schüler
- setzen sich mit unterschiedlichen Gesichtsausdrücken auseinander,
- erkennen in Gesichtern mögliche Gefühle,
- erstellen eine Gesichtscollage,
- vergleichen ihre Collagen hinsichtlich von Gemeinsamkeiten und Unterschieden.

Schuljahr	Gruppengröße	Vorkenntnisse	Dauer	Materialien
1.–2. Klasse	2–4 Kinder	keine	ca. 40 min	Zeitungen, Zeitschriften, Plakate

Durchführung

Die Kinder schneiden aus Zeitschriften und Zeitungen Personen mit unterschiedlichen Gesichtsausdrücken aus. Sie überlegen innerhalb ihrer Gruppe, welche Gefühle die Personen haben könnten und ordnen die Gesichtsausdrücke. Hierzu bilden sie anschließend Kategorien. Dies evoziert folgende Fragestellungen:

- Welche Personen haben einen ähnlichen Gesichtsausdruck?
- Welche Gesichtsausdrücke unterscheiden sich voneinander?
- Welches Gefühl könnte mit diesen Gesichtsausdrücken einhergehen?
- Gibt es noch andere Möglichkeiten, wie sich die Gesichtsausdrücke interpretieren lassen?

Zu ihren Kategorien erstellen die Kinder eine Gesichtscollage, die mit den Collagen der anderen Gruppen verglichen wird. Welche Gemeinsamkeiten und Unterschiede lassen sich erkennen?

Anmerkung

Auf der Grundlage eigener Erfahrungen fällt die Kategorisierung der in Zeitschriften und Zeitungen gesammelten Bilder von Gesichtsausdrücken leichter. Folgende Fragen unterstützen diesen Prozess

- Wie sieht das Gesicht meiner Freundin aus, wenn sie sich über etwas freut?
- Wie erkenne ich an ihr, dass sie traurig ist?
- Wie zeigt sie mir, dass sie Angst hat?

Merkmale spielerischer Erkenntnistätigkeit

- Umdeuten
- Konzipieren eigener Regeln
- kulturelles Erleben

| Zusammenleben | Verkehrsschilder | Material-/Konstruktionsspiel |

Ziel und didaktischer Kontext

Die Schülerinnen und Schüler
- stellen Verkehrsschilder aus Alltagsmaterialien her,
- geben markante Merkmale von Verkehrsschildern in ihren Modellen wieder,
- denken sich eigene Verkehrsschilder aus und gestalten diese,
- begründen die Bedeutung der von ihnen erstellten Schilder.

Schuljahr	Gruppengröße	Vorkenntnisse	Dauer	Materialien
2.–3. Klasse	2 Kinder	Kenntnis einzelner Verkehrsschilder	ca. 30 min	Knöpfe, Streichhölzer, Knete, Bierdeckel etc.

Durchführung

Die Kinder erhalten Alltagsmaterialien (z. B. Knöpfe, Streichhölzer) und legen hieraus Verkehrsschilder. Als Anregung können Karteikarten dienen, auf denen Verkehrsschilder abgebildet sind. Zu fragen ist:

- Was sind markante Merkmale des nachzubildenden Schildes?
- Welche Information wird mittels des Schildes weitergegeben?
- Wie ließe sich dies im eigenen Schild darstellen?

Anschließend denken sich die Kinder Schilder aus, die es bislang im Straßenverkehr nicht gibt, und gestalten diese mithilfe der Materialien. Welche Hinweisschilder fallen den Schülerinnen und Schülern ein? Warum wären diese Schilder für den Straßenverkehr sinnvoll?

Anmerkung

Die erstellten Verkehrsschilder können untereinander ausgetauscht werden. Gelingt es den anderen Kindern, die Aussage des Schildes zu erkennen? Welches Detail des Verkehrsschildes war für das Erkennen besonders hilfreich?

In Abhängigkeit vom Alter und Vorwissen der Kinder lässt sich die Auswahl der Verkehrsschilder variieren. Für weniger erfahrene Lerner bieten sich folgende Schilder an:

- Stoppschild
- Einbahnstraßenschild
- Schild zur Geschwindigkeitsbegrenzung (30, 50 oder 80 km/h)

Merkmale spielerischer Erkenntnistätigkeit

- Zerlegen und Zusammenbauen
- Umdeuten
- Konzipieren eigener Regeln
- Wettkampf *(agôn)*
- ästhetisches Gestalten

| Zusammenleben | Handbuch für Paten | Konstruktionsspiel |

Ziel und didaktischer Kontext

Die Schülerinnen und Schüler
- reflektieren ihre eigenen Erfahrungen als Pate für Schulanfänger,
- formulieren Vorschläge für die Gestaltung von Patenschaften,
- erstellen ein Handbuch für Paten,
- diskutieren Gestaltungsvorschläge für das Buch.

Schuljahr	Gruppengröße	Vorkenntnisse	Dauer	Materialien
4. Klasse	3–4 Kinder	Kenntnisse im Umgang mit Patenkindern	ca. 45 min	Papier, Stifte

Durchführung

Die Kinder erstellen ein Handbuch für die Übernahme von Patenschaften. Dieses Buch soll an die zukünftigen Viertklässler übergeben werden, die ihrerseits eine Patenschaft für die neu einzuschulenden Kinder übernehmen werden. In dem Buch werden alle Dinge vermerkt, die wichtig sind, um ein guter Pate zu sein. Dies regt folgende Fragen an.

- Wie nimmt man Kontakt mit seinem Patenkind auf?
- Wie kann ich den Kontakt bereits vor Einschulung des Patenkindes herstellen?
- In welchen Situationen kann ich meinem Patenkind helfen?
- Was mache ich, wenn mein Patenkind ein Problem mit einem anderen Kind auf dem Schulhof hat?
- Was sind die zehn wichtigsten Aufgaben eines Paten?

Anmerkung

Um ein solches Handbuch erstellen zu können, müssen sich die Kinder mit den eigenen Erfahrungen als Pate auseinandersetzen. Sie müssen resümieren, welche Hilfestellungen sie ihrem Patenkind geben konnten und wie effektiv diese waren. Zugleich müssen sie kritisch hinterfragen, wie sie ihr Patenkind noch besser hätten unterstützen können.

Das Handbuch kann in den Folgejahren von den nächsten Viertklässlern verändert und erweitert werden. Manche Hinweise haben sich eventuell als nicht effektiv erwiesen und werden überarbeitet. Ebenso können neue Ideen für die Gestaltung einer Patenschaft hinzugefügt werden.

Merkmale spielerischer Erkenntnistätigkeit

- Konzipieren eigener Regeln
- kulturelles Erleben

5.4 Fazit: Spiel und Erkenntnisgewinn als konstruktivistisches Paradigma

Die Befunde geben Anlass zur Hypothese, dass bestimmte Arbeits- und Sozialformen dazu beitragen, Formen des Spiels produktiv in den Unterricht einzubinden. Inwieweit sich letzten Endes spielerische Augenblicke tatsächlich im Unterricht einstellen und ob diese bei den Kindern zu einem Erkenntnisgewinn führen, lässt sich im Vorfeld nicht genau planen. Wie gezeigt werden konnte, hängt dies von vielfältigen Faktoren der jeweiligen Unterrichtssituation und Lerngruppe ab. In der qualitativen Studie wurde sichtbar gemacht, dass für die Aktivierung einer Schnittmenge aus Spiel und Erkenntnis sieben Grundsätze der Unterrichtsgestaltung (Abschnitt 5.2) von zentraler Bedeutung sind. Diese Grundsätze werden nun entlang der Untersuchungsergebnisse in beobachtbare Momente ausdifferenziert.

Freier Umgang mit Materialien (M1)

Die Grundsätze »Anreiz« (Abschnitt 5.2.1) und »Spielraum« (Abschnitt 5.2.2) werden in Momenten des *Freien Umgangs mit Materialien* (M1) sichtbar. Wie gezeigt werden konnte, aktivieren das freie Experimentieren mit Objekten und das Erkunden von Materialeigenschaften Prozesse des Spielens und Erkennens im Unterricht. Nicht das Erarbeiten vorgegebener Ziele steht im Vordergrund, sondern Formen der Fantasiearbeit. Fassbar wird dies beim Entdecken, Vergleichen, Konstruieren sowie beim Entwickeln von Erkenntnissen aus realen Erfahrungen. Beim Falten, Schneiden, Bauen werden die Schülerinnen und Schüler dazu angeregt, eigene Vermutungen zum Experiment zu formulieren und im flexiblen Umgang mit Materialien eigene Ansätze zu entwickeln.

Hypothesen formulieren (M2)

»Sachzentrierung« (Abschnitt 5.2.3) und »Kreativität« (Abschnitt 5.2.4) werden sichtbar, wenn die Schülerinnen und Schüler eigene *Hypothesen formulieren* (M2). Die Ergebnisse geben Anlass zur Annahme, dass je mehr die Kinder eigene Thesen aufstellen und je eigenständiger sie Strategien zur Prüfung ihrer Annahmen entwickeln, umso eher entstehen Verschmelzungen von spielerischen und erkenntnisorientierten Momenten. Es ist davon auszugehen, dass Frage- und Problemstellungen, die zur Äußerung von Hypothesen und deren Überprüfung anregen, die Verknüpfung von Spiel und Erkenntnis aktivieren. Ob das Hypothesengenerieren in Unterrichtssituationen tatsächlich gelingt, hängt nicht zuletzt von der Fragestellung selbst ab. Regt diese dazu an, den Sachzusammenhang aus einer neuen Perspektive zu betrachten, wird wissenschaftspropädeutisches Denken aktiviert, das hier als Zugang zum Erstellen von Hypothesen zu verstehen ist. Spielerische Erkenntnistätigkeit bedeutet demnach, Ereignisse aufgrund gewonnener Erfahrungen auf neue Zusammenhänge zu beziehen.

Experimente planen und durchführen (M3)

Die Grundsätze »Sachzentrierung« (Abschnitt 5.2.3) und »Kreativität« (Abschnitt 5.2.4) zeigen sich, wenn die Schülerinnen und Schüler *Experimente planen und durchführen* (M3). Die Befunde machen deutlich, dass sich spielerische und erkenntnisbezogene Momente verknüpfen, wenn Anlässe zum Experimentieren bestehen, und dass die Kinder beim Planen und Durchführen von Versuchen dazu angeregt werden, eigene Begründungszusammenhänge zu formulieren und ihre Ideen auszutesten. Durch eigenes Tun finden sie etwas heraus und entdecken gewissermaßen die Erfindungen anderer noch einmal (Reich 2005). Klein und Oettinger (2007) beschreiben, dass das Experiment in der Schule oftmals nur die Funktion der Veranschaulichung beinhalte, da der Versuchsaufbau derart gestaltet sei, dass die Kinder dessen Struktur nicht unmittelbar erfassen können. Die Befunde der Untersuchung zeigen jedoch, dass das Durchdringen des Experiments im Unterricht angeregt werden kann, wenn die Schülerinnen und Schüler weitestgehend selbstständig ihre experimentellen Ansätze entwerfen und durchführen.

Planungen/Ergebnisse reflektieren (M4)

Wiederum sind es die Grundsätze »Sachzentrierung« (Abschnitt 5.2.3) und »Kreativität« (Abschnitt 5.2.4), die in den Mittelpunkt rücken, wenn die Kinder *Planungen und Ergebnisse reflektieren* (M4). Auf der Basis der Befunde ist davon auszugehen, dass spielerische und erkenntnisbezogene Momente durch u. a. folgende Fragestellungen aktiviert werden.

> *Impulse zur Reflexion*
>
> 1. Decken sich meine Beobachtungen mit den Wahrnehmungen der anderen?
> 2. Wo zeigen sich Übereinstimmungen/Unterschiede und welche Gründe gibt es hierfür?
> 3. Nach welchen Kriterien lassen sich die Vermutungen ordnen?
> 4. Wie können die Mutmaßungen überprüft werden?
> 5. Wie lassen sich die Ergebnisse in Form von Skizzen, Tabellen oder Collagen darstellen?

Mit anderen zusammenarbeiten (M5)

Der Grundsatz der »Kooperation« (Abschnitt 5.2.5) wird fassbar, wenn die Schülerinnen und Schüler *mit anderen zusammenarbeiten* (M5). Die Befunde machen deutlich, dass für die Aktivierung spielerischer und erkenntnisbezogener Momente die Zusammenarbeit mit einem Partner oder in Kleingruppen von zentraler Bedeutung ist. Es zeigt sich, dass die Kinder im Austausch mit anderen Absprachen über ihre Strategien treffen, gemeinsam Ziele entwickeln und Begründungen für ihre Arbeitsschritte formulieren. Solche Prozesse werden angeregt, wenn die Schülerinnen und Schüler eigene Fragen und Hypothesen formulieren. Auf der Basis der Ergebnisse ist davon auszugehen, dass nicht jede Art von Kommunikation zur Verknüpfung von Spiel und Erkenntnis führt, sondern vor allem jene, die in der Kleingruppe erfolgt und zum Austausch neuer Lösungsansätze beiträgt.

Sich auf Assoziationen einlassen (M6)

»Flexibilität« (Abschnitt 5.2.6) und »Zurückhaltung« (Abschnitt 5.2.7) werden sichtbar, wenn sich die Kinder *auf Assoziationen einlassen* (M6) und sich von der eigentlichen Fragestellung entfernen. Dies erlaubt ihnen, das Problem aus einer anderen Perspektive zu betrachten und ihre Gedanken für zufällige Assoziationen zu öffnen, die für die Problemlösung wertvoll sein können. Die Ergebnisse geben Anlass zur Hypothese, dass die Rückkehr zur Fragestellung mit einem Erfahrungszuwachs einhergeht, wodurch die neu ansetzende Suchbewegung zugleich eine andere als die vorhergehende ist. In jedem Fall haben die Kinder etwas dazugelernt. Sie kehren in gewisser Weise ›gebildeter‹ zur Problemstellung zurück.

Fehler nicht als Fehlleistung bewerten (M7)

Nochmals sind es die »Flexibilität« (Abschnitt 5.2.6) und »Zurückhaltung« (Abschnitt 5.2.7), die fassbar werden, wenn *Fehler nicht als Fehlleistung bewertet* werden (M7). Wird den Schülerinnen und Schülern die Gelegenheit gegeben, eigene Ideen im Rahmen von weitestgehend selbstständig entwickelten Versuchsanordnungen experimentell auszutesten, sind Fehler unvermeidbar. Wie gezeigt werden konnte, ist das fehlerhafte Vorgehen aber ein wichtiger Beitrag zur späteren Problemlösung. Aus der Erkenntnis, dass der gewählte Weg nicht zur Lösung führt, ergeben sich neue Planungsschritte und die Modifikation von Parametern. Inwieweit sich aus solchen Impulsen spielerische Augenblicke entwickeln, kann nicht vorhergesagt werden. Die Ausführungen des Kapitels zeigen jedoch, dass die Verknüpfung von Spiel und Erkenntnis als konstruktivistisches Paradigma zu begreifen ist.

6 Resümee: Theoretische Konzeption versus Schulrealität

In der Untersuchung geht es um die Frage, welche Formen kindlichen Spiels sich produktiv im Unterricht zeigen und wie sich dies theoretisch darstellen lässt. Diese Frage wurde in den Schritten Theorie (Teil I), Empirie (Teil II) und Konzeption (Teil III) bearbeitet, entlang drei zentraler Diskurse zum Spielen und Erkennen.

- Erstens der *Diskurs um das Intermediäre* bzw. um die Wechselwirkung zwischen Kind und Umwelt: Hier zeigen Studien von u. a. Fritz (2004) und Schäfer (1989), dass das Spiel eine besondere Form der Kommunikation zwischen Ich und Welt darstellt und dass Bilder aus der Vorstellungswelt des Kindes mit Elementen der äußeren Welt im Spiel verschmelzen.
- Zweitens der *Diskurs um die Frage, wodurch im Handeln das Spiel geprägt ist*: In der Transaktionalen Analyse nach Kösel (2002) und Berne (1967) zeigt sich, dass das Spielen eine Folge von Einzelaktionen ist und dass diese Aktionen einen Nutzeffekt haben.
- Drittens der *Diskurs um Erkenntnistätigkeit als konstruktivistisches Paradigma*: Insgesamt zeigt es sich nach den Arbeiten von u. a. Sander (2005), Bransford et al. (2000), Reich (2010; 1996), Kösel und Scherer (1996), dass das Erkennen aus den Erfahrungen des Kindes hervorgeht und dass das Kind seine Wirklichkeit auf der Grundlage individueller Kriterien konstruiert. Im Anschluss an diesen Diskurs ist jede Erkenntnis ein solches konstruiertes Bild, das dazu beiträgt, die Welt zu erschließen. Hier zeigen Arbeiten von Roth (2003), v. Glasersfeld (2007) und v. Foerster (2007), dass es keine Erkenntnistätigkeit in der Konstruktion von Wirklichkeit gibt, die vom Kind als Konstrukteur losgelöst ist.

Vor dem Hintergrund dieser Diskurse zeichnet die qualitativ-empirische Studie den Stand des Auftretens von Spiel und Erkenntnis im Unterricht explorativ nach. Die Eingrenzung des Forschungsfeldes auf das Fach Sachunterricht erfolgt mittels teilnehmender Beobachtung (Diekmann 2007) und Protokollierung. In der qualitativen Hauptuntersuchung über vier Klassenstufen der Grundschule wird mittels Videoanalyse gezeigt, welche Formen einer Schnittmenge von Spiel und Erkenntnis in Unterrichtsprozessen auftreten. Die Auswertung erfolgt auf Basis der dokumentarischen Methode (Bohnsack 2008; 2005; Bohnsack et al. 2001) deduktiv-induktiv. Das heißt, dass einerseits Kategorien zum Spiel und zur Erkenntnis angelegt werden, zum anderen aber auch induktiv auf das Material geschaut wird. Als Datenkorpus werden Schülerinnen und Schüler aus zehn Klassen der Grundschule ausgewählt, deren Tätigkeiten in Settings zum Sachunterricht im

Hinblick auf implizite und explizite Formen von Spiel und Erkenntnis analysiert werden. Zusammenfassend erbringt diese explorative qualitative Studie folgende Ergebnisse.

> Erstens: Die Befunde machen deutlich, dass spielerische Aktivität nur sehr vereinzelt in Unterrichtssituationen sichtbar wird und nur wenige Momente andauert. Dies zeigt, dass der in Fachkreisen häufig verwendete Begriff der »Unterrichtsspiele« (vgl. u. a. Institut für Schulqualität und Bildungsforschung München 2012) auf die für schulische Kontexte zutreffender erscheinende Variante des ›spielerischen Augenblicks‹ zu modifizieren ist.
>
> Zweitens zeigen die Befunde, dass die Schnittmenge aus spielerischen und erkenntnisorientierten Momenten im Unterricht in Form von vier Kategorien sichtbar wird:
>
> - Rollen- und Fantasiespiel,
> - Material- und Experimentierspiel,
> - Konstruktionsspiel sowie
> - Subspiel.

Diese vier Hauptkategorien sowie die hierzu entwickelten Unterkategorien (Abschnitt 4.5.2) ersetzen bzw. konkretisieren die im Theorieteil der Untersuchung dargelegten Merkmale kindlichen Spielens und Erkennens (Abschnitte 1.5; 2.5) und entwerfen eine Beobachterperspektive, die Prozesse einer Schnittmenge aus Spiel und Erkenntnis im Grundschulunterricht beurteilbar macht. Zudem zeigen die Befunde, dass nicht jede Form von Spiel der Erkenntnistätigkeit dient und dass nicht jedes Erkennen mit spielerischen Prozessen einhergeht. Es zeigen sich Formen des Spielens und des Erkennens, die nicht in der Schnittmenge von Spiel und Erkenntnis liegen (Abschnitt 4.5.3).

In der Diskussion der Ergebnisse schließt Teil III der Untersuchung die Befunde an den wissenschaftlichen Diskurs an. Hier dienen die Ansätze des Konstruktivismus als Vorlage für die Entwicklung einer Theorie zur Konstruktivität des Spiels, die das Kind ganzheitlich-systemisch darstellt und als verantwortlichen Konstrukteur seiner Wirklichkeit wahrnimmt. Es wird gezeigt, dass für das Konstruktions-, Material- und Experimentierspiel Prozesse des Zerlegens und Zusammenbauens, ›In-die-Hand-Nehmens‹, Umdeutens und Konzipierens eigener Regeln zentral sind und dass diese Tätigkeiten produktiv im Sachunterricht wirksam werden. Dabei geht es einerseits um das ästhetische Gestalten und das kulturelle Erleben, und andererseits um den Wettkampf (*agôn*) und die Chance (*alea*). In den Befunden wird auch sichtbar, dass für den Sachunterricht das Rollen- und Fantasiespiel mit den Merkmalen schöpferische Entfaltung, kulturelles Erleben und Verkleidung (*mimicry*) von Bedeutung sind ebenso wie das Subspiel mit den Momenten des Unvorhergesehenen und Spaßhaften im Sinne des Rausches (*ilinx*).

Im abschließenden Resümee bleibt zu fragen, welche Möglichkeiten (Abschnitt 6.1.1) und Grenzen (Abschnitt 6.1.2) hinsichtlich spielerischer Erkenntnistätigkeit im Grundschulunterricht bestehen. In der Diskussion der Ergebnisse genügt es nicht, im idealisierenden Sinne mögliche Perspektiven zu skizzieren, sondern es gilt zugleich, diese in Bezug zur Schulwirklichkeit kritisch zu beleuchten. Es werden in Rückbezug auf die Ergebnisse zur PISA-, TIMSS- und IGLU-Studie Konsequenzen gezogen und eine Stellungnahme hinsichtlich der Diskussion zu Bildungsstandards und Qualitätsentwicklung vorgenommen. Einschränkend ist festzuhalten: Die in der zentralen Fragestellung der Untersuchung gewählte Schwerpunktsetzung berührt nur einen Ausschnitt des umfangreichen Bereichs kindlicher Spielaktivitäten. Neben den erhobenen Formen einer Schnittmenge aus spielerischen und erkenntnisbezogenen Momenten im Sachunterricht gibt es eine Vielzahl von Spielformen, die fern von Erkenntnisprozessen liegen bzw. die sich in schulischen Kontexten nicht oder nur schwer realisieren lassen.

6.1 Zur Aktivierung spielerischer Erkenntnistätigkeit im Unterricht

Auf der Basis der Ergebnisse ist davon auszugehen, dass Prozesse einer Schnittmenge aus spielerischer und erkenntnisorientierter Tätigkeit nicht auf das Fach Sachunterricht zu begrenzen sind. Die Befunde geben Anlass zur Hypothese, dass die zentralen Aussagen der Untersuchung auf die anderen Fächer des Grundschulunterrichts übertragbar sind. Anhand ausgewählter Beispiele wird dies im Folgenden exemplifiziert (Abschnitt 6.1.1), ohne den Anspruch auf Vollständigkeit zu erheben. In der Diskussion der Ergebnisse ist ebenso von Bedeutung, Grenzen der ausgearbeiteten Perspektiven aufzuzeigen. Dies umfasst neben einem Blick auf die inhaltsbezogenen Kompetenzbereiche der neuen Kerncurricula für die Primarstufe ebenso den Anschluss an den Diskurs um die Ergebnisse aus den Studien PISA, TIMSS und IGLU bzw. um die Qualität des Unterrichts (Abschnitt 6.1.2).

6.1.1 Möglichkeiten und Perspektiven

Im Grundschulunterricht gibt es noch Potenzial für die Aktivierung spielerischer Erkenntnistätigkeit. Die Ergebnisse der Voruntersuchung zeigen, dass das Fach Sachunterricht im Hinblick auf Aktivitäten in einer Schnittmenge aus Spiel und Erkenntnis besser abschneidet; der Reformbedarf also in den anderen Fächern liegt. Gleichwohl ist davon auszugehen, dass Möglichkeiten zur Aktivierung der für den Sachunterricht entwickelten Kategorien (vgl. Abschnitt 4.5.2) auch in den anderen Fächern des Grundschulunterrichts bestehen. In nachfolgenden Studien ist zu prüfen, welche Settings sich zur Aktivierung eignen und welche Kategorien in der Umsetzung sichtbar werden. Erste Überlegungen, die als Denkanstoß für künftige Forschungsarbeiten und nicht als Ergebnis der vorliegenden Studie zu verstehen sind, werden in diesem Abschnitt ausdifferenziert.

Auf der Basis der Befunde ist davon auszugehen, dass im Fach *Deutsch* die Verknüpfung spielerischer Augenblicke und erkenntnisorientierter Tätigkeit aktiviert wird, wenn Möglichkeiten zur eigenen Konstruktionsarbeit mit Schrift, Sprache und Literatur geschaffen werden. Robl (1994) und Paefgen (1991) empfehlen das literarische Schreiben nach »poetische[m] Vorbild«, bei dem auf der Grundlage einer literarischen Vorlage ein eigener Text formuliert wird. Zwar muss hier offen bleiben, ob das Kind tatsächlich in eigenständige Konstruktionsarbeit gelangt oder ob es nur einzelne Fragmente austauscht; Freude am spielerischen Ausprobieren ist aber durchaus zu erwarten. Baur-Traber et al. (1999) verweisen darauf, dass das »Ausdrucksspiel aus dem Erleben« eine Methode darstellt, in deren Rahmen die Kinder ohne Material- und Bühnengebundenheit relativ zügig zum Spielen gelangen. Ein Unterschied zu den klassischen Formen des Theaters (vgl. Butsch & Schwarzmann 1997) besteht darin, dass die Spieler durch Gebärden und Mimik darstellen, was ein Sprecher vorliest (Frei 1999). Hierdurch kann nach Chancerel (1936: 5 f.) »eine unendliche Vielfalt an Aktivitäten« zustande kommen, »vom einfachsten Spiel des Kindes, das eine Figur, ein Tier, einen Beruf imitiert, bis hin zum gemeinschaftlichen Spiel«. In anschließenden Studien gilt es empirisch zu prüfen, inwiefern solche Formen des Spiels produktiv im Grundschulunterricht wirksam werden.

Die Ergebnisse der Voruntersuchung geben Anlass zur Hypothese, dass das Lernfeld Geometrie wie kein anderer Bereich des *Mathematikunterrichts* die Kinder zu spielerischer Erkenntnistätigkeit herausfordert, da hier eigenständig Sachzusammenhänge entdeckt und mathematische Einsichten aus realen Erfahrungen beim Zerlegen und Zusammenbauen entwickelt werden können. Auf der Basis der Befunde ist davon auszugehen, dass es für die Aktivierung solcher Prozesse förderlich ist, Aufgaben zu formulieren, die zum Forschen im eigenen Umfeld anregen. Das Sachrechnen bietet hierfür zahlreiche Möglichkeiten, indem es von Problemen ausgeht, die zum selbstständigen Entdecken herausfordern. Beim traditionellen Sachrechnen wird den Schülerinnen und Schülern ein Sachtext vorgegeben, zu dem Rechnung und Ergebnis zu finden sind; hierdurch werden erwartungsgemäß keine spielerischen Augenblicke aktiviert. Sachaufgaben bieten aber dann Perspektiven auf eine Aktivierung spielerischer Erkenntnistätigkeit, wenn der umgekehrte Weg gewählt wird und die Kinder mit der Rechnung oder dem Ergebnis einer Aufgabe konfrontiert werden, ohne zu wissen, auf welchen Sachzusammenhang sich diese Zahlen beziehen (Andersen 2010b). Spielerische Konstruktionsarbeit wird durch diese Variante aktiviert, indem die Schülerinnen und Schüler die vorgegebenen Zahlen in eigene Sachkontexte einbetten und somit selbstständig Aufgabenstellungen erfinden. Eine Herausforderung für fortgeschrittene Lerner stellt die Aufgabe dar, ausgehend von einem Zeitungsbericht, in dem Zahlen verwendet werden, eigene Sachaufgaben zu konstruieren (Andersen 2010b). Damit aktiviert diese Aufgabe Formen des Umdeutens und Konzipierens eigener Regeln (Konstruktionsspiel).

Der *Musikunterricht* umfasst Aspekte der Rhythmik, Dynamik und Melodik, aber auch das Heranführen an musikalische Erlebniswelten (Hessisches Kultusministerium 2011; 1995). Allen diesen Formen musikalischer Gestaltung ist die Möglichkeit gemeinsam, Momente des Umdeutens und Konzipierens eigener Regeln anzustoßen. Beispielsweise können die Schülerinnen und Schüler beim Zerlegen und Zusammenbauen eigener Elementarinstrumente (Material- und Experimentierspiel) und beim Erstellen eigener Regeln im Umgang mit den Instrumenten (Konstruktionsspiel) erfahren, wie sich Töne in verschiedenen Klangfarben erzeugen lassen, wie es kommt, dass manche Töne hoch, andere tief klingen, und mit welchen Möglichkeiten man die Tonhöhe der Instrumente beeinflussen kann. Die Ergebnisse der Untersuchung geben Anlass zur Hypothese, dass je mehr solche Aspekte im Unterricht Berücksichtigung finden und je mehr Prozesse des Variierens zugelassen werden, umso eher werden Formen spielerischer Erkenntnistätigkeit aktiviert. Im *Kunstunterricht* heißt dies, sinnliches Erkennen (Aissen-Crewett 2000) und ästhetischen Gestaltungswillen anzuregen (Hessisches Kultusministerium 2010), z. B. durch die Verknüpfung von Kunst und Schrift. Bei Rabkin et al. (1998) findet sich der Impuls des »plastische[n] Gestalten[s]«. Böttcher (1999: 82) empfiehlt das »Schreiben zu Bildern«, worunter sie jede Art von Kunstwerk (Objekt, Foto etc.) subsumiert.

Ob und in welcher Form mit den hier skizzierten Beispielen eine Schnittmenge von Spiel und Erkenntnis evoziert werden kann, lässt sich nicht mit Gewissheit vorhersagen. Die vorgestellten Beispiele sind als Anstoß zu verstehen, die in dieser Studie für das Feld des Sachunterrichts entwickelte Theorie zur Konstruktivität des Spiels auf andere Fächer des Grundschulunterrichts zu übertragen. In nachfolgenden Studien ist empirisch zu prüfen, in welchen Formen bei solchen Beispielen spielerische Augenblicke auftreten und wie diese produktiv in den Unterricht eingebunden werden.

6.1.2 Grenzen und Schwierigkeiten

Eine Diskussion der Ergebnisse muss ebenso hinterfragen, was die Schule im Hinblick auf kindliches Spiel *nicht* leisten kann. Scheuerl (1994/1954; 1981) hat auf theoretischer Basis gezeigt, dass das Spiel aus der Kontinuität der Zeitreihe herausgelöst ist und dass das spielende Kind sich in »ewiger Gegenwart« bewegt. Dabei beinhalte jeder Augenblick seine eigenen Überraschungen und determiniere nicht eine folgende Situation. Die Ergebnisse der Untersuchung zeigen jedoch, dass im Sachunterricht die spielerischen Augenblicke der Schülerinnen und Schüler nicht in »ewiger Gegenwart«, »auf der Stelle kreisend« verlaufen, sondern eine Brücke zwischen Vergangenheit und Zukunft bilden. Als zweites Ergebnis formuliert Scheuerl (1994/1954: 91), dass die Spielhandlung als solche nicht aufhöre, sondern immer neue Handlungen in Gang setze. Das spielende Kind wolle seinem Spiel, so Scheuerl, bis in alle Ewigkeit nachgehen. Die Befunde der Untersuchung zeigen aber, dass dies im Unterricht nur so lange zutrifft, bis die Lehrkraft (oder die Schulglocke) zum Abbruch der Spielhandlung drängt. Die Befunde geben Anlass zur Hypothese, dass es äußere Umstände sind, z. B. das Ende der Schulstunde oder der Wechsel zu einem anderen Thema bzw. Fach, die im Unterricht eine Verwirklichung der Merkmale »Geschlossenheit« und »Gegenwärtigkeit« verhindern.

Die Ergebnisse machen auch deutlich, dass in Lernsituationen des Faches Sachunterricht kindliches Spiel nicht linear erfolgt, sondern ein ständiges Zurückkehren zur eingangs formulierten Frage erfordert. Es zeigt sich, dass die Rückkehr zum Ausgangspunkt mit einem Erfahrungszuwachs einhergeht, wobei jede neu ansetzende Suchbewegung zugleich eine andere als die vorangehende ist. In jedem Fall haben die Schülerinnen und Schüler etwas dazugelernt, kehren gewissermaßen ›gebildeter‹ zur ursprünglichen Fragestellung zurück. Wie gezeigt werden konnte, sind für solche Suchbewegungen mehrere Phasen kennzeichnend. Zunächst formulieren die Kinder Mutmaßungen und sammeln Ideen, auch solche, die nicht offensichtlich mit der Frage in Beziehung stehen und sie zum Perspektivenwechsel anregen. Die Ergebnisse der Untersuchung geben Anlass zur Hypothese, dass je mehr unspezifisches Explorieren zugelassen wird, umso eher entstehen Momente spielerischer Erkenntnistätigkeit. Die Befunde zeigen aber auch, dass diese Suchbewegungen nicht immer zielführend sind und dass die Aktivierung von Prozessen in einer Schnittmenge aus Spiel und Erkenntnis ausreichend Zeit erfordert, was in Diskrepanz zu den limitierten Zeitkontingenten in Schule und Unterricht steht.

Das Fach Sachunterricht wird meist von Fachlehrern angeboten, denen verteilt über die Woche insgesamt drei bis vier Unterrichtsstunden (3./4. Schuljahr) zur Verfügung stehen. In der Praxis bedeutet dies, jede Klasse erhält ca. jeden zweiten Tag 45 Minuten Sachunterricht. In dieser Zeit gilt es, Hausaufgaben zu korrigieren, an das Thema der vorangegangenen Stunde anzuknüpfen, neue Inhalte zu erarbeiten und zu festigen. Stringenz im Vorgehen erscheint notwendig beim Blick auf die Themenfelder, die für den Sachunterricht des dritten und vierten Schuljahres in der Vorbereitung auf die weiterführenden Schulen vorgesehen sind: Verkehrs-, Umwelt- und Sexualerziehung, Aufbau des menschlichen Körpers, Orientierung mit Kompass und Karte, Energie, Magnetismus, Lebensbedingungen von Tieren und die geographischen Merkmale des eigenen Bundeslandes. Darüber hinaus werden Themen behandelt wie Atmung, Herz, Kreislauf, Verdauung sowie der große Komplex des Themenfeldes Wasser. Aufgrund der Fülle der zu behandelnden Themen scheinen nur begrenzt Freiräume für kindliches Spiel zur Verfügung zu stehen. Diese These wird im Folgenden vor dem Hintergrund der Befunde dieser Untersuchung diskutiert.

6.2 Fazit: Spielen und Erkennen in der Schule

Im abschließenden Fazit werden die Ergebnisse an den wissenschaftlichen Diskurs angeschlossen und es wird ein Resümee für Schule und Unterricht gezogen. Dies umfasst neben dem Aufzeigen von Potenzialen eines Unterrichts, der Formen des Spiels produktiv einbezieht, auch das Aufdecken von damit einhergehenden Grenzen.

Erstens: In der Grundschule gibt es noch Potenzial für die Aktivierung spielerischer Erkenntnistätigkeit. Die Befunde machen deutlich, dass sich spielerische Augenblicke und erkenntnisbezogenes Tun beim Zerlegen und Zusammenbauen, Umdeuten und Konzipieren eigener Regeln miteinander verknüpfen und dass dies mit Momenten des Unvorhergesehenen und Überraschenden einhergeht. Wie gezeigt werden konnte, verhält das Kind sich in solchen Momenten wie ein Suchender, der Elemente aufspürt, um diese in neue Strukturen einzufügen. Es greift Wissensbausteine aus bekannten Zusammenhängen auf und bindet diese in neue Kontexte ein. Ein solches Tun zeigt sich in den Befunden als aktiver Prozess, der zur Wirklichkeitskonstruktion des Kindes beiträgt und sein Handeln, Erleben und Kommunizieren mit einschließt. Die Schülerinnen und Schüler erstellen eigene Konstrukte, in die Erfahrungen, Erinnerungen und Wünsche einfließen. Sie finden neue Zusammenhänge und bringen diese in ihren Entwürfen (ob materialer oder sprachlicher Art) zum Ausdruck. Die Ergebnisse der Untersuchung geben Anlass zur Hypothese, dass es in der grundschuldidaktischen Praxis noch erhebliches Potenzial für die Aktivierung spielerischer Erkenntnistätigkeit gibt und hier ist die Grundschulforschung als Partner in der Entwicklung gefordert.

Zweitens: Die Abgrenzung einer Schnittmenge von Spiel und Erkenntnis geht von einem differenzierten Blick auf das kindliche Spiel aus. Die Befunde zeigen, dass es im Sachunterricht mit dem Rollen- und Fantasiespiel, dem Material- und Experimentierspiel, dem Konstruktionsspiel und Subspiel unterschiedliche Formen einer Verknüpfung des Spielens und Erkennens gibt. Vor dem Hintergrund dieser Kategorien und den dazugehörigen Unterkategorien (vgl. Tab. 10, 11, Abschnitt 4.5.2) erscheinen solch verallgemeinernde Terminologien wie »Schulspiel«, »Unterrichtsspiel« oder »Lernspiel für die Schule« (vgl. u. a. Institut für Schulqualität und Bildungsforschung München 2012; Schmack 1983; Kluge 1981; Krings 1976; Freyhoff 1976; Reinartz 1976) zu unpräzise. Auf der Basis der Ergebnisse ist davon auszugehen, dass im Sachunterricht nicht jede Art von Spiel zur Aktivierung der Erkenntnistätigkeit führt, sondern vor allem jene, die den Lernenden zu Aktivitäten gemäß der o. g. Spielformen aktiviert. In nachfolgenden Studien ist zu prüfen, inwiefern sich diese Kategorien des Sachunterrichts auch in anderen Fächern des Grundschulunterrichts zeigen.

Drittens: Wie gezeigt werden konnte, gelingt die Aktivierung spielerischer Erkenntnistätigkeit vor allem im Rahmen von Aufgabenstellungen, in denen die Kinder Probleme selbstständig entdecken und dabei zu einer Form der Wissenschaftlichkeit gelangen, die hier als Weg zum Erstellen von Hypothesen und zur Einsicht in die Viabilität ihrer Aussagen zu verstehen ist. Es zeigt sich, dass die Schülerinnen und Schüler ihre Perspektive wechseln und dass sie in der Art divergieren, wie sie mit den Perspektiven spielen. Sie unterscheiden sich voneinander darin, wie sie die Problemstellung wahrnehmen und welche Implikationen sie in ihr vermuten. Mit der vorliegenden Untersuchung zeigt sich, dass für die Aktivierung einer Schnittmenge aus Spiel und Erkenntnis der Wechsel der Perspektive von Bedeutung ist und dass die Kinder zu neuen Erkenntnissen gelangen, indem sie die Ideen des Partners zusammen mit den eigenen formen. Allgemeiner formuliert: Auf der Basis der Ergebnisse ist davon auszugehen, dass durch das Zusammenführen unterschiedlicher Perspektiven das spielerische Erproben zu einem wissenschaftspropädeutischen Vorgang wird.

Viertens: Die Diskussion der Ergebnisse knüpft an die zentralen Aussagen von Cassirer (1990; 1956), Winnicott (2006/1971) und Schäfer (1989) an und geht noch einen Schritt weiter. In den Befunden zeigt sich Spiel als produktiver Akt, der in Momenten des Unvorhergesehenen, Spaßigen und Fantasievollen die Trennungslinie zwischen Innen und Außen zeitweilig aufhebt. Dies wird sichtbar in Aktivitäten des *freien Umgangs mit Materialien* (M1), *Formulierens von Hypothesen* (M2), *Planens und Durchführens von Experimenten* (M3), *Reflektierens von Planungen und Ergebnissen* (M4), *Zusammenarbeitens mit anderen* (M5), *Sich-Einlassens auf Assoziationen* (M6) und des *Zulassens von Fehlern* (M7). Die Ergebnisse der Untersuchung geben Anlass zur Hypothese, dass je mehr solche Aspekte Berücksichtigung finden und je mehr Aktivitäten des Umdeutens und Konzipierens eigener Regeln, des Zerlegens und Zusammenbauens, In-die-Hand-Nehmens und des ›So tun, als ob‹ stattfinden, umso eher treten Momente einer Schnittmenge von Spiel und Erkenntnis auf.

Fünftens: Die Frage, was die Grundschule leisten kann, um Augenblicke spielerischer Erkenntnistätigkeit zu aktivieren, lässt sich auf zwei Ebenen beantworten. Zum einen im Hinblick darauf, was die Schule realisieren *kann*. Dieser Frage wurde im Rahmen der empirischen Untersuchung mit Blick auf die Bereiche der natürlichen und technischen Umwelt des Sachunterrichts nachgegangen. Hier zeigt sich, dass für die Aktivierung einer Schnittmenge aus Spiel und Erkenntnis vor allem Aspekte des Anreizes und Spielraumes, der Sachzentrierung, Kreativität, Kooperation, Flexibilität und Zurückhaltung fruchtbar werden. Konkret heißt dies für den Unterricht, herausfordernde, offene Aufgaben in einem sozialen Kontext zu stellen. Gerade die soziale Aktivierung wird im Grundschulkontext noch wenig diskutiert (Kostons et al. 2012), wird aber auch durch die Meta-Studie von Hattie (2009) betont, der empirisch zeigen kann, dass »guter Unterricht« den Austausch von generierten Strategien, z. B. in Klassendiskussionen, fördert. Mit der vorliegenden Untersuchung wird diese Befundlage insofern bekräftigt, dass auch hier deutlich wird, dass Aufgabenstellungen, die in Kleingruppen bearbeitet werden und zum Erstellen von Hypothesen anregen, Prozesse spielerischer Erkenntnistätigkeit im Sachunterricht aktivieren. Inwiefern sich dies auf die anderen Fächer des Grundschulunterrichts übertragen lässt, gilt es in nachfolgenden Studien zu erörtern.

Sechstens: Festgehalten werden muss auch, was die Schule in Bezug auf kindliches Spiel *nicht* leisten kann. Zweifel sind hinsichtlich der vollendeten Verwirklichung der von Scheuerl (1994/1954) beschriebenen Momente der »Gegenwärtigkeit« und »Geschlossenheit« angebracht. Diese Momente, so zeigen die Ergebnisse der empirischen Untersuchung, sind in schulischen Kontexten nur bis zu einem bestimmten Grad realisierbar. Dies lässt sich in Anbindung an den Diskurs zu Lehrplänen und Kerncurricula folgendermaßen begründen. Die Stofffülle (oder zumindest deren Wahrnehmung seitens der Lehrkräfte) trägt dazu bei, dass im Unterricht der Grundschule kaum Raum für kindliche Spielaktivitäten verbleibt. Die Befunde zeigen, dass spielerische Prozesse oft langwierig verlaufen. Sie erfolgen nicht linear, sondern erfordern ein ständiges Zurückkehren zur anfänglichen Problemstellung. Die Rückkehr zum Ausgangspunkt geht mit einem Erfahrungszuwachs einher, wodurch jede neue, produktive, aber auch unberechenbare Spielbewegung zugleich eine andere als die vorangehende ist. Auf der Basis der Ergebnisse ist davon auszugehen, dass dieser Prozess sich nur bedingt steuern lässt und dass im Vorfeld nicht genau vorherzusagen ist, zu welchen

Erkenntnissen die Schülerinnen und Schüler im Rahmen ihrer spielerischen Konstruktionen gelangen.

Siebtens: In Anbetracht des Diskurses um Aufgabenorientierung, die im Kontext der Ergebnisse aus den PISA-Studien als prominentes Konzept diskutiert wird (vgl. u. a. Pauli et al. 2008), ergibt sich ein weiterer Zusammenhang, der für die Entwicklung des Grundschulunterrichts im Spiegel einer konstruktivistischen Perspektive von Belang ist. Wenn den Schülerinnen und Schülern die Gelegenheit gegeben wird, eigene Vorhaben im Sachunterricht zu verwirklichen, z. B. in Form von weitgehend eigenständig entwickelten Arbeitswegen, sind unterschiedliche Lösungswege und Ergebnisse unvermeidbar. Und mehr noch: Zu einem Verständnis von Lernen als Konstruktion gehört dazu, dass sich die Herangehensweisen und Lösungen der einzelnen Kinder voneinander unterscheiden, und dies heißt zugleich, dass Maßnahmen der Unterstützung und Ergebnissicherung mehrdimensional angelegt sein müssen.

Achtens: Grenzen einer Unterrichtsgestaltung in der Schnittmenge von Spiel und Erkenntnis sind vor dem Hintergrund der für die Grundschule entwickelten Bildungsstandards zu diskutieren. Vom Sekretariat der Ständigen Konferenz der Kultusminister der Länder in der Bundesrepublik Deutschland (2005a; 2005b) wird eine Fülle an Inhalten vorgesehen, die bis zum vierten Schuljahr verbindlich erarbeitet werden sollen. Exemplarisch werden hier die inhaltsbezogenen mathematischen Kompetenzen in ihren wesentlichen Linien zusammengefasst, um einen Einblick in die Herausforderungen des heutigen Grundschulunterrichts zu geben: Zahldarstellungen und Zahlbeziehungen (dezimales Stellenwertsystem, Zahlenraum bis 1.000.000), Rechenoperationen (Grundrechenarten, Kopfrechnen, Rechenstrategien, Rechengesetze, schriftliche Verfahren), in Kontexten rechnen (Sach- und Knobelaufgaben), sich im Raum orientieren (zwei- und dreidimensionale Darstellungen), geometrische Figuren und Abbildungen (Körper, Modelle, Zeichnungen, Gitternetze, Achsensymmetrien), Flächen- und Rauminhalte (Einheitswürfel), Gesetzmäßigkeiten (Hunderter-Tafel, Zahlenfolgen), funktionale Beziehungen (Tabellen, Proportionalität), Größenvorstellungen (Geldwerte, Längen, Zeitspannen, Gewichte, Rauminhalte), mit Größen in Sachsituationen umgehen (Sekretariat der Ständigen Konferenz der Kultusminister der Länder in der Bundesrepublik Deutschland 2005b: 9–11).

Außer Frage steht, dass die Bildungsstandards als Konsequenz auf internationale Vergleichsstudien wegweisend für den heutigen Grundschulunterricht sind (vgl. u. a. Stanat et al. 2012; Bos et al. 2012; BMBF 2007; Stanat et al. 2002). Auf den ersten Blick mag es den Anschein machen, dass die o. a. Fülle an inhaltsbezogenen Kompetenzen in Widerspruch zu einer Unterrichtsgestaltung steht, in der kindliches Spiel zusätzliche Zeitkontingente erforderlich macht. Prozesse des Spielens, so zeigen dominant die Ergebnisse der Untersuchung, verlaufen nicht linear. Meist kann im Vorfeld nicht vorhergesagt werden, zu welchen Erkenntnissen die Schülerinnen und Schüler gelangen und ob überhaupt operationalisierbare Lernziele angestoßen werden. Doch stehen diese Ergebnisse in Divergenz zu den Bildungsstandards, die zwar eine Fülle an Inhalten und Kompetenzen aufführen, diese aber nicht durch Zeitvorgaben reglementieren? In den klassischen Lehrplänen wurde den zu erarbeitenden Inhalten Zeitkontingente zugewiesen, die in weiten Teilen des Unterrichts ein stringentes und systematisches Vorgehen erforderlich machten. Hier blieb wenig Raum und Zeit für spielerische Suchbewegungen. Die gegenwärtige Kompetenzorientierung öffnet Fenster für ein ebensolches Tun; denn die Chancen einer Unterrichtskonzeption, die spielerische Erkenntnistätigkeit ermöglicht, sind nicht dort zu suchen, wo Zeit übrig bleibt. Vielmehr sind spielerische Aktivitäten mit den Inhalten der Bildungsstandards zu verbinden. Unter einer solchen Perspektive öffnen sich Möglichkeiten für eine konstruktivistische Unterrichtsgestaltung in der Grundschule, die kindliche Spielprozesse produktiv in den Unterricht einbindet. Dafür bedarf es, so konnte in dieser Untersuchung aus theoretischer, empirischer und konzeptioneller Perspektive gezeigt werden, geeigneter Settings, die das Kind dazu anregen, eigene Beobachtungen zu hinterfragen, Erkenntnisse anzuzweifeln und nach neuen Blickwinkeln zu suchen. Solche Prozesse gilt es, mit fachbezogenen Inhalten zu verbinden, was nicht allein in der Diskussion zur Ganztagsschule besondere Relevanz erlangt, sondern grundsätzlich von Bedeutung für das Lernen und Erschließen von Wirklichkeit im Unterricht der Grundschule ist.

Literatur

Adorno, T. W. (1969): Zu Subjekt und Objekt. In: Adorno, T. W. (Hrsg.): *Stichworte. Kritische Modelle 2*. Frankfurt a. M.: Suhrkamp, S. 151–168.
Ahern, R., Beach, R., Moats, S. et al. (2011): The Benefits of Play Go Well Beyond Physical Fitness. In: *Outdoor Play*, September/October, S. 68–71.
Aissen-Crewett, M. (2000): *Ästhetisch-aisthetische Erziehung. Zur Grundlegung einer Pädagogik der Künste und der Sinne*. Potsdam: Univ.-Bibliothek.
Ammon, G. (Hrsg.) (1979): *Handbuch der Dynamischen Psychiatrie*. Bd. 1, München: Reinhardt.
Andersen, K. N. (2010a): *Lernumgebungen im Sachunterricht. Differenziertes Arbeiten – selbstgesteuertes Lernen*. Seelze-Velber: Klett/Kallmeyer.
Andersen, K. N. (2010b): *Methodenpool Grundschule. Unterricht konstruktivistisch gestalten*. Weinheim: Beltz.
Andersen, K. N. (2010c): Spielerischer Umgang mit Schrift und Sprache. Zugänge zum kreativen Schreiben. In: *Praxis Grundschule*, 33. Jg., H. 1, S. 43–45.
Andersen, K. N. (2009): Spielzeugwelten. In: Duncker, L., Lieber, G., Neuß, N. et al. (Hrsg.): *Bildung in der Kindheit. Handbuch zum ästhetischen Lernen für Kindergarten und Grundschule*. Velber bei Hannover: Erhard Friedrich-Verlag, S. 142–144.
Andersen, K. N. (2003): Grundschulkinder in Harmonie bringen. Eine Kultur des Bewegens. In: *Grundschulmagazin*, 71. Jg., H. 3–4, S. 29–32.
Andersen, K. N. (2001): *Lebenslange Bewegungskultur. Betrachtungen zum Kulturbegriff und zu Möglichkeiten seiner Übertragung auf Bewegungsaktivitäten*. Bielefeld: Bertelsmann.
Angleitner, A. (1980): *Einführung in die Persönlichkeitspsychologie*. Bd. 1, Bern: Huber.
Aristoteles (1989): *Politik. Schriften zur Staatstheorie*. Übers. u. hrsg. v. F. Schwarz. Stuttgart: Reclam.
Ashiabi, G. S. (2007): Play in the Preschool Classroom. Its Socioemotional Significance and the Teacher's Role in Play. In: *Early Childhood Educational Journal*, Vol. 35, No. 2, S. 199–207.
Baacke, D. (1986): *Die 6–12jährigen. Einführung in die Probleme des Kindesalters*. Weinheim: Beltz.
Baerenreiter, H. & Fuchs-Heinritz, W. (1990): *Stubenhocker oder Pioniere*. Opladen: Westdeutscher Verlag.
Bäuml-Roßnagl, M.-A. (1991): Tasten mit Auge-Hand-Fuß als »Fühl«-Erkennen. Dokumente und bildungstheoretische Analyse. In: Lauterbach, R., Köhnlein, W., Spreckelsen, K. et al. (Hrsg.): *Wie Kinder erkennen. Probleme und Perspektiven des Sachunterrichts*. Bd. 1, Kiel: Arbeitskreis Sachunterricht in der GDCP, S. 34–48.
Bannister, D. & Fransella, F. (1981): *Der Mensch als Forscher. Die Psychologie der persönlichen Konstrukte*. Münster: Aschendorff.
Barros, R. M., Silver, E. J. & Stein, R. E. K. (2009): School Recess and Group Classroom Behavior. In: *Pediatrics*, Vol. 123, No. 2, S. 431–436.
Bauersfeld, H. (1999): Fallstudien in der Lehrerausbildung – wozu? In: Ohlhaver, F. & Wernet, A. (Hrsg.): *Schulforschung – Fallanalyse – Lehrerbildung*. Opladen: Leske & Budrich, S. 191–207.
Baurmann, J. & Ludwig, O. (1986): Aufsätze vorbereiten – Schreiben lernen. In: *Praxis Deutsch*, 13. Jg., H. 80, S. 16–22.

Baurmann, J. & Ludwig, O. (1985): Texte überarbeiten. Zur Theorie und Praxis von Revisionen. In: Boueke, D. & Hopster, N. (Hrsg.): *Schreiben – Schreiben lernen*. Tübingen: Narr, S. 254–276.
Baur-Traber, C., Frei, H., Moosig, K. et al. (1999): *Ausdrucksspiel aus dem Erleben. Einführung, Methodik, Arbeitsblätter*. 4. Aufl., Bern: Zytglogge.
Bergen, D. & Fromberg, D. P. (2009): Play in the Social Interaction in Middle Childhood. In: *Phi Delta Kappan*, Vol. 90, No. 6, S. 426–430.
Berger, P. L. & Luckmann, T. (2007): *Die gesellschaftliche Konstruktion der Wirklichkeit. Eine Theorie der Wissenssoziologie*. 21. Aufl., Frankfurt a. M.: Fischer.
Bergmann, J. R. (1994): Ethnomethodologische Konversationsanalyse. In: Fritz, G. & Hundsnurscher, F. (Hrsg.): *Handbuch der Dialoganalyse*. Tübingen: Niemeyer, S. 3–16.
Bergmann, J. R. (1991): Konversationsanalyse. In: Flick, U., Kardorff, E. v., Keupp, H. et al. (Hrsg.): *Handbuch qualitative Sozialforschung. Grundlagen, Konzepte, Methoden und Anwendungen*. München: Psychologie-Verl.-Union, S. 213–218.
Bergmann, J. R. (1985): Flüchtigkeit und methodische Fixierung sozialer Wirklichkeit. Aufzeichnungen als Daten der interpretativen Soziologie. In: Bonß, W. & Hartmann, H. (Hrsg.): *Entzauberte Wissenschaft. Zur Relativität und Geltung soziologischer Forschung*. Göttingen: Schwartz, S. 299–320.
Berk, R. A. & Adams, J. M. (1979): Kontaktaufnahme in devianten Gruppen. In: Gerdes, K. (Hrsg.): *Explorative Sozialforschung. Einführende Beiträge aus »Natural Sociology« und Feldforschung in den USA*. Stuttgart: Enke, S. 94–109.
Berne, E. (1967): *Spiele der Erwachsenen. Psychologie der menschlichen Beziehungen*. Reinbek bei Hamburg: Rowohlt.
Bildungsministerium für Bildung und Forschung (BMBF) (Hrsg.) (2007): *Vertiefender Vergleich der Schulsysteme ausgewählter PISA-Teilnehmerstaaten*. 3., unveränd. Aufl., Bonn: BMBF.
Binneberg, K. (1985): Grundlagen der pädagogischen Kasuistik. Überlegungen zur Logik der kasuistischen Forschung. In: *Zeitschrift für Pädagogik*, 31. Jg., H. 6, S. 773–788.
Black, B. (1992): *Friendly Fire*. Brooklyn: Autonomedia.
Blank-Mathieu, M. (2010): Kinderspielformen und ihre Bedeutung für Bildungsprozesse. In: Textor, M. R. (Hrsg.): *Kindergartenpädagogik*. Online-Handbuch. http://www.kinder¬gartenpaedagogik.de/1610.html, 11.03.2011.
Blumenstock, L. (1996): Thesen. Neuansatz zum Erlernen des Schreibens als Schriftsprachproduktion zwischen den Kriterien der Offenheit und Gebundenheit. In: Blumenstock, L. & Renner, E. (Hrsg.): *Freies und angeleitetes Schreiben. Beispiele aus dem Vor- und Grundschulalter*. 4. Aufl., Weinheim: Beltz, S. 37–41.
Böhm, W. (1983): Wider die Pädagogisierung des Spiels. In: Kreuzer, K. J. (Hrsg.): *Handbuch der Spielpädagogik*. Bd. 1, Düsseldorf: Schwann, S. 281–293.
Böse, R. & Schiepek, G. (2000): *Systemische Theorie und Therapie*. 3. Aufl., Heidelberg: Asanger.
Böttcher, I. (1999): *Kreatives Schreiben*. Berlin: Cornelsen Scriptor.
Bohnsack, R. (2008): *Rekonstruktive Sozialforschung. Einführung in qualitative Methoden*. 7. Aufl., Opladen: Budrich.
Bohnsack, R. (2005): Standards nicht-standardisierter Forschung in den Erziehungs- und Sozialwissenschaften. In: *Zeitschrift für Erziehungswissenschaft*, Beiheft 4: Standards und Standardisierung in der Erziehungswissenschaft, 8. Jg., S. 63–81.
Bohnsack, R., Nentwig-Gesemann, I. & Nohl, A.-M. (2001): Einleitung. Die dokumentarische Methode und ihre Forschungspraxis. In: Bohnsack, R., Nentwig-Gesemann, I. & Nohl, A.-M. (Hrsg.): *Die dokumentarische Methode und ihre Forschungspraxis. Grundlagen qualitativer Sozialforschung*. Opladen: Leske und Budrich, S. 9–24.
Bollnow, O. F. (1983): *Anthropologische Pädagogik*. 3., durchges. Aufl., Bern: Haupt.
Bollnow, O. F. (1980): *Das Wesen der Stimmungen*. 6. Aufl., Frankfurt a. M.: Klostermann.
Bonarius, H., Angleitner, A. & John, O. (1984): Die Psychologie der Persönlichen Konstrukte. Eine kritische Bestandsaufnahme einer Persönlichkeitstheorie. In: Amelang, M. & Ahrens, H. J. (Hrsg.): *Brennpunkte der Persönlichkeitsforschung*. Bd. 1, Göttingen: Hogrefe, S. 109–138.

Bos, W., Tarelli, I., Bremerich-Vos, A. et al. (Hrsg.) (2012): *IGLU 2011. Lesekompetenzen von Grundschulkindern in Deutschland im internationalen Vergleich.* Münster: Waxmann.
Bransford, J. D., Brown, A. L. & Cocking, R. R. (Eds.) (2000): *How People Learn. Brain, Mind, Experience, and School.* Expanded Edition. Washington DC: National Academy Press.
Bredekamp, S. (2004): Play and School Readiness. In: Zigler, E., Singer, D. G. & Bishop-Josef, S. J. (Eds.): *Children's Play. The Roots of Reading.* Washington DC: Zero to Three, S. 159–174.
Brown, D. J. (2007): *Brücken. Kühne Konstruktionen über Flüsse, Täler, Meere.* 2., überarb. Aufl., München: Callwey.
Buland, R. (1992): Zur Grundlegung einer Spielforschung. Definitionen – Systematik – Methodologie. In: Bauer, G. G. (Hrsg.): *Homo Ludens. Der spielende Mensch II.* München: Katzbichler, S. 43–64.
Butsch, L. & Schwarzmann, J. (1997): Die Theaterarbeit der Wilden Bühne im Rahmen des Bundesmodellprojektes. In: Wilde Bühne e. V. (Hrsg.): *Theater in der Therapie: Dokumentation der Fachtagung vom 28./29.11.1996 in Stuttgart.* Geesthacht: Neuland, S. 27.
Buytendijk, F. J. J. (1953): *Das Fußballspiel. Eine psychologische Studie.* Würzburg: Werkbund-Verlag.
Buytendijk, F. J. J. (1933): *Wesen und Sinn des Spiels. Das Spielen des Menschen und der Tiere als Erscheinungsform der Lebenstriebe.* Berlin: Wolff.
Carlson, F. (2011): Rough Play. One of the Most Challenging Behaviors. In: *Young Children*, July, S. 18–25.
Carter, M. (2011): Helping Teachers Address Academic Learning. In: *Exchange*, September/October, S. 18–21.
Casler, K. & Keleman, D. (2005): Young Children's Rapid Learning about Artifact Functions. In: *Development Science*, Vol. 8, No. 6, S. 472–480.
Cassirer, E. (1990): *Versuch über den Menschen. Einführung in eine Philosophie der Kultur.* Aus d. Engl. v. Reinhard Kaiser. Frankfurt a. M.: Fischer.
Cassirer, E. (1956): *Wesen und Wirkung des Symbolbegriffs.* Darmstadt: Wissenschaftliche Buchgesellschaft.
Caillois, R. (1982/1960): *Die Spiele und die Menschen. Maske und Rausch.* Frankfurt a. M.; Berlin: Ullstein.
Chancerel, L. (1936): *Jeux Dramatiques dans l'Education. Introduction á une Methode.* Paris: Libraire théâtrale.
Clark, J. (1992): *Full Life Fitness. A Complete Program of Exercise for Mature Adults.* Champaign, IL: Human Kinetics.
Csikszentmihalyi, M. (2005): *Das flow-Erlebnis. Jenseits von Angst und Langeweile: im Tun aufgehen.* Stuttgart: Klett-Cotta.
Dehn, M. (2006): *Zeit für die Schrift. Bd. I: Lesen lernen und Schreiben können.* Berlin: Cornelsen Scriptor.
Dehn, M. (1996a): Zur Entwicklung der Textkompetenz in der Schule. In: Feilke, H. & Portmann, P. R. (Hrsg.): *Schreiben im Umbruch: Schreibforschung und schulisches Schreiben.* Stuttgart: Klett, S. 172–186.
Dehn, M. (1996b): Zur Entwicklung der Textkompetenz im Unterricht. In: Dehn, M., Hüttis-Graff, P. & Kruse, N. (Hrsg.): *Elementare Schriftkultur. Schwierige Lernentwicklung und Unterrichtskonzept.* Weinheim: Beltz, S. 112–121.
Dehn, M. (1990): Christina und die Rätselrunde. Schule als sozialer Raum für Schrift. In: Brügelmann, H. & Balhorn, H. (Hrsg.): *Das Gehirn, sein Alfabet und andere Geschichten.* Konstanz: Faude, S. 112–124.
Descartes, R. (1904): *René Descartes philosophische Werke.* In 3. Aufl. neu übers. u. mit ausführl., auf Descartes eigene Schriften gestützten Komm., hrsg. v. A. Buchenau. Leipzig: Dürr.
Dettmann, U. (1999): *Der Radikale Konstruktivismus. Anspruch und Wirklichkeit einer Theorie.* Tübingen: Mohr Siebeck.
Dewey, J. (1993): *Demokratie und Erziehung. Eine Einleitung in die philosophische Pädagogik.* Nachdr. der 3. Aufl., Braunschweig, Westermann 1964. Weinheim: Beltz.

Diekmann, A. (2007): *Empirische Sozialforschung. Grundlagen, Methoden, Anwendungen.* Reinbek bei Hamburg: Rowohlts Enzyklopädie.
Dulitz, B. (2006): Weite Flieger. Die Flugeigenschaften von Flugfrüchten untersuchen und Modelle basteln. In: *Grundschule Sachunterricht,* 8. Jg., H. 32, S. 12–15.
Duncker, L. (2007): Die Pluralisierung der Lebenswelten – eine didaktische Herausforderung für den Sachunterricht. In: Schomaker, C. & Stockmann, R. (Hrsg.): *Der (Sach-)Unterricht und das eigene Leben.* Bad Heilbrunn/Obb.: Klinkhardt, S. 32–44.
Duncker, L. (1995): Spiel und Phantasie. Eine kreative Form von Weltaneignung. In: *Spielzeit. Spielräume in der Schulwirklichkeit.* Friedrich Jahresheft XIII, hrsg. v. U. Baer, K. Dietrich, G. Otto. Seelze: Friedrich, S. 4–5.
Duncker, L. (1993): Mythos, Struktur und Gedächtnis. Zur Kultur des Sammelns in der Kindheit. In: Duncker, L., Maurer, F. & Schäfer, G. E. (Hrsg.): *Kindliche Phantasie und ästhetische Erfahrung. Wirklichkeiten zwischen Ich und Welt.* 2. Aufl., Lagenau-Ulm: Vaas, S. 111–133.
Duncker, L. & Popp, W. (Hrsg.) (1994): *Kind und Sache. Zur pädagogischen Grundlegung des Sachunterrichts.* Weinheim: Juventa.
Ehlert, D. (1986): *Theaterpädagogik. Lese- und Arbeitsbuch für Spielleiter und Laienspielgruppen.* München: Pfeifer.
Eichberg, H. (1979): *Der Weg des Sports in die industrielle Zivilisation.* 2. Aufl., Baden Baden: Nomos.
Einsiedler, W., Götz, M., Hacker, H. et al. (Hrsg.) (2011): *Handbuch Grundschulpädagogik und Grundschuldidaktik.* 3. Aufl., Bad Heilbrunn/Obb.: Klinkhardt.
Einsiedler, W. (1999): *Das Spiel der Kinder. Zur Pädagogik und Psychologie des Kinderspiels.* 3., aktualisierte u. erw. Aufl., Bad Heilbrunn/Obb.: Klinkhardt.
Ellgring, H. (1991): Audiovisuell unterstützte Beobachtung. In: Flick, U., Kardorff, E. v., Keupp, H. et al. (Hrsg.): *Handbuch qualitative Sozialforschung. Grundlagen, Konzepte, Methoden und Anwendungen.* München: Psychologie-Verl.-Union, S. 203–208.
Elschenbroich, D. (2001): *Weltwissen der Siebenjährigen. Wie Kinder die Welt entdecken können.* München: Verlag Antje Kunstmann.
Emslie, A. & Mesle, R. C. (2009): Play. The Use of Play in Early Childhood Education. In: *Gyanodaya. The Journal of Progressive Education,* Vol. 2, No. 2, S. 1–27.
Ewert, S. (2003): *Brücken. Die Entwicklung der Spannweiten und Systeme.* Berlin: Ernst & Sohn.
Faltermaier, T. (1990): Verallgemeinerung und lebensweltliche Spezifität. Auf dem Weg zu Qualitätskriterien für die qualitative Forschung. In: Jüttemann, G. (Hrsg.): *Komparative Kasuistik.* Heidelberg: Asanger, S. 204–217.
Fatke, R. (1997): Fallstudien in der Erziehungswissenschaft. In: Friebertshäuser, B. & Prengel, A. (Hrsg.): *Handbuch Qualitative Forschungsmethoden in der ErziehungswissenschaftHandbuch Qualitative Forschungsmethoden in der Erziehungswissenschaft.* Weinheim: Juventa, S. 56–68.
Fischer, D. & Brügelmann, H. (1982): Warum sind Fallstudien in der Pädagogik ein Thema? In: Fischer, D. (Hrsg.): *Fallstudien in der Pädagogik. Aufgaben, Methoden, Wirkungen.* Konstanz: Faude, S. 12–19.
Fischer, H. (1981): Zur Theorie der Feldforschung. In: Schmied-Kowarzik, W. & Stagl, J. (Hrsg.): *Grundfragen der Ethnologie: Beiträge zur gegenwärtigen Theorie-Diskussion.* Berlin: Reimer, S. 63–78.
Flick, U. (1991): Stationen des qualitativen Forschungsprozesses. In: Flick, U., Kardorff, E. v., Keupp, H. et al. (Hrsg.): *Handbuch qualitative Sozialforschung. Grundlagen, Konzepte, Methoden und Anwendungen.* München: Psychologie-Verl.-Union, S. 147–173.
Flitner, A. (2002): *Spielen – Lernen. Praxis und Deutung des Kinderspiels.* Erw. Neuausg. der 11. Aufl. 1998, Weinheim: Beltz.
Foerster, H. v. (2007): Das Konstruieren einer Wirklichkeit. In: Watzlawick, P. (Hrsg.): *Die erfundene Wirklichkeit. Wie wissen wir, was wir zu wissen glauben? Beiträge zum Konstruktivismus.* 3. Aufl., München: Piper, S. 39–60.
Frei, H. (1999): *Jeux Dramatiques mit Kindern. Ausdrucksspiel aus dem Erleben (2). Aufbaustrukturen, Arbeitsblätter, Spielideen.* 3. Aufl., Bern: Zytglogge.

Freire, P. (1987): *Pädagogik der Unterdrückten. Bildung als Praxis der Freiheit*. Reinbek bei Hamburg: Rowohlt.
Freyhoff, U. (1976): Spiel und Schule. In: Frommberger, H., Freyhoff, U. & Spies, W. (Hrsg.): *Lernendes Spielen, spielendes Lernen*. Hannover: Schroedel, S. 21–34.
Friebertshäuser, B. (1997): Feldforschung und teilnehmende Beobachtung. In: Friebertshäuser, B. & Prengel, A. (Hrsg.): *Handbuch Qualitative Forschungsmethoden in der Erziehungswissenschaft*. Weinheim: Juventa, S. 503–534.
Fritz, J. (2004): *Das Spiel verstehen. Eine Einführung in Theorie und Bedeutung*. Weinheim: Juventa.
Fritz, J. (1992): *Spielzeugwelten. Eine Einführung in die Pädagogik der Spielmittel*. Weinheim: Juventa.
Fröbel, F. (1961): *Ausgewählte Schriften. Bd. II: Die Menschenerziehung*. Hrsg. v. E. Hoffmann. 2. Aufl., Düsseldorf: Küpper.
Füssenich, I. & Löffler, C. (2008): *Schriftspracherwerb. Einschulung, erstes und zweites Schuljahr*. München: Reinhardt.
Gabler, H. (1986): Die Lust am Spiel. Der weite Weg zum Seniorensport (2). In: *Sport Praxis*, 27. Jg., H. 6, S. 20–21.
Gadamer, H.-G. (1965): *Wahrheit und Methode. Grundzüge einer philosophischen Hermeneutik*. 2. Aufl., Tübingen: Mohr.
Gibson, E. J. (1994): Has psychology a future? In: *Psychological Science*, Vol. 5, No. 2, S. 69–76.
Giel, K. (2001): Zur Revision des »Mehrperspektivischen Unterrichts« (MPU). In: Köhnlein, W. & Schreier, H. (Hrsg.): *Innovation Sachunterricht – Befragung der Anfänge nach zukunftsfähigen Beständen. Forschungen zur Didaktik des Sachunterrichts*. Bd. 4, Bad Heilbrunn/Obb.: Klinkhardt.
Glasersfeld, E. v. (2007): Einführung in den radikalen Konstruktivismus. In: Watzlawick, P. (Hrsg.): *Die erfundene Wirklichkeit. Wie wissen wir, was wir zu wissen glauben?* 3. Aufl., München: Piper, S. 16–38.
Glasersfeld, E. v. (2002): Konstruktion der Wirklichkeit und des Begriffs der Objektivität. In: Foerster, H. v., Glasersfeld, E. v., Hejl, P. M. et al. (Hrsg.): *Einführung in den Konstruktivismus*. München: Piper, S. 9–39.
Glasersfeld, E. v. (1997): *Radikaler Konstruktivismus. Ideen, Ergebnisse, Probleme*. Frankfurt a. M.: Suhrkamp.
Glasersfeld, E. v. (1996): Siegener Gespräche über Radikalen Konstruktivismus. In: Schmidt, S. J. (Hrsg.): *Der Diskurs des Radikalen Konstruktivismus*. Frankfurt a. M.: Suhrkamp, S. 401–440.
Glasersfeld, E. v. (1987): *Wissen, Sprache und Wirklichkeit. Arbeiten zum radikalen Konstruktivismus*. Braunschweig: Vieweg.
Glumpler, E. (1996): *Interkulturelles Lernen im Sachunterricht*. Bad Heilbrunn/Obb.: Klinkhardt.
Götz, M. (2002): Der unterrichtliche Umgang mit Heimat in der Geschichte der Heimatkunde der Grundschule. In: Engelhardt, W. & Stoltenberg, U. (Hrsg.): *Die Welt zur Heimat machen? Probleme und Perspektiven des Sachunterrichts*. Bd. 12, Bad Heilbrunn/Obb.: Klinkhardt, S. 51–56.
Goswami, U. (2001): *So denken Kinder. Einführung in die Psychologie der kognitiven Entwicklung*. Bern: Hans Huber.
Grésillon, A. (1995): Was ist Textgenetik? In: Baurmann, J. & Weingarten, R. (Hrsg.): *Schreiben, Prozesse, Prozeduren und Produkte*. Opladen: Westdeutscher Verlag, S. 288–320.
Groos, K. (1910): *Der Lebenswert des Spiels*. Vortrag gehalten im Hamburger »Verein für Kunst und Wissenschaft« am 14. März 1910. Jena: Fischer.
Groos, K. (1899): *Die Spiele der Menschen*. Jena: Fischer.
GutsMuths, J. C. F. (1970/1793): *Gymnastik für die Jugend*. Unveränd. Neudr., Frankfurt a. M.: Limpert.
GutsMuths, J. C. F. (1959/1796): *Spiele zur Übung und Erholung des Körpers und Geistes*. Berlin: Sportverlag.

Haenisch, H. (2010): *Lernen und Fördern in der offenen Ganztagsschule. Vertiefungsstudie zum Primarbereich in Nordrhein-Westfalen.* Weinheim: Juventa.
Hamann, S. (2005): *Mensch, Natur, Kultur. Naturwissenschaften im Sachunterricht.* Lichtenau: AOL Verlag.
Harten, H.-C. (1997): *Kreativität, Utopie und Erziehung. Grundlagen einer erziehungswissenschaftlichen Theorie sozialen Wandels.* Opladen: Westdeutscher Verlag.
Hattie, J. A. C. (2009): *Visible Learning. A Synthetics of over 800 Meta-Analyses relating to Achievement.* London: Routledge.
Hegel, G. W. F. (1970): *Werke: 1808–1817.* Bd. 4, Frankfurt a. M.: Suhrkamp.
Heimlich, U. (2001): *Einführung in die Spielpädagogik. Eine Orientierung für sozial-, schul- und heilpädagogische Arbeitsfelder.* Bad Heilbrunn/Obb.: Klinkhardt.
Heimlich, U. (1989): *Soziale Benachteiligung und Spiel. Ansätze einer sozialökologischen Spieltheorie und ihre Bedeutung für die Spielforschung und Spielpädagogik bei sozial benachteiligten Kindern.* Trier: Wissenschaftlicher Verlag Trier.
Heinelt, G. (1974): *Kreative Lehrer – Kreative Schüler. Wie die Schule Kreativität fördern kann.* Freiburg/Br.: Herder.
Hentig, H. v. (1969): *Spielraum und Ernstfall. Gesammelte Aufsätze zu einer Pädagogik der Selbstbestimmung.* Stuttgart: Klett.
Herber, H.-J. (1996): Grüne Erfahrung und graue Theorie. Wie kann Fremdes zu Eigenem werden? In: Schratz, M. & Thonhauser, J. (Hrsg.): *Arbeit mit pädagogischen Fallgeschichten. Anregungen und Beispiele für Aus- und Fortbildung.* Innsbruck: Studien-Verlag, S. 91–122.
Hering, W. (1979): *Spieltheorie und pädagogische Praxis. Zur Bedeutung des kindlichen Spiels.* Düsseldorf: Schwann.
Hessisches Kultusministerium (2011): *Vom Kerncurriculum zum Schulcurriculum. Handreichung für Schulleitungen und Steuergruppen.* Wiesbaden.
Hessisches Kultusministerium (2010): *Bildungsstandards und Inhaltsfelder. Das neue Kerncurriculum für Hessen. Primarstufe – Sachunterricht.* Wiesbaden.
Hessisches Kultusministerium (1995): *Rahmenplan Grundschule.* Wiesbaden.
Hiller, G. G. & Popp, W. (1994): Unterricht als produktive Irritation – oder: Zur Aktualität des Mehrperspektivischen Unterrichts. In: Duncker, L. & Popp, W. (Hrsg.): *Kind und Sache. Zur pädagogischen Grundlegung des Sachunterrichts.* Weinheim: Juventa, S. 93–115.
Hobbes, T. (1915): *Grundzüge der Philosophie. Bd. 1: Lehre vom Körper.* Leipzig: Meiner.
Hofsten, C. v. (1993): Prospective control. A basic aspect of action development. In: *Human Development*, Vol. 36, No. 5, S. 253–270.
Huizinga, J. (2006/1939): *Homo Ludens. Vom Ursprung der Kultur im Spiel.* Reinbek bei Hamburg: Rowohlt.
Institut für Schulqualität und Bildungsforschung München (ISB) (2012): *Ganztagsschulen in Bayern. Unterrichtsspiele.* http://www.ganztagsschulen.bayern.de/index.php?Sei¬te=5818&PHPSESSID=d5826f297a76f803010edf3b73763bfd, 11.03.2012.
Jacobs, D. (1985): *Die menschliche Bewegung.* 4., verb. Aufl., Wolfenbüttel: Kallmeyer.
Jäkel, L. (2003): Pflanzen sind Lebewesen. In: *Grundschule Sachunterricht, 5.* Jg., H. 19, S. 2–7.
Janich, E. (2000): *Was ist Erkenntnis? Eine philosophische Einführung.* München: Beck.
Jantsch, E. (1979): *Die Selbstorganisation des Universums.* München: dtv.
Jüttemann, G. (1990): Komparative Kasuistik als Strategie psychologischer Forschung. In: Jüttemann, G. (Hrsg.): *Komparative Kasuistik.* Heidelberg: Asanger, S. 21–42.
Kaiser, A. (Hrsg.) (2008): *Praxisbuch handelnder Sachunterricht.* Bd. 3, Baltmannsweiler: Schneider Verlag Hohengehren.
Kaiser, A. (2007): *Praxisbuch handelnder Sachunterricht.* Bd. 1, Baltmannsweiler: Schneider Verlag Hohengehren.
Kalish, C. (2005) Becoming Status Conscious. Children's Appreciation of Social Reality. In: *Philosophical Explorations*, Vol. 8, No. 3, S. 245–263.
Kant, I. (1940): *Prolegomena zu einer jeden künftigen Metaphysik.* 6. Aufl., Leipzig: Meiner.
Kardorff, E. v. (1991): Qualitative Sozialforschung. Versuch einer Standortbestimmung. In: Flick, U., Kardorff, E. v., Keupp, H. et al. (Hrsg.): *Handbuch qualitative Sozialforschung.*

Grundlagen, Konzepte, Methoden und Anwendungen. München: Psychologie-Verl.-Union, S. 3–8.
Kellner, N. (1999): Literarische Kreativität. Stuttgart: Klett.
Kelly, G. A. (1986): *Die Psychologie der persönlichen Konstrukte.* Paderborn: Junfermann.
Kempf, H.-D. (1992): Kleine Spiele. Bedeutung, Ziele und Anwendung in der präventiven Rückenschule. In: *Sport Praxis,* 33. Jg., H. 1, S. 14–16.
Kiper, H. (1994): Interkulturelles Lernen im Sachunterricht der Grundschule. In: Duncker, L. & Popp, W. (Hrsg.): *Kind und Sache. Zur pädagogischen Grundlegung des Sachunterrichts.* Weinheim: Juventa, S. 131–143.
Klein, K. & Oettinger, U. (2007): *Konstruktivismus. Die neue Perspektive im (Sach-)Unterricht.* 2., überarb. Aufl., Baltmannsweiler: Schneider.
Kleining, G. (1991): Methodologie und Geschichte qualitativer Sozialforschung. In: Flick, U., Kardorff, E. v., Keupp, H. et al. (Hrsg.): *Handbuch qualitative Sozialforschung. Grundlagen, Konzepte, Methoden und Anwendungen.* München: Psychologie-Verl.-Union, S. 11–22.
Klimsa, P. (1993): *Neue Medien und Weiterbildung. Anwendung und Nutzung in Lernprozessen der Weiterbildung.* Weinheim: Deutscher Studien-Verlag.
Kluge, A. & Zysno, P. V. (1993): *Teamkreativität. Eine Untersuchung zum Training der Ideenfindung mit klassischen Kreativitätsmethoden.* München: Minerva-Publ.
Kluge, N. (1981): *Spielen und Erfahren. Der Zusammenhang von Spielerlebnis und Lernprozess.* Bad Heilbrunn/Obb.: Klinkhardt.
Kösel, E. (2007): *Die Modellierung von Lernwelten. Bd. II: Die Konstruktion von Wissen.* Bahlingen: SD-Verlag.
Kösel, E. (2002): *Die Modellierung von Lernwelten. Bd. I: Die Theorie der Subjektiven Didaktik.* 4. Aufl., Elztal-Dallau: Laub.
Kösel, E. & Scherer, H. (1996): Konstruktionen über Wissenserwerb und Lernwege bei Lernenden. In: Voß, R. (Hrsg.): *Die Schule neu erfinden.* Neuwied: Luchterhand, S. 105–128.
Köster, H. & Nordmeier, V. (2006): Fliegen heißt, oben zu bleiben. Experimente mit Luft. In: *Grundschule,* 38. Jg., H. 3, S. 34–39.
Kolb, M. (1990): *Spiel als Phänomen – das Phänomen Spiel. Studien zu phänomenologisch-anthropologischen Spieltheorien.* Sankt Augustin: Academia-Verlag Richarz.
Kostons, D., van Gog, T. & Paas, F. (2012): Training Self-Assessment and Task-Selection Skills. A Cognitive Approach to Improving Self-Regulated Learning. In: *Learning and Instruction,* Vol. 22, S. 121–132.
Kowal, S. & O'Connell, D. C. (2000): Zur Transkription von Gesprächen. In: Flick, U., Kardorff, E. v. & Steinke, I. (Hrsg.): *Qualitative Forschung – ein Handbuch.* Reinbek bei Hamburg: Rowohlt, S. 437–447.
Kratochwil, L. (1984): Spielen in der Schule. Eine Praxis zwischen Spiel-Philosophie und Spiel-Didaktik. In: Meyer, E. (Hrsg.): *Spiel und Medien in Familie, Kindergarten und Schule. Ergebnisse des Europäischen Pädagogischen Symposions, Klagenfurt 1983.* Heinsberg: Dieck, S. 203–205.
Krappmann, L. (2005): *Soziologische Dimensionen der Identität. Strukturelle Bedingungen für die Teilnahme an Interaktionsprozessen.* 10. Aufl., Stuttgart: Klett-Cotta.
Kreuzer, K. J. (1983): *Handbuch der Spielpädagogik.* Bd. 1, Düsseldorf: Schwann-Bagel.
Krings, H. (1976): Lernendes Spielen – Spielendes Lernen. In: Frommberger, H., Freyhoff, U. & Spies, W. (Hrsg.): *Lernendes Spielen, spielendes Lernen.* Hannover: Schroedel, S. 9–20.
Kriz, J. (1987): Zur Pragmatik klinischer Epistemologie. Bemerkungen zu Paul Dells ›Klinischer Erkenntnis‹. In: *Zeitschrift für systemische Therapie,* 5. Jg., H. 1, S. 51–56.
Krüssel, H. (1996): Unterricht als Konstruktion. In: Voß, R. (Hrsg.): *Die Schule neu erfinden.* Neuwied: Luchterhand, S. 92–104.
Kükelhaus, H. (1978): *Fassen, Fühlen, Bilden. Organerfahrungen im Umgang mit Phänomenen.* Köln: Gaia-Verlag.
Landgrebe, L. (1954): Prinzipien der Lehre vom Empfinden. In: *Zeitschrift für philosophische Forschung,* Bd. 8, Meisenheim: Hain.

Lauff, W. (1993): Spielen. In: Brozio, P. & Weiß, E. (Hrsg.): *Pädagogische Anthropologie, biographische Erziehungsforschung, pädagogischer Bezug*. Hamburg: Fechner, S. 127–164.
Lazarus, M. (1883): *Über die Reize des Spiels*. Berlin: Dümmler.
Legewie, H. (1991): Beobachtungsverfahren. In: Flick, U., Kardorff, E. v. & Keupp, H. et al. (Hrsg.): *Handbuch qualitative Sozialforschung. Grundlagen, Konzepte, Methoden und Anwendungen*. München: Psychologie-Verl.-Union, S. 189–193.
Leibniz, G. W. (2006): *Philosophische Schriften. Bd. 3: 1672–1676*. Hrsg. v. d. Leibniz-Forschungsstelle der Universität Münster. Berlin: Akademie.
Leibniz, G. W. (1967): *Die Hauptwerke – Gottfried Wilhelm Leibniz*. Zusammengefasst u. übertragen v. Gerhard Krüger. Stuttgart: Kröner.
Lévi-Straus, C. (1973): *Das wilde Denken*. Aus d. Franz. v. Hans Naumann. Frankfurt a. M.: Suhrkamp.
Lewis, M. M. (1970): *Sprache, Denken und Persönlichkeit im Kindesalter*. Düsseldorf: Pädagogischer Verlag Schwann.
Lindemann, H. (2006): *Konstruktivismus und Pädagogik. Grundlagen, Modelle, Wege zur Praxis*. München: Reinhardt.
Link, J. (1991): Schreiben als Simulieren? Schreiben gegen Simulieren? Über Literaturkonzepte, ihre gesellschaftlichen Funktionen und das Kreative Schreiben. In: *Diskussion Deutsch*, 22. Jg., H. 116, S. 600–612.
Locke, J. (2007): *Gedanken über Erziehung*. Übersetzung, Anmerkungen u. Nachwort v. Heinz Wohlers. Stuttgart: Reclam.
Ludwig, O. (1994): Schreiben – Arbeit am Stil. In: *Praxis Deutsch*, 21. Jg., H. 126, S. 18–22.
Ludwig, O. (1983): Einige Gedanken zu einer Theorie des Schreibens. In: Grosse, S. (Hrsg.): *Schriftsprachlichkeit*. Düsseldorf: Schwann, S. 37–73.
Mattenklott, G. & Rora, C. (2004): *Ästhetische Erfahrung in der Kindheit. Theoretische Grundlagen und empirische Forschung*. Weinheim: Juventa.
Maturana, H. (1983): Reflexionen. Lernen oder ontogenetische Drift. In: *Delfin II*, 1. Jg., H. 2, S. 60–71.
Maturana, H. & Valera, F. (1987): *Der Baum der Erkenntnis. Die biologischen Wurzeln des menschlichen Erkennens*. Bern: Scherz.
Meier, R. (2003): Pflanzen in ihrem Lebensraum kennen lernen und untersuchen. Anregungen für die Arbeit im 3. und 4. Schuljahr. In: *Grundschule Sachunterricht*, 5. Jg., H. 19, S. 18–25.
Menichetti, M., Fliegner, B. & Dieckhoff, C. (2006): Mentorenprojekt – Betreuung von Grundschulkindern mit Migrationshintergrund durch ältere Schüler/innen. In: *BLK-Programm »Demokratie lernen & leben«*. Berlin: RAA. http://www.blk-demokratie.de, 11.03.2012.
Merleau-Ponty, M. (1994): *Keime der Vernunft: Vorlesungen an der Sorbonne 1949–1952*. München: Fink.
Moers, E. & Zühlke, S. (1999): *Schreibwerkstatt Grundschule: Möglichkeiten zum freien, kreativen, assoziativen, produktiven und kommunikativen Schreiben*. Donauwörth: Auer.
Naujok, N., Brandt, B. & Krummheuer, G. (2008): Interaktion im Unterricht. In: Helsper, W. & Böhme, J. (Hrsg.): *Handbuch der Schulforschung*. 2., durchges. u. erw. Aufl., Wiesbaden: Verlag für Sozialwissenschaften, S. 779–799.
Niemi, H. (2009): Why from Teaching to Learning? In: *European Educational Research Journal*, Vol. 8, No. 1, S. 1–17.
Niemi, H. (2002): Active Learning. A Cultural Change needed in Teacher Education and in Schools. In: *Teaching and Teacher Education*, Vol. 18, S. 763–780.
Noetzel, W. (1992): *Humanistisch-ästhetische Erziehung. Friedrich Schillers moderne Umgangs- und Geschmackspädagogik*. Weinheim: Deutscher Studien-Verlag.
Oevermann, U., Tilman, A., Kronau, E. et al. (1979): Die Methodologie einer »objektiven Hermeneutik« und ihre allgemeine forschungslogische Bedeutung in den Sozialwissenschaften. In: Soeffner, H.-G. (Hrsg.): *Interpretative Verfahren in den Sozial- und Textwissenschaften*. Stuttgart: Metzler, S. 352–434.
Paefgen, E. K. (1996): *Schreiben und Lesen. Ästhetisches Arbeiten und Literarisches Lernen*. Opladen: Westdeutscher Verlag.

Paefgen, E. K. (1991): Literatur als Anleitung und Herausforderung. Inhaltliche und stilistische Schreibübungen nach literarischen Mustern. In: *Diskussion Deutsch*, 22. Jg., H. 119, S. 286–298.
Pauli, C., Drollinger-Vetter, B., Hugener, I. & Lipkowski, F. (2008): Kognitive Aktivierung im Mathematikunterricht. In: *Zeitschrift für Pädagogische Psychologie*, 22. Jg., H. 2, S. 127–133.
Perino, A. S. & Faraggiana, G. (2006): *Brücken*. Wiesbaden: White Star.
Petermann, W. (1991): Fotografie- und Filmanalyse. In: Flick, U., Kardorff, E. v., Keupp, H. et al. (Hrsg.): *Handbuch qualitative Sozialforschung. Grundlagen, Konzepte, Methoden und Anwendungen*. München: Psychologie-Verl.-Union, S. 228–232.
Peterson, P. L. & Barnes C. (1996): Learning together. Challenges of Mathematics, Equity, and Leadership. In: *Phi Delta Kappan*, Vol. 77, No. 7, S. 485–491.
Pfeiffer, S. (2007): *Lernen an Stationen im Sachunterricht*. Baltmannsweiler: Hohengehren.
Piaget, J. (2003): *Nachahmung, Spiel und Traum. Die Entwicklung der Symbolfunktion beim Kinde*. 5. Aufl., Stuttgart: Klett-Cotta.
Platon (1994): *Platon, Werke. Nomoi (Gesetze). Buch I–III*. Übersetzung und Kommentar von K. Schöpsdau. Göttingen: Vandenhoeck & Ruprecht.
Plessner, H. (1982): *Mit anderen Augen. Aspekte einer philosophischen Anthropologie*. Stuttgart.
Portmann, P. R. (1993): Zur Pilotfunktion bewussten Lernens. In: Eisenberg, P. & Klotz, P. (Hrsg.): *Deutsch im Gespräch*. Stuttgart: Klett-Schulbuchverlag, S. 158–172.
Raab, R., Schwartze, K. & Wittemann, G. (2004): *Naturwissenschaften – ganz einfach. Bd. 2: Physik*. Troisdorf: Dürr & Kessler.
Rabkin, G., Arntzen, H., Zingel, A. et al. (1998): *Fantasien von Kindern aus aller Welt*. Stuttgart: Klett.
Rakoczy, H. (2007): Play, Games and the Development of Collective Intentionality. In: Kalish, C. & Sabbagh, M. (Eds.): *Conventionality in Cognitive Development. How Children Acquire Resentations in Language, Thought and Action. New Directions in Child and Adolescent Development*. No. 115, San Francisco: Jossey-Bass, S. 53–67.
Rakoczy, H., Warneken, F. & Tomasello, M. (2008): The Sources of Normativity. Young Children's Awareness of the Normative Structure of Games. In: *Development Psychology*, Vol. 44, No. 3, S. 875–881.
Ränsch-Trill, B. (1996): *Phantasie: Welterkenntnis und Welterschaffung. Zur philosophischen Theorie der Einbildungskraft*. Bonn: Bouvier.
Reich, K. (2010): *Systemisch-konstruktivistische Pädagogik. Einführung in Grundlagen einer interaktionistisch-konstruktivistischen Pädagogik*. 6., neu ausgestattete Aufl., Weinheim: Beltz.
Reich, K. (2008): *Konstruktivistische Didaktik. Lehr- und Studienbuch mit Methodenpool*. 3., völlig neu bearb. Aufl., Weinheim: Beltz.
Reich, K. (2005): *Systemisch-konstruktivistische Pädagogik. Einführung in Grundlagen einer interaktionistisch-konstruktivistischen Pädagogik*. 5., völlig überarb. Aufl., Weinheim: Beltz.
Reich, K. (1998): *Die Ordnung der Blicke*. Bd. 2, Neuwied: Luchterhand.
Reich, K. (1996): Systemisch-konstruktivistische Didaktik. Eine allgemeine Zielbestimmung. In: Voß, R. (Hrsg.): *Die Schule neu erfinden*. Neuwied: Luchterhand, S. 70–91.
Reinartz, A. (1976): Vorbeugende Lernspiele. In: Frommberger, H., Freyhoff, U. & Spies, W. (Hrsg.): *Lernendes Spielen, spielendes Lernen*. Hannover: Schroedel, S. 155–157.
Reinmann-Rothmeier, G. (1996): *Wissen und Handeln. Eine theoretische Standortbestimmung*. München: Institut für Pädagogische Psychologie und Empirische Pädagogik.
Renk, H.-E. (1997): Authentizität als Kunst: zur Ästhetik des Amateurtheaters. In: Belgrad, J. (Hrsg.): *Theaterspiel. Ästhetik des Schul- und Amateurtheaters*. Baltmannsweiler: Schneider Verlag Hohengehren, S. 38–56.
Retter, H. (1988): Spielen – Arbeiten – Lernen. Versuch einer begrifflichen Abgrenzung mit Hilfe des Eindrucksdifferentials. In: Einsiedler, W. (Hrsg.): *Aspekte des Kinderspiels. Pädagogisch-psychologische Spielforschung*. Weinheim: Beltz, S. 227–235.

Robl, G. (1994): Autobiographisches Schreiben. In: *RAAbits Deutsch/Sprache*. Heidelberg: Raabe, August, S. 1–18.
Roth, G. (2003): *Aus der Sicht des Gehirns*. Frankfurt a. M.: Suhrkamp.
Roth, G. (1997): *Das Gehirn und seine Wirklichkeit. Kognitive Neurobiologie und ihre philosophischen Konsequenzen*. Frankfurt a. M.: Suhrkamp.
Rousseau, J.-J. (1995/1792): *Emil oder über die Erziehung*. In neuer dt. Fassung besorgt von L. Schmidts. Vollst. Ausg., 12., unveränd. Aufl., Paderborn: Schöningh.
Rusch, G. (1987): *Erkenntnis, Wissenschaft, Geschichte. Von einem konstruktivistischen Standpunkt*. Frankfurt a. M.: Suhrkamp.
Salomon, G. (1993): No Distribution without Individual's Cognition. A Dynamic interactional View. In: Salomon, G. (Ed.): *Distributed Cognitions. Psychological and Educational Considerations*. Cambridge: Cambridge University Press, S. 111–138.
Sander, W. (2005): Die Welt im Kopf. Konstruktivistische Perspektiven zur Theorie des Lernens. In: *Journal für Politische Bildung*, 9. Jg., H. 1, S. 44–59.
Schapp, W. (1910): *Beiträge zur Phänomenologie der Wahrnehmung*. Diss. Göttingen: Kaestner.
Schäfer, G. E. (1989): *Spielphantasie und Spielumwelt. Spielen, Bilden und Gestalten als Prozesse zwischen Innen und Außen*. Weinheim: Juventa.
Schenk-Danzinger, L. (1983): Zur entwicklungspsychologischen Bedeutung des Spiels. In: Kreuzer, K. J. (Hrsg.): *Handbuch der Spielpädagogik*. Bd. 1, Düsseldorf: Schwann, S. 369–384.
Scheuerl, H. (1994/1954): *Das Spiel. Bd. 1: Untersuchungen über sein Wesen, seine pädagogischen Möglichkeiten und Grenzen*. 11., überarb. Neuausg., Weinheim: Beltz.
Scheuerl, H. (1981): Zur Begriffsbestimmung von Spiel und Spielen. In: Röhrs, H. (Hrsg.): *Das Spiel, ein Urphänomen des Lebens*. Wiesbaden: Akademische Verlagsgesellschaft, S. 41–49.
Scheuerl, H. (1975): *Das Spiel. Bd. 2: Theorien des Spiels*. 10. Aufl., Weinheim: Beltz.
Scheunpflug, A. (2011): Lehren angesichts der Entwicklung zur Weltgesellschaft. In: Sander, W. & Scheunpflug, A. (Hrsg.): *Politische Bildung in der Weltgesellschaft. Herausforderungen, Positionen, Kontroversen*. Bonn: Bundeszentrale für politische Bildung, S. 204–215.
Schierz, M. (1986): Spielregeln – Spiele regeln. In: *Sportpädagogik*, 10. Jg., H. 4, S. 7–14.
Schiller, F. (1962/1793): *Schillers Werke. Bd. 20: Philosophische Schriften, 1. Teil*. Hrsg. v. L. Blumenthal & B. v. Wiese. Weimar: Böhm.
Schlegel, L. (1984): *Die Transaktionale Analyse*. 2. Aufl., München: Francke Verlag.
Schleiermacher, F. (1902): *Schleiermachers Pädagogische Schriften und Äußerungen*. 2. Aufl., Leipzig: Haacke.
Schlippe, A. v. (1988): Der systemische Ansatz. Versuch einer Präzisierung. In: Schiepek, G. (Hrsg.): *Diskurs systemischer Methodologie*. Themenheft der Zeitschrift für systemische Therapie. 6. Jg., H. 2, S. 81–89.
Schmack, E. (1983): Spielendes Lernen – Lernendes Spielen. In: Kreuzer, K. J. (Hrsg.): *Handbuch der Spielpädagogik*. Bd. 1, Düsseldorf: Schwann, S. 211–228.
Schön, W. (1999): *Spielen und Lernen. Versuch einer bewegungsanalytischen Begriffsbestimmung unter Einbeziehung des Umgangs mit dem Computer*. Mikrofiche-Ausg.
Schreier, H. (2004): Setzt intelligentes Handeln Verstehen voraus? J. Deweys Erziehungsphilosophie und der Sachunterricht. In: Köhnlein, W. & Lauterbach, R. (Hrsg.): *Verstehen und begründetes Handeln. Studien zur Didaktik des Sachunterrichts*. Bad Heilbrunn/Obb.: Klinkhardt, S. 57–73.
Schütze, T. (1993): *Ästhetisch-personale Bildung. Eine rekonstruktive Interpretation von Schillers zentralen Schriften zur Ästhetik aus bildungstheoretischer Sicht*. Weinheim: Deutscher Studien-Verlag.
Schwander, M. W. & Andersen, K. N. (2005): *Spiel in der Grundschule. Multiple Funktionen – maßgebliche Aufgaben*. Bad Heilbrunn/Obb.: Klinkhardt.
Sekretariat der Ständigen Konferenz der Kultusminister der Länder in der Bundesrepublik Deutschland (2005a): *Beschlüsse der Kultusministerkonferenz. Bildungsstandards im Fach Deutsch für den Primarbereich (Jahrgangsstufe 4)*. München: Wolters Kluwer.

Sekretariat der Ständigen Konferenz der Kultusminister der Länder in der Bundesrepublik Deutschland (2005b): *Beschlüsse der Kultusministerkonferenz. Bildungsstandards im Fach Mathematik für den Primarbereich (Jahrgangsstufe 4)*. München: Wolters Kluwer.
Siebert, H. (2008): *Konstruktivistisch lehren und lernen*. Augsburg: ZIEL.
Siebert, H. (2005): *Pädagogischer Konstruktivismus. Lernzentrierte Pädagogik in Schule und Erwachsenenbildung*. Weinheim: Beltz.
Siebert, H. (2002): *Der Konstruktivismus als pädagogische Weltanschauung*. Frankfurt a. M.: Verlag für Akademische Schriften.
Siebert, H. (1999): *Pädagogischer Konstruktivismus. Eine Bilanz der Konstruktivismusdiskussion für die Bildungspraxis*. Neuwied: Luchterhand.
Siegler, R. (2001): *Das Denken von Kindern*. 3. Aufl., München: Oldenbourg.
Sikora, J. (1976): *Handbuch der Kreativ-Methoden*. Heidelberg: Quelle und Meyer.
Sinhart-Pallin, D. (1982): *Spielen, Lernen und Entwickeln. Eine struktural-analytische Rekonstruktion*. Köln: Böhlau.
Spencer, H. (1886): *Die Principien der Psychologie*. Nach d. 3. engl. Aufl. übers. v. B. Vetter. Stuttgart: Schweizerbart.
Spinner, K. H. (1993): Kreatives Schreiben. In: *Praxis Deutsch*, 20. Jg., H. 119, S. 17–23.
Staempfli, M. B. (2009): Reintroducing Adventure into Children's Outdoor Play Environments. In: *Environments and Behavior*, Vol. 41, No. 2, S. 268–280.
Stanat, P., Pant, A., Böhme, K. et al. (Hrsg.) (2012): *Kompetenzen von Schülerinnen und Schülern am Ende der vierten Jahrgangsstufe in den Fächern Deutsch und Mathematik. Ergebnisse des IQB-Ländervergleichs 2011*. Münster: Waxmann.
Stanat, P., Artelt, C. & Baumert, J. (2002): *PISA 2000. Die Studie im Überblick. Grundlagen, Methoden und Ergebnisse*. Berlin: Max-Planck-Institut für Bildungsforschung.
Stankewitz, W. (1997): Jenseits von Brecht und Stanislawski. Nachdenken über eine ökologisch orientierte Theaterpädagogik. In: Hentschel, I., Hoffmann, K. & Vaßen, F. (Hrsg.): *Brecht & Stanislawski und die Folgen*. Berlin: Henschel, S. 92–133.
Stewart, J. & Landine, J. (1995): Study Skills from a Metacognitive Perspective. In: *Guidance and Counselling*, Vol. 11, No. 1, S.16–20.
Straus, E. (1960): Die Formen des Räumlichen. In: Straus, E. (Hrsg.): *Psychologie der menschlichen Welt*. Berlin: Springer, S. 141–178.
Straus, E. (1956): *Vom Sinn der Sinne. Ein Beitrag zur Grundlegung der Psychologie*. 2., überarb. Aufl., Berlin: Springer.
Strauss, A. L. (1987): *Qualitative Analysis for Social Scientists*. Cambridge: Cambridge University Press.
Sutton-Smith, B. (1983): Die Idealisierung des Spiels. In: Grupe, O. (Hrsg.): *Spiel – Spiele – Spielen*. Schorndorf: Hofmann, S. 60–75.
Sutton-Smith, B. (1978): *Die Dialektik des Spiels. Eine Theorie des Spielens, der Spiele und des Sports*. Schorndorf: Hofmann.
Terhart, E. (1997): Entwicklung und Situation des qualitativen Forschungsansatzes in der Erziehungswissenschaft. In: Friebertshäuser, B. & Prengel, A. (Hrsg.): *Handbuch Qualitative Forschungsmethoden in der Erziehungswissenschaft*. Weinheim: Juventa, S. 27–42.
Terhart, E. (1982): Fallgeschichten. In: Fischer, D. (Hrsg.): *Fallstudien in der Pädagogik. Aufgaben, Methoden, Wirkungen*. Konstanz: Faude, S. 107–115.
Thissen, F. (1997): Das Lernen neu erfinden. Konstruktivistische Grundlagen einer Multimedia-Didaktik. In: Beck, U. (Hrsg.): *Learntec 97. Europäischer Kongress für Bildungstechnologie und betriebliche Bildung*. Karlsruhe: Karlsruher Kongress- und Ausstellungs-GmbH, S. 69–80.
Tomasello, M. & Rakoczy, H. (2003): What Makes Human Cognition Unique? From Individual to Shared to Collective Intentionality. In: *Mind and Language*, Vol. 18, No. 2, S. 121–147.
Tulodziecki, G. (1996): *Neue Medien in den Schulen. Projekte, Konzepte, Kompetenzen*. Gütersloh: Verlag Bertelsmann-Stiftung.
Ulich, D. (1995): *Das Gefühl. Eine Einführung in die Emotionspsychologie*. 3. Aufl., Weinheim: Beltz, Psychologie Verlags Union.

Voigt, J. (1997): Unterrichtsbeobachtung. In: Friebertshäuser, B. & Prengel, A. (Hrsg.): *Handbuch Qualitative Forschungsmethoden in der Erziehungswissenschaft.* Weinheim: Juventa, S. 785–794.
Vucsina, S. (1996): *Deutsch. Vom Wort zum Text. Kreatives Schreiben im Unterricht.* Linz: Veritas.
Wagner-Willi, M. (2001a): Liminalität und soziales Drama. Die Ritualtheorie von Victor Turner. In: Wulf, C., Göhlich, M. & Zirfas, J. (Hrsg.): *Grundlagen des Performativen. Eine Einführung in die Zusammenhänge von Sprache, Macht und Handeln.* Weinheim: Juventa, S. 227–251.
Wagner-Willi, M. (2001b): Videoanalysen des Schulalltags. Die dokumentarische Interpretation schulischer Übergangsrituale. In: Bohnsack, R., Nentwig-Gesemann, I. & Nohl, A.-M. (Hrsg.): *Die dokumentarische Methode und ihre Forschungspraxis. Grundlagen qualitativer Sozialforschung.* Opladen: Leske und Budrich, S. 121–140.
Watzlawick, P. (Hrsg.) (2007): *Die erfundene Wirklichkeit. Wie wissen wir, was wir zu wissen glauben? Beiträge zum Konstruktivismus.* 3. Aufl., München: Piper.
Wegener-Spöhring, G. (2000): Lebensweltliche Kinderinteressen im Sachunterricht. Ein qualitatives Forschungsprojekt. In: Jaumann-Graumann, O. & Köhnlein, W. (Hrsg.): *Lehrerprofessionalität – Lehrerprofessionalisierung. Jahrbuch Grundschulforschung.* Bd. 3, Bad Heilbrunn/Obb.: Klinkhardt, S. 326–336.
Weidenmann, B. (2007): Lernen – Lerntheorie. In: Lenzen, Dieter (Hrsg.): *Pädagogische Grundbegriffe. Bd. 2: Jugend – Zeugnis.* Reinbek bei Hamburg: Rowohlt, S. 996–1010.
Weizsäcker, V. v. (1943): *Der Gestaltkreis. Theorie der Einheit von Wahrnehmen und Bewegen.* Leipzig: Thieme.
Weizsäcker, V. v. (1950): *Diesseits und Jenseits der Medizin.* Stuttgart: Koehler.
Wertheimer, M. (1964): *Produktives Denken.* 2. Aufl., Frankfurt a. M.: Kramer.
Winnicott, D. W. (2006/1971): *Vom Spiel zur Kreativität.* Stuttgart: Klett-Cotta; engl. Originalausgabe: Playing and Reality; London: Tavistock.
Wulf, C., Althans, B., Audehm, K. et al. (2001): *Das Soziale als Ritual. Zur performativen Bildung von Gemeinschaften.* Opladen: Leske & Budrich.
Yopp, H. K. & Yopp, R. H. (2009): Phonological Awareness Is Child's Play! In: *Young Children. Beyond the Journal,* January, S. 1–9.

Anhang

Transkript 1 (Blüten)

Schule L (Klasse 3a)
Aw (9,7 Jahre)
Bm (9,3 Jahre)

```
 1 L:   Nehmt euch Pappe sowie Scheren und schneidet daraus Blü-
 2      tenblätter. Verwendet dann den Knetklumpen, um eure Blü-
 3      tenblätter in Form einer Blüte zu fixieren.
 4 Aw:  Also, jetzt müssen wir Blüten schneiden ((hat Tonklumpen vor
 5      sich))?
 6 Bm:  ((erhebt sich und greift nach einem eigenen Tonklumpen)).
 7 L:   Ja und zwar sollt ihr zusammenarbeiten, also dass ihr erst
 8      mal zusammen eine Blüte macht.
 9 Bm:  ((legt den Karton wieder zurück)).
10 Aw:  Hm warte ((unverständliche Äußerung)).
11 Bm:  ((fängt an auszuschneiden, weiß aber nicht wie)).
12 Aw:  Du kannst auch einfach so machen ((macht es Bm vor)). Und
13      dann jetzt so schneiden, nach oben am besten.
14 Bm:  ((schneidet ein Blatt aus)).
15 Aw:  Nicht so groß. Warte mal, hier so ((zeigt es ihm)). Schön rund.
16      ((Beide schneiden gemeinsam ein Blütenblatt aus)).
17      So, jetzt kommen da noch die Blüten dran ((hält das Blüten-
18      blatt hoch)).
19 Bm:  ((rundet noch Ecken ab)).
20 Aw:  Können wir auch so eine Art Tulpe?
21 L:   Wie ihr möchtet.
22 Aw:  Weil das kann ich gut ((schneidet ein Dreieck aus dem Blü-
23      tenblatt heraus, sodass es die Form einer Tulpe bekommt)).
24      Hm, sieht aus wie ein Herz.
25 Bm:  Ah ((greift nach dem ausgeschnittenen Blütenblatt und will et-
26      was abschneiden)).
27 Aw:  OK, ganz kleine ((zu Bm)).
28 Bm:  Ganz kleine?
29 Aw:  Also so, hier so welche oval ((schneidet drauf los)).
30 Bm:  Oval.
31 Aw:  ((vergleicht ihr Blütenblatt mit dem von Bm)). Das ist schon
32      OK jetzt, …
```

33		((zu Bm)) nee bei einer Tulpe gibt's ja nicht extra Blüten.
34	Bm:	So ((zeigt Aw ein Blütenblatt))?
35	Aw:	Ja, so ovalförmig ein bisschen ((tauschen die Blütenblätter)).
36		Ah ich weiß, wir können ja, die stehen zwar nicht so raus,
37		aber die sind trotzdem da drin, die Blüten von den Tulpen. Die
38		stehen manchmal so raus.
39	Bm:	((unverständliche Äußerung))
40		((zeigt Aw ein Blütenblatt, das er in Knete gesteckt hat)).
41	Aw:	Das sieht ein bisschen komisch aus, wenn wir die hier so rein
42		dran machen.
43	Bm:	Ja, aber mit der Knete fixieren ((schneidet danach am Blatt
44		weiter)).
45	Aw:	Em, was machst du da? Schneidest ja die ganze Vorlage aus.
46	Bm:	Das ist keine Vorlage.
47	Aw:	OK. ((…))
48	Bm:	So ((ist mit dem Schneiden fertig)).
49	Aw:	((nimmt sich Bms Blütenblatt und betrachtet es kritisch)).
50		Mh, sieht doch cool aus ((betrachtet die bereits ausgeschnit-
51		tenen Blätter und legt sie kreisförmig auf den Tisch)). Brau-
52		chen wir aber noch so was, so einen ganz kleinen Kreis, den
53		wir in die Mitte machen können.
54	Bm:	Ja, wie viele brauchen wir?
55	Aw:	Hh fünf so fünf, sechs. Ich würde mal fünf sagen. ((…))
56		Das hier ist jetzt ein bisschen kleiner geworden. ((…))
57		((bemerkt, dass Bm anhand einer Schablone ausschneidet
58		und erstellt eine eigene Formatvorlage)).
59		Ja, wir haben schon genug ((zählt die Blätter auf Bms fragen-
60		den Blick hin)). Und jetzt noch so einen großen Kreis, wo wir
61		die dran machen können.
62	Bm:	((legt den restlichen Tonkarton beiseite)).
63	L:	Nimm einen Knetklumpen? Genau.
64	Bm:	((nimmt die Knete)). Die Gelb ist schön, oder?
65	Aw:	Gelb, ja? Wie bei einer Sonnenblume, aber das sieht vielleicht
66		komisch aus wegen dem Roten ((Blütenblätter sind aus rotem
67		Papier)). Bm, nimm bloß nicht blau. Es gibt keine blauen Blü-
68		ten, oder? Ja doch, Tulpen. Ach, ich habe keine Ahnung.
69	Bm:	((formt den Knetklumpen rund und fixiert danach mit Aw die
70		Blütenblätter)).
71	L:	Dann nehmt euch hh entweder Stecknadeln, da haben wir
72		große und kleine oder Streichhölzer, um mit deren Hilfe das
73		Innere der Blüte zu gestalten.
74	Aw:	Gut. Kann ich so ein Gesicht rein machen?
75	Beide:	((fangen an, Stecknadeln in die Knete zu stecken)).
76	Bm:	Darf ich mal? Ich mach ((unverständliche Äußerung)).
77	Beide:	((versuchen Stecknadeln in der Knete zu befestigen)).
78	Aw:	Guck, habe eine Idee. Guck. Das muss wieder raus, so.

79	Bm:	Komm, wir nehmen große ((steckt erneut Stecknadeln in die
80		Knete)).
81	Aw:	Rot oder? Nee, es gibt keine roten, nimm blau, es gibt keine
82		roten Augen. Hier ((will Bm eine kleine blaue Stecknadel rei-
83		chen)).
84	Bm:	Groß, oder?
85	Aw:	Darf ich auch mal was reinstecken? Ja, also ich mach noch
86		schnell die Nase. So, nein nicht richtig reinstecken ((zu Bm)).
87		((unverständliche Äußerung))
88		Mach einen ganz großen ((Mund)), dann macht er so ((zeigt an
89		ihrem Mund, als würde sie ein langes O sprechen)). Kann ich
90		mal zwei weiße ((Stecknadeln)) haben? Mann, wie sieht das
91		aus. ((…))
92	Beide:	((nehmen neue Stecknadeln und befestigen sie)).
93		Huch, da ist eine Blüte abgefallen. ((…))
94		Jetzt hast du auf einmal rot.
95	Bm:	((steckt weitere Stecknadeln in die Blüte)).
96	Aw:	Darf ich jetzt auch noch mal endlich ((steckt Stecknadeln in
97		die Blüte))?
98		Gut, so geht's ((beide lächeln)).
99	L:	Dann betrachtet eure Blüte und überlegt, welche anderen Blü-
100		tenarten ihr kennt und erstellt dann unterschiedliche Versio-
101		nen von Blüten.
102	Aw:	Hh, Sonnenblume.
103	L:	Also mit verschiedener Größe, Form, Anzahl und Anordnung
104		der Blütenblätter.
105	Aw:	Löwenzahn.
106	Bm:	((unverständliche Äußerung))
107	Aw:	Hh, Sonnenblume oder?
108	Bm:	Wollen wir die machen?
109	Aw:	Klar.
110	Bm:	Gelb, gelb ((zeigt auf den gelben Karton)).
111	Aw:	((nimmt das gelbe Papier)). Du kannst ja auch noch eine an-
112		dere Blume machen.
113	Bm:	Was könnte ich machen?
114	Aw:	Eine Tulpe.
115	Bm:	Das ist schwer.
116	Aw:	Ein Osterglöckchen, was weiß ich … Hh, nicht so fett ((über
117		ihr Blütenblatt)). Überleg mal ((zu Bm)).
118	Bm:	((nimmt sich den roten Karton, überlegt und tauscht ihn gegen
119		den blauen aus)).
120	Aw:	((unverständliche Äußerung))
121		Bisschen groß ((über ihr Blatt)). Eins, zwei, drei ((zählt die
122		Blütenblätter)), vier und fünf. Was machst du ((zu Bm))? Aha,
123		brauchst nicht mit mir zu sprechen ((nachdem von Bm keine
124		Antwort kam)).

125		((rollt gelbe Knete zu einem Ball)).
126	Bm:	Du brauchst schwarz.
127	Aw:	Ach ja stimmt. Es gibt kein schwarz. Ich hab's, ich mache so
128		einen kleinen schwarzen Kreis, da drin machen ((zeigt auf die
129		gelbe Knete)). Bisschen rot ((unverständliche Äußerung)).
130		Hm, vielleicht sollte ich noch eine Blüte machen ((schneidet
131		noch ein Blütenblatt aus)). Sieht doch sehr wie eine Sonnen-
132		blume aus ((hält ihre Blüte hoch)).
133	Bm:	((fixiert seine Blütenblätter)).
134	Aw:	((fixiert Stecknadeln)).
135	L:	Verändert dann auch die Anzahl und Anordnung der Steckna-
136		deln oder Streichhölzer im Inneren der Blüte. In euren ver-
137		schiedenen Blüten.
138	Aw:	Mh.
139	L:	((zu Bm)) Was machst du jetzt für eine Blüte? Wofür hast du
140		dich entschieden?
141	Bm:	/ Tulpe. ((…))
142	Aw:	Schade, dass der Joshua nicht bei uns mitmacht. Macht doch
143		Bock. ((…))
144		Nimm doch auch mal groß ((Stecknadeln)). Warum nehme ich
145		eigentlich nicht die Großen? ((…))
146	Bm:	((zeigt seine fertige Tulpenblüte. Auch diese hat ein Gesicht)).
147	Aw:	Jetzt nehme ich aber groß ((Stecknadeln)).
148		((unverständliche Äußerung))
149		Ha ha ha, sieht aus wie ein komisches Männchen ((schaut
150		sich Bms Blüte an und lacht)). Sieht aus wie ein Typ mit einer
151		Hippiefrisur. ((…))
152		Ey, lass uns mal Zähne machen.
153	Bm:	((steckt Stecknadeln in die Knete)).
154	Aw:	Guck mal ((zu Bm)). ((…))
155		Jetzt mache ich, glaube ich, noch Haare. … Nee, blonde sind
156		nicht so gut. ((…))
157		Oh, du machst schon die nächste? Ich brauche noch ein biss-
158		chen. ((…))
159		Sieht aus wie Katzenohren ((hat in einen Knetklumpen zwei
160		Blätter gesteckt)).
161		Aua, Mist ((schüttelt ihre rechte Hand)). Ich habe mir in den
162		Finger gestochen ((schneidet weiter aus; nimmt einen neuen
163		Knetklumpen und befestigt ihr Ausgeschnittenes)). Sehen aus
164		wie Katzenohren. Ich hab eine Idee, ich mache Schnurhaare.
165		Hier ne kleine ((Stecknadel)) für die Nase. … Und jetzt noch
166		Schnurrhaare. … Setz dich mal ((zu Bm)).
167		Was könnte ich jetzt noch machen?
168	L:	Ihr könnt auch jetzt erst einmal überlegen ((setzt sich wieder))
169		und in der Gruppe besprechen, welche der von euch erstellten
170		Blüten sich ähneln und welche Blüten sich unterscheiden.

171	Aw:	Also von den echten Blüten, oder?
172	L:	Die ihr gemacht habt.
173	Bm:	Die hier ((legt die flach aufgebauten Blüten nebeneinander))
174		und die hier ((legt die kelchartigen Blüten zusammen)), oder?
175	Aw:	Die so teilig ((nimmt die gelbe flache Blüte in die Hand)), zum
176		Teil da ((deutet auf die flach aufgebauten Blüten)), zum Teil
177		da ((deutet auf eine andere gelbe Blüte)).
178	L:	Mh.
179	Aw:	Zu Mr. Caty ((legt ihre Blüte zu dem Modell mit dem Blüten-
180		gesicht)). Irgendwie komisch, die habe ich gemacht, die hat er
181		gemacht, die haben wir zusammen gemacht, die habe ich
182		gemacht, die hat er gemacht. Irgendwie komisch.

Transkript 2 (Springbrunnen)

Schule L (Klasse 3c)
Cw (9,2 Jahre)
Dw (9,5 Jahre)
Ew (9,6 Jahre)

1	L:	OK, ihr sollt jetzt zusammen in der Gruppe arbeiten und dafür
2		nehmt ihr euch eine von den Plastikflaschen. Eine für die gan-
3		ze Gruppe. Genau, und markiert mithilfe dieses Markers, wo
4		ihr in eurer Flasche zwei Löcher stechen wollt, um einen
5		Springbrunnen zu bauen. Die Löcher sollen nicht zu weit von-
6		einander entfernt sein. Überlegt mal in der Gruppe.
7	Cw:	Hier ((deutet auf den oberen Teil der Flasche)), weil dann ist
8		das hier ((zeigt auf den Flaschenhals)).
9	Dw:	Hier und hier ((zeigt auf zwei Stellen, die im oberen Teil der
10		Flasche liegen)).
11	Cw:	Ja, da.
12	Dw:	Also am besten da und da ((deutet auf eine Stelle unterhalb
13		des Flaschenhalses)).
14	Cw:	Nein, da.
15	Dw:	So?
16	Cw:	Ja, auch gut.
17	Dw:	So?
18	Cw:	Ja, so.
19	Ew:	/ Ja, so.
20	Cw:	Ja, guck mal, sonst müssen wir so ((deutet auf den Flaschen-
21		hals)) Löcher machen. ((Die Markierungen werden nun unter-
22		einander im oberen Bereich der Flasche angebracht)).
23	L:	OK, jetzt könnt ihr mit dieser Schere versuchen, die Löcher zu
24		machen und wenn es nicht klappt, kann ich euch helfen.
25	Cw:	Am besten so ((zeigt Dw, die Stelle, die sie meint. Diese be-
26		findet sich am oberen Teil der Flasche)). Soll ich ((hält die

27		Schere an))?
28	Dw:	Ja. Nein, die eine Schere muss auf sein. So, guck so ((öffnet
29		die Schere)).
30	Ew:	Jetzt ganz durch.
31	Dw:	Nein!
32	Cw:	Wie soll ich machen?
33	Dw:	((zeigt Cw, wie sie die Schere halten soll)).
34	Cw:	Ach so.
35	Dw:	So.
36	Ew:	((hält die Flasche fest)).
37	Dw:	((bohrt mit der Schere ein Loch in die Flasche)).
38	Ew:	OK, es geht.
39	Cw:	Willst du das nicht auf der anderen Seite ((der Flasche)) auch
40		machen?
41	Dw:	Ja ((macht auch in die andere Markierung ein Loch)). Man
42		riecht noch das, was da drin war.
43	L:	OK, jetzt klebt über die Löcher einen Klebestreifen.
44	Ew:	Ja ((nimmt das Klebeband)).
45	L:	Der Streifen, der Streifen sollte so lang sein, dass er beide
46		Löcher gleichzeitig abdecken kann.
47	Cw:	Ich schneide ab.
48	Dw:	Der ist zu kurz. So lange, dass er, mal abmessen, dass er
49		beide Löcher abdeckt. Das heißt, er muss ((nimmt sich die
50		Flasche und schaut anhand der Löcher, wie lang der Klebe-
51		streifen sein muss)).
52	Ew:	((will abmessen)).
53	Dw:	Nein, nein, nein. Du schneidest ab ((zu Cw).
54	Cw:	OK ((nimmt die Schere und schneidet ab)).
55	Dw:	Wieso haben wir jetzt eigentlich Löcher gemacht und überkle-
56		ben es wieder? ((...))
57	L:	((färbt das Wasser mit Tinte ein)).
58	Ew:	Was, Tinte?
59	Dw:	Oh.
60	Cw:	Cool.
61	L:	So, jetzt stellt die Flasche in diese Wanne und füllt die Fla-
62		sche mit Wasser. Beim Einfüllen könnt ihr einen Trichter ver-
63		wenden.
64	Cw:	((nimmt die Flasche)).
65		Darf ich das machen?
66	Dw:	((nimmt den Trichter)).
67	Cw:	Guck mal, jetzt darf die Jojo das wieder machen. Darf ich?
68		Das darf ich jetzt machen, weil du hast die ((zeigt auf die Fla-
69		sche)).
70	Dw:	Wir beide halten das ((den Trichter und die Flasche)) fest.
71	Cw:	((füllt die Flasche mit Wasser)).
72	Ew:	Noch mehr ((die Flasche ist fast voll)).

73	Dw:	Es passt noch was rein.
74	Cw:	((füllt noch mehr Wasser ein)).
75	Dw:	Stopp ((das Wasser läuft am Flaschenhals wieder heraus))!
76	Cw:	Oh.
77	Dw:	Stopp, es läuft über. Sollen wir ((den Deckel)) draufschrau-
78		ben?
79	L:	Nein, braucht ihr nicht. Hh, ein Kind hält die Flasche jetzt fest.
80	Cw:	((hält die Flasche fest)).
81	Dw:	Und das andere?
82	L:	Während ein anderes den Klebestreifen mit einem Ruck ab-
83		zieht.
84	Ew:	((setzt an, um den Klebestreifen abzuziehen)).
85	L:	Beobachtet die Wasserstrahlen genau.
86	Cw:	Warte.
87	Ew:	((entfernt den Klebestreifen)).
88	Dw:	Das eine, der eine ist noch nicht ab ((das Klebeband ist geris-
89		sen. Dw entfernt auch das andere Stück vom Klebestreifen)).
90	Alle:	((beobachten erstaunt, wie das Wasser aus den beiden Lö-
91		chern in der Flasche fließt)).
92	Dw:	((lacht)).
93	L:	Was könnt ihr sehen?
94	Ew:	Dass es nicht so schnell raus fließt.
95	Dw:	Der hier ((zeigt auf das obere Loch)), der staut sich irgendwie.
96	Ew:	Kommt bisschen raus. Und bei dem anderen, der läuft immer
97		noch, aber bald, wenn das ((Wasser)) hier ist, nicht mehr.
98	Cw:	Was ist das hier überhaupt ((hat etwas an der Flasche ent-
99		deckt))?
100	Ew:	Das ist das Preisschild, was wahrscheinlich da war. ((...))
101	Dw:	Eben, wo es noch voller war, wahrscheinlich von dem Druck,
102		da ist es noch mehr geströmt.
103	L:	Mh.
104	Dw:	Da ist das so raus geschossen.
105	Cw:	Und jetzt ist da Luft. So Druck.
106	Dw:	Wahrscheinlich hat das was mit dem Druck zu tun.
107	Cw:	Das sieht man hier.
108	Dw:	Ja. Jetzt ah, jetzt weiß ich, was da passiert ist. Wegen dem
109		Druck und wegen dem hh wegen den kühlen und den warmen
110		Molekülen hat sich das jetzt vermischt und jetzt geht … kann,
111		kann der Druck nicht mehr raus fließen.
112	Ew:	Naja, noch ein bisschen fließt es raus.
113	Dw:	Ja, noch ein ganz kleines bisschen ((schaut sich die Flasche
114		genau an)).
115	Ew:	Wenn man wieder rein pustet, dann geht es wieder schneller,
116		bestimmt oder?
117	Dw:	Also, jetzt fließt es überhaupt nicht mehr.
118	L:	Wie könnt ihr denn euer Experiment verändern oder welche

119		Möglichkeiten gibt es, um den Sprung, um den Springbrunnen
120		zu verändern?
121	Ew:	/ Man macht eine große, macht ein größeres Loch rein?
122	Dw:	Hh, oder zweite Flasche?
123	L:	Genau, ihr dürft das jetzt an einer zweiten Flasche noch mal
124		probieren.
125	Ew:	/ Soll ich schon mal ein Loch rein machen ((nimmt sich den
126		Marker))?
127	L:	Und überlegt noch mal, was ihr verändern könnt.
128	Cw:	Diesmal würde ich, diesmal würde ich unten ((deutet auf eine
129		Stelle am unteren Ende der Flasche)).
130	Ew:	Ein Großes.
131	Dw:	Nee, nicht zu groß.
132	Ew.	Reicht das?
133	Cw:	Nein, warte, etwas breiter.
134	Dw:	Am besten machen wir das so gerade machen, also hier, hier
135		so oder auf der anderen Seite ((zeigt auf die obere Mitte der
136		Flasche)).
137	Ew:	Ich würde das hier rein machen ((zeigt auf die untere Mitte der
138		Flasche)).
139	Dw:	Nee. Das ist ja wieder.
140	Cw:	/ Das haben wir ja schon. Ich würde das hier machen ((deutet
141		auf die Mitte)).
142	Dw:	Nee, das ist fast genauso. Hier.
143	Cw:	Ja.
144	Dw:	((markiert nun eine Stelle in der Mitte der Flasche)). So.
145	Cw:	So ((setzt die Schere an, um die Löcher in die Flasche zu ste-
146		chen)). ((unverständliche Äußerung))
147	Dw:	Nicht so, so hat's doch nicht geklappt ((zu Cw, die die offene
148		Schere an die Markierung ansetzt. Probiert es nun mit der ge-
149		schlossenen Schere)).
150		Ganz doll, damit es durch geht.
151	Cw:	Das muss auf ((meint den Deckel der Flasche)).
152	Dw:	Nein, das muss nicht auf. Eben haben wir es doch auch nicht
153		aufgemacht.
154	Cw:	Doch die war auf.
155	Dw:	Nee.
156	Ew:	((versucht nun, das Loch zu machen und schafft es auch)).
157	Dw:	((vergrößert das Loch mit der Schere, indem sie diese dreht)).
158		Wo war das Zweite?
159	Cw:	Da ((deutet auf die Markierung am unteren Ende der Fla-
160		sche)).
161	Dw:	((versucht das Loch in die Flasche zu stechen, doch diese
162		rutscht ab)). Einer muss festhalten.
163	Ew:	((hält die Flasche fest)).
164	Dw:	((versucht erneut, das zweite Loch in die Flasche zu ste-

165	chen)). Warte, warte, warte.
166 Ew:	Nee, man muss das ((erste)) Loch zuhalten.
167 Dw:	((versucht es erneut und nun klappt es)). Ich hoffe, es ist groß
168	genug. Und jetzt müssen wir das wieder mit dem Klebestrei-
169	fen zukleben ((nimmt sich das Klebeband)).
170 Ew:	((nimmt sich die andere Wasserflasche zum Befüllen)).
171 Cw:	((zu Dw)) Soll ich das ((Klebeband)) mal abziehen?
172 Dw:	((zu Ew)) Ich will rein füllen, Jojo.
173 Ew:	OK, eine Flasche du und die andere ich.
174 Cw:	((unverständliche Äußerung))
175 Dw:	Ich krieg das ((mit dem Klebeband)) nicht hin. Das soll mal
176	jemand anderes.
177 Cw:	Warte, ich probiere es. Soll ich abziehen und draufkleben?
178 Dw:	Ja. Am besten ((lacht)), ich kann das nicht.
179 Cw:	((hat einen Klebestreifen abgezogen)). Am besten schräg
180	((hält den Klebestreifen an die Flasche. Das eine Loch ist im
181	oberen Bereich, das andere schräg darunter im unteren Be-
182	reich der Flasche)).
183 Dw:	Ja, OK ((möchte Cw helfen)).
184 Cw:	OK, OK. Warte mal, ich mach das schon.
185 Dw:	((schneidet den Klebestreifen ab und stellt die Flasche in die
186	Wanne)).
187 Cw:	Warte, ich halte fest ((schraubt den Verschluss von der Fla-
188	sche ab)).
189 Ew:	((füllt den Rest der ersten Flasche in die zweite Flasche)).
190 Dw:	((füllt eine neue Flasche in die »Springbrunnenflasche«)).
191 Cw:	Das ((Wasser)) ist kalt. ((unverständliche Äußerung))
192	Oh, ist das kalt.
193 Ew:	Jetzt will ich noch mal ((Wasser einfüllen)).
194 Cw:	((zu Ew)) Stopp, stopp, stopp ((die Flasche läuft über))! Oh, ist
195	das kalt. So und jetzt muss ich das ((den Klebestreifen))
196	gleich abziehen. Und … los!
197 Ew:	((sagt über den Springbrunnen)) OK, jetzt geht's besser. Ein
198	Druck. Der ist gerade viel stärker.
199 Dw:	Oh nein.
200 Alle:	((schauen zu, wie das Wasser aus der Flasche strömt)).
201 Ew:	Das sinkt auch viel schneller.
202 Dw:	Ich meinte nur, das sinkt jetzt schneller, weil wir das weiter
203	runter gemacht haben.
204 Cw:	((betrachtet das untere Loch)). Und es wird immer weniger,
205	weil wir das bis ganz unten gemacht haben.
206 Ew:	Das wird müde ((nachdem das Wasser fast aufgehört hat, aus
207	der Flasche zu fließen)).
208 L:	Genau, jetzt vergleicht mal eure beiden Springbrunnen.
209 Cw:	OK.
210 Dw:	Der ((Springbrunnen)) ist besser gewesen als der Erste.

211 Cw:	Da waren die Löcher zu weit oben und dann ist das gesunken	
212	und dann war das noch zu weit oben ((zeigt es anhand der	
213	ersten Flasche)).	
214 Ew:	((füllt erneut Wasser in den zweiten Brunnen)).	
215 Cw:	Jojo. Das reicht. Nimm das ((den Trichter)).	
216 Dw:	Dann verschwendest du nicht so viel ((Wasser)).	
217 Ew:	Das ist doch gar nicht so viel.	
218 Cw:	Doch.	
219 L:	Habt ihr noch eine andere Idee, warum die unterschiedlich	
220	waren?	
221 Ew:	Weil, hh hier ((bei dem ersten Brunnen)) kommt eigentlich	
222	kaum Wasser raus, weil wir die ((Löcher)) zu weit oben ge-	
223	macht haben.	
224 Dw:	Ja. Da hatten wir weniger Abstand.	
225 Cw:	Hh.	
226 Dw:	Viel zu wenig Abstand. ((...))	
227	Hier ((bei dem zweiten Brunnen)) haben wir noch irgendwo	
228	was, warte, wo war das? Hier und hier ((zeigt auf die beiden	
229	Löcher)).	
230 Ew:	/ Dort oben.	
231 Dw:	Das ist mehr Abstand als hier ((zeigt die Löcher des ersten	
232	Brunnens)) und dort.	
233 Ew:	Die Löcher sind auch tiefer und dann strömt das stärker da	
234	raus.	
235 L:	Mh.	

Transkript 3 (Flugobjekte)

Schule L (Klasse 1a)
Fm (7,1 Jahre)
Gw (7,3 Jahre)
Hm (7,7 Jahre)

1 L:	Es geht heute darum, Flugobjekte zu bauen. Dazu sollt ihr in	
2	der Gruppe zusammenarbeiten. Also ihr baut zu dritt ein Flug-	
3	objekt. Und überlegt euch, welche von den Materialien ((zeigt	
4	auf diese)) ihr nutzen wollt, um etwas zu bauen, das fliegt.	
5	Denkt dabei auch an Beispiele aus der Natur, z. B. an Flug-	
6	samen von Pflanzen.	
7 Fm:	Löwenzahn.	
8 L:	Mh, was ist denn das Besondere von Flugsamen, dass die	
9	vom Wind getragen werden können? Überlegt mal.	
10 Fm:	Weil die Fallschirmchen sind, wie Fallschirmchen. Das sind,	
11	sind da, da hängen so welche dran ((gestikuliert mit den Hän-	
12	den)). Guck, hier ((zeigt auf seinen Zeigefinger)) ist der Stiel,	
13	dann gucken hier neben welche raus, dann wird das hoch ge-	

14		hoben. Dann heben die ab, weil der Wind dagegen fliegt.
15	L:	Wollen die anderen dazu vielleicht noch was sagen?
16	Gw:	((schüttelt den Kopf)).
17	L:	Also, dann überlegt euch jetzt, welche Materialien ihr nehmen
18		möchtet, wie es aussehen soll und macht davon eine Skizze
19		auf ein weißes Blatt Papier ((nimmt ein Blatt)), bevor ihr es
20		baut.
21	Fm:	((flüstert Gw etwas ins Ohr)).
22	Gw:	((lächelt, nickt kurz und sagt es dann an Hm weiter)).
23	Hm:	((stimmt zu)).
24	Fm:	((flüstert etwas zu Gw)).
25		((unverständliche Äußerung))
26	Gw:	Ist mir egal.
27		((unverständliche Äußerung))
28	Fm:	((greift eine rote Feder)). Jetzt kannst du ((zu Hm)) dir eine
29		((Feder aussuchen)).
30	Hm:	((nimmt eine grüne Feder)).
31	Fm:	Und jetzt C.
32	Gw:	((wählt eine rosa Feder aus)).
33	Fm:	((sucht sich erneut eine Feder aus)).
34	Hm:	((sucht sich ebenfalls eine Feder aus und wirbelt mit dieser
35		umher, da eine weitere an ihr klebt)).
36	Gw:	((nimmt eine mintgrüne Feder)).
37		((unverständliche Äußerung))
38		((gibt Hm ihre mintgrüne Feder)). Jetzt hast du zwei ((zu Fm))
39		und du ((zu Hm)), ja ((bemerkt, dass Hm eine Feder mehr hat
40		als Fm und nimmt die mintgrüne Feder dem Jungen wieder
41		weg)).
42	Fm:	((unverständliche Äußerung))
43	Gw:	Welche Farbe?
44	Fm:	Vielleicht die hier ((nimmt einen rosa Strohhalm))? Jetzt haben
45		wir alle Farben fast gemischt ((hält eine Feder an den
46		Strohhalm)).
47	L:	Überlegt euch noch mal eine Skizze ((schiebt das Blatt näher
48		an die Kinder)) und dann könnt ihr das nachbauen.
49	Gw:	Mh ((nickt zustimmend, greift einen Stift)).
50	Fm:	((flüstert etwas zu Gw und zeigt auf das Papier)).
51	Gw:	((nickt)).
52	Fm:	((nimmt den Stift, beginnt zu malen und flüstert dabei vor sich
53		hin)).
54	Hm:	((schaut Fm aufmerksam zu)).
55	Gw:	((legt den Stift von dem Gezeichneten weg)).
56	Fm:	((legt den Stift ebenfalls weg und lacht)). Und willst du mal
57		H. ((Hm))?
58	Hm:	((antwortet nicht)).
59	Gw:	Dann machen wir hier ((zeigt mit dem Stift)) so zwei Federn

60		oder drei und dann hier ((zeigt auf eine neue Stelle)) zwei
61		((schaut Fm fragend an)).
62	Fm:	Oder wir können, oder wir können da ((zeigt auf das Papier))
63		noch eine Klammer reinmachen und hier ((zeigt aufs Papier))
64		dann so Federn hin. Dann ist es ein Fallschirm.
65	Gw:	Ja. Wir können da einfach so Striche hinmalen.
66	Fm:	((malt Striche)). Hier, dann können wir auch so malen. Und
67		hier kommt dann ((betrachtet sich die Feder und zeichnet die-
68		se)).
69		((unverständliche Äußerung))
70		((legt den Stift weg und zieht das Blatt etwas näher an sich
71		heran)). Wollen wir weiße ((Büroklammern)) nehmen ((greift
72		eine Büroklammer))? Vielleicht weiß? Hier muss das doch ge-
73		hen ((versucht die Klammer an der Feder zu befestigen)).
74		Nee, da ((befestigt die Klammer)). Weißt du, und jetzt hier
75		oben ((will die Feder in den Strohhalm stecken)). So hält das.
76	Gw:	Feder rein stecken ((greift zum Strohhalm)). Und hier kommt
77		dann die nächste ((rote Feder)) hin.
78	Fm:	((holt eine blaue Feder)).
79	Gw:	Warte ((steckt die blaue und die rote Feder in den Strohhalm.
80		Es folgen eine gelbe, eine grüne und eine blaue Feder)).
81	Fm:	Das hier ((Feder)) ist blau und das hier ((Feder)) ist lila.
82	Gw:	Hä ((versucht vergeblich, die lila Feder an dem Strohhalm zu
83		befestigen))?
84	Fm:	Ich krieg's ((will die Feder befestigen)).
85	Gw:	Äh, nein ((versucht es noch mal, gibt es dann jedoch Fm)).
86	Fm:	Ich krieg's noch nicht, noch nicht ((versucht es weiter)).
87	Gw:	Jetzt ist sie doch drin.
88	Fm:	Drin ((zeigt das Flugobjekt)).
89	L:	Fertig? Wenn ihr fertig seid, könnt ihr mal das Flugverhalten
90		mal erproben. Könnt ihr es ausprobieren.
91	Alle:	((stehen auf)).
92	Fm:	((hält das Flugobjekt senkrecht und wirft es hoch. Es fällt so-
93		fort auf den Tisch)).
94	Alle:	((lachen)).
95	Gw:	((wirft das Flugobjekt horizontal)).
96	Alle:	((lachen)).
97	Fm:	He Flugzeug, hui ((wirft das Objekt zurück)).
98	Gw:	Hui ((wirft es erneut zu Fm)).
99	L:	Was sind denn …
100	Fm:	/ Oben drüber ((wirft es zu Gw)).
101	L:	Was sind denn die Gründe dafür, warum es fliegt?
102	Gw:	/ Hui ((wirft es zu Fm)).
103	Fm:	((wirft es zu Gw)).
104	Hm:	((wirft das Flugobjekt in höherem Bogen)).
105	Alle:	((lachen)).

106	L:	OK, setzt euch mal kurz hin, wieder. Was meint ihr, was ist
107		der Grund oder warum fliegt das gut? Oder vielleicht nicht so
108		gut? Fandet ihr's schon gut?
109	Fm:	((nickt mit dem Kopf)).
110	Hm:	Ja.
111	L:	Warum fliegt es denn so gut?
112	Hm:	((meldet sich)). Weil da Federn dran sind.
113	L:	Mh, überlegt mal in der Gruppe zusammen. ((…)) Ihr könnt
114		auch überlegen, wie ihr das ((zeigt auf das Flugobjekt)) Flug-
115		verhalten verbessern könnt, damit es noch besser fliegt. ((…))
116		Sodass es länger oder weiter …
117	Fm:	/ Wenn wir da Flügel dran machen, kann es nicht so schnell
118		abstürzen ((nimmt das Flugobjekt in die Hand)), wenn wir Fe-
119		dern dran machen.
120	L:	Besprecht euch in der Gruppe und dann könnt ihr es ja viel-
121		leicht ausprobieren.
122	Gw:	((schaut Hm an. Beide greifen zwei neue Federn, halten eine
123		Feder in die Mitte des Flugobjektes)).
124	Fm:	((greift die Klebstoffflasche)). Die geht ja gar nicht auf.
125	L:	Zeig mal.
126	Fm:	Ich krieg die ((Klebstoffflasche)) gar nicht auf.
127	Gw:	((nimmt die Klebstoffflasche und öffnet sie mit einem
128		Knacks)).
129	Fm:	Die hat geknackst. Da ist was kaputt ((greift eine Feder und
130		hält sie an den Kleber)). Ui, da kommt schon Kleber raus.
131		Das, so gut ((klebt die Feder fest)). Hui, das klebt aber ganz
132		schön.
133	Gw:	((nimmt die neue Feder, macht Klebstoff darauf und befestigt
134		sie am Flugobjekt)).
135	Fm:	Das muss erst mal jetzt trocknen.
136	Gw:	So ((betrachtet das Flugobjekt))?
137	Fm:	((schließt den Kleber und stellt ihn beiseite)).
138	Alle:	((betrachten das Flugobjekt und schauen danach zur Lehre-
139		rin)).
140	Gw:	((greift nach dem Flugobjekt)).
141	L:	Wollt ihr mal ausprobieren?
142	Gw:	((nimmt das Flugobjekt hoch und dreht es, um zu schauen, ob
143		die angeklebten Federn halten)).
144	Fm:	Aber noch nicht so gut.
145	Gw:	Oder wir müssen da noch zwei Federn dran machen ((zeich-
146		net diese in die Skizze und grinst)).
147	Fm:	((lacht los)).
148	Alle:	((lachen)).
149	Gw:	((nimmt das Flugobjekt in die Hand)). Es ((unverständliche
150		Äußerung)), ein Vogel ((bewegt das Objekt hin und her)).
151	Alle:	((lachen)).

152	Gw:	Das sind die Flügel ((zeigt auf die seitlichen Federn)), das ist
153		der Kopf ((zeigt auf die vorderen Federn)) und hier ((zeigt
154		nochmals auf die vorderen Federn)) ist der Schnabel ((bewegt
155		das Objekt)).
156	Alle:	((lachen)).
157	L:	Ihr könnt es gern nochmal ausprobieren. Ob es besser fliegen
158		wird.
159	Alle:	((stehen auf)).
160	Gw:	((wirft das Flugobjekt. Es landet auf dem Kopf von Fm, fällt
161		dann aber auf den Boden)).
162	Alle:	((lachen)).
163	Fm:	Ui, dann, jetzt so. Macht aber nix. Ui ((wirft es zu Gw)).
164	Gw:	((fängt das Flugobjekt auf)).
165	Fm:	Ui, wie cool.
166	Gw:	Ui ((wirft es Richtung Fm, doch es fällt auf den Boden)).
167	Fm:	Ui, doller ((hebt das Flugobjekt vom Boden auf. Der Strohhalm
168		ist gebrochen)). Soll es mal so ((verkehrt herum)) fliegen?
169	Gw:	Ja, mach.
170	Fm:	((wirft das Flugobjekt, es fliegt nicht so weit. Fm und Gw wer-
171		fen es noch je einmal hin und her. Alle Kinder lachen)).
172	Hm:	Oh, hier liegt noch ne rosa Feder.
173	Gw:	((biegt die Federn wieder gerade)).
174	L:	Besprecht euch mal, ob es jetzt vielleicht besser fliegt, oder
175		anders fliegt.
176	Gw:	((hält das Flugobjekt hoch und dreht es)). Das ist ein Vogel
177		jetzt ((lacht)).
178	Fm:	Ja, gerade sein Flügel zusammengeschnappt.
179	Gw:	((lacht)).
180	L:	Gut.
181	Fm:	((hält das Flugobjekt)). Weil dann gingen da die Luft, gingen
182		da. Weil unten, weil unten kommt ja die warme Luft. Guck
183		hier, C. ((zeigt das Flugobjekt)), die hier sind erst so ((biegt
184		die seitlichen Federn leicht nach unten)) und ich lass sie jetzt
185		mal in der Luft runterfliegen. Gehen von der Luft hoch ((Flug-
186		objekt landet auf dem Boden. Die Federn stehen nicht mehr
187		so schön)).
188	Gw:	((lacht)).
189	Fm:	((hebt das Flugobjekt auf)). Und dann wieder runter ((will das
190		Flugobjekt erneut fallen lassen)).
191	Gw:	((hält ihre Hände darunter)).
192	Fm:	Soll ich es runterfliegen lassen?
193	Gw:	Ja ((fängt das Flugobjekt nicht auf. Es landet auf dem Boden
194		und sie hebt es auf)). Hui ((wirft es in eine andere Richtung)).
195	Hm:	((schaut die ganze Zeit eher distanziert zu)).

Transkript 4 (Ballonrakete)

Schule L (Klasse 2c)
Im (8,3 Jahre)
Jm (8,6 Jahre)
Km (8,0 Jahre)

1	L:	Gut, heute wollen wir eine Ballonrakete basteln und hh es ist
2		wichtig, dass ihr immer in der Gruppe zusammenarbeitet und
3		euch absprecht. Also, ihr sollt zu dritt eine bauen. Und jetzt
4		überlegt mal, wie man einen Gegenstand bewegen kann, oh-
5		ne ihn selbst anzustoßen. Welche Möglichkeiten fallen euch
6		ein? ((Die Kinder setzen sich zusammen und flüstern)).
7	Im:	Föhn, ein Föhn.
8	Jm:	Dschschsch ((bewegt seine Fäuste rasch auf Im zu)). Wenn
9		man so pustet ((hält die Hände wie ein Blasrohr vor seinen
10		Mund und pustet)).
11	Km:	Draußen in den Wind hinstellen und den Gegenstand und
12		dann kann der ihn anschubsen. ((...))
13	L:	OK, das waren eure Ideen?
14	Im:	Ja.
15	Jm:	Ja.
16	L:	Gut, dann können wir weitermachen. Hh, um eine Ballonrake-
17		te bauen zu können, benötigt ihr ein Stück Schnur und darauf
18		fädelt ihr einen Strohhalm oder eine Toilettenpapierrolle. Und
19		dann sucht ihr euch zwei Punkte, an denen ihr die Schnur be-
20		festigen könnt, z. B. Stuhllehnen. Also könnt ihr hier im Raum
21		mal schauen, ob ihr irgendwas findet hh und dann könnt ihr
22		euch schon mal Schnur abschneiden. Und mal schauen, wo
23		ihr sie befestigen könnt.
24	Km:	Ja, vielleicht passt die ja hier durch ((zeigt auf einen Compu-
25		tertisch, in welchem kleine Löcher sind)).
26	Im:	Nee, glaub nicht.
27	Km:	Können wir ja mal probieren.
28	L:	Und dann sollt ihr euch noch für einen Strohhalm oder die Toi-
29		lettenpapierrolle entscheiden.
30	Km:	((deutet auf die Strohhalme)).
31	Im:	Nein ((hält die Toilettenpapierrolle hoch)). Die kann doch bes-
32		ser fliegen ((hat die Toilettenpapierrolle in der Hand und lässt
33		diese kurz mit seinen Händen fliegen)). Der Strohhalm kann
34		doch nicht fliegen.
35	Km:	((nickt)).
36	Jm:	((hält einen Strohhalm hoch)).
37	Im:	T. ((Jm)), das ((zeigt ihm die Rolle. Die Kinder entscheiden
38		sich für die Toilettenpapierrolle und legen die Strohhalme zur
39		Seite)).
40	L:	OK?

41	Im:	Ja.
42	L:	Dann schaut mal, wo ihr die Schnur anbringen könnt hier.
43	Km:	Versuchen wir es mal hier ((zeigt auf den Computertisch)).
44	Im:	Nein.
45	Km:	Probier's doch ((unverständliche Äußerung)).
46	Im:	Hier oder hier ((geht zu einem anderen Computertisch und zu
47		Stühlen)). Vielleicht hier, N. ((Km, noch immer am Tisch)).
48	Km:	Hier ((läuft zum Fenster)).
49	Im:	N. ((Km)), hier. Hier N. ((Km, steht nun am Fenster und zeigt
50		Km die Stelle)).
51	Km:	Da?
52	Im:	Ja.
53	Km:	Ich komme.
54	Jm:	T. ((Im)), ich hab's. Hier durch ((hat die Wolle durch die Lö-
55		cher des Computertischs gefädelt)). Ich hab's, hier durch. Ja,
56		hab ich.
57	Im:	Ja, du hast die kleine Schnur. Wir wollten aber die große ((un-
58		verständliche Äußerung)). Die reißt wahrscheinlich ((schaut
59		sich die Wolle an)). Die reißt ja wahrscheinlich.
60	L:	Vielleicht geht's ja auch hier an den Fenster hh Griffen.
61	Km:	Ja.
62	L:	Von hier nach hier, oder so ((zeigt die beiden Fenstergriffe)).
63	Im:	Nach da ((zu L gewandt))?
64	Jm:	Ja, da ((zeigt den anderen Fenstergriff)).
65	Im:	Da rüber ((beginnt, die Schnur an den Fenstergriffen zu befes-
66		tigen)).
67	L:	Also, auf die Schnur fädelt ihr eine Toilettenpapierrolle.
68	Km:	Ach stimmt.
69	L:	Bevor ihr sie ganz festbindet.
70	Km:	Hier ((will die Schnur abschneiden))?
71	Im:	Wie viel?
72	Km:	Halt du mal fest und ich guck mal wie viel.
73		((Jm und Km überprüfen, wie viel Schnur sie brauchen, in-
74		dem Jm das eine Ende der Schnur schon befestigt und Km
75		das andere Ende an den anderen Fenstergriff hält)).
76	Im:	Die muss gespannt sein? ... Ja, du musst spannen.
77	Km:	Richtig?
78	Im:	Ja.
79	Jm:	Fest ((nachdem er das eine Schnurende festgebunden hat)).
80	Im:	N. ((Km))? Ich würde es jetzt hier abschneiden ((zeigt die Stel-
81		le und schneidet es ab)). ((...))
82		((holt die Toilettenpapierrolle)). So durch hier ((zu L))?
83	L:	Auffädeln.
84	Im:	Drum herum ((fädelt die Rolle auf die Schnur)).
85	Jm:	((bewegt die Rolle an der Schnur fort, pustet sie an)).
86	Im:	((versucht das andere Ende der Schnur zu befestigen)).

87	Km:	Da musst du noch ein bisschen abschneiden.
88		((unverständliche Äußerung)).
89		T. ((Jm)), hilf du ihm mal. Du kannst das gut.
90	Jm:	Ja ((geht zu Im)). Und jetzt noch mal rum.
91	Km:	Das sieht nicht so angespannt aus ((betrachtet sich die Span-
92		nung der Schnur)).
93	Jm:	((lacht)).
94	Km:	Wir müssen es höher schieben ((schiebt den Knoten am
95		Fenstergriff nach oben)).
96	Jm:	Soll ich mal machen?
97	Km:	Ja, lass den T. ((Jm)) mal ((zu Im)).
98	Jm:	((löst den Knoten noch einmal)). Lass mal los ((zu Km, der
99		die Schnur stramm zieht)).
100	Im:	Zieh mal ((zu Jm)). Ja, so.
101	Km:	So ist gut ((die Schnur ist nun fester gespannt)).
102	Jm:	((lässt die Schnur los, die wieder etwas nach unten sackt)).
103		Oh.
104	Im:	Ja, so. Geht doch.
105	Jm:	Das rutscht immer so runter ((am Fenstergriff)).
106	Km:	Ah, hier ist auch Klebeband ((gibt es Jm)). Pick auf. ... Wo
107		ist die Schere?
108		((Km und Jm finden die Schere und schneiden ein Stück
109		Klebeband ab)).
110	Im:	Komm, so ((hält die Schnur so, dass die Strecke eine Stei-
111		gung hat)). So würd ich's machen.
112	Jm:	Ja, stimmt. OK ((zeigt das Klebebandstück))?
113	Im:	Nee. Hier ((hält die Schnur an den Fensterrahmen zum Fest-
114		kleben)).
115	Jm:	Bisschen weiter, tiefer. Schon bisschen.
116	Im:	((rückt das Schnurende höher)).
117	Jm:	Tiefer ((lacht)).
118	Im:	Ach so ((rückt das Schnurende tiefer, sodass die Strecke ei-
119		ne stärkere Steigung hat)).
120	Jm:	Noch ein bisschen.
121	Km:	Soll das eine Seilbahn werden ((lacht und fährt die Toiletten-
122		papierrolle auf der Schnur entlang))?
123	Jm:	Das soll mal runter rutschen, T. ((Im)). Mach mal so weit, dass
124		es runter rutscht ((schiebt die Rolle an das höhere Ende der
125		Schnur mit dem Ziel, dass sie heruntergleitet)).
126	Im:	((gibt der Strecke eine noch größere Steigung und lässt die
127		Schnur dann locker)).
128	Jm:	Zieh mal, zieh mal, zieh mal.
129	Im:	((zieht die Schnur wieder stramm)). Kleb.
130	Jm:	Ja.
131		((klebt das Schnurende fest)).
132	Km:	Warte noch bisschen.

133	Im:	Gut.
134	L:	OK. Blast einen Luftballon auf. Verschließt diesen mit einer
135		Wäsche- oder Büroklammer und klebt ihn am Strohhalm oder
136		an eurer Toilettenrolle fest.
137	Im:	/ Ich kann das.
138	Km:	((versucht den Luftballon aufzublasen)).
139	Im:	Wie viele?
140	L:	Habt ihr das gerade gehört, was ihr machen sollt?
141	Im:	Ja, hh das ((meint den Luftballon)) mit der Klammer zuma-
142		chen und dann festkleben.
143	Km:	Wie groß soll er werden?
144	Im:	Bis er platzt.
145	Jm:	((lacht)).
146	Km:	Und jetzt verschließen mit der Wäscheklammer.
147	Im:	((verschließt den Ballon mit der Wäscheklammer, der danach
148		aber Luft verliert)).
149	Im:	Das geht nicht.
150	Jm:	Doch ((unverständliche Äußerung)).
151	Im:	Mit Klebeband.
152	Jm:	Schnur, Schnur mit einer Schnur drum herum.
153	Km:	((bläst den Luftballon größer auf)).
154	L:	Oder ihr probiert es mit der Büroklammer, ... Wäscheklammer
155		oder Büroklammer.
156	Im:	Vielleicht mit mehreren. N. ((Km)) gib mal ((nimmt eine zweite
157		Wäscheklammer)).
158	Km:	Erst mal tun wir die so ((macht es mit der Klammer auf dem
159		Tisch vor)).
160	Jm:	Ich hätte die anderen genommen ((meint die Büroklammern)).
161	Im:	Das ((nimmt eine Büroklammer))?
162	Jm:	Mh.
163	Im:	Warum?
164	Jm:	Dann werden die fester zu ((sie versuchen es mit der Büro-
165		klammer. Km hält fest und Im verschließt den Ballon)).
166	Im:	Warte, warte, warte.
167	Jm:	((lacht; es strömt wieder Luft aus dem Ballon)).
168	Alle:	((lachen)).
169	Im:	Ha ((weil keine Luft mehr herausströmt))!
170	Km:	Er müsste noch mehr aufgeblasen sein.
171	Im:	Nein.
172	Km:	OK. Soll das schicken?
173	Jm:	Schickt das?
174	L:	Probiert es aus.
175	Jm:	Gut.
176	L:	Klebt jetzt den Luftballon an die Rolle.
177	Jm:	((nimmt sich das Klebeband)).
178	Km:	Lass mich mal bitte.

179 Im:	((übt mit dem Luftballon Kopfbälle, während Km und Im das
180	Klebeband abschneiden)).
181 Km:	Lass uns das ankleben, OK?
182 Jm:	Hier, ... hier ((zeigt auf die hintere Öffnung der Rolle)).
183	((Im und Km befestigen den Ballon so, dass seine Öffnung
184	zur Seite zeigt)).
185 Im:	Hab's, hab's.
186 Jm:	So ((schiebt den Ballon an den Anfang der Schnur)).
187 L:	Und startet nun die Ballonrakete, indem ihr die Büroklammer
188	vom Luftballon entfernt.
189 Im:	((will die Klammer entfernen)).
190 Km:	Falsch.
191 Jm:	Wir haben was falsch gemacht. Falsch, falsch, falsch. Die
192	dreht sich dann nur so ((macht es mit der Hand nach und
193	ahmt das Geräusch nach)), diuoo.
194 Km:	T. ((Jm)), geh weg.
195 Im:	((lässt die Rakete starten, die sich nicht fortbewegt)).
196 Km:	Falsch.
197 Jm:	Das war falsch geklebt ((macht den Ballon ab und will ihn er-
198	neut aufpusten)). Der ist geplatzt.
199 Alle:	((lachen)).
200 Jm:	Probieren wir es noch mal.
201 Km:	((nimmt sich einen neuen Ballon und pustet ihn auf)).
202 Jm:	Guck mal, T. ((zu Im, lacht und zeigt ihm den kaputten Bal-
203	lon)). Voll geplatzt. ((...))
204 Im:	OK, ich halt's zu.
205 Km:	Oder wir kleben es jetzt zu ((lacht)).
206 Jm:	Guckt mal, hier. Das ist voll abgerissen. Ich hol ein Neues
207	((geht zum Klebeband)).
208 Km:	Ja, lass mich mal ausprobieren ((unverständliche Äußerung)).
209	Nur dieses Mal kleben wir richtig ab.
210 Im:	Wer ich?
211 Km:	Nein, der T. ((Jm)).
212 Jm:	Hey, T. ((Im)), falsch rum ((hält den Ballon mit der Öffnung zur
213	Rolle)).
214 Im:	Das ist richtig.
215 Km:	Ist egal. Doch.
216 Jm:	Falsch.
217 Km:	Du lässt ihn gleich richtig abfahren. Man muss das hinten raus
218	machen. Hier gibt er Gas ((zeigt auf das Schnurende und die
219	Öffnung des Ballons, die nach hinten zeigen muss)).
220 Jm:	Schnell, dann geht's. ((...)) Ab jetzt. ((Der Ballon fällt herunter,
221	da er nicht richtig an der Rolle befestigt ist)).
222 Alle:	((lachen)).
223 Km:	Der ist falsch geklebt worden. Der ist aber noch nicht kaputt.
224 Jm:	Warte ((will den Ballon nehmen)).

225	L:	Vielleicht versucht ihr es doch mit der Klammer hh?
226	Km:	Ja, Wäscheklammer.
227	Im:	((versucht den Ballon aufzublasen)).
228	Km:	T. ((Im)), der ist kaputt.
229	Im:	((lacht)).
230	Jm:	((nimmt einen neuen Ballon und versucht ihn aufzublasen)).
231	Km:	Oh oh, jetzt haben wir nur noch einen.
232	Jm:	((schafft es nicht, den Ballon aufzublasen)).
233	Alle:	((lachen)).
234	Km:	Du kannst keine Luftballons aufblasen ((lacht)).
235	Jm:	Mach du, mach du ((zu Km)).
236	Km:	Nein.
237	Jm:	Doch, Junge ((versucht es erneut)).
238		((Im und Km lachen)).
239		Jetzt hört auf, mich zum Lachen zu bringen.
240	Km:	Hör mal auf. Gib mal. Ihh, scheiße ((trocknet den Ballon an
241		seinem T-Shirt ab)). Pfui Teufel.
242	Jm:	((lacht)).
243	Km:	((bläst seinen Ballon auf)). Jetzt hat er es.
244		((Im hält den Ballon fest und Km befestigt die Klammer)).
245		Wie geht das jetzt?
246	Im:	Lass mal los ((hilft Km)).
247	Jm:	Das Klebeband ist schon wieder.
248		Oben, das oben.
249	Im:	Nein, N. ((Km)).
250	Km:	((lacht)).
251	Im:	Jetzt lass doch mal wieder los.
252	Jm:	((lacht)).
253	Im:	Nur ein bisschen.
254	Km:	Was machst du?
255	Im:	((dreht den Luftballon)). Nee, nee, das ist keine Luft. ((...))
256		Noch ne Klammer, noch ne Wäscheklammer.
257	Km:	Wäscheklammer? Das ist eine Büroklammer.
258	Im:	Das weiß ich. ((...))
259	Jm:	So und jetzt steckst du ihn rein und befestigst ihn ((hält den
260		Ballon an die Rolle)).
261	Km:	T. ((Jm)), du befestigst. Ich mache Klebeband ab.
262	Im:	Ich weiß jetzt wie, T. ((Jm)). Halt mal, halt mal, halt mal.
263	Km:	((reicht den beiden Klebeband)).
264	Jm:	Wir haben schon.
265	Im:	Warte.
266	Km:	((klebt Jm das Klebeband an die Wange)).
267	Im:	So.
268	Jm:	Ey.
269	Im:	Ey, Mann ((der Ballon fällt runter)).
270	Jm:	Das geht als ab ((unverständliche Äußerung)).

271	Im:	((hält den Luftballon so an die Rolle, dass sie angetrieben
272		werden kann)).
273	Jm:	Ja, ne Rakete ((imitiert das Geräusch)), niuoo.
274	Im:	Luftballon. Lass los ((die Rakete bleibt an einer Stelle)).
275	Jm:	((lacht laut)). Das ist zu schwer, zu schwer das Teil.
276	L:	Was könnt ihr denn verändern, um zu schauen, ob es viel-
277		leicht anders funktioniert?
278	Im:	Ich weiß was.
279	Km:	Das muss angespannt, das muss angespannter sein und
280		nach unten hin ((geht zu einem Fenstergriff hin, um die
281		Schnur fester zu spannen)).
282	Im:	Strohhalm.
283	Jm:	((bindet das eine Schnurende weiter nach unten)). So schon
284		besser, oder?
285	Km:	Ja ((fährt die Rolle zum Anfangspunkt und lässt sie an das
286		Ende der Schnur gleiten)).
287	Alle:	((lachen)).
288	Km:	Kann auch hoch fahren ((schubst die Rolle so an, dass sie
289		wieder nach oben zum Startpunkt fährt)). Jetzt sind wir hier.
290	Im:	((verschließt den Ballon)). Hab.
291	Km:	Der lässt keinen fahren?
292	Im:	((hält sich den Ballon an sein Ohr, um zu prüfen, ob Luft her-
293		ausströmt)).
294	Jm:	Hier, hier, hier, hier, T., T., T. ((Im)), schnell ((zeigt mit Klebe-
295		band in der Hand auf die Toilettenpapierrollen, während Im
296		hört, ob aus dem Ballon Luft ausströmt)).
297	Km:	Und du lässt dann, oh noch Klebeband ((holt Klebeband)).
298	Jm:	Leute, ich hab schon Klebeband.
299	Alle:	((befestigen den Ballon)).
300	Jm:	Und jetzt lass mal wieder die Klammer los.
301	Im:	((lässt los, doch der Luftballon löst sich von der Toilettenpa-
302		pierrolle)).
303	Alle:	((lachen)).
304	Km:	Nochmal.
305	Jm:	Ist voll abgegangen. Ist voll abgerissen.
306	Km:	((bläst den Ballon erneut auf; lässt ihn aus Versehen los und
307		er fliegt weg)).
308	Alle:	((lachen)).
309	Km:	((pustet weiter auf)).
310	Jm:	Jetzt geht schon die nächste Rakete ab.
311	Im:	((hält den Luftballon fest)).
312	Km:	((befestigt die Klammer)). Finger weg, sonst petze ich.
313	Im:	Das reicht schon, das reicht schon ((befestigt den Ballon)).
314	Jm:	Ah ich weiß, wie es geht. Ich weiß jetzt, wie es geht. Wir müs-
315		sen auch noch hier oben und dann lassen wir die Rakete star-
316		ten.

317	Km:	OK. Let's, let's go.
318	Im:	((lässt den Ballon los, welcher sich nur dreht und sich wiede-
319		rum löst)).
320	Jm:	((lacht)). Hier. Wir müssen es hier oben dran befestigen
321		((zeigt auf den oberen Teil der Rolle)).
322	Km:	Ja, T. ((Jm)).
323	L:	Wollt ihr es mal mit der Schnur probieren ((zeigt die Wolle))?
324	Km:	Jaaaaa.
325	Im:	OK ((macht die dicke Kordel ab und beginnt, die Wolle an den
326		Griff zu binden)). Ist das die Beste?
327	Km:	((bläst den Ballon auf)).
328	Jm:	((lacht)). Du saugst die ganze Luft wieder ein. ((...)) Wir pro-
329		bieren es jetzt mal mit dem Strohhalm.
330	Im:	Wir brauchen so ein Teil.
331	Jm:	Welches Teil?
332	Km:	Sind das Streichhölzer ((findet sie auf dem Tisch))?
333	Im:	Funktionieren die noch?
334	Km:	Ich schätze mal ja, aber ohne die Schachtel dann nicht.
335	Jm:	((Der Strohhalm ist nun auf die Wolle gefädelt)). Ich glaube
336		das geht dann besser. Guck, dann hier oben drauf.
337	Km:	((schiebt den Strohhalm auf der Wolle hin und her)). Und dann
338		fffff ((macht das Geräusch nach, als würde die Rakete schnell
339		fliegen)). Aber das muss ein bisschen runter, oder ((bezieht
340		sich auf die Steigung der Schnur))? Ok ((betrachtet sich die
341		Konstruktion)).
342	Jm:	((lacht)). Die Raketenbahn. Wuuschsch ((imitiert das Ge-
343		räusch)).
344	Im:	So, so ((zeigt, wie er den Ballon aufhängen würde)).
345	Alle:	((lachen, da Im die Kleberolle auf den Luftballon hält)).
346	Im:	Oder vielleicht Streichhölzer.
347	Jm:	T. ((Im)), T. ((Im)).
348	Km:	T. ((Jm)), nimm mal ein Neues ((meint den Klebestreifen)).
349	Jm:	T. ((Im)). Ja.
350	Km:	Nein, ich hab ein neues Ding. T. ((Im)), das sieht besser aus.
351		Nein ((Im möchte den Ballon schon befestigen)).
352	Jm:	Doch ((befestigen den Ballon)).
353		Und jetzt lass mal die Rakete starten.
354	Alle:	((zählen einen Countdown)). Zehn, neun, acht, sieben, sechs,
355		fünf, vier, drei, zwei, eins.
356	Im:	((lässt den Ballon los und der Ballon fliegt los)).
357	Alle:	((jubeln und klatschen)).
358	Jm:	Niuuoo ((ahmt das Geräusch der Rakete nach und deutet mit
359		seinen Händen Kreisbewegungen an, die die Rakete macht)).
360		Noch mal, noch mal.
361	L:	Hh hört mal zu hh. Probiert nun aus, wie ihr mit eurer Rakete
362		kleinere Gegenstände transportieren könnt.

363	Jm:	Ich weiß was.
364	L:	Welche Möglichkeiten gibt es, diese Gegenstände an eurer
365		Ballonrakete zu fixieren?
366	Km:	Mit 'nem Tesa oder so ((holt zusammen mit Jm Wolle)).
367	Jm:	Das heißt noch mehr.
368	Km:	((möchte die Schnur an einem anderen Fenstergriff befesti-
369		gen, sodass die Flugstrecke länger wird)). Und noch einen
370		Strohhalm.
371	Jm:	Jetzt machen wir eine längere Bahn.
372	Km:	So, schneid ab. Schneid hier, hier.
373	Jm:	Ey, N. ((Km)), ey, N. ((Km)), weg, weg, weg der Strohhalm ((fä-
374		delt den Strohhalm ein)).
375	Km:	Da, die Schnur.
376	Jm:	Ey.
377	Im:	Ey, N. ((Km)). So ist es gut ((möchte eine Steigung)). Der
378		Strohhalm geht jetzt nach oben. N. ((Km)) guck mal, meine
379		Erfindung ((hat Streichhölzer in den Strohhalm gesteckt)).
380	Alle:	Zehn, neun, acht, sieben, sechs, fünf, vier, drei, zwei, eins,
381		null ((benutzen erneut die kürzere Strecke, die sie zuerst be-
382		festigt haben. Alle jubeln als der Ballon fliegt)).
383	Im:	Geil.
384	Jm:	Habt ihr noch einen Luftballon? Wir brauchen nämlich noch.
385	Km:	Ähhm.
386	Im:	Hier.
387	Jm:	Hier ist noch einer auf dem Schrank drauf.
388	Km:	((pustet den Ballon wieder auf)).
389	Jm:	Transportieren. Am besten, ey, Streichholz. Die stecken wir
390		dann in den Luftballon ((lacht)).
391	Im:	Ey, N. ((Km)), genau.
392	Jm:	Ja, wir stecken. N. ((Km)), wir stecken, wir stecken was rein.
393	Km:	Das ist ((unverständliche Äußerung)), sonst geht er kaputt.
394	Jm:	Warte, ey, N. ((Km)) warte, N. ((Km)) warte. Wir müssen
395		Streichhölzer reinstecken.
396	Km:	Kleben.
397	Im:	Nein ((steckt Streichhölzer in einen Strohhalm)).
398	Jm:	Ey, wir tun das hier rein. Wir tun das Zeug hier rein ((versu-
399		chen Streichhölzer in den Ballon zu stecken)). Das muss
400		schnell gehen ((aus dem Ballon entweicht Luft)).
401		Und jetzt rein.
402	Km:	Nein. Steck sie einfach rein.
403	Jm:	Warte mal, rein.
404	Km:	Nein, das muss nicht. Tu mal erst alle rein. Nein, T. ((Jm)), wir
405		tun sie erst rein. Erst danach aufblasen.
406	Jm:	Genau. Aber dann musst du gucken, dass du das nicht einat-
407		mest.
408	Im:	OK.

409	Km:	Das kann ich nicht einatmen, das Zeug.
410	Im:	Hh erste ... ((zeigt die Gegenstände, die transportiert werden
411		sollen: Strohhalm und Klammer)).
412	Jm:	Erster Versuch.
413	Km:	Wo ist denn das Klebeband?
414	Jm:	Das ist da ((deutet zur Fensterbank)).
415	Km:	((pustet den Ballon mit den Streichhölzern darin auf)).
416	Jm:	((lacht)). Die fliegen da drin rum ... geil.
417	Km:	((schüttelt den Ballon mit seinem Mund)).
418	Jm:	((lacht)). Ey, T. ((Im)), ... geil, die sind da drin ((deutet auf die
419		Streichhölzer im Ballon)).
420	Km:	Und jetzt kommen ((schüttelt den Ballon mit den Streichhöl-
421		zern und bewegt sich dazu im Rhythmus. Der Ballon platzt)).
422	Alle:	((lachen)).
423	L:	Welche Möglichkeiten gibt es, die Gegenstände an eurer Bal-
424		lonrakete zu fixieren?
425	Km:	Äh, ach so ... an. T. ((Jm)), wir haben sie rein getan. Wir brau-
426		chen einen Luftballon. Wo ist äh, der Luftballon?
427	Im:	Wir brauchen 'ne Schere.
428	Jm:	Ne Schere? Ich hol 'ne Schere ... ((zu Im)). Ey, bei dir liegt ne
429		Schere.
430		Guck mal, was er gemacht hat ((zu Km über Im)). Hier ab-
431		schneiden?
432	Im:	Ja.
433	Jm:	Das soll doch am Ballon sein.
434	Im:	Ja, ist es doch am Ballon.
435		((befestigt seine Konstruktion an dem Strohhalm, der auf die
436		Schnur gefädelt wurde)).
437	Km:	Und jetzt müssen wir den Ballon noch hier so festkleben. Hier
438		so.
439	Jm:	Wie? OK, wo ist die Schere? Die Schere ist da.
440		Nicht so. Nicht so weit aufblasen, ja?
441	Km:	Nein, jetzt geht's ja wieder. Oh, das wird 'ne Lange. Der
442		Schuss des Jahrhunderts ((da die Strecke nun viel länger ist)).
443	Jm:	((lacht)). ... Und jetzt bitte, ey ((nimmt die Schere und schnei-
444		det das Klebeband ab)). Flugzeug, Flugzeug startet. Bitte
445		melden, bitte melden. Die Rakete wird jetzt befestigt. Und jetzt
446		((hält den Klebestreifen, während Km den Ballon befestigt)).
447		Anders rum, anders rum.
448	Im:	Ich hab auch 'ne Rakete mir gebaut.
449	L:	Der T. ((Im)) hilft euch bestimmt noch mal.
450	Jm:	Und jetzt, warte mal, warte mal.
451	Im:	Warte.
452	Jm:	Zehn ((möchte den Countdown starten)).
453	Im:	Lass mich, lass mich doch.
454	Alle:	Sechs, fünf, vier, drei, zwei, eins. ((Die Rakete fliegt weit)).

455	Alle:	((jubeln und klatschen)).
456	Km:	Wenigstens hat's geklappt.
457	Jm:	War ein bisschen zu schwer.
458	Km:	Wenigstens hat's bis hier zur Mitte ((der Strecke)) geklappt.
459	L:	Hh, wie viele Lasten kann eure Rakete maximal vorwärts be-
460		wegen?
461	Im:	((zählt die Streichhölzer, die im Strohhalm stecken)). Eins,
462		zwei, drei, vier, fünf. Fünf Streichhölzer.
463	Km:	Plus ein, eine …
464	Jm:	/ Wäscheklammer …, plus eine Klammer … und einen Stroh-
465		halm.
466	Im:	Unten ist noch eine Klammer.
467	Jm:	Hab ich schon gesagt. Und Luft und Klebeband ((lacht)).
468	L:	Und ihr könnt auch mal ausprobieren, wie viele Gewichte die
469		Rakete tragen kann, bevor sie nicht mehr in der Lage ist, zu
470		fliegen.
471	Jm:	Oh, das, ich weiß ((unverständliche Äußerung)). Wir müssen
472		ganz viele Streichhölzer …
473	Km:	Noch Streichhölzer, hier müssen wir noch Streichhölzer ((zeigt
474		auf den Strohhalm)).
475	Im:	Wo ist der Schwamm ((während Km Streichhölzer in den
476		Strohhalm steckt, der auf die Schnur gefädelt ist))?
477	Jm:	Welcher Schwamm?
478	Im:	Der Schwamm.
479	Jm:	Der liegt da hinten … Ich tu noch mal Streichholz.
480	Km:	Ich tu hier ((in den Strohhalm)) noch mal Streichhölzer rein.
481	Im:	Nein ich weiß, wo es ist.
482	Km:	So, T. ((Jm)), ich schaff das hier nicht ((…)).
483	Jm:	Wird immer schwerer und schwerer ((…)).
484	Km:	OK.
485	Jm:	((lacht)). Es passt nicht mehr rein. … Oh, geil, ich hab 'ne geile
486		Idee … Dann helfen wir dir.
487	Km:	Upps, warte nein ((die Streichhölzer fallen wieder aus dem
488		Strohhalm)). So.
489	Jm:	((lacht)). Ballon, Ballon hh ((lacht)), hh N. ((Km)), da fallen
490		grad die Streichhölzer raus hier.
491	Km:	Wo?
492	Jm:	Da ((zeigt auf den Strohhalm)).
493	Km:	Leute, iuiuiuiuiu ((macht eine Art Sirene nach)). So, fertig.
494	Jm:	Hast was falsch gemacht. Hast, hast, hast was falsch ge-
495		macht, macht, macht, macht ((befestigt noch eine Klammer)).
496		So.
497	Km:	Nee, da müssten eigentlich noch Streichhölzer drüber, aber
498		das passt nicht.
499	Jm:	Doch da passt noch eins.
500	Im:	Ey, N. ((Km)).

501 Jm:	Guck.
502 L:	Probiert's doch mal aus so.
503 Im:	Ey.
504 Jm:	Noch mal fahren?
505 Im:	Ja, die Schere.
506 Km:	Aber jetzt haben wir den Luftballon da dran.
507 L:	Ihr könnt es doch. Kannst du es vielleicht so aufblasen?
508 Km:	((bläst den Luftballon auf)).
509 Im:	N. ((Km)), wir haben noch was.
510 Jm:	Gut, ... N. ((Km)), was hast du da drin verstaut?
511 Km:	Leute, Leute, gleich beginnt der Countdown ((schiebt die Ra-
512	kete an den Startpunkt)). Zehn, neun.
513 Im:	Wir haben noch was.
514 Km:	Acht.
515 Im:	Wir haben doch noch, halt.
516 Km:	Sieben, sechs, fünf.
517 Jm:	Vier, drei.
518 Im:	((holt ein Stück Schwamm und möchte diesen befestigen)).
519	Warte.
520 Jm:	Abschneiden?
521 Im:	Nein.
522 Jm:	Jetzt abschneiden? So.
523 Km:	Du musst das noch festkleben. OK. Zehn, neun.
524 Im:	Warte, ich mach.
525 Km:	Nein. Sechs, fünf, vier, drei, zwei, eins, null ((die Rakete fliegt
526	nicht sehr weit und die Jungen stöhnen enttäuscht)). Da
527	müssten wir mehr Luftballons dran machen.
528 Jm:	Ja, genau.
529 Km:	((bläst noch einen Ballon auf)). Schnell, schnell, schnell, dreh
530	es ab, dreh es ab ((aus dem einen Ballon strömt Luft)). Wie
531	viel, in wie viel Minuten klingelt's?
532 L:	Drei Minuten.
533 Km:	Schnell, hier.
534 Jm:	Hh oben, oben, oben ((an dem Strohhalm befestigen)).
535 Km:	Nein, hier unten, hier unten ((an den ersten Luftballon dran)).
536 Jm:	Hier?
537 Im:	Warte, das musst du doppelt machen, doppelt machen.
538 Jm:	Warte, warte, warte. ((...))
539 Km:	Und jetzt fest ((klebt die Ballons aneinander)).
540 Jm:	Und jetzt haben wir zwei Ballons.
541 Km:	So, jetzt festhalten.
542 Jm:	Auf die Plätze, fertig.
543	((Die Rakete bewegt sich bis zur Mitte der Strecke fort)).
544 Alle:	Los ((jubeln)).
545 Km:	Das war ja noch weniger als eben.
546 Im:	Aber das hat ja auch kein Gewicht hier.

547 Km: Da braucht er halt auch ganz viel Kraft.
548 Jm: Ganz viel Kraft.

Transkript 5 (Brückenbau)

Schule A (Klasse 2c)
Lw (8,4 Jahre)
Mw (8,6 Jahre)

```
 1 L:   ((legt einen Stapel Papier auf den Tisch)). Hier ist Papier für
 2      euch. Damit dürft ihr ausprobieren, wie man daraus eine Brü-
 3      cke bauen kann. Aber ihr dürft nur das Papier benutzen und
 4      Scheren und Kleber.
 5 Lw:  ((nickt)). Mhm. ((…)) Ich weiß es.
 6 Mw:  Ich auch.
 7 Lw:  ((legt zwei Blätter Papier der Länge nach aneinander, holt
 8      Klebeband und reißt ein Stück ab)).
 9 Mw:  ((nimmt Klebeband)). Ich halte fest.
10 Lw:  ((legt die zwei Blätter am kurzen Rand etwas übereinander
11      und klebt sie mit einem Streifen Klebeband zusammen)).
12 Mw:  ((stellt das Klebeband ab)). Das stellen wir mal hier oben hin.
13 Lw:  ((nimmt ein weiteres Blatt Papier, holt eine Schere und reicht
14      sie Mw, deutet mit dem Finger eine Schnittlinie der Län-
15      ge des Blattes nach an)). Wir brauchen einen kleinen Streifen.
16 Mw:  ((beginnt zu schneiden, reicht dann das Blatt an Lw weiter)).
17      Schneide du mal.
18 Lw:  ((schneidet einen ca. 4 cm breiten Streifen von ihrem Blatt
19      ab)).
20 Mw:  ((nimmt Lw den zurechtgeschnittenen Papierstreifen aus der
21      Hand)). Das ist gar nicht so leicht.
22      ((Schüler konstruieren mit dem zurechtgeschnittenen Streifen
23      einen Bogen auf den zuvor zusammengeklebten Blättern Pa-
24      pier, indem sie die schmalen Seiten des Streifens an die
25      Längsseiten der zusammengeklebten Papiere halten)).
26 Lw:  ((betrachtet die Konstruktion, faltet dann die auf der Grundflä-
27      che aufliegenden Seiten des Papierstreifens ca. 1 cm nach
28      innen)).
29 Mw:  ((befestigt die nach innen gefalteten Flächen mit Klebstoff an
30      der Grundfläche)).
31 Lw:  ((nimmt sich ein weiteres Blatt Papier und beginnt zu schnei-
32      den)).
33 Mw:  ((klebt den Streifen auf die Grundfläche)). Guter Kleber, …
34      klebt hundert pro.
35 Lw:  ((hat das nächste Blatt Papier zurechtgeschnitten und faltet
36      es, legt es vor Mw)).
37 Mw:  ((schiebt den Streifen sowie das Blatt Papier zu Lw)). Musst
```

38		du festkleben. ((Mw reicht Lw den Klebestift und nimmt sich
39		ein weiteres Blatt Papier sowie eine Schere)).
40	Lw:	((beugt sich zu Mw vor)). Du musst das hier in der Mitte
41		durchschneiden. ((Kinder beginnen erneut, Klebstoff aufzutra-
42		gen und das Blatt der Länge nach zu schneiden)).
43	Mw:	((deutet auf die kleine Schere)). Ah ja, die ist besser, die gro-
44		ße schneidet nicht so gut. … ((Mw deutet auf das Klebe-
45		band)). Nimm doch deins.
46	Lw:	((klebt ihr Blatt Papier an den Streifen)).
47	Mw:	((faltet ihr zurechtgeschnittenes Blatt an den beiden schma-
48		len Seiten, trägt Klebstoff auf)). Ich kann mit der Kleinen auch
49		besser arbeiten.
50	Lw:	((reißt einen Streifen Klebeband ab und klebt damit die zwei
51		auf dem Streifen angebrachten Bögen an ihrer höchsten Stel-
52		le zusammen. Mw und Lw befestigen den neuen Bogen an
53		den Streifen. Lw nimmt den Bogen noch einmal ab, um ihn
54		genauer anbringen zu können)).
55	Mw:	((reißt einen Streifen Klebeband ab, um damit den zweiten
56		und dritten Bogen zu verkleben)).
57	Lw:	((schneidet das Papier, das vom Streifen über die Bögen hi-
58		naus geht mit der Schere ab. Kinder kleben mit Klebeband die
59		Bögen nochmals fest)).
60	Mw:	Fertig.
61	Lw:	Mhm.
62	L:	Ihr könnt ruhig mit den Autos mal ausprobieren.
63		((Kinder holen sich Spielzeugfahrzeuge und versuchen sie
64		durch den Tunnel, den die Bögen bilden, hindurchzuschie-
65		ben)).
66		Können die Autos denn auch oben über die Brücke drüber
67		fahren?
68	Mw:	((lacht)). Ich glaube, da ist sie zu instabil.
69		((Kinder drücken auf die Oberseite der Bogenkonstruktion. Die
70		Konstruktion gibt nach)).
71		Ja, ein bisschen.
72	Lw:	((stellt ein Spielzeugauto auf die Bogenkonstruktion. Die Kon-
73		struktion biegt sich nach unten durch)).
74	Mw:	((nimmt ein kleineres Auto und stellt dieses auf den Bogen.
75		Wieder biegt er sich nach unten durch)).
76	Lw:	((drückt mit beiden Händen vorsichtig auf die Bogenkonstruk-
77		tion, drückt diese mehrfach nach unten und beobachtet, wie
78		sie sich wieder aufrichtet)). Wir kleben etwas drüber.
79	Mw:	Stimmt.
80	Beide:	((nehmen sich jeweils ein Blatt Papier und falten es über die
81		Breite)).
82	Mw:	((deutet auf die gefaltete Linie)). Da müssen wir hier schnei-
83		den und die dann oben auf den Tunnel legen. Dann wird das

84		fester. ((Kinder schneiden die Blätter entlang der gefalteten
85		Linie auseinander)). So wird das fester.
86	Lw:	((legt mehrere der zugeschnittenen Papiere auf den Bogen,
87		lässt ein Spielzeugauto auf der verstärkten Stelle hin und her
88		fahren, erklärt und demonstriert das Vorgehen)). OK, wir neh-
89		men zwei Stück Papier. Das müsste gehen. ((Lw stellt das
90		Spielzeugauto auf die verstärkte Stelle)).
91	Mw:	((legt ein weiteres Blatt Papier auf die bereits verstärkte Stelle
92		und stellt das Fahrzeug darauf)). Das hält.
93	Lw:	Das hält besser.
94	Mw:	Genau.
95	Lw:	((legt das Blatt Papier auf der Bogenkonstruktion zurecht)).
96		OK, das hier drauf ((klebt die Blätter mit Klebeband zu einem
97		Stapel zusammen, befestigt diesen auf der Oberseite der Bo-
98		genkonstruktion)). Ich schätze mal, das wird so noch fester
99		((deutet während des Klebens eine Verstärkung im Inneren
100		des Tunnels an; hält einen Streifen in den Tunnel hinein, um
101		herauszufinden, ob er sich zum Bau eines Stützpfeilers eig-
102		net)).
103	Mw:	((stellt ein Auto auf die durch mehrere Blatt Papier verstärkte
104		Stelle der Bogenkonstruktion)). Das hält.
105	L:	Mh.
106	Lw:	((schneidet aus einem Blatt Papier rechteckige Streifen, rollt
107		diese zusammen und stellt sie probeweise als Stützpfeiler in
108		den Tunnel hinein)). Das hält dann besser, guck mal.
109	Mw:	Ja, stimmt. Gut.
110		((Kinder rollen und kleben Stützpfeiler)).
111	Lw:	((zeigt Mw, wie man die Pfeiler mit Klebeband im Tunnel-
112		inneren befestigen kann. Kinder bringen zwei Pfeiler am vor-
113		deren Ende des Tunnels an)).
114	Mw:	((drückt die entsprechend verstärkte Stelle des Tunnels mit
115		einer Hand nach unten)). Das hält.
116	Mw:	((stellt ein Spielzeugauto auf die Konstruktion)). Hält.
117	Lw:	((nimmt sich ein Blatt Papier)). In der Mitte muss noch ein
118		Pfosten hin.
119	Mw:	Ich mache schon mal weiter den Rücken.
120	Lw:	((schneidet Streifen für Stützpfeiler zu und reicht sie an Mw
121		weiter)). Das mache ich.
122		((nimmt sich mehrere Blätter und schneidet sie in DIN A5
123		Größe zu)).
124	Mw:	((rollt und klebt einen Stützpfeiler)).
125		Jetzt verstehe ich, warum das sich eben nicht rollen lä… ließ.
126		Gibst du mir davon etwas ab ((zu Lw bezüglich des Klebe-
127		streifens))?
128	Lw:	((deutet auf die Tunnelmitte und den Ausgang am anderen
129		Ende)). Da müssen auch noch welche hin.

130	Mw:	In die Mitte wird schwer.
131	Beide:	((verstärken die Tunneldecke durch weitere Blätter Papier und
132		erstellen zusätzliche Stützpfeiler für die Tunnelmitte sowie das
133		Tunnelende)).
134	Mw:	Das kommt davon, wenn man viel bastelt.
135	Beide:	((verstärken weiterhin an den Stützpfeilern im Tunnelinne-
136		ren)).
137	Mw:	Das sieht schon nicht schlecht aus. ((…)) Hättest du gedacht,
138		dass wir so was jemals in der Schule machen?
139	Lw	((bastelt weiterhin an den Stützpfeilern)).
140	Mw:	((sammelt Papierschnipsel vom Tisch ein, die im Rahmen der
141		Konstruktion des Tunnels angefallen sind, schiebt ein Spiel-
142		zeugauto auf der Oberseite des Tunnels hin und her)).
143	Lw:	((korrigiert an einer Stelle den Tunnel)). Jetzt wird es da auch
144		schwierig. ((…))
145		((deutet mit den Händen eine Art Geländer an)). Ah hier, …
146		das hier, … ähm, …, dass sie nicht runterfahren, die Autos.
147		((Kinder nehmen sich erneut Papierstücke und Scheren)).
148	Mw:	Wir können ja so einen Streifen hinmachen.
149	Lw:	((modelliert aus einem ca. 1 x 4 cm großen Papierstreifen ei-
150		nen Pfosten, zeigt diesen Mw)). Mhm.
151	Mw:	Was machst du denn da? Da müssen wir Streifen dran kle-
152		ben ((bringt an einem ca. 3 x 15 cm langen Papierstreifen
153		Klebeband an)).
154	Lw:	((befestigt mit Klebestift einen Pfosten auf dem Tunneldach,
155		weist auf weiteres Vorgehen hin)). OK, guck hier, da zwei hin
156		und da zwei hin.
157	Mw:	Mhm. Pfosten, … ach so.
158	Lw:	((bringt einen zweiten Pfosten gegenüber dem ersten an)).
159	Mw:	((versucht ihren Papierstreifen als Geländer daran festzukle-
160		ben)).
161	Lw:	((stellt weitere Pfosten für die Tunnelmitte her)).
162	Mw:	((klebt zwei Streifen der Länge nach aneinander, befestigt
163		diese als Geländer an den Pfosten, betrachtet dann die Kon-
164		struktion)).
165	L:	Habt ihr euch schon überlegt, wo das Wasser durchfließen
166		könnte?
167	Mw:	((lacht, deutet auf die untere Hälfte des Tunnels)). Ich würde
168		ja hier irgendwo ein Loch rein machen.
169		((Kinder betrachten ihre Konstruktion)).
170	Lw:	Hm.
171	Mw:	Unten drunter. Mit zwei Stützen ging doch das ((hebt die Kon-
172		struktion etwas vom Tisch ab)). Dass es so steht.
173	Lw:	((ist ratlos)). Ffff. Ja.
174	Mw:	Gut. ((…)) Brauchen wir aber lange Stützen.
175		((Kinder nehmen sich Material)).

176	Lw:	Das wird aber eine große Brücke ((bessert noch etwas am
177		Tunnel und am Geländer nach)).
178	Mw:	((schneidet Papier in Streifen)). Da gibt es doch diese, ähm, …
179		große, lange Straße von China.
180	Lw:	((winkt ab)).
181	Mw:	Stützen bauen.
182	Lw:	((probiert die erste Stütze unter dem Tunnel aus, nimmt sich
183		anschließend zwei weitere Blätter Papier)).
184	Mw:	Viele Stützen, sonst hält das nicht.
185	Lw:	((klebt die Blätter der Länge nach zusammen)).
187		Jetzt halt mal hoch ((hebt die Konstruktion an. Kinder setzen
188		die Konstruktion mit den ersten beiden fertigen Stützpfeilern
189		auf den neu erstellten Papierstreifen. Während Mw die Kon-
190		struktion weiterhin hält, bastelt Lw an zwei zusätzlichen Stütz-
191		pfeilern)). Das ist noch nicht stabil genug. Du musst noch hal-
192		halten.
193	Mw:	Ja, was meinst du, was ich gerade so mache.
194	Lw:	((baut weiterhin an den Papierstützen, während Mw die Kon-
195		struktion hält. Manche Stützen sind zu lang geraten und müs-
196		sen gekürzt werden. Weitere Detailveränderungen und Stabi-
197		lisierungsmaßnahmen werden vorgenommen. Kinder bauen
198		drei Paar Stützen unter den Tunnel)).
199		Guck mal, ich weiß was ((klebt einen Stützpfeiler nochmals
200		fest)).
201	Mw:	Noch eine Stütze?
202	Lw:	((schüttelt den Kopf, nimmt noch einmal Detailverbesserungen
203		vor)).
204	Mw:	((betrachtet die Konstruktion)). He, ich habe eine Idee ((nimmt
205		sich ein Blatt Papier und eine Schere, schneidet einen Strei-
206		fen der Länge nach ab, platziert diesen als Bogen geformt
207		zwischen den Stützpfeilern unterhalb des Tunnels. Die Pau-
208		senglocke läutet. Weitere Schüler kommen hinzu)).
209	Kind 1:	Was macht ihr?
210	Mw:	Wir versuchen, die Brücke stabil hinzukriegen.
211	Kind 2:	((deutet in den Tunnel)). Ha, cool, da fahren die durch.
212	Lw:	((deutet auf die obere Fahrbahn)). Ja, da oben.
213	Kind 2:	Da unten ist das Wasser. Duuuuh ((imitiert das Geräusch ei-
214		nes Dampfers und greift mit seiner Hand durch den unteren
215		Tunnel, als würde ein Schiff darunter durchfahren)).
216	Lw:	Ja.
217	Mw:	Ja.
218	Kind 2:	Cool. Das ist ja 'ne Brücke mit zwei Straßen ((nimmt sich ein
219		Spielzeugauto und lässt dieses über die Brücke fahren)).
220		Tuuut. Ich komme. Weg da ((zu einem entgegenkommenden
221		Fahrzeug))!

Transkript 6 (Fadentelefon)

Schule L (Klasse 1b)
Nw (6,4 Jahre)
Ow (7,2 Jahre)
Pw (7,5 Jahre)

1	Nw:	Ich weiß wie, ich habe das hier gesehen. Da nimmt man einen
2		Becher, schneidet hier rein, dann nimmt man den Schlauch.
3		Kann einer hier hin machen ((tut so, als würde sie sich einen
4		Becher ans Ohr halten)). Und einer hier ((tut so, als würde sie
5		sich einen Becher an den Mund halten)). Und dann können
6		die reden.
7	L:	Mh. Baut mithilfe von Plastikbechern ((deutet auf die Becher,
8		die auf dem Tisch liegen)) sowie einer Kordel ((deutet auf die
9		Kordel)) ein Fadentelefon. Die Länge der Telefonleitung dürft
10		ihr selbst bestimmen.
11	Ow:	Macht jeder ein eigenes Fadentelefon?
12	L:	Nein, mit in der Gruppe. Sprecht euch ab, welche Becher ihr
13		nehmen wollt, wie lange die Kordel sein soll.
14	Nw:	Die hier ((deutet auf zwei Becher, die rund sind)).
15	Ow:	((deutet auf Becher, die viereckig sind)).
16	Nw:	((deutet nun auch auf die eckigen Becher)).
17	Ow:	S. ((Pw, möchte ihr Einverständnis für die eckigen Becher))?
18	Pw:	((nickt)).
19	Nw:	Die, S. ((Pw, deutet auf die eckigen Becher))? Weil davon
20		((von den runden Bechern)) haben wir nicht so viele.
21	Pw:	((nickt)).
22	Nw:	((nimmt sich die eckigen Becher vom Tisch)).
23	L:	Dann haben wir hier Nägel, um ein Loch rein zu machen.
24	Nw:	((nimmt sich einen Nagel aus der Schachtel)).
25	Ow:	((nimmt sich einen Nagel)). S. ((Pw)) du, mach. S. ((Pw)) und
26		du guckst, wie lange die Schnur werden soll.
27	Pw:	((versucht ein Loch in den Boden des Bechers zu stechen)).
28	Nw:	((nimmt sich die Kordel und schaut nach der Länge)). Hm,
29		machen wir mal ((wickelt Kordel von der Rolle ab)).
30	Nw:	Wollen wir so lang, M. ((Ow, zeigt ihr das Stück, das sie abge-
31		rollt hat))?
32	Ow:	Das.
33	Nw:	/ Oder länger?
34	Ow:	Das reicht, C. ((Nw)). ((...))
35	Nw:	((hält die Schnur hoch)). Und was kann ich jetzt damit ma-
36		chen?
37	Ow:	Ich kriege es ((den Nagel)) nicht durch.
38	Nw:	Und wann können wir dann so reden ((tut so, als ob sie das
39		Telefon in der Hand hätte))?
40	Pw:	Ja, wir machen das ja jetzt.

41	Nw:	Ich dachte, wir machen mit dem Schlauch.
42	L:	((zu Ow und Pw)) Soll ich euch helfen?
43	Ow:	Ja, am besten. Ich komme da nämlich auch nicht durch.
44	L:	((macht die Löcher in den Boden der Becher)).
45	Ow:	((nimmt ihren Becher zurück und sticht den Nagel erneut
46		durch das entstandene Loch)).
47	L:	So, du hattest es ja fast geschafft ((zu Pw)). Da ist eigentlich
48		schon ein kleines Loch drin.
49	Ow:	((versucht das Loch zu vergrößern)).
50	Nw:	Wir können auch ein anderes ((Becher)) nehmen. Der ((Na-
51		gel)) ist nicht so spitz.
52	Ow:	So, durch ((zeigt das Loch im Becher, das sie vergrößert
53		hat)).
54	Nw:	Zeig mal. Mh, mal gucken, ob die ((Kordel)) da durch passt
55		((versucht die Kordel durch das Loch zu fädeln)).
56	Ow:	((vergrößert das Loch noch etwas)).
57	Nw:	Willst du ((hält Ow die Kordel hin))?
58	Ow:	((versucht die Kordel durch das Loch zu fädeln)). Der Faden
59		passt hier immer noch nicht rein. ((…))
60		Der Faden passt hier nicht rein ((schaut zu L)). Das Loch ist
61		zu klein.
62	Pw:	Wie können wir es vergrößern?
63	Nw:	((nimmt sich einen Nagel und steckt ihn in das Loch)). Viel-
64		leicht können wir die Löcher vergrößern. ((…)) Sag mal, wa-
65		rum ist dein Loch nicht so ((zu Pw))?
66	Ow:	Gib mal ((den Becher)). Ich glaube, ich hab es. ((…))
67		Da passt immer nur ein Teil durch.
68	Pw:	((steckt den Nagel oft durch das Loch)).
69	Nw:	Ich glaube, das ist jetzt genug, S. ((Pw, lacht)). Hier, da so rein
70		((reicht Pw die Kordel)).
71	Ow:	Stimmt es, S. ((Pw)), das kommt so schnell rein? S. ((Pw)),
72		geht's bei dir?
73	Nw:	((versucht die Kordel durch das Loch zu stecken)).
74	Pw:	((nimmt sich eine Schere)).
75	Nw:	Aber nicht so groß, S. ((Pw)). Bisschen größer ((über das Loch
76		in Ows Becher)), sonst passt das nicht. ((…))
77		Ja so, so ((deutet auf Ows Becher, um Pw zu zeigen, wie
78		groß das Loch sein muss)). So, guck so ((nimmt den Becher
79		von Ow und vergrößert das Loch)).
80	Ow:	Ja, so ist genug.
81	Nw:	Du musst nicht so schreien.
82	Ow:	Ja.
83	Nw:	((versucht, die Kordel durchzufädeln)). Das ((Loch)) ist nicht
84		groß genug.
85	Ow:	Und du darfst es auch nicht zu groß machen.
86	Nw:	((unverständliche Äußerung)). OK, das reicht ((hat das Loch

87		mit der Schere vergrößert)).
88	Pw:	Ich hab es ((hat nun die Kordel durch das Loch gefädelt)).
89	Ow:	((versucht das andere Ende durch das Loch zu fädeln)).
90	Nw:	M. ((Ow)) hat es ((die Kordel durch das Loch gefädelt)).
91	L:	Mh, was kann man jetzt machen, damit der Faden nicht wie-
92		der raus geht?
93	Ow:	Einen Knoten rein machen.
94	Pw:	Ja ((beginnt zu knoten)).
95	Ow:	((knotet ebenfalls bei dem anderen Becher)).
96	Pw:	((hat den Knoten fertig)).
97	Nw:	Ich glaube, wir probieren es mal aus.
98	L:	Genau, probiert dann aus, wie euer Telefon am besten funk-
99		tioniert. Was ist die beste Variante, es festzuhalten, und wann
100		überträgt das Telefon eure Stimmen nur schlecht oder gar
101		nicht?
102	Nw:	Warte, M. ((Ow)) muss noch ((den Knoten)) machen. ((…))
103	Ow:	Ja ((hat den Knoten nun erstellt. Das Telefon ist fertig)).
104	Nw:	((umgreift den Becher mit der ganzen Hand und hält ihn sich
105		vor den Mund)). Hallo, M. ((Ow)).
106	Ow:	((hält sich den Becher ans Ohr. Die Schnur ist nicht gespannt,
107		da die Mädchen dicht beieinander stehen)).
108	Nw:	Hast du es gehört?
109	Ow:	Nochmal.
110	Nw:	((geht weiter nach hinten, sodass die Schnur gespannt ist)).
111		Hallo, M. ((Ow)).
112	Ow:	Es geht.
113	Nw:	Jetzt sagst du was.
114	Ow:	((hält sich den Becher vor den Mund)). C. ((Nw)), war das
115		schön?
116	Nw:	Ja ((spricht in den Becher hinein)).
117	Ow:	OK, dann tschühüss.
118	Nw:	Tschühüss. OK, jetzt ist S. ((Pw)) dran ((reicht Pw den Be-
119		cher)).
120	Ow:	Hallo, S. ((Pw)).
121	Nw:	((betrachtet die beiden Mädchen und lacht)).
122	Pw:	Hörst du mich ((die Schnur ist nicht stark gespannt))?
123	Ow:	Ja, ich höre dich ((hält den Becher an ihr Ohr und hält sich
124		das andere Ohr zu)).
125	Nw:	Jetzt müsst ihr noch tschüss sagen.
126	Pw:	Tschüss.
127	Ow:	Tschüss.
128	Nw:	Dann ist die M. ((Ow)) wieder mit mir ((dran)).
129	L:	Wie funktioniert das Fadentelefon, wenn die Kordel nach un-
130		ten durchhängt und wie funktioniert es, wenn die Schnur straff
131		gespannt ist?
132	Nw:	Hier unten so hin hängt ((lässt die Schnur durchhängen)).

133	L:	Wenn die Schnur durchhängt.
134	Nw:	So?
135	Ow:	So? So ist durchhängt ((spannt die Schnur)) und so ist runter
136		hängt ((lässt die Spannung los)).
137	Nw:	((die Schnur ist nun nicht gespannt)). Hallo, S. ((Pw, hält sich
138		den Becher an den Mund, während Pw hört)).
139	Pw:	Hallo, C. ((Nw)).
140	Nw:	Geht's dir gut ((lacht))?
141	Pw:	Ja.
142	Nw:	Dann ((lacht)).
143	L:	/ Und probiert aus, wie gut man den Gesprächspartner ver-
144		stehen kann, wenn die Kordel straff gespannt ist.
145	Nw:	So ((versucht die Schnur straff zu spannen))?
146		((Da nicht genug Platz ist, wechseln die Mädchen ihre Positi-
147		onen so, dass sie die Schnur richtig straff spannen können.
148		Währenddessen löst sich der Knoten an Pws Becher und die
149		Kordel fällt auf den Boden)).
150	Ow:	Du musst einen Knoten machen, S. ((Pw)). Einen richtig gro-
151		ßen ((Knoten)). Soll ich ihn machen, S. ((Pw))?
152		((Nw und Pw gehen weiter auseinander, nachdem der Knoten
153		gemacht wurde)).
154	Nw:	Ich habe dich nicht verstanden.
155	Ow:	Straff ((möchte, dass die Mädchen die Kordel stärker span-
156		nen)).
157	Nw:	Hallo.
158	Pw:	Hallo.
159	Nw:	Geht's dir gut ((Pw vergisst, sich den Becher ans Ohr zu hal-
160		ten))?
161	Pw:	Ja.
162	Nw:	Ja dann, hi. Hi. Also ich wollte dich heute fragen: Wo ist denn
163		die Nicole?
164	Pw:	((vergisst zunächst, den Becher an den Mund zu halten, denkt
165		dann jedoch daran)) Wer?
166	Nw:	Wo ist denn die Nicole?
167	Pw:	Weiß nicht.
168	Nw:	((lacht)). OK. Dann bin, dann bin ich mit der M. ((Ow)) dran
169		((läuft zu Pw, um ihren Becher zu bekommen)).
170	L:	Wann überträgt euer Telefon Stimmen nur schlecht oder gar
171		nicht?
172		((Ow und Nw gehen weiter auseinander und der Knoten löst
173		sich erneut)).
174	Nw:	S. ((Pw)), du hast so einen kleinen Knoten gemacht ((macht
175		einen neuen Knoten und reicht ihr den Becher)) und ein zu
176		großes Loch.
177		((nimmt sich den anderen Becher und hält ihn vor den Mund)).
178		Hallo, M. ((Ow)), wie geht's dir? ((Die Kordel ist nun wieder be-

179		festigt. Ow und Nw gehen auseinander, sodass die Schnur
180		stark gespannt ist)).
181		Hallo, M. ((Ow)), wie geht es dir?
182	Ow:	Mir geht es sehr gut. Hier kann man sich gut verstehen.
183	Nw:	Danke, mir geht es auch sehr gut. Du bist jetzt irgendwie sehr
184		noch lauter.
185	Ow:	Halte dir am besten das eine Ohr zu. Dann verstehst du mich
186		besser ((hält sich währenddessen ein Ohr zu)).
187	Nw:	Ja, es hat wohl geklappt. Hh es hat wohl geklappt, weil der,
188		ich hatte eben so leise gehört, weil der, der Knoten war ein
189		bisschen zu klein, glaube ich.
190	Ow:	Hh, halte dir bitte nochmal ein Ohr zu. OK? Weil sonst, dann
191		hörst du mich ja richtig, weil du das eine Ohr noch frei hast
192		und dann musst du dir das Ohr zuhalten.
193	Nw:	Ja, du hast recht ((unverständliche Äußerung)). Also
194		tschühüss ((winkt mit einer Hand)).
195	Ow:	((hält sich zunächst den Becher ans Ohr und fängt an zu
196		sprechen, korrigiert sich dann und hält den Becher vor den
197		Mund)). Tschühüss.
198	Nw:	Guck, damit man sich lauter versteht, muss man so machen
199		((spannt die Schnur straff)). Dann versteht man sich lauter.
200		Wenn man so macht, dann hört man sich leiser ((lässt die
201		Spannung der Schnur los)). Das habe ich kapiert ((gibt Pw
202		den Becher)).
203	Ow:	Hallo ((spricht in das Telefon zu Pw))?
204	Nw:	Das musst du ((schiebt Pw ein Stück von Ow weg, damit die
205		Schnur gespannt ist)).
206	Ow:	Sag mal hallo ((zu Pw))!
207	Nw:	/ So gerade.
208	Ow:	/ Wir versuchen es mal …
209	Nw:	/ So, dann wird es lauter.
210	Pw:	((zu Ow durch das Telefon)). Hallo.
211	Ow:	Hallo, S. ((Pw)).
212	Pw:	Hallo.
213	Ow:	Hh was machst du denn gerade ((unverständliche Äuße-
214		rung))?
215	Pw:	Nein, ich telefoniere mit dir.
216	Ow:	Oh, das können wir ja mal öfters machen.
217	Pw:	OK, dann tschühüss.
218	Ow:	Tschühüss.
219	L:	OK, dann könnt ihr nochmal hier nach vorne kommen.
220	Ow:	/ Machen wir noch eins?
221	L:	Und wir haben ja jetzt noch hier ((auf dem Tisch)) das Ge-
222		schenkband und den Schlauch. Probiert mal, ein Fadentelefon
223		zu bauen mit dem Geschenkband oder dem Schlauch und
224		probiert aus, wie das den Schall überträgt.

225	Nw:	/ Wir nehmen am besten den Schlauch ((greift zu dem
226		Schlauch am Tisch)). Nee, warte, wir machen am besten mit
227		den Scheren ein Loch ((zu Ow, die einen Nagel in die Hand
228		nimmt)).
229	Ow:	Erst müssen wir das ((versucht, den Nagel in den Becherbo-
230		den zu bohren)).
231	Nw:	Hier sollten wir so ein bisschen auf ((hält die Schere an den
232		Becherboden)). So groß ((zeigt Pw den Durchmesser des
233		Schlauchs)). So groß wie hier.
234	Pw:	OK. ((…))
235	Nw:	Nein, nicht so, nicht so ((zu Pw, die mit der Schere ein Loch
236		in den Becherboden sticht)).
237	Pw:	Ja, ich weiß schon.
238	Ow:	Was machen wir mit den Bechern ((nimmt die restlichen Be-
239		cher, die auf dem Tisch liegen))?
240	L:	Die könnt ihr auch benutzen. ((…))
241	Nw:	Mal gucken, ob das ((der Schlauch)) durch passt ((schaut, ob
242		das Loch groß genug ist)). Ja das reicht.
243	Pw:	Ich weiß doch, doch das wird passen ((versucht den Schlauch
244		durch das Loch zu stecken. Dieser passt jedoch noch nicht
245		durch)). Gib her ((zu Nw, die ihr die Schere geben soll)).
246	Ow:	Das ist cool. Und mit dem ((Geschenkband)).
247	Nw:	Nein, wir haben doch schon mit dem ((Schlauch)).
248	Ow:	Wir können doch dann, nach dem können wir doch auch auch
249		noch mit dem Geschenkband machen und dann das. Ist doch
250		auch gut.
251	Nw:	Warte mal, warte mal, warte mal ((hat sich einen Becher ge-
252		nommen)).
253	Ow:	/ Bitte.
254	Nw:	/ Warte mal, warte mal, warte mal.
255	Ow:	/ Das mag ich weitermachen.
256	Nw:	Ganz kurz, M. ((Ow)). Ich weiß, was es ist. Noch ein bisschen
257		((vergrößert das Loch mit der Schere)). ((…))
258		Du musst immer so machen ((mit der Schere in das Loch boh-
259		ren)). OK, siehst du das? Dann ist es größer ((gibt Ow den
260		Becher)).
261	Ow:	Ja.
262	Nw:	Das reicht bestimmt ((zu Pw über die Größe des Lochs)).
263	Pw:	Ich habe es gleich. So, das reicht ((hat den Schlauch ins Loch
264		gesteckt)).
265	Nw:	Ja. Und wie kann man jetzt das festhalten ((zu L))?
266	Pw:	Einfach festhalten.
267	L:	Wenn ihr das Loch nur so groß macht, dass der Schlauch ge-
268		rade rein gesteckt werden kann?
269	Ow:	Wenn wir es gerade so groß wie das Ding, noch ein bisschen
270		kleiner machen und dann rein tun.

271 Nw:	/ S. ((Pw)), S. ((Pw)) hat schon so groß geschnitten ((betrach-
272	tet das Loch im Becher)). Wie kann das jetzt kleiner werden?
273 Ow:	Weiß ich auch nicht.
274 Nw:	S. ((Pw)), dann nimm einfach das, ja ((gibt ihr einen neuen
275	Becher))? Mach es so klein, so klein wie das ((der Schlauch)),
276	ja? Dann passt das rein.
277 Pw:	Ich weiß. ((sticht mit der Schere ein Loch in den Becherbo-
278	den)).
279 Nw:	Oh ((lacht)). Das ((Loch)) ist zu klein.
280 Ow:	((schiebt die Schere immer wieder durch das Loch. Es
281	quietscht)).
282 Nw:	Ah, S. ((Pw)), das reicht, das reicht ((hält sich die Ohren zu
283	und lacht)). M. ((Ow)), das reicht, das reicht, das reicht.
284	((Ow und Pw fädeln den Schlauch durch die Löcher in den
285	Bechern)).
286 Ow:	C. ((Nw)), das reicht nicht. Das geht nicht durch das Loch rein.
287 Pw:	Jetzt kann das ((der Schlauch)) nicht mehr raus.
288 Nw:	((hält sich den bereits am Schlauch befestigten Becher an den
289	Mund)). Hallo, wie geht's euch allen? Ja, danke, mir geht's
290	gut. Hallo, hallo, hallo ((lacht)).
291 Ow:	Mann ((unverständliche Äußerung)).
292 Nw:	Das reicht, komm ((zu Ow)).
293 Ow:	Ich habe das Loch zu groß gemacht.
294 Nw:	Du musst es nur so festhalten. Guck so ((zeigt es Ow)).
295 Ow:	((hält sich den Becher an ihr Ohr und hält dabei den Schlauch
296	fest)).
297 Nw:	Hallo, M. ((Ow)), hallo, M. ((Ow)), hallo, wie geht's dir?
298 Ow:	Sehr gut, sehr gut, sehr gut.
299 Nw:	Also, ich möchte hören, wo ist denn die ((unverständliche Äu-
300	ßerung))?
301 Ow:	Die sind im Unterricht nebenan.
302	Tschühüss.
303 Nw:	Nein, noch nicht tschüss. Ich möchte dich noch was fragen.
304	Also, aber das muss geheim bleiben. Das darfst du nieman-
305	dem verraten. OK?
306 Ow:	OK.
307 Nw:	Hi ((lacht)).
308 Ow:	((lacht)).
309 Nw:	Und ich muss dir noch was ganz Geheimes sagen. Hallo
310	((ahmt eine Fantasiesprache nach)). Hast du es gehört
311	((lacht))?
312 Ow:	Ja, klar habe ich es gehört. Aber guck mal. Huihuihuihulu
313	((ahmt ebenfalls eine Fantasiesprache nach)).
314 L:	Wie gut oder schlecht leiten die Schläuche den Schall weiter
315	und wie kann man das begründen?
316 Ow:	Hier, hier ((deutet auf den Anfang des Schlauchs, der aus

317		dem Becher verläuft)) geht die Stimme rein.
318	L:	Besprecht euch untereinander.
319	Nw:	Hälahälahäla ((spricht wieder in Fantasiesprache)). Guck, du
320		redest und ich rede, oder? Rede mal rein und ich rede auch
321		rein.
322	Ow:	Eins, zwei, drei.
323	Beide:	Hälahälahäla ((sprechen in ihrer Fantasiesprache in das Tele-
324		fon)).
325	Ow:	Das geht nur, wenn einer zuhört. Jetzt haben wir uns fast gar
326		nicht verstanden.
327	Beide:	Eins, zwei, drei.
328	Nw:	Hallo, hallo, hallo, wie geht's dir? Mir geht's gut, danke, dan-
329		ke, danke.
330	Ow:	((hält sich den Becher nun ans Ohr)).
331	Nw:	Also, also, also, also ((lacht)). Ich wollte nur fragen, warum
332		bist du nicht im Unterricht?
333	Ow:	((unverständliche Äußerung))
334	Nw:	Ach so, wir haben ja ein Experiment. Ach so, ach so. Also ich
335		…
336	Ow:	/ Tschühüss.
337	Nw:	Nein, nicht tschüss. Also, das ist aber unhöflich ((der
338		Schlauch rutscht aus Ows Becher heraus)).
339		Das ist raus gefallen ((lacht)).
340	Ow:	((steckt den Schlauch wieder in den Becher)).
341	L:	Geht das besser als die Kordel eben?
342	Ow:	Das hier geht besser als die Kordel.
343	Nw:	Nee, ich finde die Kordel geht besser, wenn man das so zieht
344		((straff spannt)). Wir versuchen das ((den Schlauch)) auch
345		mal so zu ziehen ((spannen den Schlauch straff)). ((…))
346	Nw:	((zu Ow, die sich den Becher ans Ohr hält)) Red!
347	Ow:	Hallo ((laut)).
348	Nw:	((schreit, während sie sich ein Ohr zuhält und lacht dann)).
349		Funktioniert.
350	Ow:	Und jetzt machst du mal.
351	Nw:	((schreit in den Becher hinein)).
352	Ow:	Au, das ist auch sehr laut.
353	Nw:	Jetzt machst du bei mir.
354	Ow:	((schreit ebenfalls in ihren Becher)). Üüüüüühüüüüü.
355	Nw:	Nein, du musst bei mir auch so schreien.
356	Ow:	((schreit nun wieder in den Becher)).
357	Nw:	Sohooo ((ist noch nicht zufrieden und macht es Ow noch ein-
358		mal vor)).
359	Ow:	((hält sich den Becher noch immer vor den Mund und schreit
360		hinein)).
361	Nw:	((schreit in den Becher hinein)). Lauter!
362	Ow:	((schreit lauter in den Becher, Nw hält sich ihren jedoch noch

363		vor den Mund)).
364	L:	Wie lässt sich das denn begründen, dass das besser funktio-
365		niert?
366	Beide:	Der
367	Ow:	/ Dass, dass, dass hier ((im Schlauch)) mehr durch kommt.
368		Hier ((deutet auf den Becher)) kommt das doch raus und die
369		Stimme geht wieder raus.
370	Nw:	((deutet auf den Becher)). Guck, hier geht die Stimme rein.
371		Wenn ich hier so rede, dann geht die Stimme so durch die
372		Luft rein und wenn er es ans Ohr hält, dann hört er es ja.
373	Ow:	Genau und durch dieses Kordel, weil es ja da durch gehen
374		kann. Komm, C. ((Nw)) ((unverständliche Äußerung)), S.
375		((Pw)) ((hält ihr ihren Becher hin))?
376	Nw:	Hallo, hallo, hallo ((zu Pw)).
377	Pw:	Hallo.
378	Ow:	Jeder macht eins ((zu L)).
379	L:	Noch eins mit Geschenkband.
380	Nw:	Also.
381	Ow:	Und dann kann jeder eins mit heim nehmen.
382	Nw:	((zu Pw)) Was machst du denn heute?
383	Pw:	Einkaufen ((spricht in den Becher hinein)).
384	Beide:	((lachen)).
385	Ow:	Ich lege schon mal die Sachen bereit.
386	Nw:	Was willst du denn kaufen ((zu Pw))? Willst du auch Essen
387		einkaufen? Ich soll Essen einkaufen? Aha, aha.
388	Ow:	Beim Geschenkband hört man, hört man bestimmt gar nichts.
389	Nw:	((unverständliche Äußerung))
390	Pw:	Was denn?
391	Nw:	Dütütütüt.
392	Pw:	Ich hatte gar nichts gesagt.
393	Nw:	Ja, ja.
394	Ow:	S. ((Pw)), ich habe schon mal die … das Geschenkband be-
395		reit geschnitten.
396	Pw:	Ja.
397	Nw:	Also, ich wollte dir was sagen ((zu Pw)). Also …
398	Pw:	Tschüss.
399	Nw:	Nein, ich wollte dir doch noch was sagen.
400	Pw:	Müssen wir jetzt nicht auflegen?
401	Nw:	Nein. Hh wir sollten das ((unverständliche Äußerung)). Du
402		weißt doch, das zu machen ahhhhhh ((schreit in den Becher)).
403		Verstehst du?
404	L:	OK, versucht jetzt nochmal, das mit dem Geschenkband aus-
405		zuprobieren.
406	Ow:	Ich habe schon mal vorgeschnitten.
407	Nw:	/ ((schreit in den Becher hinein)).
408	Pw:	Du wolltest doch noch wie bei M. ((Ow)).

409	Nw:	((schreit erneut in den Becher hinein)).
410	Pw:	Nein, du sollst wie bei M. ((Ow)) machen. So schreien, so
411		ganz laut.
412	Nw:	OK ((schreit lauter in den Becher)).
413	Pw:	((lacht)).
414	Nw:	Sie wollte das. Und jetzt du bei mir.
415	Pw:	((schreit ebenfalls in den Becher hinein)).
416	Nw:	Boah, da kann ja meine Oma lauter schreien.
417	L:	Vielleicht könnt ihr der M. ((Ow)) mal helfen.
418	Pw:	((schreit lauter in den Becher hinein)).
419	Ow:	Jetzt nimmst du mal einen Becher ((um das neue Fadentele-
420		fon zu bauen)). Das geht so einfach, habe ich gar nicht ge-
421		merkt ((hat einen Becher aus Pappe in der Hand und hat ganz
422		leicht mit der Schere ein Loch in den Boden gestochen)).
423		Das, die Telefonschnur, die Schnur habe ich schon.
424	Nw:	Du machst die Schnur dann rein, ja ((zu Pw))? Na toll ((lacht
425		laut)).
426	Ow:	((unverständliche Äußerung)). Und jeder von uns bekommt
427		dann eins. OK?
428	Nw:	M. ((Ow)), kannst du mir das ((Loch im Becher größer)) auf-
429		machen?
430	Pw:	Ich weiß, was ich mache. Das macht Spaß ((nimmt sich die
431		Schere und möchte das Geschenkband kräuseln)).
432	Nw:	Ich will auch mal ((das Geschenkband kräuseln)).
433	Pw:	Mach erst mal deine Arbeit.
434	Nw:	Ey!
435	Pw:	Das macht man, wenn man jemandem, wenn man ein Ge-
436		schenk für jemand macht. Z. B., wenn man auf einen Geburts-
437		tag geht. Da macht das die Mama immer. Aber nicht gerade
438		richtig ((deutet auf ihr Geschenkband)).
439	Ow:	((lacht)). Habe so viele Knoten rein ((gemacht)). OK ((der
440		Knoten ist groß genug, dass das Geschenkband in dem Be-
441		cher fixiert ist)).
442	L:	OK, wie weit seid ihr ((zu Pw und Nw))?
443	Ow:	Soll ich das ((Geschenkband durch den Becher)) machen ((zu
444		Nw))?
445	Nw:	Ich mache gar nichts ((lacht)).
446	Pw:	Ich mache meine Arbeit hier ((Geschenkband kräuseln)).
447	Nw:	Das ist dein Arbeitsgeschenk ((lacht)).
448	Ow:	Gib mal ((das Geschenkband)).
449	Nw:	Ich glaube das ((Loch)) ist ein wenig zu groß.
450	Ow:	Nein, das stimmt nicht.
451	Nw:	Mir ist heiß ((zieht ihre Strickjacke aus)).
452	Pw:	C. ((Nw)), sei nicht lauter als deine Oma.
453	Nw:	((lacht)). Ja, sogar lauter als ein Riesenbaby.
454	Pw:	Geht das überhaupt?

455 Nw: ((lacht)). Ich wünschte. ((...))
456 Ow: ((hat das Geschenkband im Becher fixiert, zieht daran und
457 das Geschenkband löst sich vom Becher)). Dann muss ich mir
458 das nächste Mal ein bisschen mehr aufheben. Dann fange ich
459 lieber ein bisschen weiter unten an. Oh, ich glaube, ich habe
460 das ((Geschenkband)) falsch herum rein gesteckt.
461 Nw: ((unverständliche Äußerung))
462 Ow: Ich mache so lange, bis die Schnur ((unverständliche Äuße-
463 rung)) ist. Bis das ((Schnurende durch das Knoten)) hier ganz
464 aufgebraucht ist. Dann reicht es. ((...))
465 Nw: Der Faden ist runter ((vom Tisch)) gefallen ((tut erschrocken
466 und lacht)).
467 Pw: Das ist von einem Stock ((hält etwas vom Tisch hoch)).
468 Nw: ((unverständliche Äußerung))
469 Ow: Ja, OK, das reicht, glaube ich.
470 Nw: ((nimmt sich einen Becher und spricht zu Ow, indem sie sich
471 den Becher vor den Mund hält)). Kommst du?
472 Ow: Ich komme.
473 Nw: Ja, kommst du mal jetzt ((laut))?
474 Ow: Ich bin doch schon da ((indem sie den Becher vor den Mund
475 hält. Die Schüler telefonieren nun)).
476 Nw: Hallo, hallo, hallo ((unverständliche Äußerung)).
477 Ow: OK, also das für diese, wie heißt das denn nochmal, wie heißt
478 das nochmal? Mit dem Faden, was wir zu allererst gemacht
479 haben.
480 Nw: Ach so mit diesem Faden, ja.
481 Ow: Ja ((das Geschenkband löst sich von Nws Becher)).
482 Alle: ((lachen)).
483 Nw: Funktioniert ((fixiert das Geschenkband wieder am Becher)).
484 Ach so, das mit diesem Faden willst du hören, ja. Ach so, das
485 ist ganz leicht. Du nimmst einen Becher, schneidest ein Loch
486 rein, machst den Faden rein, bei beiden und ...
487 Ow: OK, OK.
488 Nw: Nein, ich habe noch nicht fertig geredet.
489 Ow: Da liegt ein Stock, guck da ((zeigt mit ihrem Bein darauf)).
490 Nw: Was?
491 Ow: Da liegt ein Stock auf der Schnur.
492 Nw: Ich verstehe dich nicht ((unverständliche Äußerung)).
493 Ow: Ich doch auch nicht.
494 Nw: Was?
495 Ow: Ich dich doch auch nicht.
496 Nw: Ja, warum ((vergisst zunächst, sich den Becher vor den Mund
497 zu halten))? Ich finde das mit dem, mit dem Schlauch finde ich
498 besser.
499 Ow: Aber der Schlauch rutscht dauernd raus und jetzt.
500 Nw: / Ja, das geht aber besser.

501 Ow:	/ Und jetzt tschühüss, tschühüss, tschühüss.
502 Nw:	Warte mal, M. ((Ow)). M. ((Ow)). Ich finde, ich finde das mit
503	der Schnur geht irgendwie besser. Ich, wir nehmen das.
504 Ow:	Ich nehme das da.
505 Nw:	Wir nehmen wieder das ((Telefon mit der Kordel)), weil das ist
506	viel besser, weil das so …
507 Ow:	/ C. ((Nw)).
508 Nw:	Ja, ja. Hallo, hallo, hallo ((fängt an zu telefonieren)).
509 Ow:	Schrei nicht so.
510 Nw:	Du schreist doch hier die ganze Zeit. Wer sonst?
511 L:	Wie ist es denn, wenn ihr euer Fadentelefon mit geschlosse-
512	nen Augen benutzt? Könnt ihr dann herausfinden, in welcher
513	Richtung der Gesprächspartner sich befindet?
514 Ow:	OK, C. ((Nw)), du sprichst. ((…))
515 Nw:	Sprich!
516 Ow:	Du machst die.
517 Nw:	/ Ach so. Hallo, M. ((Ow)), wie geht's dir so? Geht's dir gut?
518	Danke sehr, ich wollte dir nur sagen, hi.
519 Ow:	OK, du gehst in diese Richtung ((zeigt mit dem Finger nach
520	rechts)).
521 Nw:	Ja. Ich will jetzt mal.
522 Ow:	((bewegt sich von ihr aus gesehen nach links)).
523 Nw:	Du gehst in diese Richtung ((zeigt auf die Richtung, in der sich
524	Ow befindet)).
525 Ow:	((geht wieder in die Mitte)). Hallo?
526 Nw:	Ja, hallo.
527 Ow:	((neigt sich stark nach rechts und lehnt sich auf einen Tisch)).
528	In welche Richtung gehe ich jetzt?
529 Nw:	((zeigt in die richtige Richtung)). In diese.
530 Ow:	OK, dann tschühüss.
531 Nw:	Tschühüss. S. ((Pw)), du bist dran ((reicht ihr den Becher)).
532 Pw:	OK.
533 Nw:	Danach bin ich wieder dran.
534	Nun musst du gucken, in welche Richtung sie ((Ow)) geht
535	((zu Pw)).
536 Ow:	Hallo? In welche Richtung gehe ich ((geht nach links))?
537 Pw:	Hier ((zeigt in die richtige Richtung)).
538 Ow:	Ja. In welche Richtung gehe ich jetzt ((geht noch weiter nach
539	links))?
540 Pw:	Die ((zeigt erneut in die richtige Richtung)).
541 Ow:	In welche Richtung gehe ich jetzt ((läuft an Pw vorbei und
542	steht schräg hinter ihr))?
543 Pw:	In die ((zeigt auf die rechte Seite von Ow aus gesehen)).
544 Nw:	Nein.
545 Ow:	Pass noch mal auf.
546 Pw:	((öffnet die Augen und schaut zu Ow)).

547 Ow: In die.
548 Nw: Jetzt bin ich mit der S. ((Pw)) dran ((stehen sich gegenüber)).
549 S. ((Pw)), mach die Augen zu. In welche Richtung gehe ich
550 ((geht von ihr aus gesehen nach rechts)).
551 Pw: In die ((zeigt in die richtige Richtung)).
552 Nw: Ja. In welche Richtung gehe ich jetzt ((läuft durch den Raum,
553 bis sie hinter Pw steht))?
554 Pw: In die ((deutet hinter sich auf Nw)).
555 Ow: Mit der war es am schlechtesten ((hält das Fadentelefon mit
556 dem Geschenkband hoch)).
557 Nw: / Und jetzt bin ich dran.
558 Ow: Mit der am besten ((Fadentelefon mit dem Schlauch)) und mit
559 der ((Fadentelefon mit der Kordel)) noch am halb besten.
560 Pw: ((geht von ihr aus gesehen nach rechts)).
561 Nw: In die ((zeigt auf die richtige Stelle)).
562 Pw: Ja ((geht nun nach links)).
563 L: OK, dann könnt ihr nochmal zum Tisch kommen.
564 Nw: Ey, das ist mein Platz, geh zurück ((zu Ow)).
565 L: Und mal probieren, ob es euch gelingt, ein Fadentelefon für
566 drei Gesprächsteilnehmer zu bauen.
567 Nw: Boah.
568 L: Ihr könnt ja auch eins nehmen, das ihr schon gebaut habt.
569 Nw: Das, wir könnten das nehmen ((hebt das Fadentelefon mit
570 dem Geschenkband hoch)).
571 Ow: Nee, das ist das Schlechte.
572 Nw: Ach so. Dann das ((Fadentelefon mit der Kordel)). Zu dritt.
573 Nein, wir brauchen keinen nächsten Faden, oder?
574 Ow: Doch, ich weiß, wie das geht.
575 Pw: Doch.
576 Nw: Ach so, dann machst du den nächsten Faden hier so dran.
577 Dann machst du den Becher so, dann gehst du da, S. ((Pw))
578 da und ich hier ((deutet auf die Stellen, wo sie sich ihrer Mei-
579 nung nach hinstellen sollten)). Oder?
580 Ow: OK, das reicht die Schnur. Reicht die Schnur ((zu L))?
581 L: Probiert es aus.
582 Nw: Stopp, das reicht, M. ((Ow)).
583 Nw: Warte mal, warte mal. M. ((Ow)), solange du das machst, spre-
584 chen wir.
585 ((Pw und Nw telefonieren nun, während Ow den dritten Hörer
586 bastelt)).
587 Nw: Hallo, hallo, hallo ((unverständliche Äußerung)).
588 Pw: Hallo.
589 Nw: Hallo, hallo, hallo ((unverständliche Äußerung)). Weißt du
590 was? Soll ich dir mal was erzählen?
591 Pw: Ja.
592 Nw: ((unverständliche Äußerung))

593	Ow:	Bisschen zu groß ((das Loch im Becher)), aber das macht
594		nichts. Das kann man auch machen. Man kann auch ein ganz
595		großes Loch haben und dann einfach den Faden rein machen
596		und dann einfach Knete drum machen.
597	Nw:	Heja, heja,
598	Pw:	Schon wieder du?
599	Nw:	Ich wollte nur basteln.
600	Pw:	Tschüss.
601	Nw:	S. ((Pw)), jetzt lass das doch mal. S. ((Pw)), ich meine es
602		ernst. Ich kann ganz schön böse werden. ((…)) Hallo.
603	Pw:	Huuh.
604	Nw:	Hallo.
605	Pw:	Hallo.
606	Nw:	Also, du erzählst die ganze Zeit.
607	Pw:	OK.
608	Ow:	OK, ich sitze hier irgendwann noch Stunden, bis ich den Kno-
609		ten gefummelt habe. Das ist doof.
610	L:	((gibt ihr Knete)).
611	Ow:	((steckt Knete in das zu groß geratene Loch; fixiert die Kordel
612		im Becher und geht zu Nw und Pw)).
613	Nw:	Ja, dann können wir beide reden.
614	Ow:	((bindet den neuen ›Hörer‹ an das bereits fertige Telefon)).
615	Nw:	OK, M. ((Ow)), du bist fertig.
616	Ow:	Gleich, ich muss noch …
617	Nw:	/ Ich bin halt so, weißt du? Ich bin halt so. Auch immer bei mir
618		zu Hause.
619	Ow:	OK, einer spricht. Wer spricht?
620	Nw:	Hallo ((spricht in den Becher, während die anderen beiden hö-
621		ren)).
622	Ow:	S. ((Pw))?
623	Nw:	M. ((Ow)), du sprichst, OK? Du sprichst.
624	Ow:	Spannen ((möchte, dass die Schnur straffer gespannt wird)).
625		Spannen.
626	Nw:	Ich höre dich nicht, ich kann dich nicht verstehen.
627	Ow:	((geht mit dem Becher weiter zurück. Der Knoten ihrer ›Lei-
628		tung‹ fährt an der anderen ›Leitung‹ entlang)).
629	Nw:	Ich verstehe aber das ((lacht)).
630	L:	Und funktioniert es, oder?
631	Nw:	Irgendwie, ich verstehe sie nicht so.
632	Ow:	Wir verstehen uns nicht so.
633	Nw:	((unverständliche Äußerung)). Halleluja, halleluja ((lacht)). Ich
634		singe den anderen jetzt mal was vor. Halleluja, halleluja, halle-
635		luja, hallelujaaa ((singend)).
636	Ow:	So kann man auch nichts verstehen. Die Schnüre müssen ge-
637		spannt sein. Nur dann werden die Stimmen durch die Schnur
638		weitergeleitet. Das vibriert so in der Schnur und kommt dann

639		hier an. Aber nur, wenn wir es spannen.
640	Nw:	Ich sage: Halleluja.
641	Pw:	Was?
642	L:	Vielleicht könnt ihr es ja nochmal verändern?
643	Nw:	Und wie?
644	Pw:	Du musst in den Telefon sprechen.
645	Nw:	((spricht wieder in der Fantasiesprache)).
646	Pw:	Was?
647	Nw:	((lacht; spricht stammelnde Geräusche in den Becher)).
648	Pw:	Was?
649	Nw:	((lacht; spricht erneut stammelnde Geräusche in den Be-
650		cher)).
651	Pw:	Was?
652	Nw:	((lacht)).
653	Pw:	((hat sich den Becher an ihr Ohr geklemmt, sodass sie diesen
654		nicht mehr festhalten muss)).

Klaudia Schultheis/Petra Hiebl
(Hrsg.)

Pädagogische Kinderforschung

Grundlagen, Methoden, Beispiele

2016. 186 Seiten. Kart.
€ 35,–
ISBN 978-3-17-028594-1

Die Pädagogische Kinderforschung ist ein neuer Ansatz des Forschens mit und über Kinder. Sie stellt die Perspektive der Kinder in den Mittelpunkt und erforscht die subjektive Befindlichkeit, Erfahrungen, Bedürfnisse und Wünsche der Kinder im Zusammenhang von Lernen, Erziehen und Unterrichten. Das Buch klärt zunächst die Intentionen des Ansatzes, den genuin pädagogischen Forschungszugang und den theoretischen Bezugsrahmen. Der zweite Teil erläutert den methodologischen Ansatz der Pädagogischen Kinderforschung. Im dritten Teil werden Forschungsprojekte und konkrete Forschungsergebnisse vorgestellt, die die Themen, Zugänge und Methoden der Pädagogischen Kinderforschung anschaulich werden lassen.

Professor Dr. Klaudia Schultheis hat den Lehrstuhl für Grundschulpädagogik und -didaktik an der KU Eichstätt-Ingolstadt.
Dr. Petra Hiebl ist dort wissenschaftliche Mitarbeiterinnen.

W. Kohlhammer GmbH
70549 Stuttgart
vertrieb@kohlhammer.de

Bernhard Hauser

Spielen

Frühes Lernen in Familie, Krippe und Kindergarten

2. Auflage 2016
215 Seiten, 4 Abb., 4 Tab. Kart.
€ 29,–
ISBN 978-3-17-030117-7

Entwicklung und Bildung in der Frühen Kindheit

Kinder spielen für ihr Leben gern. Kindliches Spiel ist ein wichtiger Entwicklungsmotor für Lernen und hat einen eigenständigen Bildungswert. Das Buch stellt einen inspirierenden Gegenentwurf gegen eine Verschulung des Elementarbereichs dar. An einer Vielzahl empirischer Studien zeigt der Autor, dass ein entwickeltes Spiel höchst ertragreiches Lernen ermöglicht – ein lustbetontes Lernen mit geringem Überwindungs- und Anstrengungsempfinden. Die entwicklungspsychologischen Hintergründe werden anschaulich erläutert und es wird gezeigt, wie Kinder in vielfältigen Spielformen wie Bewegungs-, Funktions-, Rollen-, Regel- und Konstruktionsspielen sich wichtige soziale, sprachliche, geistige und emotionale Fähigkeiten aneignen. Das Buch liefert eine Fülle an Hinweisen und Anregungen für die Praxis, die den Kindern ausreichend Zeit zum entwicklungsförderlichen Spielen eröffnen.

Prof. Dr. Bernhard Hauser ist Leiter des Studiengangs „Pädagogik der Frühen Kindheit" an der Pädagogischen Hochschule des Kantons St. Gallen.